JN441246

사회복지 프로그램 개발과 평가

박용권 지음

SJ 신정

머리말

사회복지 실천 현장은 점점 더 복합적이고 역동적인 환경 속에 놓여 있다. 복지 수요는 급격히 증가하고 있고, 새롭게 대두되는 사회문제들도 매우 도전적이다. 동시에 정부 및 공공기관, 민간재단, 시민사회는 성과 중심의 운영체계를 점점 더 강하게 요구하고 있다.

과거에는 '좋은 일 하시네요'로 표현되듯 선의와 헌신만으로도 프로그램이 정당성을 인정받았던 때도 있었다. 그러나 오늘날 사회복지현장은 '문제 → 개입 → 변화'로 이어지는 논리적 경로를 증명할 수 있어야 하며, 이를 위해서는 체계적인 기획과 객관적인 평가가 필수이다. 현장의 경험만으로는 부족하고, 정책적 목표만으로는 실행이 담보되지 않는다.

"Son, don't go into the social work profession for income, do it for client outcome."
- Grinnell, Gabor, & Unrau(2019) -

따라서 성과 중심의 프로그램 운영은 선택이 아니라 필수이다. 사회복지공동모금회를 비롯한 배분 기관이나 정부의 각종 사업 등에서 프로그램 성과와 효과성을 요구하는 경향이 뚜렷해지고 있고, 이는 곧 프로그램의 경쟁력으로 직결된다. 시민의 삶을 실질적으로 변화시키는 프로그램은 그 자체로 고도의 전문성과 책임성을 요구한다. 프로그램 개발과 평가는 단순히 '프로포절을 잘 쓰는 기술'이 아니다.

사회복지실천 현장과 교육 현장을 거치며, 언제나 학생들과 사회복지사들에게 실질적으로 도움이 되는 교재를 만들고 싶다는 생각을 늘 해왔다. 이제 마침내 세상에 내어놓게 되어 큰 짐을 벗은 느낌이다. 그러나 결과물은 기대에 미치지 못한다. 여러모로 부족한 점이 많고, 내용이나 구성도 완성도가 높지 않다. 오히려 부끄러운 마음이 앞선다. 그러나 이것이 끝이 아니라 시작이라는 마음가짐으로, 지속적으로 개선하고 보완해 나갈 것을 약속한다. 그럼에도 불구하고 이 책이 프로그램 개발과 평가에 관심을 가진 독자들에게 조금이나마 도움이 되었으면 한다.

이 책은 총 5부, 14장으로 구성되어 있다. 제1부에서는 사회복지 프로그램에 대한 기초적 이해를 다룬다. 제1장은 사회복지 프로그램 개발과 평가의 개요, 제2장은 프로그램의 이론 체계와 구성을 설명한다. 제2부는 실질적인 프로그램 개발 과정을 포괄적으로 다룬다. 기획의 개념들, 사회문제 분석과 욕구사정, 목적과 목표 설정, 프로그램 개입 전략 및 내용 설계, 자원 투입 계획을 포함한다. 제3부는 프로그램 실행 단계로서 프로그램 실행과 모니터링, 프로그램 마케팅과 서비스 질 관리로 구성된다. 제4부는 평가에 관한 내용이다. 평가의 기초부터 양적 평가, 질적 평가, 그리고 로직모델을 활용한 평가까지 포함한다. 제5부는 실제 적용 편으로서, 사회복지공동모금회의 사업계획서를 기반으로 프로그램 개발과 평가가 어떻게 실제화되는지를 정리하였다.

책을 구상하고 집필하는 과정에서 다양한 자료들을 검토했지만, 무엇보다도 현상에서 만들어지고 실시된 수많은 훌륭한 프로그램들이 큰 밑거름이 되었다. 실천 현장에서 프로그램을 매개로 변화를 추구하는 사회복지사들의 치열한 고민과 노력이 이 책 곳곳에 반영되어 있다. 그분들께 깊이 감사드린다. 또한 이 책을 준비하면서 선배 교수님들의 연구와 교재들이 큰 지침이 되어주었다. 그분들의 노력이 없었다면 이 책은 시작조차 하지 못했을 것이다. 깊은 존경과 감사를 전한다.

끝으로, 어려운 출판 환경에도 불구하고 기꺼이 이 책의 출간을 허락해 준 도서출판 신정의 최용구 대표님과 장만동 전무님께 감사의 인사를 드린다. 또한 이 책을 집필할 수 있도록 지원해 준 학교와 동료들에게도 감사드리며, 옆에서 응원하고 도와준 사랑하는 딸 수현에게도 고마움을 전한다.

2025. 9. 1.

박용권 씀

차례

PART 02 사회복지 프로그램 개발의 이해

PART 03 사회복지 프로그램의 실행 및 관리

PART 04 사회복지 프로그램 평가의 이해

01 PART

사회복지 프로그램의 이해

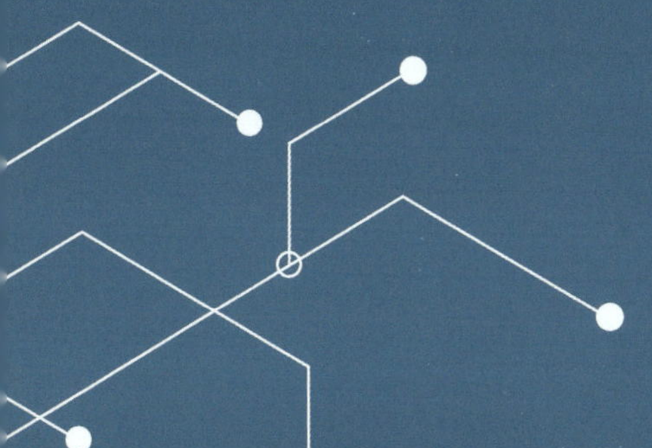

Chapter

01 사회복지 프로그램 개발과 평가의 기초

> "A program is defined as a prearranged set of activities designed to achieve the stated goals and objectives."
> - Netting, Kettner, McMurtry, & Thomas(2017)

사회복지는 인간의 삶의 질 향상과 사회문제 해결을 목표로 하는 실천 학문 영역이다. 이러한 사회복지의 가치와 목표를 구체적으로 실현하는 핵심적인 수단이 사회복지 프로그램이다. 사회복지 프로그램은 복잡하고 다양한 사회적 욕구와 문제를 해결하기 위해 계획된 일련의 체계적인 활동들의 총체를 의미한다. 이 장에서는 사회복지 프로그램 개발과 평가가 중요해진 배경을 먼저 살펴보고, 사회복지 프로그램 개발과 평가의 기초가 되는 프로그램의 개념을 정의한 후, 사회복지현장에서 프로그램이 포괄하는 범위와 유형들을 살펴본다.

1. 사회복지 프로그램의 의의

1) 프로그램 개발과 평가 교과목의 성격

사회복지학 교육과정에서 사회복지 프로그램 개발과 평가 과목은 실천현장에서의 문제 해결 능력과 프로그램 운영의 효과성 제고를 위해 핵심적인 교과목으로 자리 잡고 있다. 이 과목은 이론 중심의 교육에서 실천 중심 교육으로의 전환, 그리고 성과 중심 행정의 흐름에 부응하는 차원에서 그 중요성이 더욱 부각되고 있으며, 사회복지학 교육과정에서 필수 성격의 과목으로 다루어진다.

사회복지학 교육과정은 학년별로 탐색, 기초 능력 습득, 전공 지식 습득 및 체험, 개별 전공 심화 단계 등으로 구성된다. 프로그램 개발과 평가는 주로 3학년 이후 전공 지식 습득 및 체험 단계에서 다루어진다. 학생들이 이전 단계에서 사회복지 전반에 대한 기초 지식을 습득한 후, 전문적인 프로그램 개발과 평가 역량을 체계적으로 학습할 수 있도록 하기 위함이다. 대학별 다소 차이가 있을 수 있으나 일반적으로 다음과 같이 편성 및 운영이 되고 있다.

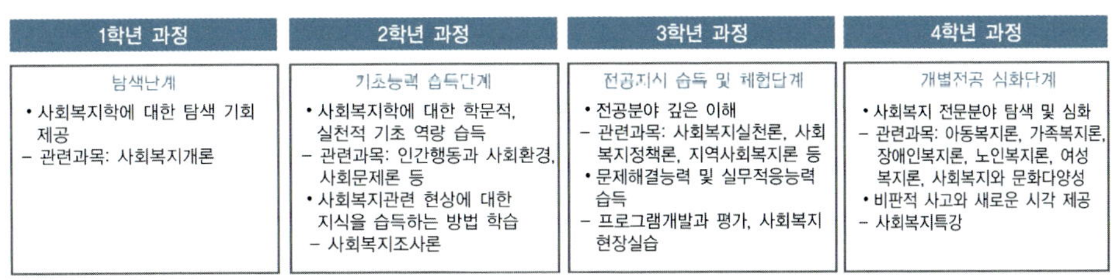

그림 1-1 사회복지학 교육과정에서의 프로그램개발과 평가

출처: S대학교 사회복지학과 교육과정 체계도에서 재구성.

- **개설 시기:** 학부 과정 중·후반부(3~4학년)에 개설된다. 이때는 기본적인 이론과 실천 기술을 학습한 후 이를 실천 현장에 적용하는 능력을 함양하는 시기이다.
- **사회복지현장실습과 연계:** 현장실습 전후 시기에 개설되어 이론과 실천을 연결하는 교량 역할을 하며, 졸업 후 실무 현장 투입 시 필요한 기획·평가 역량을 사전에 준비할 수 있게 한다.
- **타 교과목과의 연계:** 사회복지 기초이론은 물론 사회복지행정론, 지역사회복지론, 사회복지조사방법론 등과 밀접하게 연결되어 통합적인 실천 능력 향상에 기여한다.

또한 대학에서는 '기초-심화-응용' 단계별 교육과정 체계도 상에서 이 과목의 위치를 명확히 제시하여 학습자가 전체 커리큘럼 속에서 해당 과목의 역할과 중요성을 이해할 수 있도록 구성하고 있다. 최근에는 핵심역량 및 전공능력 중심의 교육과정 체계를 도입하고 있으며, 각 대학은 이에 따라 사회복지 전문역량을 설정하고 있다. 대체로 사회문제 분석 및 해결 능력, 전문 지식과 기술의 적용 능력, 문제해결 역량 등에 초점을 맞추어 교육이 이루어진다.

2) 프로그램 개발 및 평가의 중요성

사회복지 프로그램 개발과 평가가 사회복지 영역과 교육과정에서 중요하게 다루어지는 배경은 크게 두 가지 요인으로 설명할 수 있다(조성우 외, 2024).

첫째, 사회복지공동모금회를 포함한 외부 자금 제공기관으로부터 프로그램 예산 지원의 기회가 확대되었기 때문이다. 사회복지사는 프로그램 제안서(프로포절)를 통해 재정지원을 신청하여, 선정될 경우 해당 프로그램을 직접 수행할 수 있다. 나아가 자금 제공기관으로부터 프로그램이 선정되는 경험은 사회복지사 개인과 소속 기관의 전문성과 신뢰도에도 긍정적인 영향을 미치게 된다.

둘째, 사회복지시설 평가제도의 도입이다. 「사회복지사업법」에 따라 정부 보조금을 받는 모든 사회복지기관은 3년에 한 번 이상 평가를 받아야 한다. 이 평가에서 프로그램 및 서비스 영역의 배점이 높은 편이며, 세부 항목으로는 프로그램 기획의 전문성, 수행과정, 평가체계 등이 포함된다. 이에 따라 프로그램이 얼마나 체계적으로 설계되었는지, 실행 과정에서 계획을 충실히 반영하였는지, 결과를 어떻게 평가하였는지가 프로그램 운영의 질적 수준을 판단하는 핵심 기준이 된다.

그러나 제도적 요인만으로는 충분히 설명할 수 없다. 사회복지 실천을 둘러싼 가치와 환경의 근본적 변화가 주요 배경이라 할 수 있다. 대표적인 요인을 제시하면 다음과 같다(이민홍 외, 2024).

(1) 책무성의 시대적 요구

사회복지는 세금이나 기부금과 같은 공공·민간 자원에 의존하기 때문에 높은 책무성이 요구된다. 책무성은 투입된 자원을 통해 어떤 성과를 냈는지 입증하는 것이다.

사회복지 프로그램 개발은 책무성을 실현하는 기반이 된다. 프로그램 설계 단계에서 사회복지사는 해결하고자 하는 문제가 무엇인지, 대상자의 욕구는 무엇인지 명확히 정의하고, 이를 해결하기 위한 구체적이고 측정가능한 목표와 기대되는 성과를 설정한다. 그리고 이러한 목표 달성을 위한 논리적인 개입 전략과 활동을 체계적으로 구성한다.

또한 평가를 통하여 프로그램이 참여자나 지역사회에 긍정적인 변화를 가져왔는지를 측정한다. 평가는 조직이 자금 제공자나 지역사회에 투명하게 결과를 보고할 수 있게 해준다. 입증된 성과는 자원 확보와 조직의 신뢰도 향상에 도움이 된다. 따라서 프로그램 개발과 평가는 사회복지조직이 책무성 요구에 응답하는 데 필요한 수단이다.

(2) 사회복지 개입의 효과성 극대화

사회복지실천의 궁극적인 목표는 클라이언트의 안녕을 증진시키고 사회문제를 해결하는 것이다. 이를 위해서는 사회복지사의 개입이 실제로 의도한 긍정적인 변화를 가져오는지에 대한 과학적인 입증이 요구된다. 이제는 제한된 자원 속에서 최대의 효과를 이끌어내야 한다는 요구가 커지면서 개입 효과성의 객관적인 증명이 중요해졌다(Rubin & Babbie, 2017).

프로그램 개발은 사회복지 개입이 효과를 내는 과정을 논리적으로 설명하는 '변화 이론' 또는 '로직 모델'을 수립하는 것에서 시작된다(Chen, 2015). 이 모델을 통해 사회복지사는 자신의 개입이 어떠한 과정을 통해 클라이언트에게 변화를 가져올 것인지를 명확히 개념화하고, 이를 바탕으로 프로그램을 설계한다.

프로그램 평가는 이러한 변화 이론 또는 로직 모델에 기반하여 실제로 의도된 변화가 발생했는지를 과학적인 방법으로 검증한다. 프로그램 개발과 평가는 효과적인 개입을 탐색하고 검증하며 확산시키는 핵심적인 기제이다.

(3) 증거기반실천의 확산

증거기반실천(evidence-based practice: EBP)은 실천현장에서 경험과 직관에 의존하던 기존 방식에서 벗어나, 과학적 근거와 실증적 자료를 바탕으로 한 의사결정을 강조한다.

사회복지에서 증거기반실천은 실천가의 전문적 판단, 클라이언트의 가치 및 선호, 그리고 최선의 연구 증거의 통합을 강조한다. 이는 프로그램 개입이 실증적 근거를 통해 타당성과 효과성을 확보해야 함을 시사한다.

EBP 과정은 일반적으로 질문 형성, 증거 탐색, 증거의 비판적 평가, 실천 적용, 적용 결과 평가의 단계로 이루어진다(Royse et al., 2016). 프로그램 개발과 평가는 이 EBP 순환 과정에서 중요한 역할을 한다. 특히 프로그램 개발은 최신 연구 증거 탐색 및 비판적 평가(EBP 2단계, 3단계)와 실천가의 전문 지식을 통합하여, 가장 효과적인 개입 모델을 설계하고 현장에 적용하는 과정(EBP 4단계)과 밀접하게 연관된다.

사회복지 프로그램의 개발과 평가는 EBP의 실현을 위한 도구로 기능하며, 실천 전·중·후의 변화를 측정하고, 그 결과를 근거로 삼아 개입 전략을 수정하거나 확장할 수 있도록 한다.

증거기반실천은 필연적으로 프로그램 평가와 연결된다. 효과성 있는 실천을 위해서는 개입이 실제로 작동했는지를 체계적으로 측정할 수 있어야 하며, 이를 가능하게 하는 도구가 바로 프로그램 평가다. 평가를 통해 도출된 데이터는 실천의 타당성을 입증하고, 이후 유사 상황에서의 의사결정에 근거로 활용된다.

(4) 경쟁적 예산배분 환경

사회복지 서비스에 대한 사회적 수요는 지속적으로 증가하고 있지만, 이를 충족시킬 수 있는 재정 자원은 항상 제한적이다. 이러한 환경에서 사회복지 조직들은 정부, 지방자치단체, 각종 재단, 기업, 개인 후원 등 다양한 출처의 재원을 확보하기 위해 치열한 경쟁을 벌일 수밖에 없다.

과거에는 단순히 사업의 필요성을 강조하는 것만으로도 자원을 확보하기 용이한 측면이 있었다. 이제는 자금 제공자들이 투명성, 효율성, 그리고 무엇보다 투자 대비 성과를 강력하게 요구하고 있다.

이러한 경쟁적 예산 배분 환경하에서 예산 배분의 기준은 성과 기반으로 전환되고 있으며, 이 과정에서 프로그램 평가는 사업의 타당성과 효율성을 입증하는 핵심 수단으로 기능한다(Martin & Kettner, 2015).

(5) 사회복지 전문직의 역량 강화

사회복지사는 단순한 감정노동자나 서비스 제공자가 아니라, 과학적 지식과 윤리적 기준에 기반한 전문직이다(Zastrow, 2017). 전문성은 실천적 판단과 기술은 물론, 프로그램을 기획하고 평가할 수 있는 능력을 포함한다.

현장에서 사회복지사는 대상자의 욕구를 분석하고, 이에 기초한 개입을 설계하며, 결과를 평가하고 개선안을 도출하는 과정을 반복한다. 이 과정에는 자료 수집과 분석, 문제 해결, 다학제 협업 역량이 요구된다.

사회복지사는 인간과 환경 간의 상호작용을 조정하고 문제 해결을 지원하는 전문가로서, 개입 효과를 검증하고 설명할 수 있어야 한다. 이러한 평가역량은 실천의 질을 높일 뿐 아니라, 전문직으로서의 정체성과 위상을 강화하는 핵심 요소이다. 특히 복합적인 사회문제가 빈번한 현장에서는, 개입이 어떤 변화를 유도했는지를 과학적으로 설명할 수 있어야 한다.

평가는 실천 결과를 외부에 설명하는 도구이자, 동료 및 상급자와의 피드백을 통해 실천적 사고를 심화시키는 수단이다. 평가를 통해 축적된 경험은 조직 내 리더십, 정책 제안, 교육훈련 프로그램 기획 등 사회복지사의 역할 확장에도 도움이 된다.

2. 사회복지 프로그램의 개념

1) 사회복지 프로그램

사회복지 프로그램은 사회복지와 프로그램의 합성어이다. 물론 여기서 사회복지는 목적이나 정책 등 방향성을 의미하는 것으로 정의되고, 프로그램은 특정 목표를 달성하기 위하여 체계적으로 계획되고 조직된 일련의 활동이나 절차를 의미한다. 프로그램의 사전적 의미로는 '목록, 순서 및 예정 계획, 어떤 절차로 무엇을 처리할 것인가를 지시하는 것'이란 뜻을 지니고 있다.

프로그램이란 용어는 사회 전반에서 광범위하게 사용되며, 그 맥락에 따라 의미가 조금씩 달라진다. 주요 사용 분야별로 정리하면 다음과 같다.

- **컴퓨터/정보기술**: 특정 작업을 수행하도록 설계된 코드의 집합
  (예) MS Word, Python, SPSS
- **방송/미디어**: 일정 시간에 편성된 콘텐츠
  (예) 뉴스 프로그램, 드라마
- **교육**: 목표 달성을 위한 교육과정과 활동의 구성체
  (예) 청소년 리더십 프로그램, 평생교육 프로그램
- **조직/행정**: 특정 목적을 위해 설계된 일련의 활동 및 자원배분 계획
  (예) 정부 지원 일자리 창출 프로그램
- **사회복지**: 사회적 욕구 충족을 위한 목표 지향적 개입체계
  (예) 노인맞춤돌봄서비스, 학대 예방 프로그램, 다문화아동 적응프로그램

사회복지 영역에서 프로그램의 개념을 구체적으로 살펴본다. 주요 학자들이 제시한 정의를 살펴보면, 사회복지 사전에서는 프로그램을 "해야 할 일에 관한 계획과 지침"으로 설명하고 있다(Barker, 1995). 그러나 사회복지 실천 영역에서 널리 활용되는 정의는 Netting 등(2016)의 설명이다.

이들은 "사회복지 프로그램은 특정한 목적을 달성하기 위해 계획되고 조직된 일련의 활동과 서비스들의 집합"이라고 정의한다. 학자들의 정의를 요약하면 다음 〈표 1-1〉과 같다.

표 1-1 사회복지 프로그램의 정의

학자	개념정의	강조점
Barker(1995)	"해야 할 일에 관한 계획과 지침"	포괄적 정의
Kettner, Moroney & Martin (2017)	"특정한 목적을 달성하기 위해 계획되고 조직된 일련의 활동 및 서비스들의 집합이다."	문제해결 중심, 조직적 계획
Netting, Kettner & McMurtry (2004)	"목표를 성취하기 위해 자원과 활동을 구조화한 계획된 개입으로, 특정 인구집단의 욕구를 충족시키기 위한 것이다."	대상 집단의 욕구 충족, 개입의 구조화
Zastrow(2017)	"클라이언트의 욕구에 따라 설계되고 운영되는 실천 지향적 서비스 체계이다."	실천 중심, 서비스 운영
정무성(2017)	"사회복지조직에서 특정목표를 달성하기 위하여 모든 과정을 마칠 때까지 요구되는 내용의 선정과 조직, 활동 목표 체계, 시설, 인력, 예산, 지원체계, 기간 등과 관련된 전반적인 과정"	목표, 체계적 과정
조성우 등(2024)	"사회복지실천의 목적을 성취하기 위해 설계된 조직적인 활동이다."	목적, 조직적 활동
김영종(2013)	"사회복지목적을 구현하기 위한 방법과 절차"	목적, 절차

본 서는 사회복지 프로그램을 "특정 인구집단의 사회적 욕구와 문제를 해결하고 삶의 질을 향상시키기 위해, 명확한 목표를 설정하고 이에 따른 개입 활동과 자원을 체계적으로 계획·조직하여 실행하는 실천 중심의 개입체계"라고 정의한다.

이러한 사회복지 프로그램의 정의에는 대상 집단의 문제와 욕구, 목적과 목표의 명확화, 계획된 개입, 자원의 조직화, 체계적 실행과 운영, 평가와 환류 등의 요소가 모두 포함되어 있다.

- **대상 집단의 문제와 욕구:** 특정한 인구집단(예: 노인, 아동, 장애인 등)의 욕구와 사회문제에 대한 이해

- **목적 및 목표의 명확화:** 문제 해결 및 삶의 질 향상을 위한 구체적이고 측정 가능한 목표 설정
- **계획된 개입:** 목표 달성을 위한 활동, 서비스, 접근방식 등을 사전에 구조화
- **자원의 조직:** 인력, 예산, 시설, 네트워크 등 물적·인적 자원의 확보 및 조정
- **체계적 실행과 운영:** 실행 과정의 일관성 확보 및 프로그램 관리, 모니터링 체계 구축
- **평가 및 환류:** 프로그램 성과를 측정하고 개선하기 위한 평가 메커니즘 내재화

2) 유사 용어의 비교: 정책, 사업, 프로그램 그리고 서비스

사회복지 실천현장에서 프로그램과 관련하여 빈번히 사용되는 용어로는 크게 국가나 지방자치단체의 정책, 사회복지기관의 사업, 그리고 프로그램과 서비스 등이 혼용하여 사용되고 있음을 볼 수 있다.

정책은 정부나 공공기관이 사회문제를 해결하고 국민의 삶의 질을 향상하기 위해 수립하는 기본 방향과 목표를 의미하는 경우가 많으며, 때에 따라서 사회복지기관에서도 운영방향을 의미하는 용어로 정책을 사용하기도 한다. 그러나 정책은 상위 체계로서, 모든 하위 실행단위(사업, 프로그램, 서비스)의 이념적·제도적 기반을 제공한다고 볼 수 있으므로 여기서의 프로그램과는 다소 차원이 다른 개념이다.

사회복지 프로그램이 실제적으로 이루어지는 사회복지기관에서는 프로그램뿐 아니라 사업이라는 용어로 다루어지는 경우가 많다. 보건복지부의 2025년 사회복지관 운영 관련 업무처리 안내자료에 따르면 대표적인 지역사회복지기관인 종합사회복지관의 운영 지침에도 주로 사업이라는 용어가 사용되는 것을 볼 수 있다.

조성우 등(2024)에 따르면 사업과 프로그램, 그리고 서비스가 필요에 따라 혼용해서 사용되고 있지만 원래는 프로그램이라는 용어가 국가의 정책까지도 포괄할 수 있으므로 가장 상위의 개념이라고 지적하기도 한다.

그러나 사회복지 활동이 현실적으로 사회복지기관을 기반으로 운영되는 활동으로 본다면 프로그램이라는 용어는 특정 목적을 달성하기 위한 구체적인 활동으로 보는 것이 타당하다. 따라서 정책과 사업, 프로그램 그리고 서비스의 개념은 항상 명확하게 구분되는 것은 아니지만 대체로 아래와 같이 구분하여 이해하는 것이 도움이 된다.

- **정책**: 상위 체계로서, 국가 및 지방정부의 복지 목표이며 법과 제도의 기반이 되고 거시적 방향 제시
- **사업**: 정책 목표를 실현하기 위해 정부나 지방자치단체가 일정한 기간과 예산을 가지고 운영하는 실천적 단위
- **프로그램**: 특정 사업 내에서 구체적 대상 집단의 욕구를 충족시키고 문제를 해결하기 위해 계획된 일련의 활동과 개입체계
- **서비스**: 프로그램을 통해 대상자에게 실제로 제공되는 물질적, 정서적, 정보적, 경제적 지원 활동으로서 다양한 개입 활동들을 포함

표 1-2 각 용어의 계층별 비교

용어	핵심기능	예시(노인복지 맥락)
정책	복지 비전과 전략 설정	노인복지정책, 고령사회 대응 종합계획
사업	정책 실행을 위한 운영단위	노인일자리사업, 장기요양보험사업
프로그램	사업 내 세부 실행계획	공익형 일자리, 장기요양 급여관리
서비스	프로그램을 통한 직접 개입 활동들	밑반찬배달, 요양보호, 방문상담 등

3) 사회복지서비스로서 휴먼서비스의 특징

사회복지 프로그램은 다양한 용어로 혼용되어 사용되고 있지만, 기본적으로는 휴먼서비스의 특성을 지닌다고 볼 수 있다. 휴먼서비스(human services)란 '사람을 대상으로, 사람과 함께 일하는' 성격의 서비스를 말한다(김영종, 2013). 사회복지 프로그램은 본질적으로 이러한 휴먼서비스의 한 유형으로 분류되며,

따라서 일반적인 재화나 서비스와는 구별되는 고유한 특성을 가진다. 물론 일부 프로그램은 물질적 요소가 중심이 될 수 있으며, 구체적인 물품이나 재정지원을 포함하기도 한다. 그러나 대부분의 사회복지 프로그램은 인간을 대상으로 하는 특성과 구조를 포함하고 있으며, 휴먼서비스에 내재된 성격을 배제할 수는 없다.

특히 인간 존재의 가치와 도덕성, 개별성과 전일성, 공동생산, 과정 중심성, 비가시성, 생산과 소비의 동시성 등은 휴먼서비스의 핵심적 속성이며, 이러한 속성들은 사회복지 프로그램의 특성과 밀접하게 연관된다(김영종, 2013).

(1) 인간 존재의 가치와 도덕성: 휴머니즘

휴먼서비스는 인간을 다룬다. 즉 사람을 대상으로 하고, 사람에 의해 제공되며, 사람의 변화에 초점을 맞춘다. 서비스 제공 과정에서 인간의 삶에 깊이 개입하게 되므로 전문성 못지않게 윤리적 판단과 도덕적 책임이 요구된다.

(2) 개별성과 전일성

인간은 각기 다른 경험, 특성, 맥락을 지닌 고유한 존재이다. 인간의 개별성이란 어떤 인간도 다른 인간과 같지 않은 독특성 혹은 개성을 가진다는 뜻이다. 인간의 개별성은 휴먼서비스를 지향하는 사회복지 프로그램에서 중요하게 다루어져야 한다.

또한 인간 존재는 전일적으로 간주되어야 한다. 여기서 전일적이란 현상을 쪼개지 않고 전체로 다루는 것을 말한다. 인간은 심리적, 사회적, 신체적, 문화적 차원이 상호작용하는 통합적 존재이다. 휴먼서비스는 이러한 인간 존재의 전일성을 충분히 고려해야 한다.

(3) 공동생산

휴먼서비스는 '인간을 대상으로, 인간이 함께' 일한다는 이른바 공동생산의 특성이 있다(Austin, 2002). 인간의 상태나 조건을 변화시키려는 의도의 휴먼서비스는 대상자가 자유의지와 자발성을 가진 존재로서 '반응한다'는 것을 전제로 한다. 즉 서비스 제공자나 이용자가 상호관계 및 협력적 관계 속에서 서비스의 기획, 실행, 평가에 함께 참여하는 과정이라고 할 수 있다. 따라서 서비스 생산의 기술이 일방적이 아니라 양방적인 공동생산의 특성이 지닌다.

(4) 과정적 속성과 비가시성

휴먼서비스는 과정적 속성을 지닌다. 생산의 결과가 물리적으로 나타나는 상품 생산과는 달리, 서비스 생산은 서비스가 실행되는 과정 자체가 서비스의 결과 산물이라는 특성을 가진다. 이는 생산과 소비의 동시성이라고 표현되기도 한다. 특히 상담과 같은 서비스의 경우 상담자와 내담자가 서비스의 생산에 함께 참여하면서 동시에 서비스의 소비가 발생하는 대표적인 경우이다.

휴먼서비스의 비가시성(invisibility)이란 일이 일어나는 과정이나 결과가 직접 눈으로 확인되기 어렵다는 것이다. 상담자와 내담자 간의 상담 장면은 눈으로 확인될 수 있으나 서비스의 내용은 사실상 확인되지 않는다. 다른 일반적인 생산과정과 그 결과로서 상품의 형태와는 확연히 구분되는 특성이다.

참고자료 **Zeithaml 등이 제시한 서비스의 4가지 속성**

무형성	▸서비스는 물리적으로 만지거나 볼 수 없는 비물질적인 성격을 갖는다. ▸서비스를 이용하기 전에는 그 품질이나 결과를 사전에 평가하거나 검증하기 어렵다. ▸시설이나 복장 등 물리적 증거물(tangibilizing the intangibles)이 중요하다.
동시성	▸서비스는 생산과 소비가 동시에 일어난다. ▸이용자는 공동생산자이며, 제공자와 이용자와의 상호작용이 서비스 질을 결정한다.
소멸성	▸서비스는 저장하거나 재고로 보관할 수 없다. ▸수요관리와 공급조정의 전략이 필요하다.
변동성	▸서비스는 제공자, 시간, 장소, 상황에 따라 품질이 달라질 수 있다. ▸품질유지를 위한 표준화 절차, 서비스 매뉴얼 등이 요구된다.

출처: Zeithaml, Bitner, & Gremler(2018).

4) 사회복지 프로그램의 성격

사회복지 프로그램을 이해하는 또 다른 방법은 Wilensky와 Lebeaux(1965)의 통찰을 살펴보는 것이다. 이들은 사회복지프로그램을 공식적 조직, 사회적 승인과 책임, 이윤추구의 배제, 인간 욕구에 대한 통합적 관심, 그리고 인간의 소비 니드에 대한 직접적 관심이라는 다섯 가지 주요 특성으로 구분하여 설명하였다.

(1) 공식적 조직

사회복지 프로그램은 비공식적 자선활동과는 달리, 명확한 조직체계와 절차를 갖춘 공식적인 조직을 통해 운영되는 것이 특징이다. 이는 프로그램의 목표, 역할, 책임이 법적·행정적으로 규정되어 있으며, 전문적 인력과 자원이 체계적으로 동원되어 서비스를 제공함을 의미한다. 공식적 조직은 프로그램의 지속성과 효율성을 확보하며, 사회복지서비스가 일관되게 수행될 수 있도록 한다.

(2) 사회적 승인과 책임

사회복지프로그램은 사회 공동체로부터 공식적인 승인을 받아야 하며, 동시에 사회적 책임을 진다. 사회복지 프로그램은 사회적 가치와 규범에 부합해야 하고, 공공의 이익을 위해 투명하고 윤리적으로 운영되어야 함을 의미한다. 사회적 승인은 프로그램의 정당성을 확보하는 반면, 사회적 책임은 프로그램이 효과적으로 운영되고, 이용자의 권익이 보호되는지에 대한 지속적인 평가와 감독을 요구한다.

(3) 이윤추구의 배제

사회복지 프로그램은 상업적 이윤을 목적으로 하지 않는다는 점이다. 사회복지서비스는 공공의 복리와 인간 존엄성 실현에 초점을 맞추며, 이윤을 추구하는 경제적 활동과 구별된다. 이러한 비영리적 성격은 사회복지프로그램이 경제적 동기보다 사회적 책임과 공익 실현에 우선순위를 둔다는 것을 의미한다.

(4) 인간 욕구에 대한 통합적 관심

사회복지 프로그램은 인간의 다양한 욕구를 통합적으로 다룬다. 즉, 신체적, 심리적, 사회적 욕구를 분리하지 않고 포괄적으로 접근하여 전인적인 복지를 추구한다. 이는 단편적인 지원이 아니라, 복합적인 인간 문제를 동시에 해결하려는 노력을 반영한다. 예를 들어, 경제적 지원과 심리 상담, 사회적 관계망 구축 등이 함께 이루어진다.

(5) 인간의 소비 욕구에 대한 직접적 관심

사회복지 프로그램은 인간의 기본적인 소비 욕구에 대해 직접적인 관심을 갖는다. 이는 단순한 정책적 지원이 아니라, 실제 생활 유지에 필요한 자원을 직접 제공함으로써 이용자의 생존과 삶의 질을 보장하는 데 중점을 둔다. 이러한 직접적 개입은 사회안전망의 핵심 기능으로 작용한다.

3. 사회복지 프로그램의 유형

사회복지 프로그램의 유형은 어떠한 관점과 기준에서 보는가에 따라 다양한 형태로 구분된다. 황성철(2005)은 사회복지 프로그램을 다양한 구분 기준에 따라 다음과 같이 구분하여 설명하고 있다.

① 프로그램의 성격 및 정책별 구분

- 사회화와 발달적 욕구 충족을 위한 프로그램
- 문제를 갖는 개인 또는 가족의 치료, 보호, 지원 서비스
- 서비스 접근성을 확보하기 위한 안내 및 의뢰 프로그램

② 표적집단(실천대상)별 구분

- 개인, 가족, 집단, 조직, 지역사회 및 전체 사회를 대상으로 하는 프로그램
- 직접 혹은 간접서비스

③ 기능별 구분

- 교육·재활·치료 프로그램
- 종합사회복지관의 가족기능강화, 지역사회보호, 지역사회조직 등

④ 프로그램 구성 체계별 구분

- 상위 프로그램(아동복지)과 하위 프로그램(결식 지원)
- 단위 프로그램(캠페인이나 캠프)과 연속 프로그램(교육 및 훈련), 종합 프로그램(상담, 재활, 교육 등의 복합) 등

사회복지공동모금회는 배분사업의 종류에 따라 사회복지 프로그램의 유형을 구분하고 있다.

표 1-3 사회복지공동모금회의 배분사업의 종류

구분	사업내용
신청사업	사회복지 증진을 위하여 자유주제 공모형태로 복지 사업을 신청받아 배분하는 사업
기획사업	모금회가 그 주제를 정하여 배분하는 사업 또는 배분대상자로부터 제안 받은 내용 중에서 선정하여 배분하는 시범적이고 전문적인 사업
긴급지원사업	개인긴급지원, 재난재해지원 등 긴급히 지원해야 할 필요가 있는 경우에 배분하는 사업
지정기탁사업	사회복지 증진을 위하여 기부자가 기부금품의 배분지역·배분대상자 또는 사용용도를 지정한 경우 그 지정 취지에 따라 배분하는 사업

특히 사회복지 프로그램과의 관련성이 높은 일반 신청사업의 경우 크게 참여대상별 분류 및 사업의 성격에 따른 분류체계를 활용하고 있다.

(1) 표적집단

일반적으로 사회복지 프로그램의 개입 대상은 개인 및 가족, 집단, 조직, 지역사회, 국가 등으로 구분된다. 예를 들어 사회복지공동모금회에서는 2가지의 분류체계를 사용하고 있는데, 그 첫 번째 기준이 표적집단별 구분이다.

표 1-4 사회복지공동모금회 프로그램 구분: 표적집단별 분류

참여대상	프로그램 사례
아동 · 청소년	• 밥 굶는 아이 없는 엄마의 밥상
노인	• 저소득 어르신 디지털 포비아 해소를 위한 비대면 홈트 플랫폼 "느린 시니어 학습자의 스라벨 홈트 프로젝트"
장애인	• 경상북도 시각장애인의 의약품 오용 예방을 위한 복약관리사업 "보약(보고 먹는 약)"
여성 · 가족	• 저소득 가정의 가족기능 강화를 위한 가족통합 힐링 프로그램 "Fun한 우리가족"
조직	• 사회복지시설의 환경 개선 및 기능 향상을 위한 장비 지원과 시설 개보수
지역사회	• 원도심 내 청소년과 어르신이 함께하며 생기 돋는 마을 힐링 프로젝트 "오래된 미래 '가보젠'이야기"
해외(기타)	• 우간다 북부지역 감염병 예방을 위한 학교 보건 역량 강화 사업

출처: 이민홍 외(2024) 및 사회복지공동모금회 연도별 배분 사례에서 재구성.

(2) 프로그램 성격

사회복지 프로그램 참여자의 욕구나 문제에 따라 사회복지 프로그램을 유형 구분할 수도 있다. 사회복지공동모금회는 프로그램의 성격에 따라 생활안정과 역량강화, 그리고 위기대응으로 크게 구분한 뒤, 9개의 사업유형으로 분류하고 있다. 특히 각 사업들을 유엔(UN)의 지속가능 발전목표(CDGs)를 기반으로 재편하여 활용하고 있다.[1)]

1) 16개 지속가능 발전목표(C-CDGs)에는 다음 내용을 포함한다. 경제적 빈곤퇴치, 영양 및 급식지원 · 기아종식, 교육 및 자립역량 강화, 양질의 일자리 만들기, 성평등, 지속가능한 지역사회 인프라 구축, 사회적 약자의 권리증진, 적정기술과 정보기술격차 해소, 사회적 배제 감소와 불평등 완화, 신체 · 정서적 건강과 회복, 깨끗한 물과 위생, 모두를 위한 깨끗한 에너지, 지속가능한 생산과 소비, 기후변화와 대응, 해양생태계 보존, 육상생태계 보호 등이다.

표 1-5 사회복지공동모금회의 프로그램 구분: 성격별 분류

어젠다 (배분지향)	구분	의미	예시
생활안정	기초생계 지원	• 인간의 기본적 욕구 충족 • 절대적 빈곤 위험 완화와 예방	• 현금·현물 기초생계지원 • 결식예방 및 지원
역량강화	교육·자립 지원	• 취약계층의 자립역량 강화 지원과 빈곤의 대물림 방지	• 학습 지원, 직업 및 창업 교육 • 평생교육 및 재능교육 지원 • 고용 및 창업 관련 지원
	소통과 참여 확대	• 민간전달체계 강화를 통한 양질의 복지서비스 제공 및 주민참여를 통한 민간복지자원 확대	• 여성폭력 및 학대 예방, 사회적 지위 향상 • 지역사회 협력 인프라 구축 • 주민조직화, 지역네트워크 활성화 • 연대와 협력, 인권 옹호 등 지원
	문화·정보 격차 해소	• 여가·문화·예술의 다양한 경험 및 활동(정보 등)에 대한 기회 확대로 삶의 질 개선과 역량강화	• 복지 관련 기술 지원 • 문화여가 불평등 완화 지원(나들이, 캠프, 체험활동 등)
위기대응	보건·의료 지원	• 신체적으로 건강한 삶을 위협하는 요인의 완화 및 사전예방 • 의료서비스 기회제공 및 의료비 경감	• 의료비 및 의료서비스 지원 • 식수 위생 관련 지원
	심리·정서 지원	• 건강한 삶을 위한 정신적, 심리적 지지	• 심리정서 지원, 멘토링
	사회적 돌봄 강화	• 보호가 필요한 취약 계층의 안전한 삶 지원	• 방과후 및 주야간 보호 • 한부모 및 조손가정 아동의 보호 • 각종 폭력 피해 지원 등
	주거·안전 지원	• 안전한 주거환경 조성, 지역사회 환경 개선	• 주거비, 난방비 등 지원 • 지역사회 및 복지시설 환경개선
	재난재해·기후위기 대응	• 재난 피해지역 복구, 환경보호, 기후위기 대응	• 이재민 긴급구호 • 재생 및 청정에너지 지원 • 재난피해지역 복구 관련 사업 • 쓰레기 감소, 리사이클링/업사이클링 • 기후변화 관련 각종 대응활동 • 육상 및 해양생태계 보호 관련 사업

출처: 사회복지공동모금회(2025). 2026 배분사업 안내.

위의 기준에 따라 프로그램 사례를 소개하면 다음 〈표 1-6〉과 같다.

표 1-6 사회복지공동모금회 프로그램 구분 사례

프로그램 유형	프로그램 사례
기초생계지원	• 취약계층 일상생활지원을 통한 더불어 사는 마을 만들기 '해피투게더'
교육 · 자립지원	• 아동공동생활가정 퇴소청소년의 지역사회 정착을 위한 자립훈련 지원사업 '어깨동무'
소통과 참여 확대	• 중장년 폭력피해여성의 치유 및 자활지원을 위한 노인돌봄 준전문가 파견사업 '5060여성, 실버 케어'
문화 · 정보격차 해소	• 청소년을 위한 미술 교육프로그램: 역지감지 '작가와 함께하는 사운드아트'
보건 · 의료지원	• 화상 상처에 사랑을 입히다 'Wear Love!'
심리 · 정서지원	• 빈곤가정 아동의 심리사회적 적응력 향상을 위한 심리정서지원 프로젝트 '내 마음이 활짝' 시즌3
사회적 돌봄 강화	• 학교 밖 청소년의 진로탐색을 통한 평생 직업교육 지원사업
주거 · 안전지원	• 소외 이웃을 위한 쿨루프 프로젝트 '하얀마음 하얀지붕'
재난재해 · 기후위기 대응	• 탄소중립 시대를 위한 신재생에너지 교육 '클린 에너지스쿨'

출처: 이민홍 외(2024) 및 사회복지공동모금회 연도별 배분 사례에서 재구성.

지금까지 다양한 형태의 사회복지 프로그램의 유형에 대하여 살펴보았다. 사회복지 프로그램이 구체적으로 어떤 유형에 해당하는가를 단순히 범주화하기보다는 유형 구분 방식을 통해 하나의 사회복지 프로그램이 어떤 구조와 기능을 수행하는가를 이해하는 것이 중요하다.

프로그램 실습

1. 사회복지 프로그램 개발과 평가 교과목이 3학년 교육과정에서 다루어지고 있는데, 이에 대한 장점과 한계에 관하여 각자의 의견을 제시해 봅시다.

2. 특정 사회복지 프로그램을 찾아서 프로그램 유형 구분에 따라 분류해 봅시다.

3. 여러분이 알고 있는 어떤 사회복지기관을 가정하여, 그 기관이 해결하고자 하는 사회문제 또는 특정 집단의 욕구 하나를 선정하여 다음 조건을 해결해 봅시다.

> 이 문제(또는 욕구)가 발생하는 배경과 중요성을 설명하고, 이를 해결하기 위한 사회복지 프로그램의 필요성을 책무성의 시대적 요구, 사회복지 개입의 효과성 극대화, 증거기반실천의 확산, 경쟁적 예산배분 환경, 사회복지 전문직의 역량 강화라는 다섯 가지 관점에서 분석해 보시오.

4. 사회복지 프로그램을 실제 개발한다고 가정할 때, 어떤 프로그램을 개발하고 싶은지 지금-여기의 생각을 적어 봅시다.

Chapter

02 사회복지 프로그램의 이론체계와 구성

> A Logic Model is a map. But one of the greatest benefits of the logic model is that it clarifies what the program is.
> - https://logicmodel.extension.wisc.edu

사회복지 프로그램은 핵심적인 체계와 구성요건을 갖추는 것이 필요하다. 사회복지 프로그램은 어떤 요소로 구성되어 있으며, 문제해결과 목표달성을 위하여 어떤 메커니즘으로 작동하는지를 이해하는 것이 중요하다. 이것을 일반적으로 프로그램 이론(program theory)이라고 표현하기도 한다. 이 장에서는 사회복지 프로그램을 구성하는 핵심적인 요소와 사회복지 프로그램을 설명하는 이론에 대하여 체계이론, 프로그램 이론 및 로직모델에 대하여 다룬다. 아울러 이러한 요건을 충분히 갖추는 것을 전제로 좋은 프로그램이 되기 위한 몇 가지 조건을 살펴보고 좋은 프로그램을 기획하는데 있어서 프로그램 담당자에게 요구되는 역량과 기술을 제안한다.

1. 사회복지 프로그램의 이론체계[1)]

1) 체계이론의 관점

사회복지 실천에서 중요한 관점 중 하나인 체계론(systems theory)은 사회복지 프로그램의 구성과 작동 체계를 이해하는 데 유용한 분석 틀을 제공한다(김영종, 2013). 체계론은 전체를 단순한 부분의 합이 아니라, 상호 연결되고 역동적으로 상호작용하는 구성 요소들의 총체로 본다. 각 요소는 서로 영향을 주고받으며, 외부 환경과의 관계 속에서 전체 체계를 형성한다.

이러한 관점은 사회복지 프로그램을 하나의 복합적이고 상호의존적인 체계로 이해하게 해준다. 이를 통해 프로그램의 구성 원리와 작동 방식, 평가의 기준을 이론적으로 설명할 수 있는 강력한 토대를 제공한다.

우선 체계이론의 기본구조를 살펴보면 [그림 2-1]과 같다.

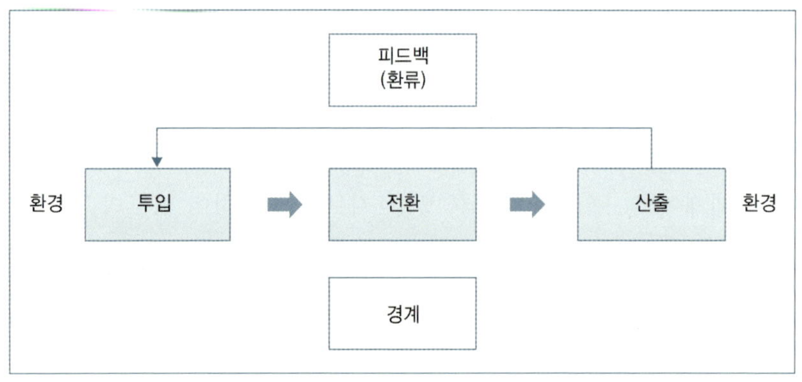

그림 2-1 사회복지 프로그램의 체계모형

① 전체성과 상호연결성

사회복지 프로그램은 단일 요소(예: 활동, 참여자, 자원)로 설명될 수 없다. 프

1) 여기서는 프로그램 이론의 기본 내용만 살펴보고 이후의 프로그램의 내용설계 및 평가의 각 장에서 구체적으로 살펴본다.

로그램은 목표, 인적자원, 물적자원, 활동, 산출, 환경 등 다양한 구성 요소로 이루어져 있으며, 이 요소들은 서로 긴밀하게 연결되어 있다.

② 전환과정(throughput)

체계이론에서는 기본적으로 프로그램을 투입(input), 전환(throughput), 산출(output)로 구성된 변환 과정의 체계로 이해할 수 있다.

- **투입**: 프로그램 수행에 필요한 자원과 조건(예: 참여자, 재정, 시설, 정보 등)
- **전환**: 프로그램이 설정한 목표와 성과를 도출하기 위한 주요 활동들이 수행되는 단계로, 프로그램의 핵심이자 본질적인 활동들이 이루어지는 부분. 교육, 상담, 서비스 제공 등 활동이 포함됨
- **산출**: 프로그램의 활동 결과물(예: 서비스 제공 횟수, 참여자의 기술 습득 등)

③ 피드백(feedback)

체계는 항상 일정한 상태로 유지되는 것이 아니라, 외부 및 내부 환경 변화에 대응하기 위해 조절된다. 피드백은 프로그램의 산출 및 성과에 대한 정보가 다시 투입 또는 과정으로 되돌아가 프로그램의 향후 운영 및 개선에 영향을 미치는 순환 과정이다.

④ 경계(boundaries)

프로그램은 외부 환경과 분리되어 존재하지 않으며, 개방체계로서 외부 환경(정책, 제도, 지역사회 등)과 상호작용한다. 경계는 프로그램 체계와 외부 환경을 구분하는 개념적 또는 물리적인 구분선이다. 경계 설정을 통해 프로그램의 내부요소(참여자, 활동 등)와 외부요소(후원기관, 지역사회, 법제도)를 구분하고 어디에 관심을 가져야 할지를 고려하도록 한다.

2) 프로그램 이론

프로그램은 투입, 활동, 산출 등 요소들이 상호 연결되어 전체 프로그램을 구성한다. 그러나 프로그램이 의도한 결과를 달성하기 위해 '어떻게' 작동하는지, 즉 개입과 성과 사이의 구체적인 인과적 경로를 파악하기 위해서는 프로그램 이론(program theory)에 대한 이해가 필요하다.

(1) 프로그램 이론이란

프로그램 이론은 프로그램이 특정 문제를 해결하거나 목표를 달성하기 위해 어떤 방식으로 작동할 것이라고 예상하는지에 대한 가설적인 설명이다. 이는 프로그램 기획자가 가지고 있는 변화에 대한 믿음과 가정을 명시적으로 표현한 것으로, 종종 변화 이론(theory of change) 또는 로직 모델(logic model)의 형태로 제시된다(Kellogg Foundation, 2004).

프로그램 이론은 프로그램 각 요소들이 서로 어떻게 연결되어 최종적인 성과로 이어지는지를 인과적 논리에 따라 설명한다. 즉, 프로그램 활동이 왜, 그리고 어떻게 의도된 단기적, 중기적, 장기적 성과를 가져올 것으로 기대되는지에 대한 청사진을 제공한다(Kettner et al., 2023).

(2) 프로그램 이론의 구조적 특성

[그림 2-2]는 체계론적 관점에 기반을 둔 프로그램 이론의 적용 사례를 보여준다. 독거노인의 우울감 문제를 해결하기 위하여 자원봉사와의 1:1 정기방문을 통한 활동들을 통해 우울감을 감소하고자 하는 프로그램 논리를 설명한다.

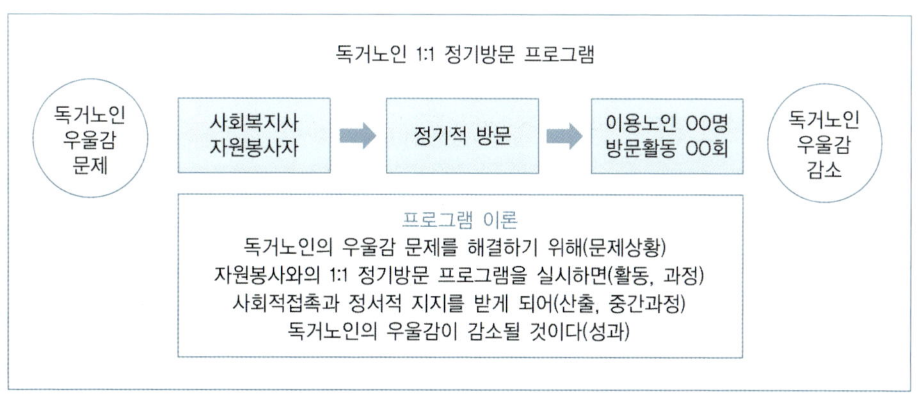

그림 2-2 프로그램 이론 적용 모형의 예

정기적인 방문 프로그램이 독거노인의 우울감 감소와 어떻게 연결되는지는 논리적으로 설명되어야 한다. 정기적인 방문과 1:1 활동을 통해 사회적 접촉 기회가 늘어나고, 정서적 지지를 경험하게 되면, 독거노인의 사회적 고립감이 줄어들고 사회적 유대감이 증가한다. 이러한 변화는 결국 우울감의 감소와 정신건강의 개선으로 이어질 수 있다.

즉, 투입(사회복지사, 자원봉사자, 방문 일정) → 과정(정기적인 방문을 통한 정서적 지원 제공) → 산출(독거노인이 사회적 접촉과 정서적 지지를 받음) → 중간 성과(독거노인의 사회적 고립감 감소 및 사회적 유대감 증가) → 장기 성과(독거노인의 우울감 감소 및 정신건강 개선)와 같은 과정으로 변화논리가 설명될 수 있다는 것이다.

한편 Funnell 등(2011)의 접근에 따르면 다양한 인과 메커니즘을 구체적으로 명시하여 프로그램이 실제로 어떻게 작동하는지 명확히 설명할 수 있다. 독거노인의 우울감을 감소시키는 프로그램의 경우, 다음과 같은 다양한 인과 메커니즘이 가능하다.

① 사회적 유대감 증진 관련

독거노인이 정기적으로 사람과 상호작용함으로써 사회적 유대감이 증가하고, 이것이 정서적 안정감을 제공하여 우울감을 감소시킨다고 본다. 즉 정기 방문 → 사회적 상호작용 증가 → 사회적 유대감 증가 → 정서적 안정감 증가 →

우울감 감소의 경로를 가정한다.

② 자아존중감 증진 관련

정기방문을 통해 독거노인이 타인으로부터 관심과 존중을 받는다고 느끼게 되고, 이를 통해 자아존중감이 향상되면서 우울감이 감소한다고 가정한다. 즉 정기 방문 → 관심과 존중 인식 → 자아존중감 향상 → 정서적 안정 증가 → 우울감 감소의 경로를 말한다.

③ 스트레스 감소 관련

이번에는 정기적인 사회적 지원을 통해 스트레스와 불안감이 감소하여 심리적 안정감이 증가하고, 이것이 우울감 감소로 이어진다고 가정하는 것이다. 즉 정기 방문 → 정서적 지지와 사회적 지원 인식 → 스트레스 및 불안감 감소 → 심리적 안정감 증가 → 우울감 감소의 경로이다.

이렇게 각각의 메커니즘은 서로 다르게 설정할 수 있으며, 각 메커니즘에 따라 프로그램의 평가에서 중요하게 다룰 지표들도 달라질 것이다. 이러한 평가를 통해 독거노인의 우울감 감소 프로그램이 왜, 어떤 조건에서 성공했는지, 또는 실패했는지를 명확히 이해할 수 있다. 프로그램 이론을 통해 프로그램이 실패했을 때 그 실패의 정확한 지점을 찾고, 성공했을 때도 정확히 어떤 요소가 성공을 이끌었는지를 파악할 수 있다. 예를 들어, 사회적 유대감이 효과적이었다면 사회적 상호작용을 더욱 활성화하는 전략을 강화할 수 있고, 스트레스 감소가 주요 경로였다면 정서적 지원 활동을 보다 체계적으로 강화할 수 있을 것이다.

또한 프로그램이 특정 집단(예: 여성 노인, 저소득 노인)에게만 효과적이었다면, 이후 프로그램에서는 해당 집단에 초점을 맞추어 우선적으로 지원을 제공하거나 프로그램 내용을 맞춤형으로 조정할 수도 있다.

프로그램 이론은 사회복지 프로그램이 명확한 인과적 논리에 기반하여 설계 및 평가될 수 있도록 돕는다.

- **논리적 일관성과 투명성 확보**: 프로그램 이론은 프로그램의 설계, 실행, 평가의 전 과정에서 논리적 일관성과 투명성을 제공한다.
- **효과적 평가와 개선**: 프로그램 이론은 프로그램의 어떤 부분에서 문제가 발생했는지 구체적으로 파악할 수 있게 한다. 예를 들어 프로그램이 실패했을 때 그것이 프로그램 자체의 논리적 문제 때문인지, 실행상의 문제 때문인지 구분할 수 있다.
- **의사소통과 합의 도출 촉진**: 프로그램 이론은 프로그램 관계자들 간의 명확한 소통을 가능하게 하고, 이해관계자 간의 합의를 도출하는 데 도움을 준다.

2. 프로그램과 로직모델

1) 로직모델의 의미

체계론과 이를 기반으로 하는 프로그램 이론을 통하여 프로그램의 구조적 측면과 그 작동에 관한 기본 원리를 살펴보았다. 로직모델은 프로그램이 어떻게 작동하는지, 즉 주어진 자원을 활용하여 어떤 활동을 수행하고, 그 활동이 어떤 직접적인 결과를 낳으며, 궁극적으로 참여자의 변화와 더 나아가 사회적인 영향으로 이어지는 과정 전체를 간결하게 보여주는 시각적인 도구이다(Kellogg Foundation, 2004; Rossi et al., 2016). 프로그램 이론이 '왜 그 개입이 효과가 있을 것인가'에 대한 이론적 설명이라면, 로직모델은 그러한 이론적 설명을 시각적으로 구조화하여 논리적 설계와 평가에 도움을 준다.

참고자료 **일상생활에서 로직모델의 간단한 예시**

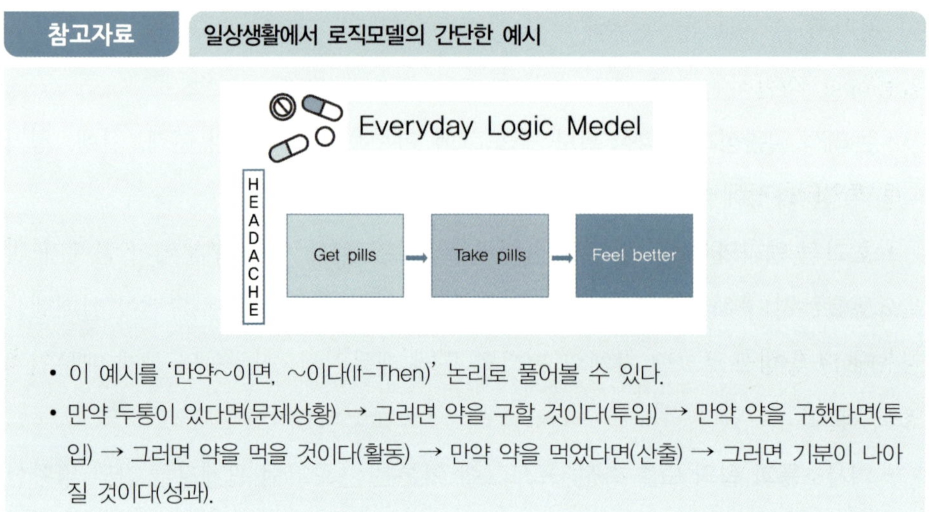

- 이 예시를 '만약~이면, ~이다(If-Then)' 논리로 풀어볼 수 있다.
- 만약 두통이 있다면(문제상황) → 그러면 약을 구할 것이다(투입) → 만약 약을 구했다면(투입) → 그러면 약을 먹을 것이다(활동) → 만약 약을 먹었다면(산출) → 그러면 기분이 나아질 것이다(성과).

(1) 로직모델의 구성

로직모델은 체계론과 프로그램 이론 모형을 활용하여 실제 프로그램에 적용시킨 도구로서 [그림 2-3]과 같이 표현된다.

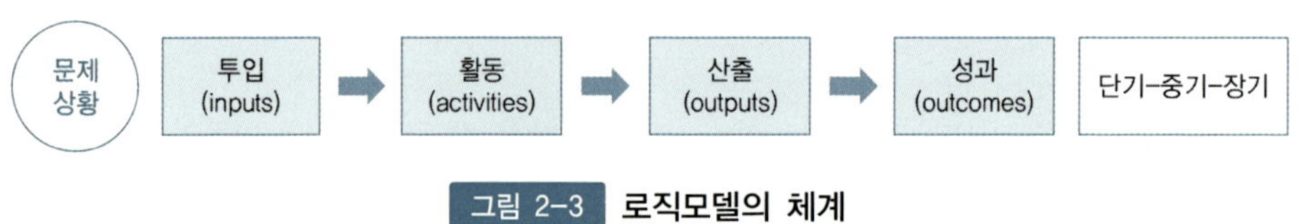

그림 2-3 **로직모델의 체계**

이러한 로직모델에 따라 사회복지 프로그램의 각 요소를 살펴보자. 로직모델에서는 프로그램의 구성 요소들 간의 논리적 관계를 '만약 ~이면, ~이다(If-Then)'의 인과관계로 설명한다. 일반적으로 문제상황, 투입, 활동, 산출, 성과 등 다섯 가지 요소로 구성된다(이민홍 외, 2024; Royse et al., 2016).

① 문제상황(situations)

문제상황은 현재 해결되지 않고 변화가 필요한 상태를 의미한다. 이는 프로그램 개입의 동기나 이유를 설명하는 영역이며, 프로그램 기획의 출발점이 된다(이민홍 외, 2024). 문제상황을 기술할 때는 통계자료나 욕구사정 결과 등을 활용하여 객관적인 상황을 제시하는 것이 바람직하다.

② 투입(inputs)

투입은 프로그램 운영에 사용되는 모든 자원을 의미하며, 프로그램 과정에 필요한 원료에 해당한다. 인적자원과 물적자원이 주로 포함된다. 휴먼서비스의 공동생산 특성을 고려할 때 클라이언트 자원도 투입 요소로 포함될 수 있다(김영종, 2013).

③ 활동(activities)

활동은 프로그램에 투입된 자원을 활용하여 실질적으로 개입하고 실천하는 내용을 말한다. 활동은 과정으로 표현되듯이 목표달성을 위하여 프로그램에서 계획되고 수행되는 실천 활동들을 포괄하며, 사회복지사나 기관이 클라이언트를 대상으로 실천 전략을 실행하는 과업들이다. 상담, 치료, 교육, 멘토링, 취업 훈련, 자조 모임, 캠프 등이 구체적인 활동의 예가 될 수 있다.

④ 산출(outputs)

산출은 프로그램 활동으로 얻어지는 직접적인 결과물로, 프로그램 참여자에게 제공된 서비스나 노력의 총량을 의미한다. 프로그램이 의도된 대로 참여자에게 적절한 수준으로 제공되었는지를 나타내며, 제공된 프로그램 또는 서비스의 크기를 말한다.

⑤ 성과(outcomes)

성과는 프로그램 참여자가 프로그램 참여 중 또는 종료 후에 얻는 긍정적인 변화나 혜택을 의미한다. 이는 참여자의 문제 해결이나 욕구 충족에 해당하며 프로그램이 궁극적으로 달성해야 할 목표라고 할 수 있다. 성과는 시간 흐름에 따라 단기성과, 중기성과, 장기성과로 구분될 수 있다(Kettner et al., 2023).

- **단기성과:** 주로 지식, 기술, 가치, 태도 등 인지적 변화
- **중기성과:** 행동의 변화
- **장기성과:** 조건이나 지위의 변화

성과는 산출과 구분되어야 하며, 산출을 통해 일어나는 참여자의 구체적인 변화를 나타낸다. 즉, 참여자의 문제상황 해결이 곧 성과라고 볼 수 있다.

(2) 로직모델의 작성방법

프로그램을 기획할 때 로직모델을 활용하면 우리가 무엇을 위해 어떤 일을 할 것인지 명확하게 정리할 수 있다(Kettner et al., 2023). 로직모델은 프로그램의 각 부분이 어떻게 연결되어 있는지 논리적으로 보여주는 지도와 같다. 그러나 프로그램을 기획할 때는 로직모델의 구조적 특성인 'If-Then'의 순서가 아니라 성과부터 생각하면서 구조화해 나가는 것이 도움이 된다(김영종, 2013). 이를 '역방향 기획'이라고 한다. 마치 목적지를 정해놓고 그곳에 가기 위해 필요한 것들을 거꾸로 생각하는 것과 같다.

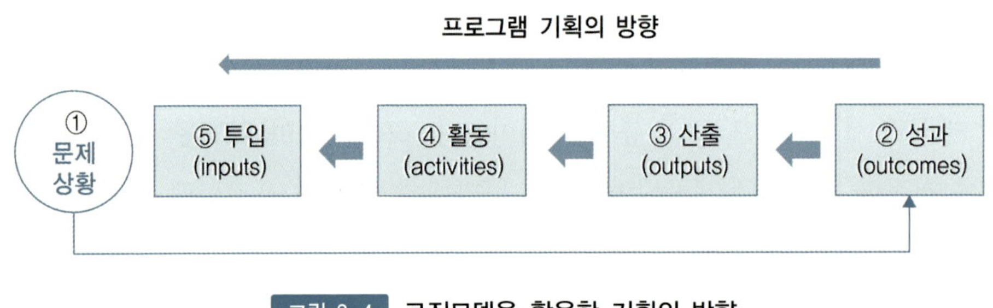

그림 2-4 로직모델을 활용한 기획의 방향

① 문제상황 및 프로그램 목적: 어떤 문제를 해결하고 무엇을 달성하고 싶은가?

우리가 왜 이 프로그램을 만들려고 하는지, 어떤 문제를 해결하려고 하는지, 그리고 이 프로그램을 통해 궁극적으로 어떤 변화를 만들고 싶은지 목표를 정한다(김영종, 2013).

② **성과:** 프로그램이 성공하면 무엇이 달라지는가?

프로그램이 종료될 때 참여자들에게 나타날 긍정적인 변화가 무엇일지 구체적으로 생각한다. 이것이 바로 '성과'이다.

③ **산출:** 성과를 얻으려면 어떤 결과물이 나와야 할까?

원하는 성과(예: 독거노인의 외로움 감소 및 사회적 관계 증진)를 얻기 위해 프로그램 활동을 통해 직접적으로 만들어져야 하는 것이 무엇인지 생각한다. 성과를 달성하기 위해서 무엇이 얼마만큼 이루어져야 하는가를 말한다.

④ **활동:** 결과물을 만들려면 어떤 활동을 해야 할까?

이제 우리가 정한 산출(예: 독거노인 30명의 자조모임 참여)을 만들어내기 위해 실제로 어떤 일들을 할 것인지 구체적으로 계획한다. 활동은 이른바 프로그램의 주요 전략을 말하며, 참여자들에게 제공하는 서비스나 프로그램을 의미한다.

⑤ **투입:** 그러한 활동을 하려면 무엇이 필요할까?

마지막으로, 우리가 계획한 활동(예: 자조모임 진행)을 성공적으로 수행하기 위해 어떤 자원들이 필요한지 파악하고 확보 계획을 세운다. 프로그램에 들어가는 모든 자원을 의미하며, 사회복지사, 자원봉사자 같은 '사람'(인적자원), 예산, 시설, 장비 같은 '돈과 물건'(물적자원) 등이 포함된다.

이제 이러한 역방향 기획이 정리되면 로직모델의 논리대로 왼쪽부터 'If-Then' 방식으로 검토를 해본다.

- If 이런 투입이 이루어지면 → Then 이런 활동이 가능할 것이고,
- If 이런 활동이 이루어지면 → Then 이런 산출이 일어날 것이고,
- If 이런 산출물이 발생하면 → Then 이런 단기성과가 나타날 것이고,
- If 이런 단기성과가 나타나면 → Then 이런 중기성과가 나타날 것이고,
- If 이런 중기성과가 나타나면 → Then 이런 장기성과가 가능할 것이다.

이처럼 로직모델을 활용하여 프로그램을 기획할 때는 우리가 바라는 최종적인 변화(성과)부터 시작해서, 그 변화를 만들기 위한 결과물(산출), 그 결과물을 위한 활동(활동), 그리고 활동에 필요한 자원(투입) 순서로 거슬러 올라가며 생각하면 프로그램의 논리적인 흐름을 효과적으로 구성할 수 있다.

(3) 로직모델과 인과관계

로직모델에서 프로그램의 인과관계는 앞의 프로그램 이론에서 살펴보았다. 로직모델의 구성요소 간의 관계는 논리적, 시간적 순서와 인과적 연계성을 가진다는 것을 보여준다. 즉 'If-Then' 형태로 원인(독립변수)과 결과(종속변수)로 설명될 수 있다. "어떤 일이 일어나면 그 결과로 어떤 변화가 생긴다"는 원인과 결과의 연결고리를 의미한다.

로직모델은 논리적 인과관계를 전제로 구성되어야 한다. 다음 예시는 인과관계가 성립되는 경우와 그렇지 않은 경우를 비교하여 보여주고 있다.

① 논리적 인과관계 예시

- 어떤 학생이 학습 목표를 명확히 설정하고 꾸준히 학습 계획을 실천했다(원인). → 그 학생의 시험 성적이 향상되었다(결과).
- 이 사례에서 '학습 목표 설정 및 계획 실천'이라는 원인은 '시험 성적 향상'이라는 결과와 논리적으로 연결된다. 꾸준한 노력과 계획 실천은 일반적으로 학업 성취 향상으로 이어질 가능성이 높기 때문이다.

② 비논리적 인과관계 예시

- 어떤 학생이 학습 목표를 명확히 설정하고 꾸준히 학습 계획을 실천했다(원인). → 그 학생의 건강이 급격히 나빠졌다(결과).
- 이 사례는 비논리적인 인과관계이다. 학습 노력과 건강 악화 사이에 직접적이고 합리적인 연결 근거를 찾기 어렵기 때문이다. 물론 과도한 학습으로 인한 건강 악화 가능성을 배제할 수는 없으나, 일반적인 상황에서의 학습

노력은 건강 악화의 직접적인 원인이 되기 어렵다.

2) 로직모델의 활용

(1) 로직모델의 사례

로직모델은 사회복지 프로그램의 구조와 작동 과정을 논리적으로 설명하는 도구로서, 프로그램이 어떻게 작동하며 어떤 성과를 창출할 것인지에 대한 인과적 경로를 시각적으로 제시한다. 이는 투입, 활동, 산출, 단기·중기·장기 성과 등의 요소로 구성되며, 각 요소 간의 인과적 연결 관계를 통해 프로그램의 설계와 실행, 평가의 논리적 타당성을 확보하는 데 도움을 준다.

아래의 사례는 각각 사회복지현장에서 실시된 특정 프로그램을 로직모델에 따라 재구성한 것이다.

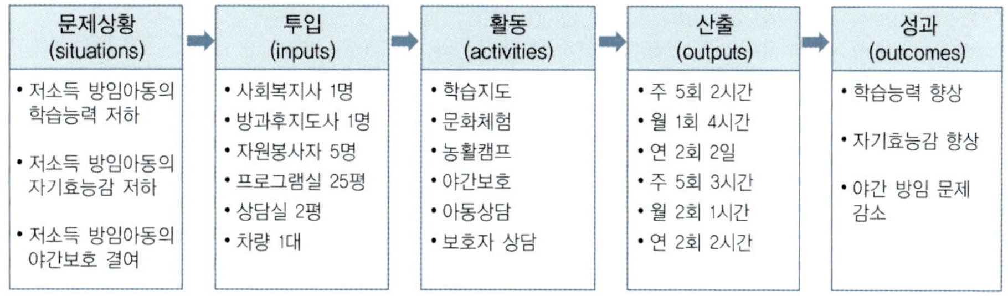

그림 2-5 로직모델의 사례 1

출처: 사회복지공동모금회(2019)에서 재구성.

이 사례는 지역사회 저소득 방임 아동의 건강한 성장을 지원하는 야간 방과후 프로그램의 로직모델이다.

프로그램이 해결하고자 하는 핵심 문제는 저소득 방임 아동의 학습 능력 저하, 자기효능감 저하, 야간보호의 결여이다. 이에 따라 프로그램의 성과는 문제상황에 직접 대응하여 학습 능력 향상, 자기효능감 향상, 야간 방임 문제 감소로 설정되었다.

이러한 성과를 달성하기 위해 투입 요소로 사회복지사와 자원봉사자 등 인력, 프로그램실과 상담실 등 시설, 그리고 차량이 활용된다. 투입된 자원은 학습지도, 문화체험, 야간 보호, 아동 및 보호자 상담과 같은 구체적인 활동으로 이어진다.

각 활동은 성과를 달성하기에 적절한 양으로 계량화된 산출목표를 가진다. 예를 들어 학습지도는 주 5회 2시간, 문화체험은 월 1회 4시간 등으로 구체적인 서비스 제공량을 제시한다. 이처럼 로직모델은 문제 상황 분석부터 성과 창출까지 이어지는 과정의 논리적 흐름을 체계적으로 보여주는 유용한 도구이다.

사회적 고립을 겪는 중장년 및 어르신 1인 가구의 사회안전망 구축 프로그램

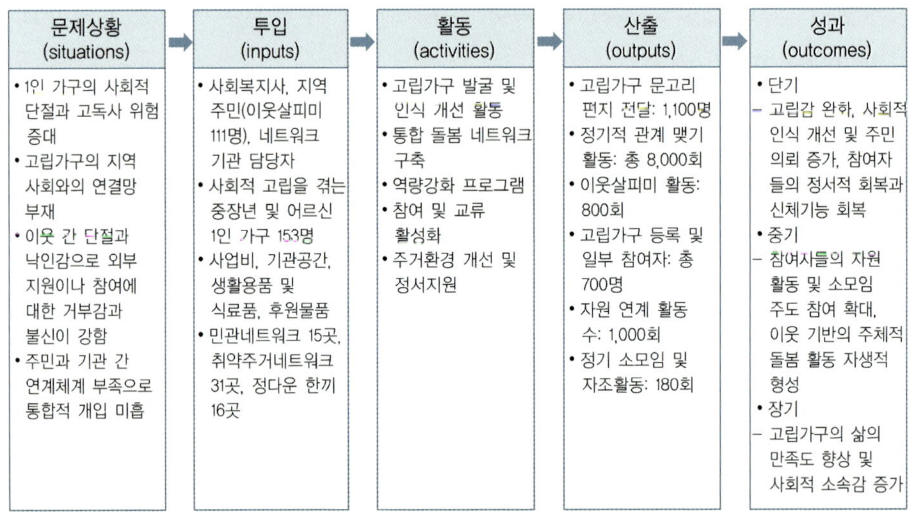

그림 2-6 로직모델의 사례 2

출처: 사회복지공동모금회(2024b)에서 재구성.

사례 2는 사회적으로 고립된 중장년 및 어르신 1인 가구를 대상으로 하는 사회안전망 구축 프로그램의 로직모델이다.

이 프로그램은 1인 가구가 겪는 사회적 단절과 고독사 위험 증대, 지역사회와의 연결망 부재, 외부 지원에 대한 불신, 통합적 개입 체계 미흡 등을 문제상황으로 설정하고 있다.

이러한 문제 해결을 위해 프로그램의 성과는 단기, 중기, 장기 목표로 구체화되었다. 단기적으로는 참여자의 고립감을 완화하고 정서적·신체적 기능을 회복하며, 중기적으로는 참여자의 주도적 활동 참여를 확대하고 이웃 기반의 자생적 돌봄 체계를 형성하는 것을 목표로 한다. 이를 통해 궁극적으로는 고립가구의 삶의 만족도를 높이고 사회적 소속감을 증진시키는 장기 성과를 달성하고자 한다.

성과 달성을 위해 투입요소로서 사회복지사, 지역주민(이웃살피미), 민관 네트워크 등 인적·물적 자원을 활용한다. 투입된 자원은 고립 가구 발굴 및 인식개선, 통합 돌봄 네트워크 구축, 역량 강화 프로그램, 참여 및 교류 활성화 등 포괄적인 활동으로 연결된다. 각 활동의 산출은 '정기적 관계 맺기 활동 총 8,000회', '자원 연계 활동 수 1,000회' 등과 같이 구체적인 수치로 제시되어 프로그램의 실행 규모와 범위를 명확히 보여준다. 이 로직모델은 성과를 시간의 흐름에 따라 단기, 중기, 장기로 구분하여 프로그램 개입에 따른 점진적이고 단계적인 변화 과정을 논리적으로 제시하는 특징을 가진다.

(2) 로직모델의 유용성

사회복지현장에서 로직모델은 기관 내 프로그램의 기획과 성과관리, 외부재원 확보를 위한 제안서 작성 등 다양한 맥락에서 활용되고 있다. 대표적으로 미국의 Kellogg Foundation(2004)은 로직모델을 "생각하는 방식"이자 "기획하고 평가하는 방식"으로 정의하며, 단순한 도식이 아닌 학습과 의사소통의 핵심 수단으로 강조하였다.

프로그램의 각 단계별 로직모델을 활용하게 되면 얻을 수 있는 이점을 정리하면 다음과 같다(김영종, 2013).

- **프로그램 이론의 명확화:** 프로그램의 논리적 구조에 대한 파악은 곧 프로그램이 어떤 이론적 체계를 기반으로 하는지가 명확하게 되는 것이다. 프로그램을 구성하는 제반 요소들 간의 인과관계가 곧 프로그램 이론이기 때문이다.

- **기획 과정의 가이드**: 로직모델을 프로그램 기획 과정에서 활용한다면, 프로그램의 제반 요소들을 어떻게 구성하는 것이 적절할지를 안내해 줄 수 있다.
- **실행과 모니터링의 도구**: 프로그램의 실행 과정을 모니터링하고 개선하려면 적절한 정보가 있어야 한다. 그러한 정보들이 어디에서 어떻게 생성되어야 할지를 로직모델 분석이 제시해 줄 수 있다.
- **평가와 측정의 모형**: 로직모델은 프로그램의 개선이나 결과 평가의 목적에도 유용하게 쓰일 수 있다. 프로그램이 성과를 발생시키지 못하는 등의 오류가 발생할 때, 로직모델은 그 원인이 구체적으로 어떤 요소와 관련된 부분에서 발생하는지를 파악할 수 있게 해준다. 평가를 위해 무엇을 어떻게 측정해야 할지를 알려 줄 수 있다.
- **소통의 도구**: 사회복지 프로그램은 다수의 이해관계자들에 의해 구성된다. 로직모델은 이해관계자들과 프로그램의 구조와 기대효과를 시각적으로 공유할 수 있다.

3. 좋은 프로그램의 조건

사회복지 프로그램의 속성에 따라 기본적인 체계, 즉 프로그램이 갖추어야 핵심 변화 이론에 대하여 살펴보았다. 이러한 사회복지 프로그램의 체계의 완성된 모습을 여기서는 좋은 프로그램이라고 가정한다. Royse 등(2016)은 사회복지 및 관련 분야에서 프로그램의 효과성과 질을 높이기 위한 지침으로 우수 프로그램이 공통적으로 갖추어야 할 특성들을 제시했다.

1) 인력구성(staffing)

프로그램 목표를 효과적으로 달성하기 위해 필요한 자격, 기술, 경험을 갖춘 직원을 충분히 확보하고 유지하는 것을 의미한다. 좋은 프로그램은 프로그램의 목표와 내용을 성공적으로 수행하는 데 필요한 자격, 지식, 기술, 그리고 적절한 태도를 갖춘 인력을 확보하는 데 중점을 두어야 한다. 이는 프로그램 대상자의 특성과 요구에 맞는 다양한 전문인력을 포함한다. 또한, 직원 수가 서비스 수요에 비해 적절해야 과도한 업무 부담으로 인한 소진을 막고 서비스 질 저하를 예방할 수 있다. 채용 과정에서의 신중함, 공정한 보상 체계, 지속적인 전문성 개발 기회, 그리고 긍정적이고 지지적인 근무 환경 조성을 통한 직원 유지 노력도 중요하다. 정기적이고 질 높은 슈퍼비전은 서비스의 질을 관리하고 직원의 성장을 지원하는 핵심 요소이다. 특히, 다양한 배경을 가진 클라이언트를 효과적으로 지원하기 위해 직원 구성의 다양성을 확보하는 것도 중요하다.

2) 예산(budgets)

어떠한 사회복지 프로그램도 예산이 뒷받침되지 않으면 성공적으로 수행될 수 없다. 프로그램 운영에 필요한 재정 자원을 현실적으로 계획하고, 투명하게 관리하며, 효율적으로 사용하는 것을 모두 포함한다. 예산은 프로그램의 목표, 활동 내용, 대상자 규모 등을 고려하여 구체적으로 수립되어야 한다. 따라서 예산 계획 시에는 인건비, 프로그램 운영비(재료비, 강사비, 홍보비 등), 관리비(임대료, 공과금 등), 시설 유지보수비, 그리고 평가 활동에 필요한 비용까지 구체적으로 고려해야 한다.

현실적이고 충분한 예산은 계획된 서비스를 차질 없이 제공할 수 있는 기반이 된다. 나아가 확보된 예산의 투명한 관리는 프로그램의 책임성을 높이고, 효율적인 집행은 제한된 자원으로 최대의 효과를 내도록 돕는다.

3) 안정적 재원(stable funding)

단기적인 재정 변동에 크게 흔들리지 않고 프로그램을 지속적으로 운영할 수 있는 안정적인 재정 확보 기반을 갖추는 것을 의미한다. 이는 정부 보조금, 재단 후원, 기부금 등 다양한 재원을 통해 확보될 수 있으며, 특정 재원에 과도하게 의존하기보다는 재원의 다각화와 장기적인 확보 계획이 중요하다. 따라서 프로그램의 재원 구성별 특성을 충분히 고려하여 프로그램의 안정적 운영을 준비하는 것이 좋다(예: 정부 보조금의 확보 노력 등).

안정적인 재정은 프로그램의 지속 가능성을 보장하여 장기적인 계획 수립과 실행을 가능하게 한다. 또한 재정 불안정으로 인한 서비스 중단 위험을 줄이고, 직원들의 고용 안정을 도모하며, 외부의 부당한 압력으로부터 프로그램의 자율성을 지키는 데 도움이 된다.

4) 인정된 정체성(recognized identity)

인정된 정체성은 프로그램의 대상, 목적, 내용을 내부 직원뿐 아니라 잠재적 클라이언트, 의뢰 기관, 후원자, 지역사회 등이 명확하게 인식하는 것을 의미한다. 이는 프로그램의 미션과 비전 설정에서 시작되며, 일관된 프로그램 명칭 사용, 로고 등 시각적 상징물 활용, 웹사이트, SNS, 소식지 등을 통한 적극적이고 지속적인 홍보 및 소통 활동으로 구축된다.

명확한 정체성은 유사 프로그램과의 차별성을 부각하고, 프로그램의 전문성과 신뢰도를 높여 필요한 사람들이 쉽게 접근하고 이용할 수 있도록 하는 데 필수적이다. 예를 들어, 아동을 위한 '아이하나, 세상하나', 장애인을 위한 '같이의 가치', 지역복지 영역의 '복지는 마을에서부터'와 같은 슬로건은 프로그램의 가치와 정체성을 명확히 알 수 있게 한다.

5) 이론적(개념적) 기반(conceptual or theoretical foundation)

프로그램의 설계와 개입 방법이 특정 사회복지 이론, 모델, 또는 접근 방법에 근거하고 있음을 의미한다. 예를 들어, 클라이언트의 강점과 자원을 활용하는 데 초점을 맞춘다면 '강점관점', 개인과 환경 간의 상호작용에 주목한다면 '생태체계이론', 특정 문제행동의 변화를 목표로 한다면 '인지행동모델' 등을 기반으로 할 수 있을 것이다.

이론적 기반은 왜 특정 방식으로 개입하는지에 대한 논리적 근거를 제시한다. 이는 서비스의 전문성을 높이고, 프로그램의 효과성을 예측하고 평가하는 데 도움을 준다. 어떤 이론을 적용할지는 프로그램의 목표, 대상 집단의 특성, 해결하고자 하는 문제 등을 고려하여 종합적으로 검토되어야 한다.

6) 서비스 철학(service philosophy)

프로그램을 운영하고 서비스를 제공하는 데 바탕이 되는 핵심적인 가치와 신념 체계를 의미한다. 이는 단순한 구호 수준이 아니라 실제 프로그램 운영과 서비스 제공 과정에서 직원들의 태도와 행동, 의사결정에 구체적으로 반영되어야 한다. 여기에는 클라이언트를 존중하는 방식, 서비스 제공의 기본 원칙, 윤리적 기준 등을 포함하며, 조직 문화와 직원들의 태도에 영향을 준다. 예를 들어 클라이언트 중심주의, 자기결정권 존중, 임파워먼트, 비밀보장 등의 가치가 서비스 철학의 핵심이 될 수 있다.

7) 체계적인 평가활동(systematic efforts at empirical evaluation of services)

프로그램의 목표 달성 정도, 과정, 성과 및 효과성을 객관적이고 체계적인 방법으로 꾸준히 평가하려는 노력을 의미한다. 이는 설정된 목표에 대비하여 실제 변화가 있었는지, 그 변화가 프로그램으로 인한 것인지 등을 데이터 수집과 분석을 통해 경험적으로 검증하는 과정을 포함한다.

체계적인 평가활동은 프로그램의 강점과 약점을 파악하여 개선 방향을 설정하고 서비스의 질을 향상시키는 데 필수적이므로 지속적인 좋은 프로그램을 위한 핵심 활동이라고 볼 수 있다. 또한 정부, 후원자 등 외부 이해관계자들에게 프로그램의 효과성과 가치를 입증하여 책무성을 다하고 지속적인 지원을 확보하는 데 중요한 근거 자료가 된다.

8) 증거기반 실천(evidence-based research foundation)

프로그램의 핵심적인 개입 방법이나 전략을 선택하고 실행할 때, 과학적인 연구를 통해 그 효과가 검증된 최상의 증거를 적극적으로 활용하는 것을 의미한다. 이는 전문적인 검토를 거친 학술 논문, 체계적 문헌고찰, 메타 분석 등에서 제시하는 효과적인 실천 방법들을 비판적으로 검토하고 적용하려는 노력이다.

연구 결과는 모든 상황에서 동일하게 적용될 수는 없으므로 클라이언트의 특성, 가치, 선호도 및 실무자의 전문적 판단을 함께 고려할 필요가 있다.

4. 프로그램 개발 역량

대학의 사회복지학 교육과정에서 사회복지 프로그램 개발과 평가 과목은 실천현장에서의 문제 해결 능력과 프로그램 운영의 효과성 제고를 위해 필수적인 교과목으로 자리 잡고 있다.

제2장에서 프로그램의 체계와 구성, 프로그램 이론 및 좋은 프로그램의 조건에 대하여 알아보았다. 좋은 프로그램을 기획하기 위해서 프로그램 기획자는 어떤 전문 지식과 기술을 갖추어야 할까? 좋은 프로그램을 기획하고, 효과적으로 실행하기 위해서는 어떠한 역량을 키워야 할까? 프로그램 개발과 평가의 교과목 특성에 비추어볼 때 매우 다양한 실무 역량이 필요함을 할 수 있다.

조성우 등(2024)은 프로그램 개발의 각 단계에 필요한 25개 역량을 소개하고 있다. 여기서는 프로그램 개발 준비 단계, 프로그램 계획서 작성 단계, 프로그램 평가 단계로 구분하여 이미지 형식으로 간단히 소개한다.

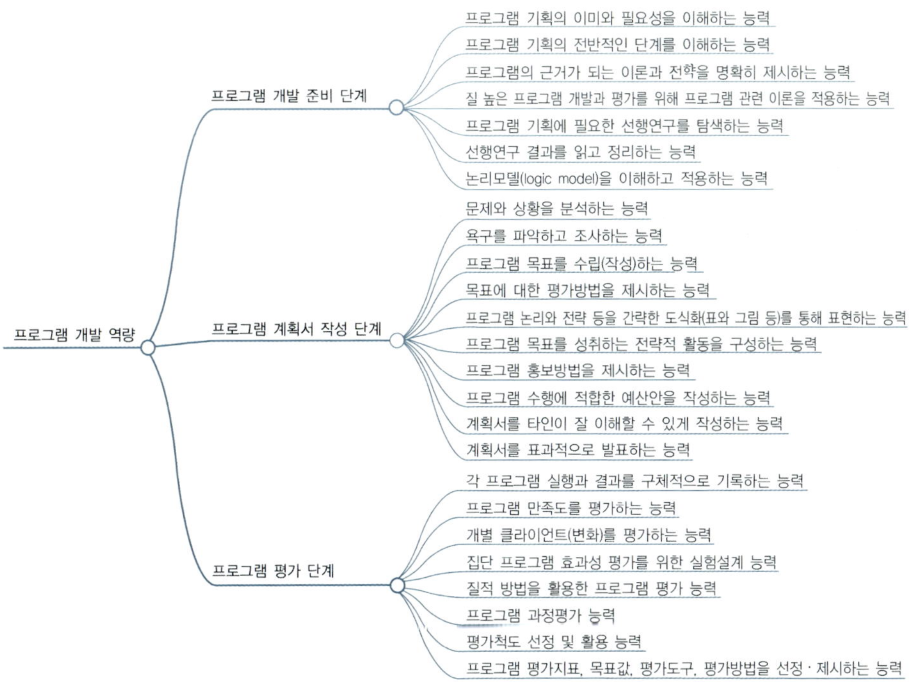

그림 2-7 프로그램 개발 역량

프로그램 실습

1. 특정 문제 상황을 가정하여 로직모델의 각 요소에 따라 내용을 작성해 봅시다.

<table>
<tr><td colspan="6">문제상황: 프로그램이 개입하려는 문제상황에 대한 간략한 서술</td></tr>
<tr><td colspan="6">프로그램 목적:</td></tr>
<tr><td rowspan="2">투입</td><td rowspan="2">활동</td><td rowspan="2">산출</td><td colspan="3">성과</td></tr>
<tr><td>단기</td><td>중기</td><td>장기</td></tr>
<tr><td>활동을 하려면 무엇이 필요할까?</td><td>어떤 활동을 해야 할까?</td><td>얼마나 많은 서비스가 이루어져야 할까?</td><td>단기변화 (지식, 태도 등)</td><td>중기변화 (매개적 활동, 행동)</td><td>장기변화 (최종변화, 목적과 목표)</td></tr>
</table>

2. 사회복지 프로그램을 선택하여 우수한 프로그램의 특징에 따라 분석해 봅시다.

3. 생성형 AI(예: ChatGPT)를 활용하여 프로그램 개발에 필요한 역량을 알아봅시다.

챗GPT에서 마크맵(markmap)으로 이미지 생성하기	
질문	*예: 프로그램 개발과 평가에 필요한 기술은? 답변은 마크맵 형식으로 해줘.*
답변	

02 PART

사회복지 프로그램 개발의 이해

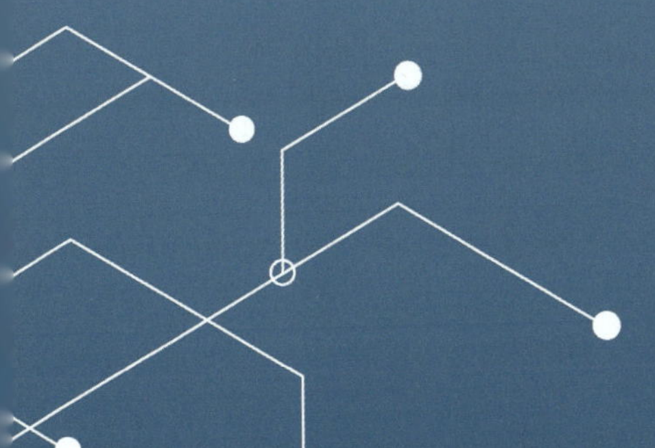

Chapter

03 사회복지 프로그램의 기획

> "Plans are nothing; planning is everything."
> - Dwight D. Eisenhower

사회복지 프로그램의 기획은 효과적인 개입을 실현하기 위한 출발점이자 진체 프로그램 실행의 방향을 설정하는 핵심 과정이다. 기획은 문제를 정의하고 목표를 설정하며, 자원의 배분과 실행 전략을 설계하는 일련의 의사결정 과정을 말한다. 이 장에서는 프로그램 기획의 개념과 필요성을 살펴보고, 체계적인 기획 단계를 통해 논리적 사고와 전략적 선택이 어떻게 이루어지는지를 다룬다. 또한, 기획과정에서 요구되는 창의성의 중요성을 강조하며, 프로그램 아이디어의 원천과 아이디어 창출 기법들을 알아본다.

1. 프로그램 기획의 의의

1) 프로그램 개발과 기획

사회복지 프로그램은 어떠한 목적을 달성하기 위하여 의도적으로 계획된 활동들의 집합을 의미한다. 그렇다면 프로그램 개발은 어떤 의미이고 관련 용어들과는 어떠한 관련성을 갖는가?

우선 프로그램 개발을 포괄적으로 정의하면 새로운 프로그램을 만들어내거나 기존의 프로그램을 수정 또는 보완하여 더욱 체계적이고 효과적인 프로그램으로 개선시키는 노력과 과정을 의미한다(황성철, 2005). 프로그램 개발을 광의적으로 표현하면 프로그램의 기획(planning) 및 설계(design), 실행(implementation), 평가(evaluation) 등을 포괄하는 의미로 사용되기도 한다. 즉, 프로그램 개발은 프로그램을 실제로 수행할 수 있는 실행계획뿐만 아니라 수정 및 보완할 수 있는 평가 체계까지 철저하게 기획하는 것이라고 할 수 있다(이민홍 외, 2024).

한편 사회복지 프로그램 개발과 평가하는 전 과정을 '기획과정'으로 보기도 한다(김영종, 2013). 사회문제를 해결하기 위하여 프로그램을 만드는 과정은 매우 계획적인 활동으로서 기획과정이라고 볼 수 있다는 것이다.

Kettner 등(2023)은 기획을 '사회의 요구를 파악하고, 이를 해결하기 위한 최적의 개입 방안을 설계하는 일련의 판단 과정'으로 보았다. 즉, 기획은 문제 정의, 목표 설정, 자원 평가, 전략 수립, 프로그램 설계의 밑그림을 그리는 단계이다. 여기서 기획은 프로그램 실행 이전 단계에서 이루어지는 사전적 활동으로, 목표를 성취하기 위한 전략과 절차를 체계적으로 구상하는 과정을 말한다.

기획이란 구체적으로 무엇을 말하는가? 일반적으로 기획(planning)이란 미래에 어떤 일을 하기 위해 계획을 세우는 것을 말한다. 즉 기획은 미래에 대한 예측을 포함한 조직화된 노력이며, 대안의 선택을 위해 복합적인 의사결정과정 및 전문적인 지식과 기능을 필요로 한다.

기획의 과정은 사회복지조직이 현재위치, 가용자원 등을 고려하여 목적달성을 위한 가능성 있는 대안들을 검토하고 대안들의 우선순위를 설정하는 과정이다. 실행가능한 대안을 선택하여 실행한 후 최종적으로 기획 결과를 평가하여 환류하는 단계를 거치게 된다(York, 1982).

기획(planning)은 계획(plan)과 혼용해서 사용되기도 한다. 여기서 계획이란 어떤 일을 하기에 앞서 방법, 순서, 규모 등을 미리 생각하여 세운 내용을 의미한다. 이러한 계획을 수립하는 과정을 기획이라고 하고 이 과정을 통해 얻은 결과물을 계획이라고 한다.

표 3-1 기획과 계획의 비교

기획 (planning)	• 계획을 세워가는 활동과 과정 • 계속적인 행동이라는 포괄적인 개념으로 동적인 특성 (활동과 과정)
계획 (plan)	• 어떤 일을 하기에 앞서서 방법, 순서, 규모 등을 미리 생각하여 세운 내용 • 기획에서 도출된 결론 (결과물 또는 내용)

출처: 정무성(2017) 재구성.

결국 프로그램 개발과 평가의 전 과정에서 기획의 요소가 필요하다는 점을 알 수 있으며, 프로그램 기획은 "어떤 기관에서 구체적인 프로그램을 실행하기에 앞서 어떤 목적하에 언제/어디서/어떠한 방법으로/어떻게 문제를 해결할 것인가에 대하여 장기 또는 연차별 활동을 개략적으로 수립하는 것"이라고 정리할 수 있다(정무성, 2017).

2) 프로그램 기획의 특성

프로그램 기획의 특성을 살펴보면 다음과 같다(York, 1982).

- **미래지향적:** 기획은 앞으로 일어날 일들을 예측하고, 예측된 미래에 효과적으로 대응하며, 달성하고자 하는 미래의 상태를 설정하는 데 초점을 맞춘다.
- **지속적인 과정:** 기획은 한 번의 행위로 완료되는 것이 아니라 지속적으로 반복되고 발전하는 과정이다. 환경 변화, 새로운 정보의 습득, 계획 실행 과정에서의 피드백 등을 반영하여 기획은 끊임없이 수정되고 개선된다.
- **의사결정:** 기획은 다양한 대안 중 최적의 경로를 선택하는 의사결정 과정과 밀접하게 연결된다. 기획의 각 단계는 여러 가능성을 탐색하고 평가한 후, 목표 달성에 가장 적합한 선택을 내리는 의사결정의 연속이다.
- **목표지향적:** 모든 기획 활동은 명확한 목표 달성을 향해 있다. 기획은 설정된 목표를 이정표 삼아 진행되며, 목표를 효율적이고 효과적으로 달성하기

위한 구체적인 방법과 전략을 수립하는 데 집중한다.

- **목표를 위한 수단:** 기획은 그것 자체가 목적이 아니라, 목표를 달성하기 위한 수단이다. 기획은 목표 달성을 위해 필요한 자원(인력, 예산 등)을 어떻게 활용할지, 어떤 활동을 수행할지, 그리고 시간 일정을 어떻게 관리할지를 구체적으로 설계한다.

3) 프로그램 기획의 필요성

기획은 프로그램의 목표를 달성하기 위한 전반적인 활동을 포함하는 과정이며 따라서 성공적인 사회복지 프로그램의 수행 혹은 관리를 위해서는 체계적인 프로그램 기획이 전제되어야 한다.

Skidmorc(1995)는 프로그램 기획이 필요한 이유를 다음과 같이 체계적으로 설명하였다.

(1) 불확실성 감소

사회복지 조직은 급변하는 사회 환경 속에서 활동한다. 기획은 이러한 불확실한 미래를 예측하고 변화에 대비하기 위한 체계적인 접근방식을 제공한다. 이는 조직이 혼란을 줄이고 목표 달성에 집중할 수 있도록 돕는다.

(2) 합리성 증진

다양한 정보를 수집하고 분석하여 최적의 대안을 모색하는 과정을 통해, 감이나 비합리적인 판단이 아닌 논리적이고 증거에 기반한 결정을 내릴 수 있도록 지원한다.

(3) 효율성 증진

사회복지 조직은 제한된 자원(인력, 예산, 시간 등)을 가지고 일한다. 기획은 이러한 자원을 가장 효율적으로 배분하고 활용할 수 있는 방안을 제시해 줄 수 있다. 잘 짜인 기획은 자원의 낭비를 줄이고 최소의 투입으로 최대의 효과를 얻도록 한다.

(4) 효과성 증진

기획은 사회복지 프로그램이나 서비스가 의도한 목표를 성공적으로 달성할 가능성을 높여준다. 명확한 목표 설정과 이를 달성하기 위한 구체적인 전략 및 실행계획을 통해 프로그램의 효과성을 극대화할 수 있다.

(5) 책무성 이행

사회복지 조직은 공공 자금이나 후원금 등 외부 자원을 사용하므로 사회 및 관련 이해관계자들에게 책임을 다해야 한다. 기획은 목표, 과정, 결과를 투명하게 제시함으로써 조직 활동에 대한 책무성을 강화하고 정당성을 확보하는 기반이 된다.

(6) 프로그램 관련자들의 이해 증진과 욕구 충족

효과적인 기획 과정에는 프로그램과 관련된 이해관계자들(클라이언트, 지역사회 주민, 후원자, 관련 기관 등)의 참여와 의견 수렴이 포함된다. 이 과정을 통해 프로그램의 목적과 내용에 대한 이해를 높이고, 필요로 하는 바를 파악하여 이를 프로그램에 반영함으로써 욕구를 충족시킬 수 있다.

(7) 사회복지 조직 실무자의 사기 진작

기획 과정에 실무자들이 참여하게 되면, 자신의 경험과 아이디어가 조직의 목표 달성에 기여한다는 인식을 갖게 된다. 이는 실무자들의 소속감과 직무 만족도를 높이고, 명확한 업무 방향과 목표를 통해 일의 효율성을 경험하게 함으로써 사기를 진작시키는 효과가 있다.

4) 프로그램 기획과 상황분석

프로그램 기획은 조직의 공식적 의사결정과정이기 때문에 새로운 프로그램의 창출이나 기존 프로그램의 수정에 대한 필요성과 당위성이 인정되기 이전에 프로그램 개발자는 상황분석을 통하여 기획의 필요성과 가능성을 탐색해 보아야 한다(황성철, 2005). Thomas(1984)는 사회복지 프로그램 기획 과정에서 단순히 아이디어를 실행가능한 계획으로 전환하기 전에, 해당 아이디어가 현실적으로 실행 가능한지를 먼저 점검해야 한다고 강조하였다. 이를 위해 그는 프로그램의 타당성과 실행 가능성을 평가하는 세 가지 핵심 정보를 제시하였다.

(1) 지역사회와 클라이언트 상황에 관한 정보

사회복지 프로그램은 특정한 사회문제에 대한 해결책을 제공하기 위해 기획된다. 따라서 프로그램이 실행될 지역사회와 이를 이용할 클라이언트집단의 현실적 상황을 정확히 파악하는 것이 선행되어야 한다. Thomas(1984)는 기획자가 다음과 같은 요소를 고려해야 한다고 제안한다.

- **사회문제의 특성과 범위**: 해당 지역사회에 존재하는 문제의 구체적 실태와 심각성, 문제의 구조적 요인(예: 빈곤, 실업, 주거 부족 등)을 분석한다.
- **클라이언트의 특성 및 수요**: 프로그램의 수혜자가 될 대상의 연령, 성별, 소득수준, 가족구성, 문화적 배경 등 인구학적 특성과 함께, 그들의 욕구나 요구, 수용능력 등을 파악해야 한다.
- **지역사회의 수용성**: 지역주민과 기존 서비스 체계의 프로그램에 대한 수용 가능성이나 저항 가능성, 지역사회의 가치와 문화가 프로그램 내용과 충돌하지는 않는지도 검토되어야 한다.

이러한 정보는 기획된 프로그램이 실제 클라이언트의 삶에 유효하게 작동할 수 있는지를 판단할 수 있는 기초를 제공하며, 프로그램이 지역사회에 잘 통합될 수 있도록 하는 데 필수적이다.

(2) 가용자원과 인력에 대한 정보

아무리 우수한 프로그램이라도 이를 실행할 수 있는 자원과 인력이 확보되지 않으면 실행 가능성이 낮아진다. 따라서 프로그램 기획자는 다음과 같은 요소들을 사전에 점검해야 한다.

- **재정적 자원**: 프로그램 수행에 필요한 예산의 규모와 확보 가능성, 자금의 출처(정부보조금, 민간기부, 조직 내 예산 등)를 확인해야 하며, 지속 가능한 재정 구조인지 여부도 고려되어야 한다.
- **물리적 자원**: 프로그램 운영을 위한 공간(사무실, 상담실 등), 장비(컴퓨터, 차량 등), 인프라(전산시스템 등)의 존재 여부 및 활용 가능성을 파악해야 한다.
- **인적자원**: 프로그램을 기획·운영·평가할 수 있는 전문 인력의 수와 질을 분석해야 하며, 외부 협력 인력이나 자원봉사자의 참여 가능성도 고려해야 한다.

이러한 자원의 현실적 분석은 프로그램의 범위와 수준을 결정짓는 주요 요소이며, 부족한 경우에는 프로그램을 축소하거나 다른 방식으로 조정해야 할 필요가 있다.

(3) 조직 내외의 승인 가능성에 대한 정보

사회복지 프로그램은 일반적으로 단독 행위가 아닌 조직적, 제도적 틀 안에서 수행되기 때문에, 조직 내부의 정책과 외부 환경이 해당 프로그램을 얼마나 지지하는가를 검토해야 한다.

- **조직 내부의 승인과 지지**: 프로그램이 조직의 목표와 얼마나 부합하는지, 관리자를 포함한 조직 관계자들이 프로그램을 수용할 준비가 되어 있는지 등을 검토한다.

- **외부 이해관계자의 승인:** 지자체나 자금 제공기관, 지역사회의 협력기관 등이 해당 프로그램에 대해 어떻게 인식하고 있는지 파악한다. 또한, 법적·제도적 요건의 충족 여부도 중요한 요소이다.
- **정치적·사회적 환경:** 정치적, 사회적 분위기 등 외부 환경이 프로그램의 성공적인 추진에 어떤 영향을 미칠지도 분석해야 한다. 예를 들어, 복지에 대한 사회적 지지가 높을 경우 프로그램 추진에 유리한 환경이 조성된다.

5) 프로그램 기획의 단계와 과정

프로그램의 기획은 일련의 단계 또는 과정을 거쳐서 이루어진다. 학자들의 프로그램 기획 단계를 살펴보면 일련의 단계 구분을 통해서 프로그램 기획 과정을 설명하고 있다. 단계별 핵심 논리는 '문제 확인 → 목적과 목표 설정 → 서비스 설계 → 프로그램의 실행 및 관리 → 평가' 등의 과정으로 단계 구분을 하고 있음을 볼 수 있다.

표 3-2 주요 학자들의 프로그램 기획 단계

학자	기획단계
York (1982)	① 문제 및 욕구의 확인, ② 목표 설정, ③ 자원 및 전략의 개발, ④ 프로그램 설계 및 실행계획 수립, ⑤ 평가계획 수립
Taber & Finnegan (1980)	① 사회문제 분석, ② 대상 결정, ③ 사회복지이론의 결정, ④ 서비스 절차의 구체화, ⑤ 핵심 인물 식별, ⑥ 도움 환경 명시, ⑦ 실제 도움 행동의 기술, ⑧ 감정과 반응의 식별
Kettner, Moroney & Martin(2012)	① 문제 분석, ② 욕구 측정, ③ 전략 선별, ④ 목표 설정, ⑤ 프로그램 설계, ⑥ 정보관리체계 구축, ⑦ 예산수립, ⑧ 프로그램 평가
Skidmore (1995)	① 문제의 정의 및 욕구 확인, ② 관련 정보의 확보, ③ 해결 대안의 개발 및 평가, ④ 최선의 대안 선택, ⑤ 대안의 실행, ⑥ 환류
김영종(2013)	① 문제확인, ② 목적 및 목표설정, ③ 프로그래밍, ④ 실행 및 관리, ⑤ 평가

프로그램 기획 과정의 단계별 주요 과업들을 표로 제시하면 다음과 같다.

표 3-3 **프로그램 기획 단계별 주요 과업**

프로그램 기획 단계	주요 과업	
문제분석 및 욕구사정	• 사회문제 분석	• 욕구사정
목적과 목표 설정	• 목적과 목표 설정 • 프로그램 참여자 설정	• 산출목표와 성과목표 설정
개입 전략 구성	• 프로그램 개입 전략 및 사업 내용 • 프로그램 자원투입 계획(인력과 자원, 예산편성)	
프로그램 실행 및 관리	• 프로그램 실행관리 • 프로그램 모니터링	• 기록관리 및 정보관리 • 프로그램 마케팅 및 서비스 질 관리
평가	• 양적 평가와 질적 평가 • 결과 환류	• 과정평가와 성과평가

프로그램 기획의 과정은 독립적으로 존재하는 직선적인 관계이기보다는 서로 밀접하게 연결되어 반복되는 순환과정을 이루고 있다. 기획은 지속적인 선택의 과정이며 이는 의사결정과정으로서 다양한 활동이 포함된 논리적 과정의 산물이라 할 수 있다. 이에 따라 각 단계에서도 서로 영향을 주고받는 상호작용적 관계임을 알 수 있다.

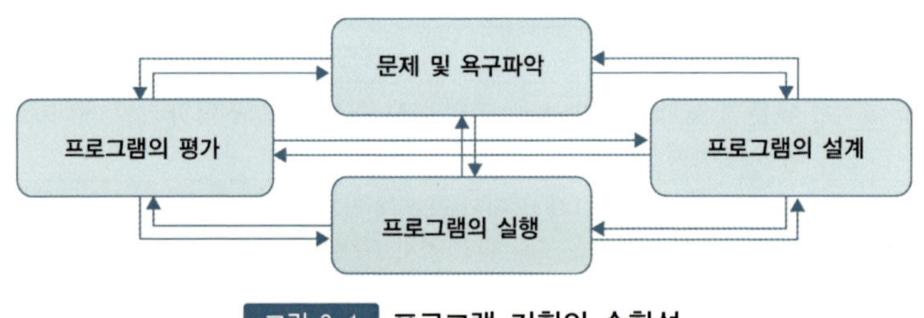

그림 3-1 **프로그램 기획의 순환성**

출처: York(1982) 및 정무성(2017)의 자료 재구성.

2. 프로그램 기획과 의사결정

프로그램 기획은 기본적으로 의사결정의 과정이다. 기획은 미래의 불확실성에 대비하여 목표를 설정하고 이를 달성하기 위한 최적의 경로를 탐색하는 과정이며, 이 과정의 모든 단계에서 끊임없는 의사결정이 요구된다.

1) 기획과 의사결정의 관계

기획은 의사결정을 위한 틀을 제공한다. 프로그램 기획은 '무엇을 할 것인가(목표)', '왜 하는가(필요성/근거)', '어떻게 할 것인가(전략/방법)', '누가 할 것인가(자원/주체)', '언제 할 것인가(일정)' 등을 결정하는 과정이다. 이 과정에서 제기되는 질문들에 답하기 위해서는 여러 대안을 비교하고 평가하여 최선의 선택을 하는 의사결정이 필수적이다.

기획과정에서 수립된 대안들 중에서 특정 목표, 전략, 활동, 자원 배분 등을 선택하는 행위가 바로 의사결정이다. 이러한 의사결정들이 모여 하나의 구체적인 프로그램 계획이 완성된다. 기획이 청사진을 그리는 것이라면, 의사결정은 그 청사진 위의 특정 요소들을 확정하고 건설을 시작하도록 명령하는 것과 같다.

2) 프로그램 기획 과정에서 의사결정의 위치

의사결정은 프로그램 기획의 특정 단계에만 국한되는 것이 아니라, 기획과정 전반에 걸쳐 지속적으로 이루어진다.

- 문제 정의 및 욕구사정 단계
  - 어떤 문제를 우선적으로 다룰 것인가?
  - 어떤 집단을 주요 대상으로 할 것인가?
  - 어떤 방법(설문조사, FGI, 문헌 연구 등)으로 욕구를 파악할 것인가?

- 목표 설정 단계
  - 프로그램을 통해 궁극적으로 달성하고자 하는 바는 무엇인가?
  - 구체적이고 측정가능한 하위 목표는 무엇으로 할 것인가?
  - 목표 달성 수준은 어느 정도로 설정할 것인가?

- 프로그램 내용 및 전략 설계 단계
  - 설정된 목표를 달성하기 위한 가장 효과적이고 효율적인 활동(개입 방법)은 무엇인가?
  - 활동 대안들 중 어떤 것을 선택하고 조합할 것인가?
  - 프로그램의 구체적인 실행 절차는 어떻게 구성할 것인가?

- 자원 동원 및 예산수립 단계
  - 필요한 인적, 물적 자원은 무엇이며 어떻게 확보할 것인가?
  - 각 활동에 예산을 어떻게 배분할 것인가? (우선순위 결정)
  - 외부 지원금이나 후원을 어디에, 어떻게 요청할 것인가?

- 평가 계획 수립 단계
  - 무엇을 평가할 것인가? (과정, 성과, 영향 등)
  - 어떤 지표를 사용하여 평가할 것인가?
  - 언제, 이떤 방법으로 평가를 수행할 것인가?

3) 프로그램 기획과 의사결정 모델

프로그램 기획 과정에서는 상황의 복잡성, 정보의 가용성, 시간 제약, 참여자의 특성 등에 따라 다음의 의사결정 모델이 활용될 수 있다(황성철, 2005).

(1) 합리 모형(rational model)

가장 이상적인 모델로, 문제 정의, 모든 대안 탐색, 각 대안의 결과 예측 및 평가, 최적의 대안 선택이라는 과정으로 진행된다. 이 모델은 충분한 정보와 시간, 명확한 목표와 평가 기준이 있을 때 유용하다. 주요 프로그램 목표 설정이나 핵심 전략 선택 등 중요한 의사결정에 적용될 수 있으나, 현실적인 제약(정보 부족, 시간 제약, 인지 능력 한계)으로 인해 완벽하게 적용하기는 어렵다는 한계가 있다.

(2) 제한된 합리성 모형(bounded rationality model, 만족 모형)

인간의 인지 능력 한계와 정보 부족을 인정하고, 모든 대안을 탐색하기보다는 만족스러운 수준의 대안을 발견하면 선택하는 경향을 설명한다. 현실적인 프로그램 기획과정에서 빈번하게 나타나는 의사결정 방식으로, 신속한 결정이 필요하거나 정보가 제한적일 때 적용된다.

(3) 점증 모형(incremental model)

기존의 정책이나 프로그램에서 약간의 수정만을 가하는 방식으로 의사결정이 이루어진다고 본다. 현실적이고 정치적인 제약을 고려하며, 급격한 변화보다는 점진적인 개선을 추구하는 경향이 있다.

(4) 혼합 탐색 모형(mixed-scanning model)

합리 모형과 점증 모형을 절충한 모델이며, 기본적이고 중요한 결정은 합리 모형처럼 넓은 시야에서 검토하고, 세부적이고 일상적인 결정은 점증 모형처럼 기존의 틀 안에서 조정한다. 프로그램의 큰 방향 설정(합리적 접근)과 세부 활동 계획(점증적 접근)을 동시에 고려해야 하는 복잡한 기획 상황에 적합할 수 있다.

(5) 쓰레기통 모형(garbage can model)

이는 조직화된 무정부 상태와 같은 매우 불확실하고 복잡한 상황에서의 의사결정을 설명한다. 문제, 해결책, 참여자, 선택 기회가 우연히 한 곳(쓰레기통)에 모였을 때 의사결정이 이루어진다고 본다. 실제로 기획과정이 매우 유동적이거나, 목표가 불분명하고, 참여자가 수시로 바뀌는 혼란스러운 상황에서의 의사결정 양상을 이해하는 데 도움이 될 수 있다.

프로그램 기획은 본질적으로 연속적인 의사결정 과정이다. 기획의 각 단계마다 최선의 선택을 내리기 위해 노력하며, 이때 상황에 맞는 적절한 의사결정 모델(또는 모델의 조합)을 이해하고 활용하는 것이 성공적인 프로그램 기획과 실행의 핵심 요소라고 할 수 있다.

3. 사회복지 프로그램 아이디어의 창출

1) 프로그램 기획과 창의성

사회복지 프로그램의 기획 과정에서 창의성은 혁신적이고 효과적인 아이디어와 방법을 도출하는 데 중요한 역할을 한다. 사회복지 프로그램이 다루는 문제는 복잡하고 다양하며, 변화하는 사회적 욕구를 반영해야 한다. 이에 따라 창의성은 사회복지사가 직면하는 다양한 문제에 대해 새로운 해결방식을 탐색하고, 한정된 자원을 효율적으로 활용하는 데 매우 중요하다(Patti, 1983; Netting et al., 2016).

첫째, 프로그램 아이디어 도출과 문제 정의 단계에서 창의성은 핵심적이다. 이 단계에서는 문제를 새롭게 바라보고, 기존에 다루지 않았던 영역을 발견하며, 사회적 욕구와 자원 간의 연계 가능성을 탐색해야 한다. 창의적 시고는 고정관념에서 벗어나 다양한 가능성을 열어주며, 혁신적인 프로그램 기획의 출발점이 된다.

둘째, 목표 설정과 전략 수립 과정에서도 창의성은 중요하다. 프로그램 목표는 단순히 과거의 틀을 반복하는 것이 아니라, 클라이언트와 지역사회의 특성과 변화된 욕구를 반영해 새롭게 정의되어야 한다. 또한 제한된 자원과 현실적 제약 속에서 이를 실현하기 위한 전략은 창의적인 방식으로 구성되어야 한다(Rothman & Thomas, 1994).

셋째, 실행계획 수립 과정에서도 창의성은 자원의 효율적 활용과 파트너십 전략 개발에 결정적 역할을 한다. 사회복지 조직은 자원이 한정된 상황에서 운영되므로, 창의적 접근을 통해 외부 자원을 확보하거나 협력 네트워크를 구축할 수 있는 전략이 필요하다.

넷째, 평가와 지속적 개선 과정에서도 창의성은 필수적이다. 평가는 단순한 결과 확인이 아니라 프로그램의 개선을 위한 피드백을 제공하는 과정이다. 창의적 평가는 전통적인 양적 방법 외에도 질적 평가나 참여적 평가를 활용함으로써, 프로그램의 효과성을 더 정교하게 파악할 수 있다.

이처럼 창의성은 프로그램 기획의 전 과정에서 유연하고 효과적인 대응을 가능하게 하는 핵심 요소이다. 따라서 사회복지사와 기획자는 창의적 역량을 지속적으로 개발하고, 이를 실천에 통합할 수 있는 환경과 문화를 조성해 나가야 한다.

한편, Munson과 Pelz(1982)는 창의성의 발현 수준을 독창적 창의성(original creativity), 적용적 창의성(adaptive creativity), 차용적 창의성(adoptive creativity)의 세 가지 수준으로 구분하여 설명하였다.

(1) 독창적 창의성

독창적 창의성은 기존의 개념이나 아이디어를 넘어서는 매우 참신하고 독특한 아이디어나 접근방식을 의미한다. 이는 이전까지 존재하지 않았던 획기적이고 혁신적인 아이디어를 생성하는 능력을 나타낸다. 사회복지 프로그램 기획에서 독창적 창의성이 발현되면, 기존의 관행이나 서비스 방식과는 전혀 다른 새로운 접근법이나 프로그램 모델이 개발될 수 있다. 이는 복잡한 사회문제를 해결하거나, 기존 방식으로 접근하기 어려웠던 문제상황을 해결하는 데 매우 효과적일 수 있다. 예를 들어, 완전히 새로운 서비스 전달체계를 도입하거나 기존의 전달체계와는 다른 형태의 프로그램 운영 방식을 제안하여 사회복지 영역에서 큰 변화를 일으키는 것이 여기에 해당한다.

(2) 적용적 창의성

적용적 창의성은 기존의 아이디어나 기술을 새로운 맥락이나 상황에 맞게 수정하고 응용하여 창의적으로 활용하는 것을 의미한다. 즉, 기존의 틀 안에서 변화를 시도하여 더 효율적이고 적절한 방법으로 개선시키는 능력이라고 할 수 있다. 이 수준의 창의성은 현실적인 제약이 존재하는 사회복지현장에서 많이 발현될 수 있다. 이를테면 이미 알려진 프로그램의 특정 요소를 변형하거나 보완하여 새로운 클라이언트집단이나 지역사회 환경에 맞게 조정하는 과정이 이에 해당한다.

(3) 차용적 창의성

차용적 창의성은 기존에 존재하는 아이디어나 방식을 최소한의 수정만으로 다른 상황에 그대로 차용하여 사용하는 것을 의미한다. 이는 기존의 아이디어나 프로그램이 검증된 효과성이 있으며 새로운 환경에서도 큰 수정 없이 활용할 때 나타난다. 창의성의 정도는 상대적으로 낮지만, 기존의 아이디어를 활용하여 신속하고 효율적으로 성과를 창출할 수 있다는 점에서 실무적으로 매우 유용하다. 다른 지역이나 조직에서 성공적으로 운영된 프로그램을 거의 그대로 옮겨와 자신의 조직에서 활용하는 경우가 차용적 창의성에 해당한다.

이러한 창의성 수준의 구분은 사회복지 프로그램의 기획과 개발 과정에서 창의성의 구체적인 양상을 파악하고, 조직이나 실천 현장에서 프로그램을 계획하고 적용할 때 유용한 틀을 제공한다.

이금룡 등(2009)은 기관의 입장에서 프로그램을 개발하는 창의성 수준과 사회복지영역에서 새로운 문제에 대응하는 수준을 두 축으로 분류하여 설명하였다.

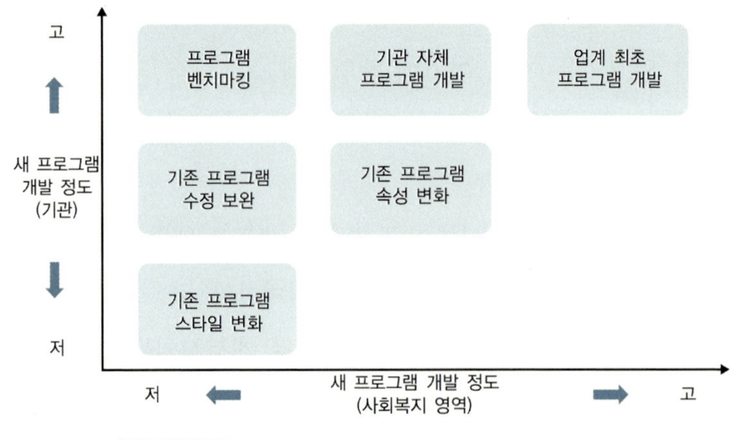

그림 3-2 사회복지 프로그램 개발의 창의성 수준

출처: 이금룡 외(2009).

기관/사회복지영역 matrix에 의한 프로그램 개발 유형별로 다음과 같이 설명하고 있다(이금룡 외, 2009; 이민홍 외 2024).

- **기존 프로그램 스타일 변화:** 기관 내에서 기존에 실행하고 있는 프로그램명이나 부제 등 미미한 변화
- **기존 프로그램 수정·보완:** 기관 내 기존 프로그램의 내용은 변화시키지 않은 상태에서 기간(시간), 참여자, 제공 장소 등 변화
- **프로그램 벤치마킹:** 타 기관이나 타 영역에서 실행하고 있는 프로그램을 벤치마킹하여 기관에서 활용
- **기존 프로그램 속성 변화:** 기관에서 수행하고 있는 기존 프로그램 활동 내용 변화
- **기관 자체 프로그램 개발:** 기관 자체적으로 프로그램을 개발하는 것이지만, 타 기관에서 실시하고 있는 프로그램과 차별화되지 못한 경우
- **업계 최초 프로그램 개발:** 기관 자체적으로 개발한 프로그램으로서 타 기관에서 실시하고 있는 프로그램과 확연히 차별화된 경우

2) 프로그램 아이디어의 원천

사회복지 프로그램 기획에서 아이디어는 프로그램의 필요성과 방향성을 설정하는 출발점이 된다. 이민홍 등(2024)은 아이디어의 공급처로서 개인, 조직, 지역사회 및 국가, 기술변화, 문헌 등을 제시하고 있다. 프로그램 아이디어는 단순한 창안의 결과일 수도 있으나, 사회적 요구, 제도적 변화, 정책 환경, 실천현장의 경험, 연구 및 이론, 이해관계자의 제안 등 다양한 원천에서 비롯된다.

(1) 사회문제와 욕구에 대한 분석

사회복지 프로그램의 기획은 궁극적으로 사회문제 해결과 욕구 충족을 지향하므로, 사회적 변화와 문제에 대한 분석이 가장 기초적인 아이디어의 원천이

된다. 예를 들어, 급격한 고령화, 다문화가족의 증가, 사이버폭력 등은 프로그램의 출발점이 될 수 있다.

(2) 정책 변화 및 제도 개혁

정부의 정책 방향이나 제도 개편은 새로운 프로그램 기획의 직접적인 계기가 된다. 예컨대, 장애인복지법의 개정, 아동학대 예방을 위한 입법 강화 등은 새로운 서비스 개발 또는 기존서비스 재설계를 요구하게 된다.

(3) 기존 프로그램의 평가 결과

실시 중인 프로그램의 평가 결과는 새로운 프로그램 아이디어의 중요한 출발점이 된다. 효과성이 낮거나, 비용 대비 성과가 미흡한 경우, 또는 수요자 만족도가 낮은 경우에는 기존 프로그램을 대체하거나 보완하는 새로운 기획이 요구된다. 또한, 긍정적인 평가 결과를 바탕으로 프로그램을 확산하거나 다른 지역에 적용할 수도 있다(Weiss, 1998).

(4) 전문가 및 실천가의 경험

사회복지 실천현장에서의 경험은 실제 수요자와의 접촉을 통해 도출된 아이디어로, 실현 가능성이 높은 장점을 갖는다. 사회복지사, 기관 운영자 등의 현장경험은 문제의 본질을 정확히 파악하고, 서비스 전달 과정의 비효율성 등을 개선하기 위한 실천적 아이디어로 전환될 수 있다.

(5) 이해관계자 및 클라이언트의 참여

서비스의 대상자인 클라이언트나 지역사회 구성원들의 의견은 프로그램 기획의 실질적인 정당성과 타당성을 높이는 데 도움이 된다. 수요자의 참여는 다양한 경로로 확보될 수 있으며, 설문조사, 커뮤니티 포럼, 워크숍, 자문위원회 구성 등의 방법이 활용된다.

(6) 연구결과 및 이론

학문 분야에서 축적된 연구는 아이디어의 이론적 기반을 제공한다. 예컨대, 회복탄력성, 트라우마 인식 접근법, 긍정적 행동지원 등의 이론적 프레임은 새로운 프로그램 개발에 있어 구체적 방향성을 제공한다(Gilgun, 2005). 또한, 근거기반실천의 확산은 연구 결과를 기획 과정에 반영하는 경향을 더욱 강화시키고 있다.

(7) 타 지역 및 해외 사례

유사한 문제를 해결하기 위해 다른 지역이나 국가에서 시행된 프로그램의 사례는 벤치마킹의 대상이 된다. 이러한 사례는 국내 여건에 맞게 조정하거나 변형함으로써 새로운 프로그램으로 발전될 수 있다.

(8) 기술과 혁신

정보통신기술(ICT)의 발달은 새로운 프로그램 아이디어의 기회를 제공한다. 예를 들어, 코로나19 이후 모바일 앱 기반의 프로그램, 인공지능을 활용한 복지사각지대 탐지 시스템, 온라인 심리상담 서비스 등은 전통적인 사회복지 프로그램의 경계를 확장시켰다. 기술은 특히 접근성과 비용효율성 측면에서 새로운 가능성을 제공한다.

(9) 창의적 발상 연습

창의적 발상 연습은 기존의 틀에서 벗어나 새롭고 혁신적인 아이디어를 얻는 과정이다. 사회복지기관에서는 브레인스토밍이나 브레인라이팅 등을 적극적으로 활용한다. 최근에는 디자인 씽킹 과정을 통해 사용자의 문제에 공감하고, 문제를 정의하며, 아이디어를 발산하고, 프로토타입을 만들어 테스트하는 과정을 거쳐 혁신적인 해결책을 모색하기도 한다. 또한 아이디어 공모를 통해 기관 내부 직원이나 외부 이해관계자를 대상으로 프로그램 아이디어를 발굴하기도 한다.

성공적인 사회복지 프로그램 개발을 위해서는 어느 한 가지 원천에만 의존하기보다, 위에서 제시된 다양한 원천에서 얻은 정보와 아이디어를 종합적으로 고려하고 유기적으로 연결하는 노력이 필요하다.

3) 프로그램 아이디어의 설정 방법

사회복지 프로그램에 대한 아이디어는 다양한 체계로부터 도출된다. 어느 특정한 원천으로부터 얻게 된 아이디어를 다른 원천으로부터 얻은 아이디어와 비교를 통해서 지역문제의 본질을 파악할 수 있기 때문이다. 또한 다른 아이디어와의 통합을 통해 또 다른 새로운 아이디어의 원천이 되기도 한다.

이민홍 등(2024)은 실제 아이디어 원천으로부터 아이디어를 설정하는 기술을 아래와 같이 제시하고 있다.

표 3-3 프로그램 아이디어의 설정방법

설정방법	내용
설문조사 (욕구조사)	대면 설문조사나 온라인 설문조사(예: 2026년 지역사회보장계획 수립을 위한 주민 욕구조사 등)
관찰	클라이언트 또는 표적체계에 관한 체계적인 관찰(예: 직접적 관찰 또는 사례관리 기록 검토)
개인 및 집단면접	개별 클라이언트 면접, 클라이언트집단면접, 프로그램 이용자 간담회 등
사회지표	정부, 교육기관, 연구기관, 사회서비스 기관 등의 기관이 생성한 사회지표(예: 2025년 치매 발생률, 2025년 아동학대 발생률 등)
대화 또는 면담	사회복지실무자, 지역사회실천가, 자원봉사자, 사회복지 전문가, 클라이언트나 그 가족, 지역사회주민 등과 대화(예: 간담회 등)
문서분석	각종 프로그램 보고서, 프로그램 사례집, 관련 웹사이트, 정책 및 각종 사업 매뉴얼, 성과평가서, 기관 회의록 및 연간 보고서, 조사 및 평가연구보고서, 단행본, 학회지, 규정 및 법규집, 기타 O2O(Online to Offline) 자료

출처: 이민홍 외(2024) 재구성.

특히 사회지표나 각종 보고서 등 2차 자료는 정보검색 기법을 활용하여 보다 효율적으로 수집할 수 있다. 주요 방법은 다음과 같다.

첫째, 포털사이트 활용이다. 구글 등 일반 포털에서 1차로 검색한 뒤, 관련 도서관이나 전문 자료 사이트로 범위를 확장하는 방식이다.

그림 3-3 학술연구정보서비스(RISS) 사이트 활용

둘째, 사회복지 관련 자료실 탐색이다. 사회복지 분야에서 자료를 공유하는 사이트가 점차 늘고 있어, 실무나 연구에 유용하게 활용할 수 있다.

그림 3-4 사회복지 공유복지 플랫폼의 한 예

셋째, 챗GPT와 같은 생성형 AI 활용이다. 주요 개념 정리, 자료 요약, 검색 키워드 추천 등에 효과적으로 사용할 수 있다.

그림 3-5 챗GPT 화면

4. 프로그램 아이디어의 창출 기법

1) 브레인스토밍

(1) 브레인스토밍의 개념과 목적

브레인스토밍(brainstorming)은 창의적 문제해결을 위한 대표적인 집단사고 기법으로, 참여자들이 자유롭게 아이디어를 제시함으로써 특정 문제에 대한 해결책을 모색하는 방법이다.

프로그램 기획에서 브레인스토밍은 특정 욕구나 문제를 해결하기 위한 참신하고 실현가능한 아이디어를 확보하는 데 유용하다. 다양한 배경을 지닌 이해관계자들이 함께 아이디어를 제안함으로써, 보다 포괄적이고 다차원적인 해결 방안이 도출될 수 있다.

(2) 브레인스토밍의 원칙

브레인스토밍의 네 가지 핵심 원칙은 다음과 같다.

- **비판금지**: 다른 사람 아이디어를 평가하지 않음
- **다다익선**: 아이디어는 질 보다 양을 우선

- **자유분방:** 터무니없어 보이는 아이디어도 환영
- **결합개선:** 서로의 아이디어를 결합시키거나 발전시킴

(3) 브레인스토밍의 진행절차

브레인스토밍은 일반적으로 다음과 같은 단계로 진행된다(조성우 외, 2024).

- **1단계(문제 정의 및 주제 설정):** 주제는 구체적이고 참여자들이 이해하기 쉬워야 하며 탐색가능한 형태로 제시된다. 예를 들어 "지역사회 독거노인의 사회적 고립을 줄일 수 있는 방법?"과 같이 구체화한다.
- **2단계(참여자 구성 및 역할 설정):** 실무자, 이용자, 지역주민, 관련 전문가 등 다양한 참여자가 필요하며, 진행자를 지정한다.
- **3단계(아이디어 생성):** 일정 시간 동안 자유롭게 아이디어를 제시하고 화이트보드, 포스트잇, 에듀테크와 같은 온라인 도구 등을 활용하여 시각적으로 기록한다.
- **4단계(아이디어 정리 및 분류):** 생성된 아이디어를 주제별로 분류하여 유사한 항목을 묶고, 아이디어 맵 등으로 구조화한다.
- **5단계(아이디어 평가 및 실행계획 수립):** 분류된 아이디어를 실현 가능성, 비용, 효과성 등의 기준에 따라 평가하고 우선순위를 설정한다. 이후 선정된 아이디어를 기반으로 실행가능한 프로그램 설계로 발전시킨다.

이 절차는 반복적이고 순환적으로 적용될 수 있으며, 문제해결의 복잡성이 높은 경우 여러 번에 걸쳐 진행할 수 있다.

(4) 브레인스토밍의 한계와 보완

브레인스토밍은 창의적 사고를 자극하는 유용한 도구이지만 몇 가지 한계를 갖는다. 첫째, 한 사람이 발언할 때 다른 사람들은 기다려야 하므로, 아이디어의 연속적인 흐름이 끊길 수 있다. 둘째, 집단 내 책임감 저하로 인해 일부 구성

원이 소극적으로 참여할 수 있다. 셋째, 타인의 평가에 대한 의식 때문에 아이디어 제시에 주저하게 될 수도 있다.

이러한 한계를 보완하기 위한 대안으로 다음과 같은 기법들이 활용된다.

- **브레인라이팅(brainwriting)**: 서면 브레인스토밍이라고 할 수 있으며, 종이나 디지털 플랫폼을 통해 아이디어를 개별적으로 작성하도록 하는 방법이다.
- **명목집단법(NGT)**: 아이디어를 먼저 개별적으로 작성한 후, 집단에서 공유하고 우선순위를 결정하는 방법이다.
- **전자 브레인스토밍(electronic brainstorming)**: 온라인 플랫폼을 활용해 실시간으로 아이디어를 공유하는 방법이다.

사회복지 프로그램 기획에서는 이러한 기법들을 상황에 맞게 혼합하여 활용함으로써, 보다 효과적인 아이디어 도출과 실행이 가능하다.

2) 브레인라이팅

(1) 브레인라이팅의 개념과 목적

브레인라이팅(brainwriting, 서면 브레인스토밍)은 서면 기반의 아이디어 생성 기법이다. 이는 글로써 아이디어를 표현함으로써 사회적 압력을 줄이고 모든 참여자의 동등한 기여를 유도한다(조성우 외, 2024).

브레인라이팅의 개별적으로 자유롭게 아이디어를 적고, 다른 사람의 아이디어를 참고하여 새로운 아이디어를 추가하거나 수정할 수 있다.

(2) 브레인라이팅의 원칙

브레인라이팅은 다음과 같은 핵심 원칙을 기반으로 한다.

- 개별적 사고 존중

- 서면 기반 아이디어 제시
- 아이디어 공유 및 확장
- 균등한 참여 기회 보장

이러한 원칙은 사회복지 프로그램의 민주성과 참여성을 반영하는 데 효과적이다.

(3) 브레인라이팅의 진행절차

브레인라이팅은 다음과 같은 절차에 따라 진행된다(조성우 외, 2024).

- **1단계(문제 정의 및 주제 설정)**: 주제를 명확히 설정한다. 예: "청소년 자살예방을 위한 지역사회 자원 활용 방안은?"
- **2단계(아이디어 작성)**: 각자 종이 또는 온라인 플랫폼에 자신의 아이디어를 정해진 수만큼 작성한다.
- **3단계(아이디어 교환)**: 아이디어가 담긴 문서를 다음 사람에게 전달하거나 공유하여 보다 보완하거나 새로운 아이디어를 추가한다.
- **4단계(아이디어 정리)**: 아이디어를 주제별로 분류하고 유사 아이디어는 통합한다.
- **5단계(아이디어 평가)**: 창의성, 실행 가능성, 효과성 등을 기준으로 평가하고, 우선순위가 높은 아이디어를 중심으로 실행계획을 수립한다.

브레인라이팅[2)]

이 방법은 브레인라이팅에서 통상 6명이 참여하여, 한 회기에 3개의 아이디어를 적고, 각 회기의 시간을 5분으로 제한한다는 내용이 골자다.

- 첫째, 토의 주제를 공유하여 참여자들이 이해할 수 있도록 한다.
- 둘째, 브레인라이팅 시트지에 토의 주제와 토의 일자를 기록한다.
- 셋째, 1라운드의 시작으로 각자 시트지 상단 1번의 3칸에 주제와 관련된 아이디어를 3개씩 적도록 하고, 5분이 지나면 1라운드를 종료한다. 이때 미처 아이디어를 적지 못한 경우에도 다음 사람에게 시트지를 전달하도록 한다.

- 넷째, 2라운드의 시작으로 이전 사람으로부터 받은 카드에 자신의 아이디어를 적는다. 이때 다른 사람의 아이디어를 참고할 수 있다.
- 다섯째, 위와 같은 활동을 6회 진행하면 활동을 종료한다.

〈브레인라이팅의 양식 예시〉

일시:		주제:	
회기	아이디어1	아이디어2	아이디어3
1			
2			
3			
4			
5			
6			

전지 브레인라이팅(써클맵)

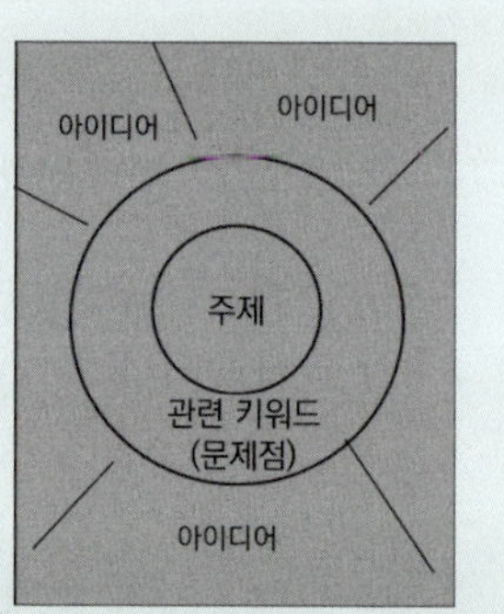

- 첫째, 전지 가운데 동심원 두 개를 크게 그리고 안쪽 원에 주제를 적는다.
- 둘째, 수제와 관련된 문제점을 포스트잇에 적는다. 예를들어 '독거노인 생활상 어려움'이 주제라면, '건강', '소득', '이동성' 등이 제시될 수 있다.
- 셋째, 포스트잇을 그룹화하고, 같은 그룹으로 묶인 포스트잇의 내용을 보고 하나의 단어(키워드)로 적는다.
- 넷째, 관련 키워드를 두 번째 원에 적는다.
- 다섯째, 바깥 원에서 전지의 가장자리로 선을 그어 참가자들의 영역을 만든다.
- 여섯째, 참가자들은 자기 영역 안에 키워드에 관한 해결방안 아이디어를 적는다.
- 일곱째, 일정 시간 경과 후 종이를 돌려서, 다른 사람의 아이디어에 내 의견을 보태는 과정을 반복한다.
- 여덟째, 전체 참가자가 모두 순회하면 종료한다.

2) https://blog.naver.com/maeumieum/222931567656의 내용을 참고.

3) 명목집단법

(1) 명목집단법의 개념과 목적

명목집단법(nominal group technique: NGT)은 전통적 브레인스토밍 방식의 한계를 보완하기 위한 기법이다(Royse et al., 2016; York, 1982). 명목집단법은 구성원들이 개별적으로 아이디어를 작성한 후, 이를 함께 공유하고 평가하여 최종 결정을 내리는 구조화된 의사결정 기법이다. '명목'이라는 이름에서 알 수 있듯이, 형식적으로는 집단이지만 실제 아이디어 생성 과정에서는 개별적인 활동을 기반으로 진행된다.

(2) 명목집단법의 원칙

NGT는 다음과 같은 기본 원칙을 따른다.

- 개별 사고와 집단 논의의 분리
- 동등한 발언 기회 보장
- 시각적 아이디어 기록
- 투명한 우선순위 결정

이러한 원칙은 특히 집단 내 권력관계나 의견 편중의 가능성을 줄이며, 집단 지성의 합리성을 극대화한다는 점에서 사회복지 프로그램의 가치와도 부합한다.

(3) 명목집단법의 진행절차

NGT는 일정한 절차에 따라 진행되며, 다음의 다섯 단계를 거친다.

- **1단계(문제 제시)**: 사회복지 프로그램 기획과 관련된 특정 문제나 주제를 설정하고 참여자에게 명확히 전달한다. 예를 들어 "지역 청소년의 진로지원을 위한 프로그램에서 가장 시급한 서비스 요소는 무엇인가?"와 같이 구체적이

어야 한다.

- **2단계(개별 아이디어 작성)**: 참여자는 정해진 시간(보통 5~10분) 동안 자신의 아이디어를 작성한다. 이때 타인의 아이디어에 대한 접근은 차단되며, 사고의 독립성이 보장된다.
- **3단계(아이디어 발표 및 기록)**: 참여자들은 돌아가면서 아이디어를 발표하고, 진행자는 이를 시각적 도구(화이트보드, 빔프로젝터 등)를 이용해 기록한다.
- **4단계(아이디어 명확화 논의)**: 제시된 아이디어에 대해 참여자들이 이해를 명확히 하기 위한 간단한 설명이나 질문을 허용한다.
- **5단계(우선순위 평가)**: 참여자들은 가장 중요하다고 생각되는 아이디어에 대해 순위를 매기거나 점수를 부여한다. 이후 집계된 점수를 기준으로 우선순위를 도출한다.

프로그램 실습

1. 다음은 A지역의 사회복지기관에서 제안한 신규 프로그램 개요이다. 프로그램 기획단계에서 어떤 요소들을 검토해 봐야 하는지 토론해 봅시다.

> A지역은 최근 고령화가 심화되며 독거노인 자살률이 증가하고 있다. 지역사회복지관에서는 이를 해결하기 위해 독거노인을 대상으로 한 '생명존중 사회참여 프로그램'을 기획하고자 한다.

2. 생성형AI(예: ChatGPT)를 활용하여 프로그램 기획을 위한 아이디어를 찾아봅시다.

2-1. 1단계(아이디어 생성): 어떤 프로그램이 필요한지 초기 아이디어 생성

질문:
답변:

2-2. 2단계(아이디어 검토): 교재의 아이디어 원천 분류에서 어떤 원천인지 확인하기

2-3. 3단계(아이디어 추가): 다른 아이디어 원천을 지정하여 질문하고 답변받기

질문:
답변:

2-4. 4단계(아이디어 종합검토) 본인의 프로그램 기획 아이디어로 통합하기

〈본인의 프로그램 기획을 위한 아이디어로서 어느 정도 가치가 있는지 종합판단〉

Chapter

04 사회문제 분석과 욕구사정

> "Start where the client is."
> - Virginia P. Robinson

사회복지 프로그램은 특정 대상의 욕구를 충족시키거나 문제를 해결하기 위한 개입 활동의 체계이다. 따라서 사회복지 프로그램 기획에서 사회문제 분석과 욕구사정은 가장 초기이자 핵심적인 단계로 간주된다. 이는 프로그램이 실제로 해결해야 할 문제를 정확히 정의하고, 개입이 필요한 영역과 정도를 과학적이고 체계적으로 파악하는 과정이기 때문이다.

사회문제 분석과 욕구사정은 긴밀하게 연결되어 있다. 사회문제 분석을 통해 문제의 전반적 구조와 원인을 이해한 후, 욕구사정을 통해 구체적이고 실질적인 개입 필요성을 도출하는 방식으로 연계된다.

1. 사회문제 분석

1) 사회문제의 규정

프로그램 기획은 사회문제 분석에서 시작한다. 사회복지 프로그램은 특정 사회문제를 해결하거나 완화하는 것을 궁극적인 목표로 한다. 따라서 효과적인 프로그램을 기획하기 위해서는 대상이 되는 사회문제를 명확히 이해하고 분석하는 작업이 선행되어야 한다.

사회문제 분석은 문제의 성격과 원인, 영향 및 파급효과, 그리고 문제로 인해 고통받는 인구집단을 파악하는 데 중점을 둔다. 이러한 분석은 프로그램의 방향과 목표 설정을 위한 기초가 된다.

사회문제에 대한 정의는 이론적 관점에 따라 다양하다.

- Merton & Nisbet(1961): 사회문제를 사회의 규범이나 가치에서 이탈한 상태로 보았다. 사회적으로 공유된 기준에서 벗어나 사회 질서를 해치는 행위나 상태를 문제로 규정하였다.
- Blumer(1971): 문제를 객관적 조건보다 사회적 정의의 결과로 보았다. 특정 조건이 문제로 인식되고 공론화되어 집단적 대응의 대상으로 규정될 때 사회문제가 된다고 주장하였다.
- Spector & Kitsuse(1977): 사회문제를 '문제 제기 활동(claims-making activities)'의 결과로 보았다. 문제의 실체보다는 그것을 주장하고 정의하는 집단의 사회적 활동에 주목하였다.
- 김영종(2013): 사회문제를 "사람이나 환경의 조건이 바람직하지 않은 것으로 규정된 상태"로 보았다. 객관적 조건과 함께 사회적 확인 과정의 중요성을 강조하며, 객관성과 주관성의 조화를 중시하였다.

사회문제는 단순한 불편이나 불행이 아니라, 일정한 사회적 합의와 상호작용의 결과로 '문제'로 정의되는 과정을 거친다. 한 사회에서 문제로 간주되는 현상이 다른 사회나 시기에서는 문제로 인식되지 않을 수도 있다. 따라서 사회문제로 인정되기 위해서는 다음과 같은 요건을 갖추어야 한다(Zastrow, 2017).

- **사회적 가치와의 괴리**: 해당 현상이 평등, 정의, 인권 등 사회적 가치나 규범

에 위배되는가?

- **다수에 대한 부정적 영향**: 문제의 영향이 광범위하고 심각한가?
- **사회적 원인**: 개인보다 사회 구조적 요인에 기인하는가?
- **개선 가능성**: 집단적 노력이나 정책 개입을 통해 해결 가능하다고 여겨지는가?
- **사회적 관심과 해결 요구**: 사회적 관심과 행동 요구가 존재하는가?

2) 사회문제 분석의 틀

사회문제는 다양한 차원의 특성을 가지므로, 이를 체계적으로 이해하기 위해서는 개념적 분석틀이 필요하다.

(1) Taber & Finnegan

먼저 Taber와 Finnegan(1980)은 사회문제를 분석할 때, 문제가 사회에 귀속되는지 혹은 개인에 귀속되는지를 판단하고, 문제의 존재나 확산에 영향을 주는 요인을 파악해야 한다고 보았다. 이 분석틀은 사회문제, 개인과 가족문제, 확산요인이라는 세 가지 영역으로 구성된다.

예를 들어, 청소년 사이버폭력 문제의 경우 다음과 같이 분석할 수 있다.

- **사회문제 차원**: 사이버폭력으로 인한 심리적 치료비용 증가, 자살 등 사회적 비용 발생, 인간 존엄성과 청소년 보호 가치 훼손
- **개인과 가족 차원**: 피해 청소년의 자존감 저하, 발달 지연, 우울과 불안 증가, 생명 위협
- **확산에 영향을 주는 요인**: 익명성, 또래 압력, 제도 미비, 디지털 환경, 부모의 통제력 부족, 지역사회의 낮은 인식 등

이 틀은 사회문제를 개인의 문제로 축소하지 않고, 구조적 관점에서 통합적으로 이해할 수 있도록 도와준다.

(2) York의 사회문제 분석틀

York(1982)는 사회문제를 분석하기 위해 열 가지 질문을 제시하였다. 이 질문들은 문제의 실체와 영향을 받는 사람, 관련 이해당사자, 원인과 해결 가능성 등을 체계적으로 파악할 수 있도록 돕는다.

- **사람들에게 바람직하지 못한 상황과 조건은 무엇인가:** 사회문제로 인식되는 구체적인 부정적 현상이나 상태가 무엇인지 명확히 정의하는 것이며, 무엇이 왜 문제인지 그 실체를 파악하는 단계
- **누가 그 문제로 고통받고 있는가:** 해당 사회문제로 인해 직접적으로 피해를 입거나 불이익을 겪는 개인, 집단, 지역사회를 파악함으로써 사회문제의 영향을 받는 대상을 구체화
- **누가 그 문제로 이득을 얻는가:** 문제가 존재하거나 지속됨으로써 경제적, 정치적, 사회적으로 이익을 얻는 집단이나 개인을 분석하여 사회문제의 제거를 위한 노력을 회피하는 사람과 집단을 확인
- **누가 그것을 사회문제로 규정하는가:** 어떤 집단이나 개인이 해당 상황을 사회 전체가 관심을 가져야 할 '문제'라고 주장하고 공론화하는지 밝히는 문제 정의의 주체를 확인
- **누가 그것을 사회문제로 규정하지 않는가:** 문제의 당사자와 상관없이 전문가나 일반인이 사회문제로 규정하는지 확인
- **문제의 원인이 무엇인가:** 문제가 발생하게 된 근본적인 배경과 구조적, 개인적, 역사적 요인 등 기여 요인을 분석하여 이에 따른 개입방법 고려
- **그 문제를 다루는 현재의 프로그램은 무엇인가:** 현존하는 프로그램 확인 및 대응 노력을 평가하여 해결 방안의 보완점 파악
- **이 프로그램들을 중단함으로써 예상되는 결과는 무엇인가:** 현재의 개입 노력을 중단했을 경우 발생할 수 있는 부정적 영향이나 문제 악화 가능성을 예측하여 기존 프로그램의 효과와 필요성을 검증
- **사회 변화의 목표는 무엇이며, 얼마만큼의 사회문제를 해결하려고 하는가:** 문제

해결을 통해 달성하고자 하는 구체적인 상태는 무엇이며, 변화의 방향성과 목표 수준을 명확히 설정

- **욕구와 자원 간 격차를 줄이는 데 찬성/반대하는 사람은 누구인가:** 사회문제 해결 과정에서 지지하거나 방해하는 세력을 파악

York의 질문틀은 사회문제의 본질, 영향, 대상, 원인, 기존 대응의 효과성, 개입 가능성 등 폭넓은 이해를 도모하기 위한 유용한 분석 도구로 많이 활용된다.

(3) 본서의 사회문제 분석틀

본서에서는 이러한 분석틀을 바탕으로, 사회복지 프로그램 기획에서 다음 여섯 가지 요소를 중심으로 사회문제를 분석할 것을 제안한다.

① 문제의 정의: 문제는 관찰 가능한 상태나 사건으로 정의되어야 한다.

문제를 정의하는 작업은 프로그램의 방향과 전략을 결정하는 기초가 된다. 문제는 관찰가능하고 측정가능한 형태로 구체화되어야 하며, 추상적 진술보다는 실제적 표현이 요구된다. 예를 들어 '청소년의 일탈행동'이라는 문제 정의는 모호하므로, '청소년의 음주, 흡연, 무단결석의 증가'처럼 구체적으로 진술해야 한다. 이러한 정의는 문제의 심각성과 개입의 필요성을 설득하는 근거가 된다.

② 문제의 원인: 인과적 원인분석은 프로그램의 개입전략 설계를 위한 기초이다.

문제의 원인분석은 단순한 기술적 단계가 아니라, 프로그램의 설계와 개입전략을 결정하는 논리적 기초가 된다. 원인분석을 통해 프로그램이 어디에, 어떻게 개입할 것인지를 명확히 할 수 있다.

문제의 원인은 크게 구조적 요인과 개인적 요인으로 구분할 수 있다.

- **구조적 요인:** 빈곤, 제도적 차별, 주거환경 열악, 고용 기회 부족 등
- **개인적 요인:** 정신건강 문제, 가정 내 갈등, 교육 수준 부족 등

표 4-1 노인고독사 문제의 원인분석

구분	주요 내용	
구조적 요인	• 노인복지 정책 사각지대 • 공적 돌봄서비스 미비 • 고독사 예방 모니터링 시스템 부재 • 주거정책 내 고립 방지 미흡	• 지역 커뮤니티 활동 부재 • 이웃 간 교류 약화 • 민간-공공 협력체계 미흡 • 가족의 돌봄 기능 약화
개인적 요인	• 신체 건강 악화 • 정신건강 문제(우울증, 무력감 등)	• 사회적 고립 선택 • 경제적 자립능력 저하

표 4-2 사회문제의 원인분석과 개입차원(예: 노인고독사 문제)

문제원인		개입방안
차원 구분	주요 내용	
국가 및 정책적 차원	• 노인복지정책 사각지대 • 공적 돌봄서비스 미비 • 고독사 모니터링 체계 부재 • 주거 정책 내 고립 방지 부족	국가수준의 관련법, 정책 등 보완
지역사회 차원	• 지역 공동체성 약화 • 노인 고독사 실태 파악 부족 • 이웃간 교류 부족 • 관련 협력체계 미흡	프로그램 차원의 기획 가능 • 지역사회기반 프로그램 • 가족지원 프로그램 • 개인지원 프로그램
가족 차원	• 가족과 관계 단절 • 가족 돌봄역량 약화 • 경제적·심리적 부담 • 고립 생활 지속	
개인 차원	• 건강 악화 • 정신건강 문제 • 사회적관계 및 고립 선택 • 경제적 자립 저하	

③ **문제의 범위와 규모:** 자원의 우선순위 설정과 서비스 대상을 명확히 해준다.

문제가 어느 정도로 퍼져 있고, 얼마나 많은 사람에게 영향을 미치는지를 분석하는 단계이다. 이때 인구 통계 자료, 실태조사, 기존 연구 등의 데이터를 활용한다.

사회문제의 범위와 규모를 분석하는 것은 자원의 배분과 프로그램의 우선순위를 결정하는 데 필수적이다. 문제의 범위를 정량적 데이터에 근거하여 파악하는 것이 중요하다. 주요 분석 요소는 다음과 같다.

- **발생 빈도(incidence)**: 새롭게 발생한 사례 수
- **유병률(prevalence)**: 특정 시점에 존재하는 사례 수
- **추세(trend)**: 시간이 지남에 따른 증감 변화
- **집중도(concentration)**: 특정 집단, 지역에 문제 발생이 집중되는 정도

예를 들어 청소년 비행 문제를 다루는 경우, 단순히 '청소년 비행이 심각하다'는 주장보다는 최근 5년간 연도별 발생률 변화, 인구 1,000명당 발생률, 특정 지역 또는 특정 사회경제적 계층에서의 집중도를 통계자료를 통해 제시하는 것이 필요하다.

④ 문제의 영향: 사회적 개입의 정당성과 시급성을 강조하는 데 사용된다.

문제가 개인, 가족, 지역사회, 사회 전반에 미치는 영향을 분석하는 작업이다. 영향은 경제적 손실, 심리적 고통, 사회적 불안정성 등 다양한 차원에서 나타난다. 이 과정은 문제해결의 당위성을 확보하는 데 기여하며, 문제의 심각성이나 우선순위 설정에도 영향을 미친다. 예컨대, 고독사가 증가할 경우 이는 개인의 죽음뿐 아니라 공동체의 돌봄 체계 실패로 연결될 수 있기 때문이다.

⑤ 현재 대응 노력: 새로운 기획의 필요성과 방향성을 제시한다.

현재까지 이루어진 대응이나 개입 노력의 현황을 분석하는 것이다. 정부 정책, 민간서비스, 지역사회 프로그램 등 기존의 개입이 어떤 방식으로 이루어졌는지, 그 효과는 어떠했는지를 검토한다. 특히, 중복 서비스, 접근성 문제, 이용자의 낮은 만족도 등 기존 대응의 한계를 파악하는 것이 중요하다. 이를 통해 새로운 프로그램이 어떤 차별성과 보완성을 가질 것인지 논의할 수 있다.

⑥ 개입 가능성과 우선순위: 변화가능성은 우선순위 판단기준 중 하나이다.

문제 해결을 위한 개입이 실제로 가능한지, 그리고 다른 문제들에 비해 어느 정도의 우선순위를 갖는지를 판단하는 항목이다. 개입 가능성은 변화 가능성,

정책적 수용성, 지역사회의 수요, 기관의 역량, 가용자원 등을 고려해 판단한다. 우선순위는 자원의 제한 속에서 가장 시급하고 영향력이 큰 문제를 선택하기 위해 설정된다.

이상의 내용들을 분석 요소와 관련질문, 그리고 분석해 봐야 할 주요 내용들을 정리하면 아래와 같다.

표 4-3 사회문제 분석의 틀

분석 요소	핵심 질문	주요 내용
문제 정의	무엇이 문제인가?	관찰가능하고 측정가능한 형태로 구체적으로 정의
문제 원인	왜 발생했는가?	구조적, 개인적 요인의 다층적 인과분석
범위 및 규모	얼마나 광범위한가?	빈도, 유병률, 추게, 집중도에 따른 정량적 분석
문제의 영향	어떤 결과를 초래하는가?	경제적, 사회적, 심리석 차원의 다차원적 영향 분석
현재 대응	어떤 노력이 이루어졌는가?	기존 서비스·정책의 효과성과 한계 분석
개입가능성 및 우선순위	개입할 수 있는가? 우선순위는?	자원, 수용성, 변화가능성 평가를 통한 전략적 우선순위 설정

출처: York(1982) 재구성.

이 분석틀은 문제 정의부터 개입전략 수립까지 프로그램 기획의 논리적 토대를 제공한다. 문제의 본질과 원인을 구조적으로 파악하고, 객관적인 자료를 바탕으로 대응 전략을 세울 수 있도록 설계되었다. 따라서 사회복지 프로그램 개발자는 이 분석틀을 철저히 활용하여 문제에 대한 깊은 이해와 더불어 보다 효과적이고 지속가능한 개입전략을 마련해야 한다.

참고자료 **사회문제 분석에 활용할 수 있는 방법**

문헌연구	문제 관련 학술 논문, 서적, 연구 보고서, 정책 자료, 언론 기사 등을 검토하여 문제의 정의, 현황, 원인과 결과, 기존 개입 방법 등에 대한 이론적·경험적 지식을 습득하는 가장 기본적인 방법
기존 통계자료 분석	인구주택총조사, 사회조사, 보건복지부, 고용노동부 등 공식 통계자료, 또는 관련 연구기관의 패널 데이터 등을 활용하여 문제의 규모, 추세, 분포, 관련 요인 등을 객관적으로 파악
서베이 조사	구조화된 설문지를 이용하여 특정 인구집단(표적집단, 일반 인구 등)을 대상으로 문제에 대한 인식, 경험, 태도, 관련 행동, 서비스 욕구 등에 대한 정보를 수집하고 분석
면접 조사	• 심층면접(in-depth interview): 문제 당사자, 가족, 관련 전문가 등을 대상으로 심층 대화를 통해 문제 경험의 생생한 과정, 주관적 의미, 숨겨진 원인이나 영향 등에 대한 깊이 있는 정보를 얻는 방법 • 초점집단면접(focus group interview, FGI): 특정 주제에 대하여 소수의 전문가(보통 6~10명)를 집단으로 구성하여, 자유롭게 의견을 교환하고 상호작용하는 과정을 통해 자료를 얻는 방법
지역사회 포럼	지역주민, 이해관계자, 전문가 등이 공개적인 장소에 모여 자유롭게 의견을 발표하고 토론하는 방식. 지역사회의 문제 인식 수준을 높이고 다양한 의견을 수렴하며, 해결 방안에 대한 공감대를 형성
델파이 기법	전문가들에게 익명으로 설문을 반복 실시하고, 각 단계마다 이전 단계의 응답 결과 요약 정보를 제공하여 의견 차이를 점차 좁혀나가는 방식으로 진행. 문제의 중요도 평가, 미래 예측, 정책 대안 모색 등
사회지표 분석	객관적 지표(예: 빈곤율, 실업률, 자살률, 범죄율, 평균 수명 등)를 분석하여 사회문제의 수준, 추세, 지역 간 비교 등을 수행
사례 연구	개인, 가족, 집단, 조직, 지역사회 등 단일사례를 대상으로 다양한 정보를 수집하고 분석하여 문제 상황과 맥락 이해

* 구체적인 절차와 방법은 욕구사정을 위한 자료수집 방법에서 설명함.

2. 욕구사정

욕구사정은 사회문제를 겪고 있는 당사자(클라이언트 또는 대상 집단)가 실제로 무엇을 필요로 하고 원하는지를 구체적으로 파악하는 과정이다. 사회문제 분석을 통해 '어떤 문제'에 주목해야 할지를 파악했다면 그 문제를 겪고 있는 특정 대상 집단이 '구체적으로 무엇을 필요로 하는가?'를 파악하는 것이 욕구사정이다. 문제 분석이 프로그램의 배경과 방향성을 제시한다면, 욕구사정은 그 방향 안에서 실질적인 내용과 대상을 구체화한다고 볼 수 있다.

1) 욕구의 개념과 욕구사정

(1) 욕구의 개념 정의

욕구사정은 욕구의 개념을 이해하는 것에서 출발한다. 사회복지 분야에서 흔히 쓰이는 욕구(need)란 개인, 가족, 집단, 지역사회, 국가 등 사회체계에서 생존이나 성장에 필요한 것에 결핍상태이고, 이를 통해 불만족하거나 문제를 경험하는 경우를 의미한다(황성철, 2005).

그러나 욕구는 원함(want)과 혼용해서 사용되는 경우가 많다. 그러나 두 가지 개념은 분명히 구분된다. 원함은 무엇이 필요하나 그것을 가지지 못할 때 생기는 개인의 인지 또는 정서 상태이지만, 욕구는 어떤 사람이 필요한 그 무엇을 다른 사람의 판단 과정에서 확인된 것을 의미한다(김영종, 2013). 그러나 개인적으로 '필요로 하는 것'이 실제적으로 사회적 욕구로 인정되는 경우도 있다.

로스(Roth, 1990)는 욕구를 현재의 상태(What is)와 바라는 상태(What should be) 사이에 존재하는 격차(gap) 또는 차이(discrepancy)로 설명한다.

- **바람직한 상태(what should be)**: 사회적 기준, 정책 목표, 전문가의 판단 등에 의해 규정된 이상적이거나 목표로 하는 상태
  - 예 모든 청소년(100%)이 연 1회 이상 정신건강 상담을 받을 수 있도록 지원해야 한다는 지역사회 보건 목표가 설정되어 있음
- **현재의 상태(what is)**: 개인이나 집단이 현재 경험하고 있는 실질적 조건이나 상황을 의미
  - 예 지역 내 청소년의 40%만이 정기적으로 정신건강 상담을 받고 있음. 나머지 60%는 정신건강 서비스에 접근하지 못하고 있음
- **욕구(gap)**: 현재 상태와 바람직한 상태 사이의 차이. 이 갭이 클수록 문제의 심각성이 크고, 프로그램 개입의 필요성이 높아짐

예 60%의 청소년이 정신건강 상담 서비스를 받지 못하고 있는 상태 = 프로그램개입이 필요한 욕구 발생

Kettner 등(2023)은 "욕구란 서비스가 제공되지 않거나 충분히 제공되지 않을 때 발생하는 사회적 문제나 결핍의 상태이다."라고 하면서 욕구를 사회서비스 개발과 평가 관점에서 정의하였다. 즉, 욕구란 프로그램이나 서비스가 충족시켜야 할 클라이언트의 문제 상황이며, 이는 명확히 식별하고 우선순위를 정해야 한다고 강조하고 있다.

(2) 욕구사정의 필요성

욕구사정(needs assessment)[3]은 대상 집단이나 특정 지역사회에 존재하는 문제를 진단하고 그 문제에 대한 욕구 수준을 확인하고 우선순위를 체계적으로 평가하는 과정이다. 사람들의 욕구를 규정하는 일은 욕구의 개념만큼이나 복잡할 뿐만 아니라 다양한 관점을 지닌다.

욕구사정을 통해 무엇을 알 수 있는가? 조성우 등(2024)은 다음과 같이 제시한다.

- 지속되거나 심화되는 사회적 문제를 알린다.
- 지역사회에 필요한 서비스 및 프로그램을 파악한다.
- 특정한 목표 대상층에 맞는 프로그램 개발에 필요한 정보를 확보한다.
- 제공되고 있는 서비스를 이용하기 어렵게 만드는 장애요인을 파악한다.
- 새로운 프로그램을 개발하기 전에 특정한 문제를 가진 클라이언트의 수를 파악한다.
- 잠재적 클라이언트들이 현재 제공되고 있는 서비스들을 알고 있는지 혹은 앞으로 이용하고자 하는지 알아본다.

---

3) 본서에서 needs assessment를 욕구조사가 아닌 욕구사정으로 표현하는 것은 사회복지실천과정에서 assessment가 쓰이는 맥락과 마찬가지로 욕구를 조사하여 발견하는 것에 그치지 않고, 대상자의 욕구에 대한 포괄적이고 심층적인 판단과 평가의 과정이 포함된다는 의미를 강조하기 위함이다.

Gates(1980)는 욕구를 주체와 객체로 구분하여 설명한다. 욕구의 주체는 욕구를 느끼거나 경험하는 개인, 가족, 집단, 지역사회를 의미한다. 주체는 수동적 존재가 아니며, 욕구를 인지하고 표현하며 해결 과정에 참여하는 능동적 측면도 갖는다. 반면 욕구의 객체는 주체가 충족되기를 바라는 대상이나 상태를 뜻한다. 이는 주체의 욕구 해소를 위한 구체적 자원이나 환경적 요소를 지칭한다(예: 의식주 해결, 의료 서비스, 교육, 고용, 정서적 지지, 사회적 관계 형성). 욕구의 주체와 객체 구분은 클라이언트 욕구 사정 시 누가(주체) 무엇을(객체) 필요로 하는지 명확히 분석해야 함을 보여준다.

한편, 욕구 정의에는 사회의 물질적 조건과 지배적 규범이 영향을 미친다. 각 문화는 무엇이 중요하고 가능한지에 따라 욕구를 자체적으로 정의하는 경향이 있다. 이는 욕구가 여러 요인에 따라 상대적이라는 특성을 갖게 한다. 결국 욕구의 탄력성은 누가 어떻게 규정하는지에 따라 달라질 수 있으며, 생활 수준, 정치경제적 상황, 자원과 기술의 가용성 등에 영향을 받는다.

첫째, 개인의 생활수준은 욕구의 탄력성에 영향을 미친다. 과거에는 문제가 아니었던 조건도 생활 수준 향상과 기대치 증가에 따라 욕구로 인식될 수 있다. 예컨대, 과거 적절했던 주거 수준이 오늘날 표준 미달로 간주되어 주거개선 프로그램으로 이어지기도 한다.

둘째, 욕구는 사회정치적 환경에 따라 다르게 규정될 수 있다. 국민의 태도와 기대, 정책 우선순위 변화에 따라 이전에 문제가 아니었거나 인지되지 않았던 문제가 새로운 욕구로 부상한다. 과거 어머니의 자녀 양육이 책임으로 여겨져 보육 서비스가 받아들여지지 않았지만, 오늘날 보육은 중요한 정책 과제이다.

셋째, 자원과 기술의 가용성도 욕구 정의에 영향을 미친다. 사람들은 일반적으로 쉽게 이용할 수 없는 서비스를 요구하지 않아, 이용 불가능한 서비스에 대한 욕구는 감지되지 않는다. 자원이 개발되고 알려짐에 따라 더 많은 사람들이 이를 이용하며, 디지털 기기 활용 증가는 새로운 욕구 등장을 초래한다. 서비스 확대 또한 대상 집단의 기대를 높여, 서비스를 받을 가능성이 있다고 믿을 때 더 많이 찾게 된다.

(3) Maslow의 욕구유형

Maslow는 인간 욕구를 위계적으로 배열한 욕구 단계 이론을 제시하며, 하위 수준 욕구가 충족된 후에 다음 수준 욕구를 추구한다고 보았다(York, 1982).

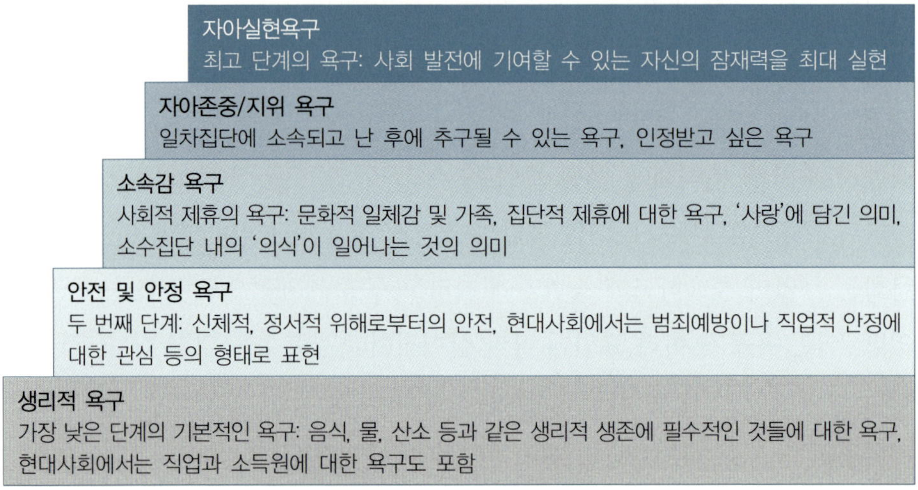

자아실현욕구
최고 단계의 욕구: 사회 발전에 기여할 수 있는 자신의 잠재력을 최대 실현

자아존중/지위 욕구
일차집단에 소속되고 난 후에 추구될 수 있는 욕구, 인정받고 싶은 욕구

소속감 욕구
사회적 제휴의 욕구: 문화적 일체감 및 가족, 집단적 제휴에 대한 욕구, '사랑'에 담긴 의미, 소수집단 내의 '의식'이 일어나는 것의 의미

안전 및 안정 욕구
두 번째 단계: 신체적, 정서적 위해로부터의 안전, 현대사회에서는 범죄예방이나 직업적 안정에 대한 관심 등의 형태로 표현

생리적 욕구
가장 낮은 단계의 기본적인 욕구: 음식, 물, 산소 등과 같은 생리적 생존에 필수적인 것들에 대한 욕구, 현대사회에서는 직업과 소득원에 대한 욕구도 포함

그림 4-1 Malsow의 욕구단계이론

출처: York(1982).

Maslow의 욕구 이론은 인간 동기와 욕구 이해에 기여했으나 몇 가지 한계를 지닌다. 욕구가 순차적으로 충족된다는 가정과 달리 현실에서는 여러 욕구가 동시에 나타날 수 있으며, 사회 변화에 따른 다양한 측면을 고려하지 못했다는 지적이 있다. 욕구는 절대적이고 고정된 것이 아니라 개인 상황, 사회경제적 조건, 기술 발전에 따라 변화하기 때문이다. 무엇보다 과학적으로 충분히 검증되지 못했다는 한계가 있다(김영종, 2013).

그러나 Maslow의 욕구 이론은 사회복지 프로그램 기획에 몇가지 시사점을 제공한다. 첫째, 욕구의 단계성과 우선순위 설정이다. 사회복지 프로그램은 이용자의 현재 욕구 수준을 정확히 파악하고, 가장 기본적인 욕구부터 충족시키도록 설계되어야 한다. 예를 들어, 노숙인 프로그램은 자아실현 욕구보다 식사, 주거 등 생리적·안전 욕구 충족을 최우선 과제로 삼아야 한다(Kettner et al., 2023).

둘째, Maslow는 미충족된 욕구를 충족하려는 강력한 동기가 인간에게 있다고 보았다. 이는 사회복지 프로그램이 대상자의 내적 동기를 자극하여 참여를 유도할 수 있음을 시사한다. 또한 개인마다 욕구 충족 수준이 다를 수 있으므로 맞춤형 접근이 필요함을 보여준다.

(4) Bradshaw의 욕구 개념화

Bradshaw(1977)는 욕구를 단일 개념이 아닌 발생 및 인식 방식에 따른 네 가지 유형으로 분류했다. 특히 사회적 욕구를 강조하는데, 이는 전문가, 정책 결정자, 사회적 합의에 의해 “필요하다고 규정된” 상태나 서비스 결핍을 의미한다. 즉, 개인이 인지하거나 요구하지 않아도 사회적 기준에 따라 “반드시 충족되어야 한다”고 결정된 욕구이다(Bradshaw, 1977). 욕구의 기준을 누가 정하는지에 따라 다음과 같이 네 가지 유형으로 구분된다.

① 규범적 욕구(normative needs)

규범적 욕구는 전문가가 설정한 특정 표준에 기반한다. 권위, 관습, 사회적 합의로 정해진 바람직한 수준과 실제 수준을 비교하여 욕구를 판단한다. 예를 들어, 아동의 식단이 의료 전문가의 영양 기준에 미달할 경우 규범적 욕구가 있다고 본다. 규범적 욕구의 강점은 명확하고 정량화하기 쉬운 목표를 제시한다는 점이다. 그러나 전문가에 따라 욕구의 정도가 다르게 규정될 수 있고, 시간 변화에 따라 가치 판단이 달라질 수 있다는 한계가 있다.

② 인지적 욕구(felt needs)

인지적 욕구는 개인이 스스로 필요하다고 인지하는 욕구로, ‘원함(want)’과 동일시되기도 한다. 주로 서베이 조사를 통해 파악되므로, 누구를 대상으로, 언제, 어떤 방식으로 질문하는지에 따라 다르게 측정될 수 있다. 규범적 욕구와 달리 응답자마다 기준이 달라지며, 서비스 제공에 대한 기대치를 높여 실제보다 높게 나타나는 경향이 있다.

③ 표현적 욕구(expressed needs)

표현적 욕구는 인지적 욕구가 서비스 요구로 행동화된 것이다. 즉, 사람들이 실제로 요구하는 것이며, 서비스 요청자 수로 욕구의 정도를 파악한다. 서비스를 신청했거나 대기 명단에 있는 클라이언트들이 여기에 해당한다. 그러나 사람들이 주로 알고 있는 이용 가능한 서비스만을 요청하는 경향이 있어, 표현적 욕구만으로는 충족되지 않은 근본적인 욕구를 파악하기 어렵다. 또한 자격 미달, 이용상 장애, 서비스 정보 부족 등으로 인해 특정 클라이언트집단이 욕구 측정에서 배제될 가능성이 있다는 한계가 있다.

④ 상대적 욕구(comparative needs)

상대적 욕구는 유사한 특성을 가진 집단 간의 서비스 수준 차이를 비교하여 파악된다. 한 집단이 비교 가능한 다른 집단에 비해 특정 서비스 이용 가능성이 낮다면 해당 서비스에 대한 욕구가 있다고 본다. 이는 욕구 충족의 기준이나 바람직한 서비스 수준이 있다는 가정에서 출발하지 않는다. 사람들이 존재하지 않는 것을 요구하지 않는 경향이 있지만, 새로운 서비스에 대한 잠재적 수요를 예측할 필요가 있을 때 도움이 될 수 있다. 상대적 욕구는 집단 간 또는 지역사회 간 비교를 통해 욕구 파악이 용이하다는 장점이 있으나, 두 집단이나 지역 간에 실제로 동일한 수준의 욕구가 있는지는 명확하지 않다는 한계가 있다.

표 4-4 Bradshaw 욕구 유형 비교

욕구유형	정의	사례
규범적 욕구	관습, 권위 또는 일반적인 합의에 의해 확립된 기준 또는 척도 미만으로 떨어지는 것으로 정의된 욕구	정부에서 정한 최저 주거 수준에 미달하는 주택에 거주하는 주민 수
인지적 욕구	사람들이 자신의 욕구가 무엇이라고 생각하거나 느끼는지에 따라 정의된 욕구	지역사회 서베이 조사에서 자신의 건강상태가 좋지 않다고 느끼는 독거노인 수
표현적 욕구	실제로 도움을 구한 사람들의 수로 정의된 욕구	가족 상담을 받기 위해 대기목록에 있는 사람의 수
상대적 욕구	한 지역사회에 존재하는 서비스수준과 유사한 다른 지역에 존재하는 서비스 수준간의 격차로 측정된 욕구	아동 인구가 비슷한 두 개 지역의 아동 무료 급식서비스 제공량 비교

네 가지 욕구 유형은 근본적으로 누가 욕구를 규정하는가를 전제로 한다. 〈표 4-5〉에서 보는 바와 같이 다양한 상황이 발생할 수 있다. 상황 1에서처럼 전문가에 의해 필요성이 제기되고(규범적), 당사자들이 느끼고(인지적), 실제로 요구하며(표현적), 비교 집단에 비해 낮은 수준인(상대적) 경우는 모든 상황에서 욕구가 확인되는 이상적인 상황이다. 반면, 상황 6과 같이 전문가들은 필요하다고 판단하고 서비스가 제공되지만(규범적), 당사자들이 느끼거나 요구하지 않는 경우(인지적, 표현적)는 서비스 효과성에 상당한 어려움을 초래할 수 있는 상황이다.

사회복지 프로그램 기획자는 이러한 다양한 욕구 유형을 종합적으로 고려하여 대상 집단의 실제적인 필요를 정확하게 파악해야 한다.

표 4-5 사회적 욕구 규정의 상황

상황	욕구의 유형				설명
	규범적	인지적	표현적	상대적	
1	O	O	O	O	모든 근거에서 욕구로 확인됨. 논란의 여지가 없음. 욕구충족 가능성이 높음
2	O	O	X	O	욕구가 표현 안 됨. 서비스에 대한 접근성 문제일 가능성 있음
3	O	O	X	X	서비스 공급 부족으로 발생할 가능성 있음
4	X	O	O	O	욕구가 표현되었고 서비스도 존재하나 전문가들은 필수적인 문제로 간주하지 않음(예: 성형수술)
5	O	O	O	X	모두가 욕구로 인정하나 전체적으로 서비스가 부족함. 새로운 서비스 개발의 최적 조건
6	O	X	X	O	전문가는 욕구로 인정, 서비스도 제공되나 대상자들은 욕구로 보지 않음. 서비스 실행에 가장 어려운 상황(예: 청소년비행)
7	O	X	X	X	예방적 개입 프로그램이 대표사례
8	X	X	X	O	대상자는 인정하지 않으나 서비스는 제공되는 경우. 수급자보다는 공급자 입장 고려
9	X	O	X	X	욕구라기보다는 원함(want)에 가까움

출처: York(1982).

2) 문제분석 및 욕구사정을 위한 방법

문제분석과 욕구사정에서 사용되는 방법들에는 자료의 원천, 자료수집 방법, 그리고 분석방법을 포함하여 다양한 방법들이 존재한다. 또한 자료수집 방법에 있어서 직접적 방법과 간접적 방법으로 구분하여 설명되기도 한다. 프로그램 기획자는 욕구사정을 위한 방법을 선택함에 있어 어떤 방법이 유용하고, 얼마나 빨리 욕구사정이 이루어져야 하는지, 그리고 얼마나 정확하고 구체적인 사정이 이루어져야 하는지를 충분히 고려하여 각각의 특성과 장단점을 이해할 필요가 있다.

우선 일반적인 자료의 원천에 따라 그 특성을 제시하면 〈표 4-6〉과 같다.

표 4-6 욕구사정에 활용되는 주요 자료의 원천

자료의 원천	특징	욕구유형
2차 자료	일반적 용도로 수집되고 활용되는 자료 예) 인구통계 등	상대적 욕구
전문가 판단	해당 문제에 관한 전문가들의 의견자료 예) 상담, 진단, 사정 자료	규범적 욕구
서비스통계	서비스에 접근한 클라이언트들에 관한 기록자료 예) 이용자 현황, 대기자수	표현적 욕구
자원 실태조사	지역사회 서비스 자원들의 총량 실태조사 자료 서비스 전문가들의 의견을 묻는 설문조사 자료	표현적 욕구 규범적 욕구
공청회	해당문제에 관심 있는 지역주민들이 표출하는 발언들을 취합한 자료	표현적 욕구
사회서비스	일반인구, 표적인구에 대한 일차적이고 구체적인 정보를 설문조사 방식으로 수집한 자료	인지적 욕구

출처: 김영종(2013).

본서에서는 2차 자료의 분석, 서비스 제공기관 자료의 활용, 주요 정보제공자 조사, 지역사회 서베이, 지역사회포럼, 초점 집단 면접 및 델파이 방법에 대하여 구체적으로 살펴보고자 한다.

(1) 2차 자료의 분석

욕구사정에서 2차 자료 분석은 다른 목적으로 수집 및 정리된 자료를 활용하여 특정 지역사회나 대상 집단의 욕구를 파악하는 방법이다. 이는 1차 자료 수집에 비해 비용과 시간을 절감하며, 광범위한 데이터를 통해 문제의 맥락과 규모를 이해하는 중요한 출발점이 된다.

욕구사정에 활용되는 2차 자료는 다양하며 크게 다음과 같이 분류할 수 있다 (Royse et al., 2016).

① 사회지표 및 공식 통계자료

정부 부처나 공공기관에서 정기적으로 발표하는 인구, 사회, 경제, 건강, 교육, 복지 관련 통계자료 등이 해당된다. 주로 지역사회 인구 사회학적 특성을 반영한다.

예 인구주택총조사 결과, 사회조사 결과, 고용통계, 복지 관련 통계, 교육 통계, 보건 통계, 범죄 통계 등

② 연구 보고서 및 학술 자료

대학, 연구기관 등에서 수행한 연구 프로젝트의 보고서, 각종 논문 등이 해당된다. 특정 지역이나 대상 집단의 욕구에 대한 기존연구 결과를 활용할 수도 있다.

예 지역사회 욕구사정 선행 연구 보고서, 특정 인구 집단(예: 독거노인, 다문화가족, 학교 밖 청소년)의 욕구에 대한 질적/양적 연구 논문, 특정 사회문제(예: 빈곤, 주거 불안정, 정신건강 문제)에 대한 실태조사 연구 보고서 등

이러한 자료들은 해당 지역 또는 집단의 인구학적 특성뿐만 아니라 사회경제적 상태, 건강 상태, 교육 수준, 범죄율, 실업률 등 다양한 사회문제를 나타내는 객관적인 수치를 파악하는 데 활용된다. 시계열 분석을 통해 문제의 변화 추이를 파악하거나, 다른 지역 또는 전국 평균과의 비교를 통해 해당 지역의 상대적인 박탈 수준을 평가할 수 있다.

2차 자료의 활용 및 분석 방법의 장단점은 다음과 같다.

- **장점:** 적은 비용과 시간으로 많은 정보를 얻을 수 있다. 장기간에 걸친 추이 분석을 통해 문제의 심각성과 변화 방향 파악에 용이하다.
- **단점:** 자료수집 목적이 욕구사정이 아니므로 원하는 정보가 누락되어 있을 수 있으며, 자료의 시의성이 떨어지거나 특정 집단에 대한 정보가 부족할 수 있다(York, 1982).

(2) 서비스 제공기관 자료 활용

이 방법은 지역사회 서비스 제공기관이 서비스 제공 및 관리 목적으로 수집한 행정 자료를 활용하여 욕구사정 자료를 수집하는 것이다. 지방자치단체나 사회복지기관 등에서 보유한 자료는 특정 집단의 서비스 이용 현황, 문제 특성, 자격 요건 등을 파악하는 데 유용하다.

서비스 제공기관 자료를 분석하여 다음과 같은 정보를 얻을 수 있다.

- **서비스 이용 패턴:** 특정 서비스의 이용률, 이용자 수 변화 추이, 자주 이용되는 서비스 유형 등을 파악하여 충족 또는 미충족 욕구를 추정한다.
- **이용자 특성:** 이용자의 인구 사회학적 특성, 문제 유형, 이용 기간 등을 분석하여 특정 욕구 집단의 특성을 구체화한다.
- **지역별 편차:** 동일한 행정 자료를 지역별로 비교 분석하여 특정 욕구가 어느 지역에서 더 두드러지는지 파악한다.

특히 기관이 보유한 서비스 관련 통계는 서비스 종류, 제공 건수, 수혜자 수, 서비스 결과 등 양적 정보를 포함한다. 이러한 통계자료를 시계열적으로 분석하면 특정 욕구의 변화 추세나 서비스 수요 변화를 파악할 수 있다. 서비스 이용자 만족도나 성공률 통계는 현재 서비스의 효과성을 간접적으로 파악하고 개선 영역을 식별하는 데 도움을 준다.

클라이언트 이용 자료는 현재 서비스의 효율성 및 효과성을 평가하고, 서비스 공백 또는 과부하 영역을 식별하는 데 활용된다. 서비스 이용자의 의견은 서비스에 대한 만족도, 개선 요구 사항, 기존서비스로 충족되지 않는 구체적인 욕구, 서비스 접근의 어려움 등에 대한 현실적인 정보를 제공한다. 이러한 자료들은 기존서비스의 문제점을 파악하고 새로운 프로그램의 필요성 및 개선 방향을 설정하는 데 결정적인 역할을 한다.

서비스 제공기관 자료는 지역사회 자원 목록 활용과도 연결된다. 지역사회 내 서비스 제공기관이 보유한 자원 목록은 사용가능한 서비스와 자원을 파악하는 데 필수적이다. 자원 목록에는 기관 명칭, 소재지, 연락처, 제공 서비스 종류, 이용 대상, 이용 절차 등의 정보가 포함된다. 이를 활용하여 현재 지역사회에 어떤 서비스가 존재하며, 특정 욕구 클라이언트가 어떤 자원에 접근할 수 있는지 파악한다. 자원 목록 분석은 중복되거나 부족한 서비스를 식별하고, 서비스 연계 및 통합의 필요성을 확인하는 중요한 정보를 제공한다.

서비스 제공기관 활용 방법의 장단점은 다음과 같다.

- **장점**: 데이터 수집에 드는 시간, 비용, 노력을 크게 절감할 수 있다. 서비스 현황뿐만 아니라 이용 변화 추이 파악에도 유용하다. 또한 서비스 이용 통계는 사람들의 '표현적 욕구'를 반영한다는 점에서 유의미하다.
- **단점**: 현재 서비스를 이용하는 사람들에 대한 정보를 제공하므로, 서비스를 모르거나 접근하기 어려운 사람들의 잠재적 욕구나 표현되지 않은 욕구를 파악하기 어렵다.

(3) 주요 정보제공자 및 전문가 의견 조사

이 방법은 특정 지역사회 문제나 집단에 대해 깊이 있는 지식, 경험, 통찰을 가진 소수의 핵심 인물들을 대상으로 심층 면담을 수행하여 욕구사정 자료를 수집하는 기법이다(Royse et al., 2016; York, 1982).

주요 정보제공자(key informants)는 특정 문제나 집단에 대한 전문 지식이나 실무 경험이 있는 사람, 지역사회 상황을 잘 알거나 특정 집단을 대표할 수 있는 인물들을 포함한다. 해당 지역의 사회복지사, 보건의료 전문가, 교사, 경찰관, 성직자, 지역 유지, 시민단체 활동가, 통장/반장 등 공식 및 비공식 리더가 될 수 있다. 또한, 욕구를 경험하는 대상 집단의 대표자나 가족 구성원도 중요한 정보제공자가 될 수 있다.

주요 정보제공자 면담을 통해 얻은 질적 자료는 해당 지역 또는 집단의 욕구에 대한 심층적 이해, 문제의 맥락적 특성, 기존서비스의 강점과 약점, 지역사회 자원 등에 대한 귀중한 정보를 제공한다.

주요 정보제공자 조사 방법의 장단점은 다음과 같다.

- **장점**: 해당 지역사회나 집단에 대한 전문가의 지식과 경험을 통해 문제의 핵심을 빠르게 파악할 수 있다.
- **단점**: 주요 정보제공자의 주관적 견해나 편향이 개입될 수 있으며, 소수의 의견이므로 지역사회 전체나 대상 집단 전체의 욕구를 대표한다고 보기 어렵다.

(4) 지역사회 서베이

지역사회 서베이는 욕구사정 과정에서 지역사회 주민 또는 특정 표적집단의 욕구, 문제, 자원, 서비스 이용 실태 등에 관한 자료를 체계적으로 수집하고 분석하는 핵심 방법 중 하나이다. 이는 주로 설문지나 인터뷰와 같은 표준화된 도구를 사용하여 다수의 응답자로부터 정보를 얻는 양적 조사 방식이다. 지역사회 서베이는 크게 지역사회 전체 주민을 대상으로 하는 조사와 특정 표적집단을 대상으로 하는 조사로 나뉜다(황성철, 2005; Royse et al., 2016).

지역사회 주민 조사는 특정 지역 내 전체 또는 대표성 있는 표본 주민들을 대상으로 실시된다. 목적은 지역사회의 전반적인 문제나 욕구의 종류와 심각성, 주민들의 복지 관련 인식 및 태도, 기존서비스 만족도 등을 포괄적으로 파악하는 것이다(Kettner et al., 2023). 예를 들어, 특정 구에 거주하는 성인 주민들을 무작위로 표집하여 노인 돌봄, 아동 보육, 장애인 지원, 실업 문제 등 다양한 영역에 대한 인식과 필요성을 조사할 수 있다.

표적집단 서베이는 특정 대상 집단의 구성원들을 대상으로 설문지나 구조화된 면접을 사용하여 자료를 수집하는 방법이다(Kettner et al., 2023; York, 1982). 서베이를 위해서는 명확한 조사 목표 설정, 대상 집단 정의, 표본 추출 계획 수립이 필요하다. 표본 추출은 대상 집단 전체 특성을 대표할 수 있도록 확률 표집 또는 비확률 표집 방법을 사용할 수 있다. 설문지는 욕구의 종류와 정도, 관련 요인, 서비스 이용 경험, 서비스에 대한 태도 등을 측정하기 위한 질문들로 구성된다.

지역사회 서베이를 통해 수집된 자료는 통계 프로그램을 활용하여 분석된다. 대상 집단 내 특정 욕구 경험자 비율(유병률), 욕구의 평균적 심각성, 인구 사회학적 특성(성별, 연령, 소득, 교육 수준 등)에 따른 욕구 차이, 욕구와 다른 변수들 간의 상관관계 등을 파악할 수 있다. 이러한 분석 결과는 욕구의 규모와 특성을 정량적으로 제시하여 프로그램의 필요성을 정당화하고 대상 규모를 추정하는 데 활용된다.

아래 내용은 지역사회 서베이에서 확인하고자 하는 내용을 표로 나타낸 것이다.

표 4-7 지역사회 서베이의 주요 내용

영역	조사내용	용도
응답자의 일반적 특성	• 성별, 연령, 혼인여부, 학력, 종교, 가족수, 가족구성, 주거형태, 평균소득, 기초생활수급 유무, 장애인 동거유무, 노인 동거유무, 귀속하는 사회계층	• 지역사회 주민의 인구사회학적 일반 특성 파악 • 문제나 욕구분석시 독립변수 또는 통제변수로 활용
지역사회문제 및 주민의 욕구	• 가족, 교육, 건강, 고용, 주거, 여가 등의 영역에서 개인과 가족이 당면한 문제나 욕구 • 기관의 프로그램이나 서비스 영역에 해당하는 욕구의 종류와 정도	• 각종 생활영역에서의 문제파악 • 문제와 관련된 욕구측정 • 새로운 프로그램 개발의 단서로 활용
기관과 프로그램에 대한 인지와 활용정도	• 사회복지기관에 대한 인지도 정도 • 사회복지기관 인지의 과정(신문, 안내지, 방송, 이웃주민 등) • 이용하는 프로그램의 종류 • 프로그램 이용의 장애요인(교통, 비용, 자격요건 등) • 기관이 제공해야 할 서비스	• 기존 서비스 전달체계의 문제점 파악 • 기존 서비스와 프로그램에 대한 평가 • 새로운 서비스나 프로그램의 범주 설정

지역사회의 자원조사와 참여	• 후원과 자원봉사활동에 대한 참여의사 • 문제해결을 위한 위원회 조직 참여의사 • 다른 사회복지기관의 인지 여부 • 사회복지프로그램 참여여부와 정도	• 기관의 인적·물적 자원 동원 가능성 탐색 • 지역사회의 복지자원 조사 • 지역주민의 참여도 파악

출처: 황성철(2005).

지역사회 서베이의 장단점은 다음과 같다.

- **장점**: 과학적인 표본 추출과 표준화된 도구를 활용할 경우 대상 집단 전체의 욕구를 객관적이고 정량적으로 파악할 수 있으며, 결과를 일반화할 가능성도 높다.
- **단점**: 설문조사 방식이므로 설문 문항이 욕구를 정확히 반영하지 못하거나 응답률에 문제가 있을 수 있다. 비용과 시간이 많이 소요될 수 있으며, 응답자의 사회적 바람직성 편향이나 이해력 부족 등으로 인해 응답의 정확성이 떨어질 수 있다.

지역사회 서베이는 욕구사정의 객관적인 도구이지만, 결과의 질과 유용성은 조사 과정의 엄밀성에 크게 좌우된다. 특히 조사 설계, 측정도구의 신뢰도와 타당도 확보, 그리고 샘플링 과정에서의 세심한 주의가 요구된다. 조사 설계 단계에서 명확한 조사 목적과 연구 질문을 설정하여 무엇을 알아내고자 하는지 명확히 정의해야 한다. 또한 설문지 문항 구성에 유의해야 하며, 지역주민이나 표적집단 응답자가 질문 의미를 명확히 이해하고 일관되게 응답할 수 있도록 문항을 구성해야 한다.

또한 선정한 측정도구의 타당도와 신뢰도가 충분히 확보되도록 세심한 주의를 기울여야 한다(김영종, 2013). 측정도구(설문지 등)가 얼마나 일관성 있게(신뢰도) 그리고 측정하고자 하는 개념을 얼마나 정확하게(타당도) 측정하는지는 조사 결과의 신뢰성과 직결되는 문제이다. 표본을 대상으로 조사하는 경우가 대부분이기 때문에 표본의 대표성을 갖도록 조사 설계하는 방안도 중요하다.

(5) 지역사회 포럼

지역사회 포럼(community forum)은 이해관계자들이 한자리에 모여 특정 사회문제나 욕구에 대해 의견을 교환하고 자료를 수집하는 방법이다. 이는 공청회나 주민 회의와 유사하며, 지역주민, 서비스 제공자, 민간단체, 공공기관 관계자, 당사자 집단 등 여러 주체가 참여한다는 점에서 그 의의가 크다(Kettner et al., 2023). 포럼을 통해 제기되는 욕구는 '사회적으로 인정된 욕구'로 재구성된다.

지역사회 포럼을 효과적으로 활용하기 위해서는 일정한 절차에 따라 계획하고 운영해야 한다.

첫째, 포럼의 주제를 설정한다.

둘째, 대표성을 확보하기 위해 전문가 집단 및 다양한 주민(클라이언트, 관련 기관 종사자, 민간단체 관계자 등)이 참여하도록 한다.

셋째, 전문가 발제를 통해 참가자들이 공통된 이해를 갖도록 한다. 이후 질의응답과 자유토론을 통해 경험 공유, 의견 수렴, 욕구 명료화가 이루어진다.

넷째, 포럼에서 제시된 내용을 기록하고 분석한다.

지역사회 포럼의 장단점은 아래와 같다.

- **장점**: 특정 문제에 대한 다양한 주민의 목소리와 경험을 직접 들을 수 있어 심층적인 정보를 얻을 수 있다. 포럼은 참여자들 간 문제 해결에 대한 사회적 합의를 도출할 수 있는 장을 마련해 준다.
- **단점**: 참여자의 대표성이 충분히 확보되지 않을 경우, 논의된 욕구가 지역 전체를 대변한다고 보기 어렵다. 특히 발언권이 있는 소수 집단이 주도할 경우, 사회적 약자의 목소리는 묻힐 수 있다.

(6) 초점집단 면접

초점집단 면접(focus group interview: FGI)은 특정 주제나 문제에 대한 참여자들의 심층적인 의견, 태도, 경험, 신념 등을 탐색하기 위해 소수의 사람들을 한자리에 모아 토론하는 질적 연구 방법이다(Krueger & Casey, 2014). 특히 욕구사정 맥락에서 FGI는 표적집단이나 이해관계자들이 느끼는 문제점, 필요 서비스, 프로그램 기대 등을 생생하게 파악하는 데 유용하다. 지역사회 서베이가 피상적인 현상 규명에 그칠 수 있는 한계가 있는 반면, 초점집단 면접은 문제나 욕구 상황에 전문 지식과 경험을 가진 사람들을 대상으로 깊이 있는 질적 자료를 확보할 수 있다는 장점이 있다(황성철, 2005).

초점집단을 활용하여 욕구사정을 실시하는 절차는 다음과 같다(Royse et al., 2016).

① 기획 단계

초점집단을 통해 얻고자 하는 구체적인 정보를 정의한다. 조사 목적에 부합하는 대상 집단을 선정하고, 이들의 특성을 고려하여 그룹 구성 방식을 결정한다. 초점집단의 수와 각 그룹당 참여자 수를 결정하는데, 일반적으로 6~8명 내외의 참여자로 구성하며, 필요에 따라 3~5개의 그룹으로 운영되기도 한다. 이 단계에서 토론 가이드를 개발하여 질문의 순서와 내용을 구조화한다.

② 참여자 모집 단계

기획 단계에서 정의된 대상 집단 특성에 맞는 참여자를 모집한다. 모집 과정에서는 연구 목적을 간략하게 설명하고, 참여 시간, 장소, 소요 시간, 소정의 사례비 지급 여부 등을 명확히 안내한다.

③ 진행자 및 보조 진행자 준비 단계

초점집단 면접의 핵심 역할을 수행할 진행자와 보조 진행자를 준비한다.

④ 진행 단계

조사 공간을 마련하고, 참여자들이 편안하게 느낄 수 있도록 좌석 배치 등을 고려한다. 조사의 목적과 진행 방식, 참여자 익명성 보장, 녹음 사실 등을 명확히 설명하고 동의를 구한다. 진행자는 토론 가이드에 따라 질문을 제시하고, 참여자 응답을 경청하며 추가 질문이나 탐색적 발언을 통해 심층적인 논의를 이끌어낸다. 모든 참여자에게 발언 기회를 제공하고, 논의가 주제에서 벗어나지 않도록 관리한다. 보조 사회자는 진행 과정을 기록한다.

⑤ 자료 분석 및 보고 단계

수집된 자료를 분석하고 결과를 보고하는 단계이다. 자료를 반복적으로 읽고 핵심 주제나 패턴을 파악하며, 참여자들의 원문 인용문을 함께 제시하여 분석 결과의 신뢰성을 높인다.

초점집단 면접의 장단점은 다음과 같다.

- **장점**: 참여자 간 상호작용을 통해 개인 면접으로 얻기 어려운 다양한 관점과 깊이 있는 정보를 도출할 수 있다. 개별 면접에 비해 상대적으로 짧은 시간 안에 많은 정보를 수집할 수 있다.
- **단점**: 소수의 참여자를 대상으로 하므로 결과를 전체 집단에 일반화하는 데 한계가 있다. 특정 의견이 지배적인 집단 사고의 위험이 있을 수 있으며, 민감한 주제에 대해서는 솔직하게 말하기 어려울 수 있다. 자료 분석에 많은 시간이 요구된다.

참고자료 **초점집단 면접의 질문지(면접가이드) 개발과 질문 예시**

① 질문지(면접 가이드) 개발
- 개방형 질문 중심: "어떻게", "무엇이" 등 개방형 질문 활용
- 질문순서: ice-breaking 질문 → 중심주제 관련 탐색질문 → 심화질문(경험, 감정, 대안 등) → 정리질문(핵심요약 및 재확인)
- 예비조사: 소규모 테스트를 통해 질문의 이해 가능성과 흐름 확인

② 노인복지 욕구사정의 예(표적집단 대상)
- 도입질문: "최근 1년간 어떤 사회복지 서비스를 이용해보셨나요?"
- 중심질문: "현재 가장 필요한 복지서비스는 무엇이라고 생각하시나요?"
- 심화질문: "그 서비스를 필요로 하게 된 개인적 또는 사회적 이유는 무엇인가요?"
- 대안질문: "지금보다 더 나은 복지서비스가 있다면 어떤 모습일까요?"
- 정리질문: "오늘 논의된 내용 중 가장 중요한 점은 무엇이라고 생각하시나요?"

(7) 델파이기법

델파이기법은 지역사회 문제나 욕구에 대해 전문가 의견을 체계적으로 수렴하고 합의를 도출하기 위한 방법이다. 이는 익명성 보장과 반복적 설문조사를 통해 집단 의견 수렴을 목표로 한다는 점에서 다른 기법과 차별된다.

델파이기법은 일정한 자격을 갖춘 전문가들을 대상으로 반복적인 설문조사와 피드백 과정을 거쳐 의견을 수렴하고 조율한다. 이 과정을 통해 참여자 간 직접 대면 없이 익명성이 유지되며, 특정 개인의 영향력이나 권위에 좌우되지 않는 독립적이고 집단적인 판단이 가능하다. 반복 설문을 통해 전문가 간 의견 차이를 축소하고, 최종적으로는 특정 사안에 대한 합의 도출을 목표로 한다 (Royse et al., 2016).

델파이 기법의 진행 절차는 일반적으로 다음과 같은 단계로 이루어진다.

① 문제 정의 및 전문가 선정

해결하고자 하는 문제나 질문을 명확히 정의하고, 해당 문제에 대한 전문성과 식견을 갖춘 패널(전문가 집단)을 신중하게 선정한다.

② 1차 설문지 개발 및 배포

정의된 문제와 관련된 개방형 또는 구조화된 질문으로 구성된 1차 설문지를 개발하여 전문가들에게 배포하고 응답을 요청한다. 이 단계에서는 전문가들의 자유로운 의견 개진을 유도한다.

예 "A 지역 독거노인들이 현재 겪고 있거나 미래에 필요할 것이라고 생각되는 사회복지 서비스나 지원은 무엇입니까? 자유롭게 응답해주십시오."

③ 1차 응답 분석 및 요약

회수된 1차 설문 응답 내용을 수집, 분석하고 주요 의견, 관점, 잠정적인 결과 등을 통계적 또는 질적으로 요약한다. 개방형 질문에서 제시된 각 항목들을 열거하거나 유사 항목들을 묶어서 정리한다.

④ 2차 설문지 개발 및 배포(피드백 제공)

1차 응답의 분석 결과를 바탕으로 2차 설문지를 개발한다. 이 설문지에는 1차 응답의 요약(예: 평균, 순위 등)이 포함되어 전문가들에게 피드백으로 제공된다. 전문가들은 이 피드백을 참고하여 자신의 초기 의견을 재검토하고, 필요하다면 수정하거나 자신의 의견을 지지하는 근거를 제시하도록 요청받는다.

⑤ 2차 응답 분석 및 요약

2차 설문 응답을 다시 수집, 분석하고 요약한다. 1차 결과와의 변화 양상, 의견의 수렴 정도 등을 파악한다. 이때 항목별 Likert 척도를 사용하여 점수화하거나 항목 간 서열을 매겨 중요도 순위를 정할 수도 있다.

⑥ 3차 이후 설문(필요시)

2차 결과에서 충분한 합의가 이루어지지 않았거나 추가적인 논의가 필요한 경우, 유사한 방식으로 3차 또는 그 이상의 설문을 반복한다. 이 과정은 전문가들의 의견이 어느 정도 수렴되거나 더 이상 유의미한 변화가 없을 때까지 반복될 수 있다.

⑦ 최종 결과 종합 및 보고

반복 과정을 통해 얻어진 최종적인 전문가 집단의 의견이나 합의된 결과를 종합하고 분석하여 보고서를 작성한다.

욕구사정 과정에서 델파이 기법이 갖는 장단점은 다음과 같다.

- **장점:** 익명성 기반으로 전문가들이 특정인의 영향력이나 사회적 압력에서 벗어나 자유롭게 의견을 개진할 수 있다. 지역적으로 분산된 전문가들의 참여가 용이하여 비용 효율적이다.
- **단점:** 여러 차례의 설문 설계, 배포, 회수 및 분석 과정을 거쳐야 하므로 상당한 시간과 비용이 소요될 수 있다. 반복되는 과정에 참여자들이 지루함을

느끼거나 흥미를 잃어 중도 탈락할 가능성이 있다.

델파이 기법은 욕구사정 과정에서 전문가 집단의 집단 지성과 경험을 체계적으로 수렴하여 보다 정교한 판단과 정책적 방향을 제시하는 데 유용한 도구이다. 특히 대면 조사가 어려운 상황, 다양한 이해관계가 존재하는 사안의 경우 효과적으로 활용될 수 있다.

3) 욕구사정 방법의 선택과 적용

(1) 욕구사정 방법의 선택

욕구사정은 문제 규정 단계에서 밝혀진 문제들에 대해 지역주민 또는 표적집단이 구체적으로 어떠한 욕구를 갖는가를 객관적으로 확인하는 과정이다. 각 방법의 특징, 욕구 유형, 장단점을 충분히 이해하여 적절한 방법을 선택하고 체계적으로 활용해야 한다. 이는 욕구사정의 목적, 기관의 특성과 여건, 자료 활용 가능성, 자료 분석 및 처리 능력, 조사에 주어진 시간 등 욕구 조사를 수행하는 데 영향을 주는 제반 여건과 요인을 복합적으로 고려해야 한다. 특히 활용 가능한 자료의 신뢰성과 타당성을 검토해야 하며, 여러 방법을 병행하여 측정의 정확성과 신뢰성을 높이는 것이 바람직하다.

표 4-8 욕구사정의 주요방법 비교

방법	정의	욕구유형	장점	단점
2차 자료의 분석	기존 연구나 통계자료 등 기초 자료를 재분석하여 욕구를 도출하는 방법	규범적 상대적	시간과 비용 절약, 다양한 자료 활용 가능	자료의 한계로 인한 정확성 부족, 자료의 최신성이 떨어질 가능성
서비스 제공 기관 자료 활용	서비스기관이 보유한 클라이언트 기록 및 이용통계를 활용해 욕구를 파악하는 방법	표현적 상대적	서비스 이용자의 실제적 욕구 파악 가능, 즉각적 활용 가능성 높음	미이용 집단의 욕구를 파악하기 어렵고, 기관 자료의 정확성과 객관성 문제 발생 가능

주요 정보 제공자 및 전문가 의견 조사	전문가 또는 지역사회 내 주요 인물의 지식과 경험을 통해 욕구를 평가하는 방법	규범적 인지적	빠르고 심도 있는 정보 획득 가능, 전문적 판단 활용 가능	전문가 의견의 편향성, 특정 집단 의견에 치우칠 위험 존재
지역사회 서베이	일정한 표본을 선정하여 표준화된 설문지로 지역사회 구성원의 욕구를 직접 조사하는 방법	인지적 표현적	지역사회 내 욕구의 일반화 가능성 높음, 통계적 신뢰도 확보 가능	비용 및 시간 소요 많음, 질문지 설계 및 표본 선정에서 오류 가능성
지역사회 포럼	지역사회 주민들이 직접 모여 공개적으로 논의하여 의견을 공유하고 욕구를 도출하는 공개 토론방식	표현적 상대적	민주적이고 참여적이며 다양한 의견 수렴 가능, 지역사회의 참여도와 소통 활성화	소수의견이 지배할 가능성, 대표성 확보 곤란
초점집단 면접(FGI)	소규모의 동질적인 집단을 구성해 진행자가 구체적 질문을 던지며 깊이 있는 욕구 파악을 수행하는 면담법	인지적 표현적	심도 있고 구체적인 의견 확보 가능, 참여자 간 상호작용을 통한 새로운 아이디어 도출 가능	소수 의견의 일반화 어려움, 진행자의 기술과 경험에 따라 질적 편차 발생 가능
델파이 기법	전문가 패널을 구성하여 수차례의 반복적 설문과 피드백을 통해 합의된 욕구를 도출하는 구조화된 조사기법	규범적 인지적	익명성 보장으로 인한 솔직하고 객관적인 응답 확보, 반복된 피드백을 통한 의견 수렴 가능성	절차가 복잡하고 시간 소요 많음, 응답자의 피로감과 참여 저조 가능성

(2) 욕구사정 결과의 활용

욕구사정을 통해 수집된 결과는 다양한 방식으로 활용되며, 주로 다음과 같은 분야에서 그 효과가 나타난다.

첫째, 프로그램 기획 및 개발의 방향을 설정하는 데 핵심적인 근거자료가 된다(Kettner et al., 2023). 사회복지 프로그램은 특정 집단이나 지역의 실질적인 필요를 반영할 때만 효과적으로 운영될 수 있다. 욕구사정을 통해 확인된 우선순위가 높은 욕구를 토대로 명확한 목표 설정과 구체적인 프로그램 설계가 가능하다.

둘째, 한정된 자원을 효율적으로 배분하는 데 도움을 준다(York, 1982). 사회복지기관이나 지자체는 항상 재정 및 인력의 한계를 경험하므로, 효과적인 자원 배분을 위해서는 정확한 욕구 진단이 필수적이다. 욕구사정 결과를 바탕으로 서비스 중복을 방지하고, 자원이 가장 필요한 곳에 우선적으로 투입되도록 계획할 수 있다.

셋째, 서비스의 타당성과 효과성을 평가하는 데에도 중요한 기준점이 된다. 욕구사정을 통해 사전에 수집된 정보는 프로그램이나 정책이 실제로 욕구를 얼마나 충족했는지 평가하는 데 기초자료로 활용된다.

넷째, 정책 결정자나 자금 제공자들에게 프로그램 필요성에 대한 객관적인 근거를 제시하는 데 활용된다. 욕구사정을 통해 명확하고 신뢰할 수 있는 근거자료가 제시되면, 프로그램의 필요성을 입증하고 예산 확보나 정책적 지지를 받는 데 유리하다.

3. 프로그램 참여자 선정

프로그램 기획 과정에서 중요한 과제 중의 하나는 '누구를 서비스의 참여자로 정할 것인가?'이다. 사회복지현장에서 서비스의 효과성과 책무성이 점차 강조되고 있을 뿐만 아니라 제한된 자원으로 서비스를 제공하는 경우가 많기 때문에 누구에게 서비스를 제공할 것인가는 매우 중요하게 고려되어야 한다. 누가 서비스를 받게 되고 누가 받지 않을 것인가는 명확한 기준에 따라 객관적으로 고려되어야 한다.

1) 프로그램 참여자의 의미와 유형

(1) 참여자의 의미

사회복지 프로그램에 참여하여 서비스를 제공받는 사람을 '참여자(클라이언트)'라고 한다. 사회복지 영역에서 기존의 대상자 대신 참여자라는 용어를 사용하는 추세는 사회복지 실천 패러다임 변화와 맥락을 같이 한다. 기존 대상자는 서비스의 수동적 수혜자 또는 관리 대상으로 인식될 수 있는 한계를 내포한다. 이는 문제 중심 접근과 연계되어 개인이나 집단의 결핍에 초점을 맞추고, 서비스 제공자가 주도적으로 개입하며 클라이언트를 개입의 객체(object)로 위치시킬 수 있다(김진우, 2011). 반면 참여자는 프로그램 과정에 능동적으로 함께하는 주체(subject)로서의 의미를 강조한다. 이는 개인이나 집단이 문제 해결 과정 및 서비스 설계, 실행, 평가 전반에 걸쳐 자신의 역량을 발휘하고 주체적인 역할을 수행함을 함축한다.

사회복지공동모금회의 각종 지원 사업에서도 대상자는 참여자(핵심 참여자와 주변 참여자)로 대체되어 사용된다. 특히 핵심 참여자는 서비스를 통해 문제 해결과 변화를 달성하기 위해 노력하는 주체자로서 서비스를 이용한다고 가정한다.

참여자에 대한 개념 변화의 배경은 다음과 같다.

- **능동적 주체와 참여적 접근**: 참여자는 자신의 필요와 욕구를 표현하고, 프로그램 활동에 직접 관여하며, 결과에 영향을 미치는 적극적 행위자로 설정된다. 서비스 제공 과정이 '참여와 공동 생산'으로 변화하고 있다.
- **생태체계적 접근의 강조**: 생태체계론적 관점은 클라이언트를 상황과 환경 맥락 속에서 바라본다. 개인은 개인 차원의 문제가 아닌, 개인-가족-지역사회-사회구조의 체계 속에서 상호작용하며 살아간다. 참여자 선정과 서비스 제공 과정에서 클라이언트에 대한 개입뿐만 아니라 클라이언트에게 주요한 영향을 미칠 수 있는 환경적 요소들을 적극 고려할 필요가 있다.
- **집합적 역량강화**: 공동체 기반 역량 강화로 나아가야 한다는 이념적 요청이 커졌다. 이는 개인의 변화와 집단·공동체의 변화를 동시에 지향하는 전략적 기획을 가능하게 한다. 따라서 참여자의 변화가 주변 체계(기관, 단체, 지역사회)와 연결되어야 지속 가능한 변화를 이끌 수 있다.
- **사회적 자본 이론의 적용**: 사회적 자본은 개인 간 신뢰, 규범, 네트워크를 통해 개인과 공동체 모두의 삶의 질이 향상된다는 이론이다. 참여자 선정과 환경을 고려한 개입 지향은 바로 이 사회적 자본을 활성화하여 사회적 연대와 지역 공동체성을 강화하기 위한 실천적 수단이다.

(2) 프로그램 참여자 선정시 고려사항

사회복지 프로그램의 성공은 참여자 선정의 적절성에 크게 좌우된다. 참여자 선정 기준은 단일 요인이 아닌 다양한 차원의 복합적 고려사항에 의해 결정된다. 프로그램 담당자들이 참여자 집단을 숫자 채우기에 급급하거나, 프로그램 효과성이 나타날 가능성이 큰 대상자만을 선정하는 크리밍(creaming) 현상이 나타나기도 한다. 특히 참여자의 욕구, 프로그램 이론, 법률과 규정, 기관의 재원 및 인력, 프로그램 성격과 개입 전략, 그리고 대상자 특성은 참여자 선정 시 종합적으로 검토되어야 한다.

- **욕구 기반:** 프로그램 참여자 선정 시 우선적으로 고려해야 할 기준은 욕구 기반이다. 사회복지 프로그램은 표적집단의 미충족된 욕구를 해결하는 것을 목표로 하므로, 프로그램 참여자는 욕구사정을 통해 확인된 서비스 수요자여야 한다.
- **프로그램 이론:** 프로그램 참여자 선정은 이론적 가설에 부합하는 집단을 대상으로 이루어져야 한다(Funnell et al., 2011). 예를 들어, 특정 기술 향상을 목표로 하는 프로그램이라면, 선정 대상자는 해당 기술의 초기 수준이 낮아 변화 가능성이 높은 집단이어야 한다. 프로그램의 투입, 활동, 산출, 성과 흐름에 참여자가 효과적으로 연결될 수 있는지를 기준으로 삼는다.
- **법률과 규정:** 법적·제도적 요건은 프로그램 참여자 선정에 제약 조건을 제공한다. 예컨대, 정부 보조금을 받는 프로그램은 관련 법령이나 행정 지침에서 규정한 자격 요건을 충족하는 사람만을 참여 대상으로 삼을 수 있다.
- **기관의 재원 및 인력:** 사회복지 기관은 운영 가능한 예산과 인력이라는 현실적 제약 하에 프로그램을 수행해야 한다(Rapp & Poertner, 1992). 이에 따라 모든 욕구를 가진 집단을 포괄적으로 수용하기는 어려우며, 제한된 자원 내에서 최대 효과를 낼 수 있는 집단을 전략적으로 선정해야 한다.
- **프로그램 성격과 개입전략:** 프로그램의 목표, 접근 방식, 개입전략은 참여자 선정 기준에 직접적인 영향을 미친다(Kettner et al., 2023). 예를 들어, 예방

적 프로그램은 위험 요인을 가진 집단을 선정해야 하며, 치료적 프로그램은 문제 행동이 이미 나타난 집단을 대상으로 하게 된다. 또한 개인 중심 개입인지, 집단 중심 개입인지에 따라 선정 기준이 달라질 수 있다.

- **참여자의 특성**: 참여자 개개인의 특성은 프로그램 참여 적합성을 평가하는 중요한 기준이 될 수 있다. 여기서 고려해야 할 주요 특성에는 연령, 성별, 장애 여부, 사회경제적 지위, 문화적 배경 등이 있다.

2) 사회복지 프로그램 참여자 선정방법

참여자 선정방법을 기존의 4집단 추정방법과 최근 사회복지공동모금회 등에서 제시하고 있는 핵심참여자와 주변참여자로 구분한 방법을 구체적으로 살펴본다.

(1) 4집단 선정 방법

가장 빈번히 활용해 온 참여자 선정 방법으로, 인구학적 정보를 기반으로 문제집단의 규모를 추정하여 표적집단을 설정한 뒤, 실제 프로그램에 참여하는 클라이언트집단을 선정하는 방식이다. 대상자의 욕구수준, 프로그램 이론에 적합 여부, 법률 관련 규정 등 논리성에 바탕을 두고 표적집단의 개념을 정하여 해당 분포와 규모를 추정하면서 점차 그 범위를 좁혀 나가는 방식을 취한다. 이 방법은 프로그램 참여자 집단을 아래와 같이 네 가지 인구집단으로 구분한다(이민홍 외, 2024; 황성철, 2005; Rapp & Poertner, 1992).

① 일반집단

클라이언트가 속한 지역 내에서 전체 인구집단(독거노인 문제: 해당 지역 전체 노인인구, 청소년 문제: 해당 지역 전체 청소년)

일반집단(general population)은 프로그램의 참여자 집단 가운데 가장 포괄적인 인구집단으로 문제나 욕구가 있다고 판단되는 클라이언트가 속한 행정구역 내에 있는 전체 인구집단이다. 예를 들어, 특정 지역 학교폭력 가해 청소년의 스트레스 해소 프로그램일 경우 이 프로그램을 실시하는 일정한 지역내에 있는 (문제나 욕구를 가진) 전체 청소년이 일반집단에 해당한다. 문제나 욕구를 가진 인구집단을 점차 줄여가는 목적이기 때문에 해당 인구집단이 속한 전체 집단의 인구규모를 설정하면 된다.

② 위험집단

일반집단 중에서 특정 사회문제에 특히 더 취약한 인구집단이나 그러한 문제나 욕구를 가진 것으로 판단되는 인구집단(일반집단의 하위 인구집단)

위험집단(at-risk population)은 일반집단 중 주요한 사회문제에 대해 취약함을 보이거나, 심각한 욕구가 있어 해당 문제에 영향을 받기 쉬운 인구집단을 말한다. 위험집단은 특정한 문제나 욕구를 가지고 있어서 프로그램을 통해 개입이 요구되는 사람들이라고 보면 된다. 사회문제 분석이나 욕구사정 과정을 통해서 어느 정도 그 규모가 추정될 수 있다. 예를 들어, 사회지표나 각종 자료를 통해 ○○시 학교폭력을 경험한 학생 비율이 10%라고 하면 ○○시 전체 초·중·고등학교 학생 중 10%를 산출하게 된다.

③ 표적집단

위험집단 중에서 특정 클라이언트 특성에 근거하거나 프로그램이론 및 기관자원의 가용성 등을 기준으로 본 프로그램의 참여자로서 자격요건을 갖춘 인구집단(저소득 가정 중 한부모 가정 아동, 치매노인 중 중증의 치매노인 등)

표적집단(target population)은 위험집단의 하위집단으로, 프로그램의 참여자가 되는 일차적 자격요건을 가진 인구집단이다. 현실적으로 특정 지역에 있는 모든 위험집단에 속한 사람들이 모두 프로그램에 참여할 수는 없다. 사회문제에 취약하거나 그러한 문제상황에 빠지게 되는 것은 매우 다양한 요인이 작용했을 수 있기 때문에 표적집단의 한계를 정하게 된다.

표적집단을 선정할 때에는 앞서 제시한 클라이언트의 욕구, 프로그램 이론, 법률과 규정, 기관의 재원 및 인력, 프로그램의 성격과 개입전략, 참여자의 특성 등을 다양하게 고려하여야 한다.

표 4-9 표적집단 선정의 예(학교폭력 피해청소년의 개입사례)

고려사항	설명	예시
참여자 욕구	주관적 욕구 특성 고려	• 학교생활이나 또래 관계 회복에 대한 욕구가 큰 청소년에게는 사회성 기술 훈련 및 대인관계 회복 프로그램 참여를 고려할 수 있다.
프로그램 이론	외상후 스트레스 장애(PTSD), 애착 이론, 회복탄력성 이론 등 다양한 이론적 관점을 적용	• 외상 후 스트레스 이론에 기반하여 학교폭력으로 인한 트라우마 증상(악몽, 회피, 과각성 등)을 보이는 청소년을 대상으로 한다.
법률 및 규정	학교폭력예방 및 대책에 관한 법률이나 학교폭력대책심의위원회(학폭위)의 결정이나 교육청의 지침	• 학교폭력 피해 사실이 확인된 청소년을 대상 • 심리 상담이나 치료가 권고된 청소년
기관 재원 및 인력	기관의 예산, 학교폭력 피해 청소년 상담 및 치료 경험이 있는 전문 인력 고려	• 예산 범위 내에서 개별 상담 및 집단 프로그램 운영이 가능한 최대 참여자 수를 설정한다. • 외상 경험을 다룰 수 있는 숙련된 인력의 수에 따라 프로그램 참여자의 수를 제한할 수 있다.
프로그램 성격과 개입전략	인지 재구성, 외상 노출 치료, 안전 기법 습득, 사회적 기술 훈련 등 구체적인 개입 전략에 적합한 대상	• 집단 프로그램의 경우, 자신의 경험을 이야기하고 타인과 상호작용할 기본적인 준비가 된 청소년을 우선 고려할 수 있다. • 개별 상담 위주의 프로그램이라면, 심층적인 심리 치료가 필요한 청소년을 주 대상으로 한다.
참여자특성	청소년이 보이는 다양한 특성(피해 유형, 피해 정도, 지속 기간, 심리적 증상, 가정환경, 지지 체계 등)을 고려	• 학교폭력으로 인해 학업 중단 위기에 있거나 등교를 거부하는 청소년을 우선적인 표적집단으로 설정할 수 있다.

④ 클라이언트집단

표적집단 중에서 프로그램에 참여가 가능한 여러 요건을 갖추고 실제 프로그램에 참여하는 인구집단

클라이언트집단(client population)은 표적집단 중에서 해당 프로그램이 실시될 때 실제로 프로그램에 참여하는 인구집단을 말한다. 논리적으로 볼 때 표적집단 전체가 클라이언트집단이 되는 것이 바람직하지만, 서비스 접근성 및 서

비스 제공의 현실적 요인 등의 문제로 인하여 자격이 되는 사람들 중의 일부만 서비스를 제공받게 된다. 예를 들어, 중학생 금연 프로그램을 특정 지역에서 실시한다고 할 때 다른 지역에 거주하는 학생들은 참여가 어려울 수 있다. 여성들을 위한 사회교육 프로그램을 실시하려고 할 때 평일 낮 시간대에 서비스를 제공한다면 취업 여성들은 서비스를 받을 수 없게 될 것이다.

이 단계에서도 프로그램 기획자는 누가 서비스를 받고 누가 받지 못할 것인지를 최종 결정해야 한다. 다음의 기준을 활용한다(이민홍 외, 2024; 황성철, 2005; Rapp & Poertner, 1992).

- **실용적 수용성**: 프로그램을 운영하는 기관의 인력과 재정 등 실제 가용 자원을 기반으로 적정 클라이언트 규모를 결정하는 것이다. 기관 수용 능력을 초과하는 클라이언트 수는 프로그램 질적 저하를 초래하므로, 실용적 수용성에 기반한 적정 대상자 수 산정이 필수적이다. 프로그램 수요가 높을 경우, 대기자 명단 순서나 욕구·문제 상황을 고려한 우선순위 기준을 적용할 수 있다.
- **윤리성과 고지된 동의**: 사회복지 프로그램 클라이언트집단은 단순히 자격 요건을 충족하는 것만으로 결정되지 않는다. 본인의 자발적 참여 의사가 확인된 경우에만 클라이언트집단으로 선정할 수 있으며, 이는 사회복지 실천에서 윤리성의 핵심적 요구 사항이다. 사회복지사는 프로그램의 목적, 대상 조건, 주요 내용, 참여를 통한 이익과 잠재적 피해, 대안적 선택 가능성 등을 참여자에게 충분히 설명하고, 고지된 동의 과정을 통해 자발적 참여를 확인해야 한다.
- **클라이언트의 능력**: 사회복지 프로그램 클라이언트로 선정되기 위해서는 프로그램 목적에 부합하는 능력과 자원을 갖추고 있어야 한다. 단순한 자격 요건 충족만으로는 충분하지 않으며, 실제 참여를 가능하게 하는 최소한의 기능과 환경적 조건이 요구된다. 능력은 클라이언트가 프로그램의 주요 활동을 수행할 수 있는 인지적, 정서적, 행동적 역량을 의미한다. 예를 들어, 치매 노인 정서 지원 프로그램도 기초적인 종이접기, 그림 그리기 등의 활

동을 수행할 수 있는 정신적, 기능적 능력이 필요하다. 자원은 프로그램 참여를 위한 시간, 이동 수단, 접근성 등을 포함한다. 프로그램이 특정 요일과 시간에만 운영될 경우, 해당 시간에 지속적으로 참여할 수 있어야 하며, 이동 수단이 확보되지 않은 경우에는 대상자로 선정되기 어렵다. 따라서 클라이언트 선정은 욕구뿐 아니라 프로그램 수행이 가능한 능력과 참여 자원의 확보 여부를 종합적으로 고려해야 한다.

TIP 독거노인 프로그램에 대한 고지된 동의 사례

- 본 프로그램은 65세 이상 혼자 거주하시는 어르신을 대상으로 정기적인 방문을 통해 정서적 지원과 건강관리를 제공하는 것을 목적으로 합니다. 주 1회 자원봉사자가 방문하여 안부를 확인하고, 월 1회 건강상담 프로그램이 진행됩니다. (프로그램 목적과 내용 설명, 대상자 자격요건 및 참여조건 고지)
- 프로그램 참여를 통해 외로움을 덜고 건강 정보를 얻는 데 도움이 될 수 있으나, 방문 시 개인정보 노출이 발생할 수 있다는 점을 알려드립니다. (참여에 따른 이익과 위험 설명)
- 수집된 개인정보는 프로그램 관리와 서비스 제공 외의 목적으로 사용되지 않으며, 관련 법률에 따라 철저히 보호됩니다. (비밀보장과 개인정보 보호 안내)
- 참여 여부는 전적으로 자율에 따르며, 언제든지 중단을 요청하실 수 있습니다. (참여 여부의 자율성과 철회권 보장)
- 참여를 원하시면 설명한 내용을 모두 이해하였음을 확인하는 동의서에 서명해주시기 바랍니다. 혹시 궁금하신 점이 있으면 질문해주십시오. (질문 기회 제공과 동의 문서 서명)
- 기타: 인지능력이나 문해력, 대리 동의 필요성 등도 고려 가능

(2) 핵심 참여자와 주변 참여자 선정방법

사회복지공동모금회는 프로그램 참여자를 핵심 참여자와 주변 참여자로 구분한다. 사회복지공동모금회는 2008년 이후 대상자 대신 참여자로 공식 표현하기 시작했으며, 참여자는 일반적으로 사업 목표 달성의 주체이자 성과 측정의 직접적인 대상이 되는 핵심 참여자와, 핵심 참여자의 변화를 유도하거나 사업 목표 달성에 중요한 역할을 수행하는 주변 참여자로 구분된다(사회복지공동모금회, 2024a). 이는 기존 삼성복지재단의 작은나눔 큰사랑 사업계획서에서 주된 참여자와 주변 참여자로 구분하여 적용한 것과 같은 맥락이다(김진우, 2011;

삼성복지재단, 2017).

① 핵심 참여자(main participants)

프로그램 또는 사업을 통해 변화를 이끌어내고자 하는 주된 대상을 의미한다. 즉, 프로그램 성과 목표 달성의 주인공으로서, 사업 개입의 직접적인 효과를 측정하고 평가하는 기준이 되는 집단이다. 사회복지 프로그램은 특정 문제나 욕구를 가진 개인 또는 집단의 긍정적 변화를 목표로 하며, 이 변화의 중심에 있는 이들이 핵심 참여자이다.

핵심 참여자는 앞서 언급된 클라이언트집단에 해당하며, 실제 변화가 필요한 표적 체계이다. 이들은 사업의 성격과 목표에 따라 다양하게 정의되며, 프로그램의 직접적인 수혜자이자 설정된 성과 목표 달성 여부를 판단하는 주요 근거가 된다. 이들의 변화 정도를 측정하여 프로그램의 효과성을 평가한다.

② 주변 참여자(sub participants)

프로그램 성과 측정의 직접적인 대상은 아니지만, 핵심 참여자의 긍정적 변화를 유도하거나 프로그램 목표 달성에 중요한 영향을 미치는 개인 또는 집단을 의미한다. 이들은 핵심 참여자를 둘러싼 환경의 일부로서, 사업의 성공적인 수행을 위해 협력하거나 지원하는 역할을 담당한다. 핵심 참여자의 변화는 개인적 요인뿐 아니라 주변 환경과의 상호작용 속에서 이루어지므로, 주변 참여자의 역할과 영향력을 고려하는 것이 중요하다.

주변 참여자는 핵심 참여자의 가족, 친구, 동료, 지역사회 기관, 자원봉사자, 후원자 등 다양한 형태로 나타날 수 있다. 이들은 핵심 참여자에게 정서적 지지, 정보 제공, 자원 연계 등의 역할을 수행하며, 때로는 사업의 특정 활동에 함께 참여하기도 한다. 주변 참여자에 대한 개입은 핵심 참여자의 변화를 촉진하고 사업 성과를 높이는 데 기여할 수 있다. 이처럼 주변 참여자는 프로그램 참여자, 즉 클라이언트와 관련된 환경 요인 또는 생태체계를 의미할 뿐만 아니라 프로그램의 자원으로 활용할 수 있는 네트워크나 공동 참여자를 모두 포괄하는 개념으로서 의의를 지닌다.

참고자료 **핵심 참여자와 주변 참여자의 예**

- **프로그램명:** 손자녀에 대한 조부모의 양육기술향상 프로그램
- **핵심 참여자:** 손자녀를 양육하고 있는 조부모 10명
- **주변 참여자:** 손자녀의 어머니 10명(손자녀 1명당 어머니 1명)
  (핵심 참여자인 조부모의 양육 기술 향상을 위한 매개적 역할을 수행)

- **프로그램명:** 이웃이 이웃을 돕는 나눔문화공동체 문화 확산 프로젝트
- **핵심 참여자:** 옷 수선, 요리, 집 정리에 관심 있고 공동체 활동에 참여를 원하는 지역주민(의복 공동체 6명, 식사 공동체 8명, 주거 공동체 10명)
- **주변 참여자:** 네트워크 유관 기관 – ○○마을만들기지원센터, ○○센터

프로그램 참여자를 핵심 참여자와 주변 참여자로 구분하여 적용하는 방식은 이 책 14장 프로그램 계획서(프로포절) 작성 부분에서 다룰 예정이다.

프로그램 실습

1. 사회문제라고 생각되는 한가지를 선정하여 아래 각 문항에 대하여 답해 봅시다.
   [문제현상] :

   1-1. (문제정의) 그것이 왜 문제라고 생각하는가?

   1-2. (문제의 원인) 문제의 원인은 무엇인가? 문제의 원인을 개인, 가족, 지역사회,국가 등 각 수준별로 정리해보고 프로그램으로 개입가능한 부분은 무엇인가?

   1-3. (문제의 범위와 규모) 문제는 얼마나 심각한 것인가? (발생빈도와 유병률)

   1-4. (문제의 영향) 그 문제가 본인, 가족, 지역사회에 미치는 영향은 무엇인가?

   1-5. (현재의 대응) 현재 그 문제 해결을 위한 프로그램은 어떤 한계가 있는가?

2. 위의 문제분석 결과를 문제원인 – 관련 욕구 – 프로그램 개입의 틀에 따라 정리해 봅시다.

문제 원인	관련 욕구	프로그램 개입

3. 위의 사회문제 해결을 위한 참여자 선정하기

3-1. 4집단법에 따른 참여자 선정

구분	산출근거	단위수(명)
일반집단		
위험집단		
표적집단		
클라이언트집단		

3-2. 2집단법에 따른 참여자 선정(선정 방법과 이유 설명)

구분	설명
핵심참여자	설명:
	근거:
주변참여자	설명:
	근거:

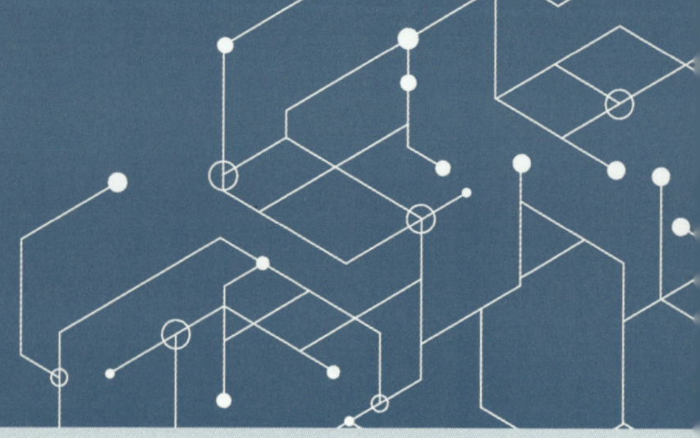

Chapter

05 목적과 목표 설정

"Begin with the end in mind."
- Stephen R. Covey

사회문제 분석과 욕구사정, 그리고 참여자가 정해지게 되면 프로그램의 목적(goals)과 목표(objectives)를 설정하게 된다. 프로그램 목적과 목표 설정의 주된 이유는 문제 해결을 향한 프로그램의 노력을 안내하는 데 있다. 목적과 목표는 프로그램 평가의 기준점 역할을 수행한다. 이는 여정을 시작하기 전에 목적지를 알고 있다면 의도한 목적지에 잘 도착할 가능성이 더 높다는 논리이다. 목적과 목표 설정의 기본 논리와 함께 다양한 목표유형에 다른 목표 설정 방법에 대하여 살펴본다.

1. 프로그램 목적 설정

1) 기관의 미션과 프로그램 목적

사회복지기관은 특정한 사회적 목적을 달성하기 위하여 설립 이념이나 목적을 갖게 된다. 기관의 설립 이념은 미션이나 목적의 형태를 취하는데, 미션

(mission)은 해당 기관이 존재하는 근본적 이유와 철학적 토대를 규정하는 선언문이다. 미션은 기관이 사회적 문제를 어떻게 인식하고, 어떤 가치를 추구하며, 어떠한 변화와 서비스를 만들어 갈 것인지를 명확히 보여준다. 다시 말해, 미션은 기관의 정체성과 방향성을 규정하는 가장 근본적인 기준이라 할 수 있다(Kettner et al., 2023).

사회복지기관의 미션은 일반적으로 다음의 요소를 포함한다.

- 기관 설립의 사회적 배경과 문제 인식
- 기관이 지향하는 사회적 가치와 철학
- 기관이 서비스할 대상 집단
- 기관이 실현하고자 하는 변화의 형태

이러한 미션은 기관 운영 전반에 걸쳐 의사결정, 자원 배분, 프로그램 설계와 평가의 기준점이 된다(York, 1982).

기관의 미션은 설립 목적 형태로 표현되는 경우도 많다. 기관의 목적은 기관 활동의 구심점이 될 뿐만 아니라 구체적으로 달성하고자 하는 실천적인 목표를 지향한다. 이러한 목적은 미션과 마찬가지로 서비스의 범위, 대상집단, 주요활동 영역을 명확히 설정하며 기관의 사업계획 수립과 프로그램 개발의 기준이 된다. 또한 기관목적은 이해관계자와의 소통에서도 기관의 존재이유를 설득력 있게 설명하는 기능도 수행한다.

사회복지 프로그램은 기관의 미션이나 목적을 구체적인 사업단위에서 실현하기 위해 설정된 보다 실천적인 성격을 지닌다. [그림 5-1]은 기관의 미션과 목적이 프로그램과 어떻게 연결되는지는 보여준다. 기관의 미션이 프로그램 개발의 기준을 제공하며, 개별 프로그램은 기관 미션을 구체적인 활동을 통해 실현하는 개념을 설명하고 있다.

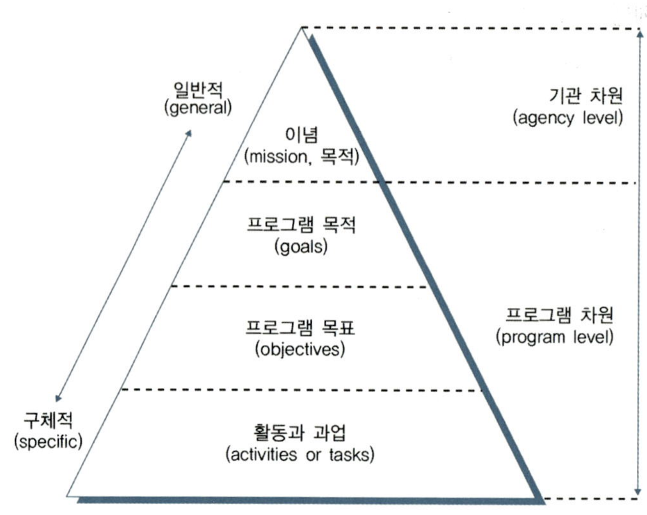

그림 5-1 **기관의 미션과 프로그램 목적**

출처: 황성철(2005) 재구성.

프로그램이 기관 미션에 근거해서 설계되고 운영될 때 기관은 전략적 일관성을 유지하고, 이해관계자에게 신뢰를 얻을 수 있을 것이다.

[A기관]

- 미션: 우리는 굶주림 없는 세상, 더불어 사는 세상을 만들기 위해 존재한다. 우리는 빈곤과 재난과 억압으로 고통 받는 이웃의 인권을 존중하며 그들이 희망을 갖도록 북돋우어 자립적 삶을 살아갈 수 있도록 돕는다.
- 프로그램: 빈곤국 아동의 교육권과 건강권을 실질적으로 보장하기 위한 프로그램
- 설명: '이웃의 인권을 존중하며'라는 미션이 아동권리 옹호 프로그램으로 구체화

[B기관]

- 미션: 어린이가 행복한 세상을 만듭니다.
- 프로그램: 학대 피해, 빈곤, 질병 등으로 위험에 처한 아동의 생존 및 권리보장
- 설명: '아동의 행복'이라는 미션이 프로그램으로 분화

[C기관]

- 미션: 지역사회의 다양한 문제를 해결하고 주민들의 복지를 증진하기 위한 지역복지 중심기관의 육성과 지원
- 프로그램: 지역주민 역량 강화 프로그램, 저소득 가정의 생계, 주거, 의료지원을 통해 지역사회 안전망 구축
- 설명: '지역중심'이라는 미션이 주민역량 강화 및 지역사회 안전망 구축으로 연결

2) 프로그램의 목적과 목표

(1) 프로그램의 목적

사회복지 프로그램은 조직이 지향하는 사회복지 목표를 실천하는 구체적인 수단이며, 과학적 지식과 전문적 기술을 바탕으로 체계적으로 계획되고 실행되는 활동이다.

프로그램의 목적은 무엇인가? 사회복지 프로그램은 기본적으로 클라이언트의 삶의 질을 긍정적으로 변화시키는 것을 지향한다. 여기서 프로그램의 목적은 프로그램 활동을 통해 도달하고자 하는 이상적인 결과 또는 상태에 대한 광범위하고 일반적인 진술이다(Kettner et al., 2023; York, 1982). 이는 구체적인 활동이나 측정가능한 성과보다는 프로그램이 추구하는 가치와 방향을 제시한다. 예를 들어, "노인의 삶의 질 향상", "지역사회의 범죄율 감소", "장애인의 사회 통합 증진" 등과 같은 표현이 목적에 해당한다. 목적은 프로그램의 철학과 비전을 반영하며, 하위 목표 설정의 근거가 된다.

이러한 프로그램 목적은 다음과 같은 특성을 갖는다.

- **포괄성**: 특정 활동이나 세부적인 성과에 국한되지 않고, 프로그램이 영향을 미치고자 하는 전반적인 영역을 아우른다. 다수의 하위 목표를 포괄하는 상위 개념이다(Weiss, 1998).
- **추상성**: 구체적인 수치나 명확한 기준을 제시하기보다는 이상적인 상태나 변화의 방향을 서술하는 경향이 있다.
- **가치 지향성**: 사회복지 프로그램의 목적은 사회적으로 바람직하다고 여겨지는 가치, 예를 들어 자립, 존엄성, 사회 통합, 공평성 등을 반영한다.

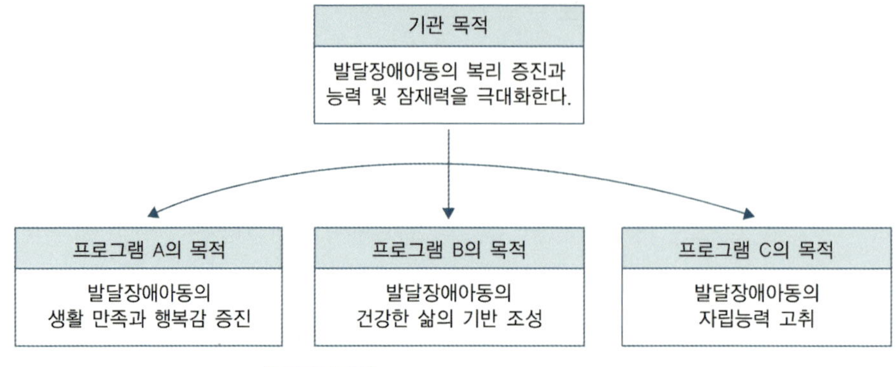

그림 5-2 기관목적과 프로그램 목적

출처: 황성철(2005).

프로그램 목적을 기술할 때는 다음의 요소를 포함하는 것이 좋다(Grinnel et al., 2019; 이민홍 외, 2024; 조성우 외, 2024).

- **표적집단:** 문제나 욕구를 가진 클라이언트집단(프로그램 참여자)
- **현재의 문제와 욕구:** 현재 클라이언트집단이 충족하지 못한 욕구나 해결되어야 할 문제
- **바람직한 미래상태:** 프로그램 참여를 통해 도달하고자 하는 이상적인 상태 또는 변화의 방향
- **프로그램 내용이나 개입방법:** 욕구 충족이나 문제 해결을 위한 구체적 방법(활동)

1. 목적기술의 공식(요약)
   - ○○문제(욕구)를 가진 ○○가 ○○를 통해(참여하여) ○○를 향상한다.
2. 목적기술의 예 : '풍요남의 행복밥상' 프로그램
   - 표적집단: 중장년 1인가구 남성
   - 현재문제 및 욕구: 혼자 거주하여 사회적 고립 위험이 큼
   - 바람직한 미래상태: 사회적 지지체계를 형성하고 삶의 질 향상
   - 프로그램 개입방법: 함께 요리하고 음식을 독거노인들과 나누는 공유부엌 활동에 참여

프로그램의 목적을 기술할 때는 목적의 구성요소가 모두 포함되도록 하는 것이 바람직하며, 목적을 기술할 때 주목해야 할 점은 다음과 같다(Rapp & Poertner, 2019).

첫째, 목적은 프로그램의 방향을 선언하는 용도를 지닌다(조성우 외, 2024). 목적은 기관의 설립 목적과도 연계되어 있을 뿐만 아니라 프로그램 이해관계자들에게 프로그램을 통해 달성하고자 하는 바를 보여주는 기능이 있다.

둘째, 목적은 결과 지향성의 의미를 지니긴 하나 프로그램 평가의 직접적 대상은 되지 않는다. 따라서 너무 구체적이거나 계량화된 형식으로 작성할 필요는 없다.

셋째, 목적은 긍정형의 문장으로 기술되어야 한다. 부정적인 것을 줄이는 것보다는 긍정적인 것을 증가시키는 방향으로 서술하는 것이다. 이는 클라이언트의 긍정적인 동기부여 측면에서도 바람직하다.

다음은 실제 사회복지 프로그램의 목적 작성 사례이다.

표 5-1 사회복지 프로그램과 목적 작성 사례

기관명	프로그램명	목적
이일성로원	숲으로 여는 세상	자연과 함께 어울리며 정서적 안정을 유도하고, 숲과 인간의 조화로운 삶의 중요성을 체험을 통해 인식하게 하여 행복한 노후생활을 영위하도록 한다.
안심종합 사회복지관	발달에 장애가 있는 아동과 비장애아동의 통합놀이 플랫폼 구축 프로그램 통합 꿈 놀이터 “꿈노리단”	발달에 장애가 있는 아동과 비장애 아동의 통합놀이 플랫폼 구축을 통해 지역사회 내 긍정적 장애인식이 확산될 수 있도록 한다.
춘천남부 노인복지관	지역사회 노인인식개선을 위한 독거노인과 MZ세대가 함께하는 요리 나눔 프로그램 “힐리버리 in 춘천”	독거노인과 MZ세대가 함께 요리활동을 통해 정서적 교류를 도모하고, 지역사회 노인인식개선을 촉진한다.
인애종합 사회복지관	독거어르신의 자기효능감 향상 및 고독사 예방을 위한 인생 콘서트 프로젝트 “인생극장 지금부터 시작이야!”	독거어르신의 자기효능감 향상과 고독사 예방을 위해 자서전 제작과 발표 등 삶의 회고 활동을 통해 삶의 의미를 재발견하도록 한다.
부산진구 종합사회 복지관	지역사회 연계와 사회 안전망 구축을 통한 1인가구의 고립생(生) 예방 지원 사업 “더하여 함께 프로젝트”	지역사회 연계와 사회안전망 구축을 통해 1인가구의 고립 생을 예방하고 사회적 연결망을 확장한다.

군산노인 종합복지관	지역주민 생태감수성 향상을 위한 노인과 청년예술가 함께하는 사회참여적 접근 문화예술활동지원 프로젝트 "老인과·자립 세 명의 예술가 함께 만드는·자립 놀라운·世상"	지역주민의 생태감수성 향상과 노인의 사회참여를 촉진하기 위해 청년예술가와의 협업 문화예술활동을 지원한다.
영도구 장애인 복지관	발달장애인 지역사회 자립 지원 체계 구축사업 "Able Community"	재가 발달장애인의 지역사회 내 자립생활 역량을 강화하고, 주거 지원, 자립훈련, 통합돌봄 네트워크 등 지역사회 통합지원 체계를 구축하여 지속가능한 자립생활을 가능하게 한다.
마중물	정신장애인의 자존감 향상을 위한 연식구 야구단 "일타일생(一打一生)"	정신재활공동생활가정 입소자들이 야구단 활동을 통해 정서적 안정과 자존감을 회복하고, 팀워크를 통한 사회성 및 사회적응 능력을 향상시킨다.
해맑은 아이들의집	그룹홈 청소년들의 자립능력 향상을 위한 프로그램 "둥지를 날아오르는 어린 새"	해맑은아이들의집에 거주하는 중·고등학생 및 보호종료 아동을 대상으로 자립준비 역량을 체계적으로 강화하고, 경제, 주거, 식생활, 진로, 관계관리 등 전 영역에 걸친 실질적 자립기술을 함양하며, 보호종료 이후에도 지속적인 지지 체계를 통해 안정적 자립을 지원한다.

출처: 보건복지부 · 중앙사회서비스원(2023, 2024).

(2) 프로그램의 목표

프로그램의 목표는 프로그램 목적으로부터 논리적으로 분화되어 나오며, 목적을 보다 구체화하여 클라이언트에게 직접적으로 나타날 바람직한 변화를 표현한 것이다. 하나의 목적에 따라 몇 개의 목표를 둘 수 있으면 목표 역시 좀 더 세분화하여 하위목표로 구성하는 경우도 있다.

목표는 구체성을 특징으로 하며 평가의 기준이 되기 때문에 목표를 서술할 때는 관련성, 구체성, 측정가능성, 지향성 등의 요건을 충족해야 한다(이민홍 외, 2024; 황성철, 2005). 예를 들어 독거노인 건강향상을 목적으로 하는 프로그램이라고 하면, 프로그램 목표는 "일상생활능력 향상", "정신건강 증진", "사회적 네트워크 향상" 등으로 설정할 수 있다.

① 관련성

프로그램 목표가 대상 집단의 실제적 욕구와 문제에 부합하며, 프로그램의 전반적 목적과 일관성을 가져야 함을 의미한다. 프로그램이 설정한 목표는 참여자의 삶에 긍정적인 변화를 가져올 수 있는 실질적이고 필요한 것이어야 한다. 예를 들어 저소득 초등학생의 학습능력 향상이라는 프로그램 목적은 프로그램 참여 후 교과목 성적 향상이라는 구체적인 프로그램 목표가 달성되면 성취될 수 있을 것이다.

② 구체성

추상적이거나 포괄적인 표현은 목표의 달성 여부를 판단하기 어렵게 만들기 때문에, 무엇을, 누구를 대상으로, 어느 정도 수준에서 변화시킬 것인지를 분명하게 제시해야 한다. 예를 들어, "아동의 학습능력을 향상시킨다"는 목표는 다소 포괄적이지만, "프로그램 참여 6개월 후 참여 아동의 국어 과목 성취도를 10% 향상시킨다"는 식으로 구체화할 필요가 있다.

③ 측정가능성

측정가능성이란 목표 달성 여부를 실증적으로 평가할 수 있도록 정량적 또는 정성적 지표를 활용하여 목표를 설정하는 것을 의미한다. 측정가능성이 없는 목표는 프로그램의 성과를 입증하거나 개선방향을 제시하는 데 한계를 초래한다. 예를 들어, "참여자의 자존감을 향상시킨다"는 목표는 구체적인 측정도구(예: Rosenberg의 자아존중감척도)를 활용하여 사전-사후 변화를 측정할 수 있도록 해야 한다.

④ 지향성

프로그램 목표는 변화의 방향이나 의도된 결과를 명확히 내포해야 한다. 프로그램 목표는 단순히 "존재한다"거나 "유지된다"는 표현보다는 "증진한다", "감소한다", "향상시킨다" 등 구체적 변화를 지향하는 언어로 기술되어야 한다. 변화의 방향성이 명확할 때, 프로그램 기획자는 보다 효과적인 전략과 활동을 도출할 수 있으며, 평가자는 목표 달성 여부를 보다 객관적으로 판단할 수 있다.

2. 프로그램 목표 설정

사회복지 프로그램 기획 과정에서 목적 및 다양한 형태의 목표를 설정하게 된다. 이는 프로그램의 방향성과 실행 전략, 그리고 평가 기준을 체계적이고 구체적으로 설정하기 위해서이다. [그림 5-3]은 프로그램 목적과 목표, 그리고 여러 형태의 목표를 계층적으로 설정하는 예를 보여준다. 계층구조의 상부는 프로그램이 지향하는 포괄적인 이상 상태를 나타내고 있으며, 하부구조는 구체성, 측정 가능성뿐 아니라 프로그램 수행 과정에서 달성해야 할 활동과 기대치 등을 포괄적으로 나타내고 있다.

이처럼 다양한 수준과 유형의 목표를 구분하여 설정하는 것은 프로그램의 계획, 실행, 평가 전 단계에서의 명확성과 체계성, 책임성을 확보하는 데 필수적이다.

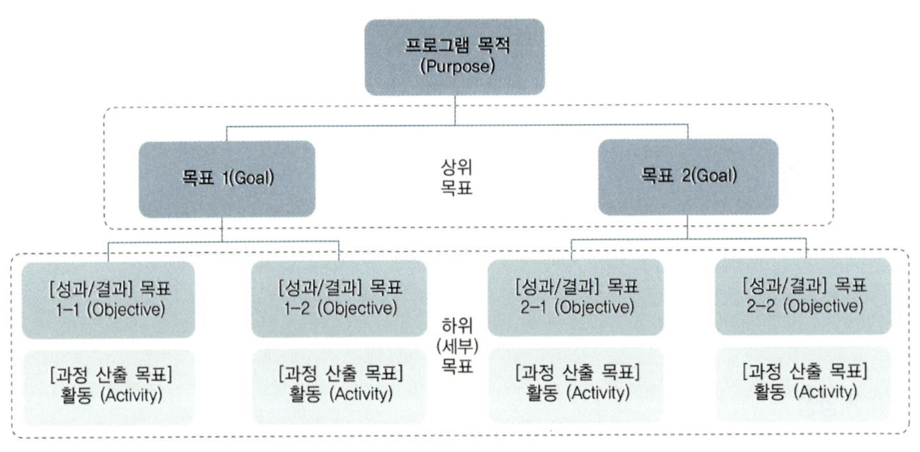

그림 5-3 프로그램의 목표 위계: 목적-목표-활동

출처: 이민홍 외(2024); Kettner et al.(2023) 재구성.

1) 프로그램 목표의 유형

(1) 상위목표와 하위목표

목표는 체계론적 관점에 따라 상위목표와 하위목표로 구분하여 구조화할 수 있다. 이러한 구분은 프로그램의 방향성과 구체적인 실행방안을 단계적으로 명확히 하기 위한 것으로, 각 수준의 목표는 서로 유기적으로 연결되어야 한다.

상위목표는 프로그램이 지향하는 포괄적이고 핵심적인 목표를 나타낸다. 이는 프로그램 전체의 방향성과 궁극적인 성과를 제시하며, 사회적 문제 해결이나 특정 집단의 삶의 질 향상 등 보다 광범위한 수준의 변화를 지향한다. 통상적으로 문헌에서는 이러한 상위목표를 단순히 '목표' 또는 '주 목표'라고 칭한다 (황성철, 2005).

하위목표는 상위목표를 구체적이고 실행 가능한 수준으로 세분화한 것으로, 상위목표 달성을 위한 단계적 조건이자 실천 목표로 기능한다. 하위목표는 프로그램 실행과 평가에 있어 기준점이 되므로 구체성, 측정가능성, 실현가능성 등을 갖추는 것이 중요하다.

하나의 상위목표에 대해 하위목표는 2~3개가 적절하다. 이는 목표 간의 체계적 연결성과 실현 가능성을 고려한 구성 방식이다. 만약 하위목표가 4개 이상 필요하다면, 해당 상위목표를 2개의 상위목표로 분화하여 재구성하는 것이 바람직하다. 지나치게 많은 하위목표는 체계성을 저해하고 실행력과 평가의 명확성을 떨어뜨릴 수 있다.

- **(상위목표) 다문화가정 청소년의 학교 적응력 향상**
  - → (하위목표 1) 또래와의 긍정적 상호작용 증진
  - → (하위목표 2) 교사의 지지적 관계 형성
  - → (하위목표 3) 자기효능감 강화

이와 같이 상위목표는 프로그램이 궁극적으로 지향하는 변화의 방향을 제시하고, 하위목표는 이를 실현하기 위한 구체적이고 실천적인 단계를 구성한다. 두 수준의 목표는 논리적·기능적으로 연결되어야 하며, 상위목표의 성취는 하위목표 달성의 축적으로 이루어지는 것이 이상적이다.

(2) 과정목표와 성취목표

프로그램 목표는 프로그램 수행의 방향성을 제시하고 평가의 기준이 된다. 프로그램의 목표는 달성해야 할 결과와 결과를 달성하기 위한 방법의 두 가지로 구분할 수 있다(Kettner et al., 2023).

성취(성과)목표는 일련의 프로그램 수행 결과로 나타나는 클라이언트 체계의 최종적인 변화, 즉 '무엇이 얼마만큼 성취되어야 하는가'를 의미한다. 이는 프로그램을 통해 클라이언트에게 기대되는 변화나 상황 변화의 지향점을 구체적으로 서술한 것이다. 이때 사회복지사의 개입으로 클라이언트가 변화하는 것이 아니라, 클라이언트 스스로 주체가 되어 변화하는 모습을 기술해야 한다. 성취목표는 결과목표, 총괄목표 등의 용어로 사용되기도 한다. 예를 들어, 취업이라는 성과목표를 설정했다면 이는 프로그램의 최종적인 결과로서 클라이언트의 상태 변화를 나타낸다.

과정목표는 프로그램 수행 과정의 각 단계별로 설정되는 목표이며, 성취목표 달성을 위한 중간 단계의 목표로 기능한다. 이는 성취목표를 달성하기 위한 구체적인 수단과 방법을 제시하며, 프로그램의 활동 목표나 산출목표와 유사한 의미로 사용될 수 있다(Kettner et al., 2023). 앞선 취업이라는 성취목표를 달성하기 위해 필요한 직업훈련 과정에서 기능 습득, 이력서 제출, 효과적인 면접 기술 습득 등은 각각 과정목표가 될 수 있다. 이러한 과정목표들은 최종적인 성취목표 달성을 위한 단계적인 발판 역할을 수행한다(황성철, 2005).

다음은 과정목표와 성취목표의 예시이다.

표 5-2 과정목표 및 성취목표 기술 예

과정목표 사례: 활동 횟수	성취목표 사례: 바람직한 미래 상태
가. 마음열기 워크숍을 월 1회 실시한다. 나. 표현예술 창작 활동을 주 2회 실시한다. 다. 부모상담을 주 2회 실시한다. 라. 자기성장보고서를 주 1회 작성한다.	가. 자아존중감을 향상한다. (20%처럼 수치를 제시할 수도 있음). 나. 자기효능감을 향상한다. 다. 가족관계기능을 향상한다. 라. 스스로 기획하는 능력을 향상한다.

출처: 이민홍 외(2024) 재구성.

(3) 산출목표와 성과목표

프로그램의 성공 여부를 판단하고 평가할 때는 산출목표(output objectives)와 성과목표(outcome objectives)가 주로 활용된다.

산출목표는 프로그램 운영 과정에서 생성되는 구체적인 제품, 서비스, 활동의 양적 지표를 의미한다. 사회복지 프로그램에서는 '서비스를 받은 사람들의 수'가 흔히 쓰이는 산출목표이다. 프로그램의 수행 활동이나 서비스 제공 자체와 직접적인 연관을 맺으며, 프로그램이 계획한 활동이 제대로 이행되었는지 평가할 때 사용된다. 즉, 산출목표는 프로그램의 실행 정도를 나타내는 중간 과정목표로서 성과와 달리 즉각적이고 가시적인 결과물을 제공한다. 예를 들어, '지역사회 독거노인 프로그램에서 매월 100명의 노인에게 도시락을 제공한다' 또는 '청소년 상담 프로그램에서 6개월 동안 총 48회의 개인상담 세션을 실시한다' 등과 같다.

성과목표는 프로그램의 시행 결과로 나타나는 의도된 변화의 크기나 양으로 나타낸다. 이는 참여자의 태도, 지식, 기술, 행동의 변화와 같은 질적이며 지속 가능한 변화를 강조하는 목표이다. 성과목표는 궁극적으로 프로그램의 효과성을 측정하는 데 필수적인 지표이며, 프로그램의 존재 이유를 설명하는 근본적 목표로 간주된다. 예를 들어, '지역사회 독거노인 프로그램 참여자의 영양 상태가 개선되고 고독감이 1년 내에 20% 감소한다' 또는 '청소년 상담 프로그램 참여자의 자존감 향상으로 인해 학교 적응력이 30% 이상 증가한다' 등이 성과목표의 예이다. 다음의 표는 산출목표와 성과목표를 간단하게 비교한 것이다.

표 5-3 산출목표 및 성과목표

구분	산출목표	성과목표
정의	제공해야 하는 서비스의 양과 형태 설정	서비스로 인한 대상자의 변화 설정
측정	활동 횟수, 참여자 수 등 양적 측정	행동, 인식, 기능 변화 등 질적·양적 측정
평가시기	프로그램 수행 중, 즉시 확인 가능	프로그램 후 장기적 추적 필요
목적	서비스 제공의 최소 기준 설정	프로그램 효과성과 성공 판정 기준
예시	6개월 동안 100명에게 60분 체조 제공	참여 노인의 80%가 신체 균형 10% 향상

(4) 기관목표와 활동목표

기관목표는 특정 프로그램을 실행하는 주체인 기관의 관점에서 설정되는 목표이다. 또한 기관목표는 행정목표로서 프로그램의 유지를 위한 기능 수행에 필요한 목표이다. 자원을 획득하거나, 서비스 절차를 수행하는 것 등과 같이 프로그램의 목적(영향 목표) 달성에 간접적으로 지원하는 역할 목표라고 할 수 있다. 활동목표는 프로그램의 실행 과정에서 사회복지사가 효과적인 개입을 위해 스스로 설정하는 실제 개입활동 중심의 목표이다. 활동목표는 '구체적으로 어떤 서비스를 어느 정도로 제공할 것인가'를 나타낸다. 이러한 기관목표와 활동목표는 프로그램의 세부적인 실행 단계를 나타내는 과정목표나 더욱 구체적인 행동 지침인 하위목표로 이해될 수 있다(Royse et al., 2016).

그러나 기관목표와 활동목표는 프로그램이 궁극적으로 달성하고자 하는 클라이언트 중심의 상위목표 또는 주목표로 다루어져서는 안 된다. 예를 들어, "10명의 사례관리 대상자를 확보한다"는 목표는 사회복지사가 효과적인 사례관리를 위해 설정한 활동목표이며, "클라이언트에게 상담 서비스를 제공한다"는 목표는 기관이 제공하는 서비스의 내용을 명시한 기관목표이다(Rubin & Babbie, 2016).

이러한 기관목표와 활동목표는 프로그램의 실행 과정을 구체화하는 데 중요한 역할을 하지만, 문법적으로 주어가 기관이나 사회복지사로 설정되어 있어 클라이언트의 변화나 성장을 직접적으로 나타내지 못한다(황성철, 2005). 따라서 기관목표나 활동목표는 상위목표 달성을 위한 수단적 위치에 있으며, 프로그램의 최종적인 성공 여부는 클라이언트의 긍정적인 변화를 측정할 수 있는 상위목표 달성 여부에 달려 있다고 할 수 있다.

(5) 영향목표와 소비자목표

프로그램 단위가 지역사회(지자체) 및 국가 수준인 경우에는 영향목표와 소비자 목표를 사용하기도 한다(이민홍 외, 2024; Kettner et al., 2023).

영향목표(impact objectives)는 프로그램이 궁극적으로 사회 전체 또는 특정 인구 집단에 미치는 장기적인 변화나 결과에 초점을 맞춘다. 이는 프로그램의 광범위한 효과를 측정하고자 할 때 설정되며, 흔히 추상적이고 장기적인 성격을 지닌다. 영향목표는 프로그램의 성공이 사회 전체의 삶의 질 향상, 특정 사회 문제의 감소 등 거시적인 변화로 이어지는지를 평가하는 데 활용된다.

예를 들어, 청소년 비행 예방 프로그램의 영향목표는 “지역사회 청소년 범죄율 감소” 또는 “청소년의 건강한 성장 지원을 통한 사회적 비용 절감”과 같이 설정될 수 있다. 이러한 목표는 프로그램의 직접적인 참여자뿐만 아니라 더 넓은 범위의 사람들에게 미치는 파급 효과를 측정하고자 한다. 따라서 영향목표의 달성 여부는 장기간에 걸쳐 다양한 사회 지표를 통해 간접적으로 평가되는 경우가 많다.

소비자목표(consumer objectives)는 과정목표 또는 산출목표와 유사한 개념으로 얼마나 많은 수의 클라이언트가 그 서비스를 이용하도록 할 것인가를 정하는 목표이다. 예를 들어 독거노인 안전지킴이 프로그램을 ○○시에서 수행한다고 볼 때, 독거노인이 5,000명 거주하고 있는데 프로그램을 통해 1,000명의 혜택을 목표로 제공한다면 본 프로그램의 이용자목표는 20%인 것이다. 소비자목표는 참여자에게서 나타나는 변화의 정도를 평가하거나 서비스 제공량을 제시하지는 못하므로 평가목적에는 적절하지 않다. 그러나 ‘2,000명에게 독거노인 안전지킴이 프로그램을 제공한다’와 같이 표적인구와의 관련성이 제시됨으로써 프로그램의 의사결정에 유용할 수 있다(김영종, 2013).

2) 목표설정의 방법

(1) 목표설정의 기준

프로그램의 목적 기술에 포함해야 할 요소들과 마찬가지로 프로그램의 목표를 설정할 때 고려해야 할 요소들에 대하여 학자들이 다양한 견해를 제시하였다. 이 중에서 공통적으로 제시한 내용들을 구체적으로 살펴보면 다음과 같다(김영종, 2013; 이민홍 외, 2024; Kettner et al., 2023; Rapp & Poertner, 1992).

- **사회문제와 욕구와의 관련성:** 목표기술은 사회문제분석 및 욕구사정을 기반으로 하여 작성되어야 한다. 특히 클라이언트에게 문제나 욕구가 발생한 원인에 대한 분석이 선행되어야 한다. 그 원인에 대한 긍정적 변화를 추구하는 방향으로 목표를 기술하는 것이 효과적이다.
- **목적과의 논리적 연계성:** 프로그램 목표는 논리적으로 프로그램 목적에서 분화되며, 그 목표는 다시 같은 방식으로 하위목표로 분화되는 과정을 거쳐 작성하여야 한다. 즉, 하위목표들을 더 하면 프로그램의 목적과 연결되어야 한다.
- **성과목표 중심:** 목표는 가능하면 클라이언트를 중심에 두고 설정되어야 한다. 목표는 기관이나 사회복지사가 중심이 되는 기관목표나 활동목표가 아닌 클라이언트에게 나타나는 변화를 중심으로 기술되어야 한다.
- **측정가능성:** 프로그램 목표를 설정하는 가장 큰 이유는 프로그램 효과성을 검증하기 위해서이다. 따라서 목표들은 변화의 방향(예: 증가)뿐만 아니라 정도(예: 10%)까지도 측정가능한 형태로 기술되어야 효과적임을 확인할 수 있게 된다.
- **현실성:** 목표는 클라이언트가 성취가능하며 긍정적 방향으로 설정되어야 한다. 특히 목표는 실제로 달성할 수 있어야만 목표가 될 수 있다. 전혀 현실성 없는 목표설정은 바람직하지 않다. 그러나 지나치게 '쉬운' 목표를 설정하는 것도 프로그램의 정당성을 떨어뜨리는 요인이 될 수 있다.
- **긍정적인 형태로 기술:** 사회복지 프로그램은 클라이언트에게 바람직한 상태로 변화시킴을 목적으로 하므로 목표 진술도 긍정적 방향성을 갖도록 기술하는 것이 좋다.

(2) 성과목표의 설정방법

일반적으로 목표설정은 성과목표와 산출목표 차원에서 이루어진다. 이는 로직모델에서 나온 것으로서, 로직모델의 순서상으로는 산출목표 다음에 성과목표가 이어지지만 프로그램 활동의 궁극적인 목적은 성과목표의 달성에 있기 때문에 성과목표를 체계적으로 설정하는 것이 중요하다.

일반적으로 성과목표를 설정할 때 사용되는 기준으로는 SMART 원칙이 권장된다. 성과목표를 작성하기 위한 SMART를 소개하면 다음과 같다.

표 5-4 성과목표 작성을 위한 SMART 원칙

기준(SMART)	의미	일반적인 예	좀 더 나은 예
Specific (구체성)	목표가 명확하고 구체적으로 정의되어야 함	사회적지지 향상	프로그램 참여자의 사회적 지지 척도 점수가 프로그램 시작 대비 10% 향상
Measurable (측정가능성)	목표 달성 여부를 객관적으로 측정가능해야 함	클라이언트 변화 도모	프로그램 참여 전후 스트레스 척도 평균 점수가 10점 감소
Achievable (달성가능성)	현실적으로 달성 가능한 목표 수준을 설정해야 함	모든 클라이언트의 자립 지원	사례 관리 종결 후 6개월 이내에 50%의 클라이언트가 안정적인 주거를 유지함
Relevant (관련성)	프로그램의 목적 및 대상 집단의 욕구와 관련성이 있어야 함	지역주민의 삶의 질 향상	주 3회 방과 후 학습 프로그램에 참여한후 저소득층 자녀의 학습 능력 향상
Time-bound (시간제한)	목표 달성 기한이 명확하게 설정되어야 함	프로그램 성과 향상	2026년 12월 31일까지 프로그램 참여자의 우울이 20% 감소

SMART 원칙은 성과목표 설정을 위한 필수적인 기준을 제시하지만, 그 포괄적인 특성상 실제 개별 성과목표에 적용하는 데 어려움이 있을 수 있다. 이에 목표 기술의 핵심 방향에 따라 성과목표를 구체화할 때에는 네 가지 핵심 요소, 즉 누구를 대상으로 하는지(클라이언트), 어떠한 활동을 통해(활동 방법), 무엇이 변화하는지(변화 내용), 그리고 그 변화의 방향은 어떠한지(변화 방향)를 명확히 포함하는 것이 효과적이다(황성철, 2005; Kettner et al., 2023; 이민홍 외, 2024; 조성우 외, 2024). 이러한 네 가지 요소가 명확하게 반영된 성과목표는 SMART 원칙을 보다 효과적으로 구현하며, 목표가 갖추어야 할 핵심적인 측면들을 체계적으로 담아낼 수 있도록 한다.[4)]

4) Kettner 등(2023)은 성과목표의 구성요소에 기한(time frame), 책임(responsibility)을 포함하여 제시하고 있다. 기한은 성과목표가 달성되어야 하는 구체적인 시간제한을 의미하는 것으로 전통적으로 성과목표에 포함하여 작성되는 경우가 많았으나 통상 프로그램의 시행기간은 이미 정해져있기 때문에 반드시 포함할 필요가 없게 되었다. 책임은 성과목표 달성에 대한 책임자를 명확히 지정하여 책임 주체를 명시해야 한다는 의미인데 이는 기획의 다른 요소(예: 인력)에서 다루어질 수 있기 때문에 여기서는 생략한다.

- **클라이언트**: 성과의 주체 또는 변화의 표적을 명시하는 것으로, 클라이언트가 누구인지, 누구를 위한 프로그램인지 확인할 수 있다. 누가 클라이언트인가?
- **활동 방법**: 문제해결을 위한 주요전략이나 방법을 나타내는 것으로, 제공되는 서비스나 프로그램의 내용을 제시하는 것이다. 어떤 프로그램 활동인가?
- **변화 내용**: 클라이언트의 어떤 문제를 해결하고자 하는가를 표현하는 것으로 변화의 결과(results)를 나타낸다. 무엇을 변화시키고자 하는가?
- **변화 방향**: 변화가 어떤 방향으로 진행될 것인가를 제시하는 것으로(예: 증가 또는 감소) 측정과 연관되어 있다. 어느 정도 향상 또는 감소시킬 것인가?

이를 그림으로 표현하면 아래와 같다.

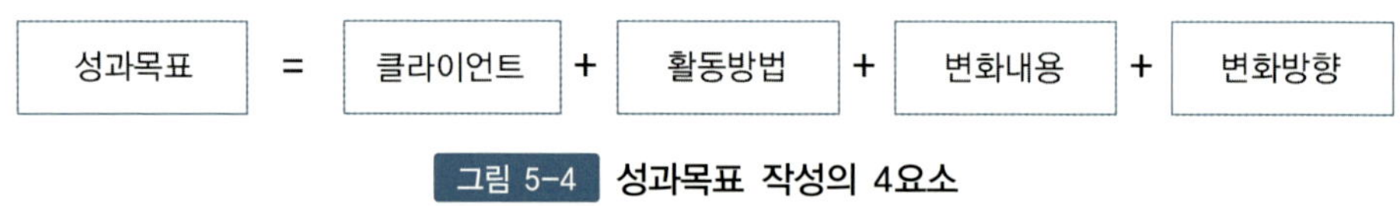

그림 5-4 성과목표 작성의 4요소

성과목표 작성의 4요소를 적용하여 성과목표를 작성한 예를 살펴보자.

표 5-5 성과목표 4요소 적용의 예

클라이언트	활동방법	변화내용	변화방향
노인이	원예치료 프로그램을 통해	우울감을	감소시킨다
저소득층 아동이	학습멘토링에 참여하여	학업성취도를	향상한다
장애인에게	직업훈련 교육을 제공하여	취업역량을	증진시킨다
다문화가정 청소년에게	한국어 교육을 실시하여	의사소통능력을	증진시킨다
학교부적응 학생이	집단상담을 통해	학교생활만족도를	높인다
지역주민들에게	건강증진 프로그램을 통해	건강행동실천율을	향상시킨다
여성이	역량강화 교육에 참여하여	자기효능감을	증진시킨다
알콜중독자가	상담 및 지지집단을 통해	음주빈도를	감소시킨다
가정폭력 피해자가	심리치료를 통해	정신적 외상정도를	완화한다
만성질환자 대상	자가관리 교육을 제공하여	질병관리능력을	향상시킨다

한편 성과목표를 작성할 때 유의할 점은 다음과 같다.

첫째, 성과목표는 '도모한다', '적용한다'와 같이 모호한 표현보다는 누구나 이해할 수 있도록 명확하게 표현하는 것이 좋다.

둘째, 성과목표의 4요소를 순서대로 적용하는 것이 평가의 대상을 구체화할 수 있다. 예를 들어, '노인의 고독감 감소를 위하여 노인 지지집단에 참여시킨다'는 성과목표 4요소를 갖추고 있으나 순서가 뒤바뀌어 고독감 감소를 평가해야 할지, 지지집단 참여여부를 평가해야 할지 모호해진다.

셋째, 기관목표나 활동목표는 가급적 지양한다. 이를테면 '~를 제공한다'거나 '~를 실시한다'와 같이 서비스 공급자 중심의 목표 역시 누구의 어떤 변화인지 모호하게 하기 때문에 피해야 한다.

참고자료 **기관의 프로그램 철학이 반영된 성과목표 작성 예**

[기관중심 또는 전문가 중심 철학]
- 지역아동에게(클라이언트) 학습 멘토링을 제공해서(활동방법) 학업능력을(변화내용) 향상한다(변화방향).

[클라이언트 중심 철학]
- 지역아동이(클라이언트) 학습 멘토링에 참여해서(활동방법) 학업능력을(변화내용) 향상한다(변화방향).

출처: 조성우 외(2024).

(3) 산출목표의 설정방법

산출목표는 서비스 제공의 직접적인 결과물에 해당하는 목표를 의미한다. 이는 일반적으로 프로그램이 실제로 수행한 활동의 양적 산물에 초점을 두며, 서비스가 '얼마나', '누구에게', '언제까지' 제공되었는지를 명확히 진술한다. Kettner 등(2023)은 산출목표를 "프로그램이 특정한 시점 내에 목표 집단에게 제공하게 될 서비스나 활동의 양을 기술한 진술"로 정의하고 있으며, 이는 성과목표와 달리 서비스 제공 그 자체의 양적 수준을 명시하는 데 중점을 둔다.

산출목표는 투입과 활동의 결과로 도출되는 직접적인 서비스 산출물이며, 프로그램의 운영성과를 추적하고 관리하는 데 핵심적인 역할을 한다. 예를 들어, “2025년 3월부터 6월까지 저소득층 아동 30명을 대상으로 주 1회 총 12회의 집단 미술치료를 실시한다”는 진술은 특정 집단에게, 특정 서비스를, 어떤 빈도와 기간으로 제공할 것인지를 구체적으로 명시한 산출목표의 전형적인 예라 할 수 있다.

산출목표를 효과적으로 기술하기 위해 최소한 다음의 세가지 구성 요소가 포함되어야 한다.

- **클라이언트(who)**: 서비스를 제공받게 될 구체적인 인구집단을 명시한다.
- **활동 또는 서비스 내용(what)**: 제공될 서비스의 유형이나 내용, 혹은 프로그램 활동의 구체적 범위를 나타낸다.
- **수준 또는 활동량(how much)**: 서비스 제공의 빈도, 강도, 회기 수 등 양적 수준을 구체적으로 기술한다.

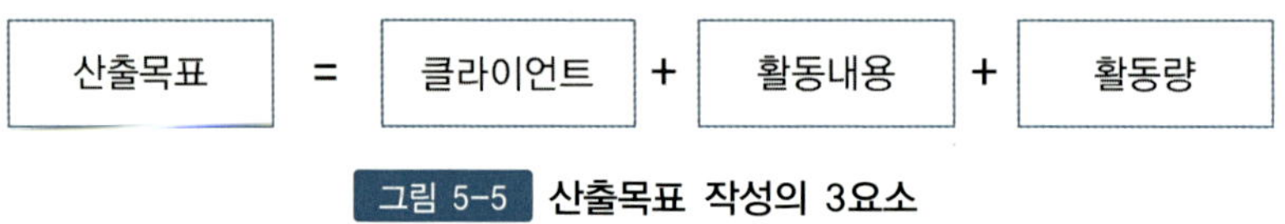

그림 5-5 산출목표 작성의 3요소

산출목표는 프로그램이 클라이언트에게 어떠한 영향을 미쳤는지 직접적으로 다루지는 않으나 다음과 같은 기능적 역할을 수행한다.

첫째, 프로그램이 실제로 실행되었는지를 판단할 수 있는 기초 지표를 제공한다. 즉, 결과가 어떠했는지를 떠나, ‘제공하기로 한 서비스를 실제로 제공했는가’라는 질문에 대한 실증적 근거를 마련하는 것이다. 따라서 정량적이고 구체적이어야 한다. ‘많은 사람에게 서비스를 제공한다’와 같은 모호한 표현이 아닌, ‘주당 2회, 총 8회의 상담을 제공한다’와 같이 구체적인 수치와 횟수로 서술되어야 한다.

둘째, 산출목표는 성과목표의 실현 가능성을 진단하는 전제 조건으로 기능한다. 충분한 산출이 이루어지지 않은 경우, 결과의 도달 여부를 논의하는 것 자체가 무의미해질 수 있다. 즉, 산출목표는 그 자체로 클라이언트의 변화를 의미하지는 않는다. 성과목표가 '변화'에 초점을 둔다면, 산출목표는 '활동의 수행량'에 초점을 둔다.

셋째, 프로그램 관리자의 입장에서 산출목표는 운영상의 성실성과 효율성을 평가하는 기준이 된다. 따라서 주어진 자원(예산, 인력)과 실현 가능한 수준에서 정량화되어 설정되어야 한다.

산출목표의 작성예시를 살펴보자.

클라이언트	활동내용	활동량
저소득 한부모 가정을 대상으로	부모역할 향상 교육 프로그램을	주 1회, 회기당 2시간씩 총 6회 실시한다.

변화의 표적, 즉 프로그램 참가자인 클라이언트는 저소득 한부모 가정이며, 프로그램 내용은 부모역할 향상 교육 프로그램이고, 실제 서비스 제공량은 주1회, 각 회기당 2시간씩 총 6회이다.

그러나 산출목표는 상위목표인 성과목표에 대한 실제 서비스 제공 목표를 나타내는 것으로서 일반적인 성과중심 프로그램에서는 산출목표만 따로 존재하기는 어렵다. 성과목표와 산출목표 간의 관련성을 중심으로 산출목표를 작성하는 예를 살펴보자.

표 5-6 성과목표와 산출목표의 작성예

목표	내용
성과목표	다문화가족 20가구를 대상으로 하는 의사소통과 가족관계 향상 프로그램을 제공하여 부모자녀관계를 향상한다.
산출목표 1	다문화가족 20가구를 대상으로 총 8회기의 부모-자녀 관계증진 프로그램을 운영한다.
산출목표 2	프로그램 참여 가족을 대상으로 월 1회 가족 문화체험 및 놀이 활동을 총 6회 제공한다.
산출목표 3	다문화가족 부모에게 자녀 양육 기술 향상을 위한 부모 교육 특강을 분기별 1회씩 총 4회 실시한다.

〈표 5-6〉에서는 하나의 성과목표에 대하여 3개의 산출목표로 작성된 사례이다. 그러나 아래의 사례에서 보는 바와 같이 산출목표는 반드시 하나의 성과목표에서만 분화되지 않고 2개의 성과목표에 기여하는 방식으로 기술될 수도 있다.

표 5-7 여러 개의 성과목표와 산출목표 제시의 예

목표	내용	목표량
성과목표 1	아동에게 방과후 교육 프로그램을 제공해서 학업스트레스를 감소한다.	−
성과목표 2	아동에게 개별 학습지도를 제공해서 학업능력을 향상한다.	+
산출목표 1	참가아동 30명을 대상으로 지역문화 탐방활동을 6회 실시한다.	180명
산출목표 2	참가아동 30명을 대상으로 수영훈련을 2회 실시한다.	60명
산출목표 3	참가아동 30명을 대상으로 대학생 학습멘토링을 10회 실시한다.	300명
산출목표 4	학업부진 아동 5명을 선정해서 심층상담을 5회 실시한다.	25명

출처: 이민홍 외(2024).

(4) 목적 및 목표의 분화 방법

하나의 목적을 달성하기 위하여 일반적으로 여러 개의 목표들을 설정하는 경우가 대부분이다. 프로그램 목표를 하위목표로 분화하는 것은 상위의 포괄적인 목표를 달성하기 위한 구체적이고 측정가능한 단계들로 나누는 방법을 말한다. 목표 분화 방법에는 크게 계층적 분화, 기능적 분화, 시간적 분화 등의 방법이 활용된다. 하위목표로의 세분화 방법에 대하여 황성철(2005)과 이민홍 등(2024)이 제시한 내용을 토대로 구체적으로 살펴본다.

① 목적과 목표(상위목표, 성과목표) 분화 방법

프로그램에서 해결하고자 하는 문제나 욕구에 따른 '변화내용'을 하위 차원의 목표로 분화한다.

- **목적:** 다문화가정 아동의 심리사회적 적응을 향상한다.
- **목표:** 1) 아동의 자아존중감을 향상한다.
  2) 아동의 또래관계를 향상한다.

3) 아동의 학교생활만족도를 향상한다.

또는 변화내용(예: 적응)을 이론적 차원에서 분화하여 하위목표로 구성하는 방법도 가능하다. 이때에는 이론적 근거를 충분히 고려하여 설정하는 것이 좋다. 아래 내용은 심리사회적 적응을 구성하는 하위요인을 기존 이론들을 반영하여 정서적·심리적 적응, 사회적 적응, 문화적 적응으로 차원을 구분한 뒤 설정한 목표이다.

- **목적:** 다문화가정 아동의 심리사회적 적응수준을 향상시킨다.
- **목표:** 1) 다문화가정 아동의 자아존중감과 정서조절 능력을 향상시킨다.
  2) 다문화가정 아동의 또래와의 긍정적 상호작용 빈도를 증가시킨다.
  3) 다문화가정 아동의 자문화와 주류문화에 대한 수용태도를 향상시킨다.

② 성과목표를 산출목표로 분화 방법

성과목표 달성을 위하여 선행되어야 할 활동의 양을 중심으로 산출목표를 분화한다. 이때 산출목표는 성과목표와 논리적 연계성을 갖도록 기술되어야 한다.

- **성과목표:** 다문화가정 아동의 또래관계를 향상한다.
- **산출목표:** 1) 참여아동이 또래와의 협동활동에 주1회 총 8회 참여한다.
  2) 참여아동을 대상으로 사회기술훈련을 4회 실시한다.
  3) 참여아동이 또래지지 경험활동에 총 4회 참여한다.

③ 성과목표를 과정목표로 분화 방법

성과목표를 과정목표로 분화하기 위해서는 성과목표를 달성하기 위해 필요한 활동과 단계들을 정의해야 한다. 이때는 성과목표가 달성되기 위해 필요한 구체적인 행동과 절차를 설정하는 것이다. 과정목표는 프로그램의 실행에 초점을 맞춘 목표로, 성과목표를 이루기 위한 준비와 진행 단계를 포함한다.

- **성과목표:** 청소년들이 문화다양성에 대한 태도를 긍정적으로 변화시킨다.
- **과정목표:** 1) 다문화 이해교육 및 사전 민감성 훈련을 실시한다.
  2) 다문화가정 아동과의 일대일 봉사활동을 진행한다.
  3) 참여청소년을 대상으로 평가회를 실시한다.

목적과 목표의 분화방법에 대하여 사회복지공동모금회 자료를 분석한 이민홍 등(2024)의 자료를 활용하여 최종 정리해보자.

표 5-8 프로그램의 목적, 하위목표, 성과목표, 산출목표의 사례

<table>
<tr><th>목적</th><th>목표</th><th>산출목표</th><th>성과목표</th></tr>
<tr><td rowspan="5">방임되어 안전문제가 발생하고 가족관계가 저하된 저소득층 가정 아동을 대상으로 방과후 프로그램을 통해 건강한 성장 지원</td><td rowspan="3">1. 저소득층 야간 방임아동 안전 증대 및 정상적인 성장 지원</td><td>1-1. 저소득층 야간 방임아동 20명 안전보호</td><td>보호아동 야간 안전 사고율 감소</td></tr>
<tr><td>1-2. 20명 아동에 대한 무료석식, 간식제공, 건강체조 프로그램 시행</td><td>평균 신체발달 지수 향상</td></tr>
<tr><td>1-3. 주5회 숙제지도 및 주2회 기초학습지도</td><td>기초학습능력 향상</td></tr>
<tr><td rowspan="2">2. 저소득층 야간 방임아동 가정 가족 유대감 증대</td><td>2-1. 월 1회 보호자와 함께하는 프로그램 시행</td><td rowspan="2">보호아동 가족유대감 증대</td></tr>
<tr><td>2-2. 월 1회 보호자/자녀 상담을 통한 심리적 유대감 형성</td></tr>
<tr><td>표적집단+문제+개입방법+미래 상태</td><td>클라이언트+변화내용+변화방향</td><td>클라이언트+활동방법</td><td>클라이언트+변화내용+변화방향</td></tr>
</table>

출처: 이민홍 외(2024) 재구성.

이 장에서는 프로그램의 목적과 목표 설정방법에 대하여 살펴보았다. 사회복지 프로그램 기획과정에서 목적, 목표, 상위목표와 하위목표, 과정목표와 산출목표, 그리고 성과목표에 이르기까지 다양한 형태의 목표가 존재하는 이유는 프로그램의 방향성과 실행전략, 그리고 평가기준을 체계적이고 구체적으로 설정하기 위해서이다.

프로그램 실습

1. 제4장에서 설정한 사회문제 해결을 위한 프로그램을 개발한다고 가정하여, 목적의 구성요소에 따라 분석해 보고 최종 목적을 기술해 봅시다.

구분	내용
1. 프로그램 주제	
2. 목적의 요소	–
① 표적집단	
② 현재 문제 및 욕구	
③ 바람직한 미래상태	
④ 개입방법	
3. 목적의 기술	

2. 성과목표와 산출목표를 정리한 것이다. 빈칸에 적절한 목표를 기술해 봅시다.

성과목표	산출목표
	1-1. 발달장애 아동을 위한 꿈놀이단 서포터즈 운영 연 40회
	1-2. 보호자 네트워크 '퍼머스' 운영 연 2회
독거노인의 요리 프로그램을 통한 자기효능감 향상	2-1.
	2-2.
	2-3.
	3-1. 중증 노인성질환 가족을 간병하는 배우자 및 자녀를 모집한다.
	3-2. 배우자 그룹과 자녀(자녀의 배우자) 그룹으로 2개의 자조 모임을 구성한다.
	3-3. 자조 모임 참여자간 심리적·정서적 지지 체계가 형성되도록 한다.

3. 아래 성과목표에서 수정이 필요한 경우 성과목표 작성방법에 맞추어 수정의견을 제시해 봅시다.

수정 전	수정 후
혹서기를 건강하게 보낼 수 있도록 맞춤형 물품 꾸러미 전달	
지역경제 활성화에 기여	
행복선생님의 방문을 통한 건강상담 진행과 정서적 소외감 및 불안감 해소	
지역사회 내 아동학대 예방을 위한 긍정 양육네트워크 활성화	
직업교육을 통한 자기효능감 향상	
고립가구 지원을 위한 지역사회 안전망을 구축	
돌봄양육자의 돌봄공동체 형성 기반 마련	
고립가구 발굴 및 자원을 위한 지역단체 및 주민 조직 신규 발굴	
기후환경위기 캠페인 진행 및 기후환경위기 공감대 형성	

자료: 사회복지공동모금회(2024).

Chapter

06 프로그램 개입전략 및 내용설계

> "Theory without practice is sterile; practice without theory is blind."
> - Kurt Lewin

사회복지 프로그램은 문제 해결을 위한 체계적이고 목표지향적인 개입 활동의 집합이다. 프로그램의 목적을 효과적으로 실현하기 위해서는 이론적 근거에 기초한 전략 수립과 구체적인 활동 내용 설계가 필요하다. 이 장에서는 프로그램을 설계하는 방법으로 개입 전략의 유형과 원리, 그리고 개입 내용 설계 방법을 다룬다. 이 과정은 프로그램의 논리구조, 즉 로직모델 상의 '활동(activity)'과 직접적으로 연관된다.

1. 프로그램 개입전략의 개발

1) 프로그램 가설 설정

(1) 프로그램 이론

프로그램 이론(program theory)은 특정 사회적 문제나 욕구가 발생하는 원인과 이 문제를 해결하거나 완화하기 위한 개입이 어떻게 작용하여 기대하는 변화를 만들어 내는지에 대한 논리적 설명을 말한다. 즉, 프로그램 이론은 프로그램이 작동하는 원리를 밝히며, 이를 통해 프로그램의 각 단계가 어떤 근거에 따라 구성되고 연결되는지 제시해 준다.

프로그램 이론을 제시할 때는 다음과 같은 논리적 흐름과 순서로 설명하는 것이 바람직하다.

- 문제와 욕구의 원인을 설명하는 기존 이론이나 연구 결과를 소개한다.
- 선택한 개입의 원리와 개입이 욕구나 문제를 해결하는 메커니즘을 논리적으로 설명한다.
- 프로그램 이론을 서술할 때는 명확한 로직모형을 제시하여 개입의 전 과정이 시각적으로 표현되도록 한다.

노인의 사회적 고립에 관한 문제에 대한 프로그램 이론의 예를 들면 아래와 같다.

"노인의 사회적 고립을 해소하기 위한 프로그램 이론은 사회자본이론에 기초하며, 사회적 연결망과 정서적 지지가 노인의 고립감을 완화하고 우울감을 감소시킨다는 가정에서 출발한다. 따라서 집단활동을 통한 사회적 연결망 구축 및 상호작용 촉진이 노인의 사회적 고립감을 감소시키는 핵심 메커니즘으로 설정된다."

프로그램 활동과 개입단위 설정과 관련하여 아래 〈표 6-1〉의 질문들을 고려하여 프로그램 설계시 활동과 성과의 관계가 논리적으로 연결될 수 있도록 해야 한다.

표 6-1 프로그램 가설 설정을 위한 검토 질문들

구분	내용
욕구와 문제분석의 이론적 근거 확인	1. 표적집단의 주요 문제 또는 욕구는 무엇이며, 이 문제를 설명하는 기존 이론이나 연구는 어떤 것들이 있는가? – 관련 이론(사회자본이론, 애착 이론, 스트레스 이론 등)은 무엇인가? – 이 문제에 대한 기존 경험적 연구 결과는 어떠한 내용을 제시하고 있는가? 2. 표적집단에서 나타난 문제의 근본적 원인은 무엇인가? – 표적집단의 문제가 개인, 가족, 지역사회, 혹은 정책 수준 중 어떤 차원에서 발생하는가? – 이 문제의 발생 기제를 설명할 수 있는 이론적 모델이나 사례 연구는 무엇인가?
활동과 성과 간의 이론적 연계성	1. 선택한 프로그램 활동은 표적집단의 욕구와 어떻게 연결되는가? – 활동이 문제나 욕구 해결에 효과적인 이유는 무엇인가? – 선택한 활동의 타당성을 뒷받침하는 기존 이론적 근거는 무엇인가? 2. 활동이 성과를 창출하는 구체적 인과경로(causal pathway)는 무엇인가? – 활동이 어떤 메카니즘을 통해 변화를 유도하는가(지식, 태도, 행동변화)? – 이 메커니즘의 타당성을 뒷받침하는 선행연구나 실천적 사례는 무엇인가?
개입단위 및 지역사회 특성 고려	1. 프로그램이 적용되는 개입 단위는 누구이며, 이 단위가 선택된 이론적 근거는 무엇인가? – 개인, 가족, 집단, 지역사회 중 어떤 개입 단위를 선택하였으며, 그 이유? – 개입 단위의 효과성을 뒷받침하는 이론이나 경험적 근거는 무엇인가? 2. 지역사회 환경과 특성이 프로그램 개입에 어떤 영향을 미칠 것인가? – 지역사회 특성(문화적 특성, 경제적 조건, 자원 활용 가능성 등)이 프로그램의 실행과 효과에 미치는 영향은 무엇인가?

(2) 프로그램 가설

프로그램 이론으로부터 도출되는 프로그램 가설은 특정한 서비스나 개입을 제공하면 문제를 해결할 수 있을 것이다는 인과적 추론을 체계화한 명제이다.

프로그램 가설은 'if-then'으로 구성되어 '만약 ○○개입(활동)이나 서비스가 제공된다면 ○○문제가 개선될 것이다(○○가 증가/감소할 것이다)' 와 같은 형식으로 기술된다.

노인의 사회적 고립에 관한 프로그램 이론으로부터 우리는 다음과 같은 프로그램 가설을 도출할 수 있을 것이다.

"사회적 고립감을 경험하는 독거노인 20명을 대상으로 주 2회 사회적 상호작용이 활발한 집단프로그램을 6개월간 제공하면, 노인의 사회적 고립감 척도 점수가 프로그램 전과 비교하여 30% 이상 감소할 것이다."

프로그램 가설은 다음과 같은 핵심 질문들에 대한 논리적 답변으로 구성된다(Kettner et al., 2023).

첫째, 표적집단이 경험하는 문제의 근본적인 원인은 무엇인가?

둘째, 어떤 개입이 이러한 문제를 가장 효과적으로 해결할 수 있는가?

셋째, 개입 이후 어떤 변화가 기대되는가?

이러한 프로그램 가설은 로직모델과 직접적으로 연결되어 있다. 즉 문제를 경험하는 표적집단 및 사용할 자원(인력, 예산 등)이 투입 요소, 제공할 서비스 및 개입 방식(활동), 제공된 서비스의 양과 범위(산출), 서비스 이후 클라이언트의 변화(성과) 등으로 구성된다.

프로그램 가설은 문제-개입-성과 간의 인과적 논리를 기반으로 한다. 또한 어떤 결과가 기대되었는지를 미리 명시함으로써, 프로그램이 성공적인지를 판단하는 기준을 제공한다. 특히 프로그램 가설은 기존 연구 및 자료에 기반하여 설정되어야 한다는 점이다.

아래 내용은 가정폭력 피해 여성 대상 보호소 사례를 통해 프로그램 가설의 실제 적용을 보여준다. 이 사례는 프로그램 이론과 프로그램 가설을 통합적으로 보여주는 사례라고 할 수 있다(Kettner et al., 2023).

"가정폭력 피해 여성들이 자립하지 못하고 폭력 관계를 반복하는 이유는 경제적 · 정서적 의존 때문이다. 이에 따라 사례관리, 상담, 직업훈련 등 세 가지 프로그램을 통합적으로 제공하면 여성들은 자립할 수 있으며, 결과적으로 재폭력 피해가 감소할 것이다."

(3) 프로그램 가설 수립 방법

프로그램 가설을 설정하기 위해서는 클라이언트 문제나 욕구가 발생하게 되는 원인에 대한 분석에서 시작한다. 클라이언트 문제나 욕구의 원인이 분석되면, 이러한 문제를 해결하거나 욕구를 충족할 수 있는 대안에 대해 검토하게 된다. 구체적으로 프로그램 가설 설정 방법을 살펴본다(이민홍 외, 2024).

① 문제의 원인분석

표적집단의 문제와 욕구를 명확히 이해하기 위해서는 해당 문제와 욕구를 야기하는 원인 요인들을 규명하는 과정이 중요하다. 클라이언트의 문제와 욕구는 특정한 사회적, 심리적, 경제적 또는 환경적 조건이나 상황의 결과물로 파악될 수 있다. 프로그램의 설계는 독립변수와 종속변수 간의 인과적 관계 논리에서 출발한다. 이러한 관점에서 볼 때, 표적집단이 경험하는 욕구나 문제는 프로그램이 해결하고자 하는 궁극적인 결과로서 종속변수에 해당한다. 반면, 이 문제나 욕구를 유발하거나 강화하는 선행 조건이나 상황은 독립변수로 설정된다. 따라서 프로그램은 독립변수에 해당하는 개입을 통해 종속변수인 클라이언트 문제나 욕구의 변화를 목표로 하며, 이러한 변화의 인과적 관계를 분석하는 것이 핵심이다.

독거노인의 우울감 감소를 목표로 하는 프로그램을 대상으로, 프로그램 가설 설정 과정을 구체적으로 살펴보자.

우울감은 독거노인에게서 매우 빈번하게 나타나는 정신건강 문제로, 삶의 질 저하, 자살 위험 증가, 만성질환 악화 등과 밀접하게 연관되어 있다. 이 문제를 해결하기 위해서는 먼저 독거노인의 우울감을 유발하는 원인을 다차원적으로 분석해야 한다.

- **개인적 요인**: 만성질환, 신체기능 저하, 인지능력 저하, 상실 경험(배우자나 친구의 사망 등)
- **심리적 요인**: 고립감, 무기력감, 자아존중감 저하, 삶의 의미 상실
- **사회적 요인**: 사회적 지지망 부족, 대인관계 단절, 경제적 빈곤, 사회활동의 결핍
- **환경적 요인**: 열악한 주거환경, 낮은 복지서비스 접근성, 지역사회와의 단절

② 원인 수준 분석

문제의 원인 중에서 프로그램을 통해 접근 가능한 요인을 선별하는 과정이다. 표적집단 문제나 욕구를 유발하는 원인(조건 및 상황)이라고 해서 모두 프로그램을 통해 접근할 수 없다. 원인 중 일부는 사회복지 프로그램의 개입으로

변화시키기 어렵다. 예를 들어, 만성질환 자체나 고령화로 인한 신체기능 저하는 단기 개입으로 해결되기 어렵다. 또한 배우자의 사망과 같은 상실 경험은 프로그램을 통해 되돌릴 수 없다. 그러나 다음과 같은 요인은 프로그램 수준에서 비교적 변화가능한 요인으로 고려할 수 있다.

표 6-2 독거노인 우울감 문제분석

요인	개입가능성	개입방식
사회적 고립감	높음	사회관계망 형성, 집단 프로그램
자아존중감 저하	높음	심리 프로그램, 자기강화훈련
사회참여 부족	높음	여가 프로그램, 자원봉사활동 참여
사회적 지지망 부족	중간	또래 멘토링, 지역연계 서비스

이러한 요인은 프로그램의 설계에 따라 변화시킬 수 있는 독립변수이며, 궁극적으로 독거노인의 우울감(종속변수)을 감소시키는 인과 경로를 구성하게 된다.

③ 프로그램 가설의 설정

"만약 독거노인의 사회적 고립을 완화하고(사회통합 및 사회적지지 이론), 자아존중감을 향상시키며(자기효능감이론), 지역사회 활동 참여를 증진하는 프로그램(활동이론, 생애과업이론)을 실시하게 되면 우울감을 유의미하게 감소시킬 것이다."

프로그램 가설이 명확하게 설정되면, 이는 프로그램의 내용을 구성하는 핵심적인 개입 전략과 서비스 유형을 결정하는 토대가 된다(황성철, 2005). 이러한 과정을 통해 프로그램의 대략적인 설계가 가능해진다. 표적집단의 문제와 욕구를 야기하는 요인들을 분석하고, 이를 해결하기 위한 효과적인 개입 전략 및 서비스 유형을 결정하기 위해서는 광범위한 사회복지 지식의 활용이 필수적이다.

2) 프로그램 개입 전략의 유형

(1) 클라이언트 개인 차원에서의 개입전략

사회복지 프로그램의 개입 단계에서 클라이언트 체계 변화를 도모하기 위한 개입 전략은 우선 무엇을 변화시킬 것인가를 기준으로 Perlman의 MCO 변화 모형, 즉 동기, 능력, 기회를 기준으로 개입전략이 설정될 수 있다. 여기에 Hasenfeld의 생체접근을 추가하면 아래와 같이 분류될 수 있다(김영종, 2013).

표 6-3 사회복지 프로그램의 변화모형

변화유형		강조측면	프로그램 예
개인	동기	정서적 측면	심리치료 프로그램
	능력	인지적 측면	교육/정보제공 프로그램
	생체	생리/신체적 측면	일상생활 보조 프로그램
환경	기회	생태학적 환경 측면	주거환경개선 프로그램

출처: 김영종(2013) 재구성.

① 동기중심 접근

클라이언트의 문제를 개인의 내면적 동기 부족 또는 왜곡에서 비롯된 것으로 보고, 심리적 변화에 초점을 맞추는 개입 전략이다. 이러한 접근은 정서, 감정, 가치, 태도와 같은 심리 내적 요소의 변화를 통해 사회적 부적응 문제를 해결하고자 한다. 특히 상담, 심리치료, 동기강화 기법 등과 같은 기법이 주요한 개입 수단으로 활용된다.

② 능력중심 접근

능력 접근은 클라이언트의 문제를 개인의 역량 부족, 즉 지식과 기술의 결핍으로 해석하고, 이를 보완하거나 향상시키는 데 초점을 둔다. 이는 인지적 접근으로도 불리며, 교육, 훈련, 정보제공 등의 방법을 통해 클라이언트가 자신의 삶을 주체적으로 개선할 수 있도록 능력을 키우는 데 중점을 둔다. 동기중심 접근과 유사하게 개인적 차원에 초점을 맞추지만, 내면의 의지보다는 외현적인 기능과 역량 향상에 방점을 둔다. 예컨대 빈곤 문제에 있어 '취업 기술 부족'을 핵심 원인으로 간주하고, 이력서 작성법 교육, 직무훈련, 자격증 취득 지원 등 실질적 기술과 능력 향상을 위한 프로그램을 중심으로 설계된다.

③ 생체중심 접근

이 접근은 클라이언트의 문제를 생물학적 또는 신체적 기능 저하에 기인한 것으로 보고, 이에 대한 생리적 개입을 통해 문제를 해결하고자 한다. 의료적 치료, 약물치료, 물리치료, 보조기구 제공, 일상생활 활동 지원 등이 이 접근의 주요 개입 수단이다. 이 접근은 개인의 변화에 중점을 둔다는 점에서 동기나 능력중심 접근과 공통점을 가지지만, 심리적 요소보다는 신체적 또는 생리적 조건 변화에 집중한다는 점에서 구별된다.

④ 기회중심 접근

기회 접근은 문제의 원인을 개인 내부가 아닌 외부 환경에서 찾는 환경적 원인론에 기반한다. 즉, 클라이언트의 문제는 부적절한 환경(예: 빈곤, 고용 부족, 차별, 사회적 고립 등)으로 인해 발생한다고 보며, 환경을 변화시키는 것이 곧 문제 해결의 핵심이라고 본다. 이 접근은 사회구조와 제도, 지역사회 자원, 가족 및 사회적 네트워크 등의 외부 요인을 변화시키는 방향으로 개입전략을 구성한다. 빈곤 문제를 해결하고자 할 때는 개인의 동기나 역량, 신체 상태보다 '일자리 창출', '지역사회 기반 사회적 기업 운영', '공공서비스 접근성 개선' 등 사회구조적 변화와 관련된 목표와 활동이 주를 이룬다.

모든 변화모형은 문제의 원인과 긴밀하게 연결되어 있다. 문제의 원인을 어떻게 진단하느냐에 따라 개입전략의 방향이 결정되므로, 어떤 측면에 개입하는 것이 효과적인지에 대한 적절한 판단이 필요하다. 따라서 사회복지사는 각 변화모형이 갖는 이론적 관점과 개입 논리를 충분히 이해한 바탕 위에서, 참여자의 욕구에 부합하는 전략을 통합적으로 설계할 수 있어야 한다.

(2) 기술수준에 따른 개입전략 접근방법

개입전략은 프로그램에서 수행하게 되는 활동들의 목적을 달성하기 위하여 사용되는 기술이라는 측면에서 보면 사회복지사의 과업과 그것의 수행방법에 관한 내용을 포함하고 있다. 사회복지 실천 개입전략은 인지적 접근, 정서적 접근, 행동적 접근, 환경적 접근 등이 있다. 이는 사회복지사가 사용하는 기술과 클라이언트의 어떠한 부분의 변화에 추점을 두는지에 따라 구분되는 기준이 된다. 구체적으로 개입전략별 주요 내용은 〈표 6-4〉와 같다.

표 6-4 **개입전략 접근방법**

개입방법	주요내용
인지적 접근	• 클라이언트 인식(perception)과 인지(cognition) 변화 유도 • 정보 제공, 학습지도, 인식개선 교육 등 • 사례: 노인 디지털 리터러시 증진 서비스, 청소년 노인 편견 감소활동 등
정서적 접근	• 클라이언트 정서, 감정, 태도 등 변화유도 • 사례: 부모 양육태도 지원 서비스, 사회적 불안감 감소 활동 등
행동적 접근	• 클라이언트 행동변화 추구 • 사례: 아동 비행 행동 관리서비스, 성인지 대화 실행 프로그램 등
환경적 접근	• 클라이언트 생태적, 경제적, 사회적 환경 변화 추구 • 사례: 경제보장 서비스, 주거환경 개선 활동, 고령친화 환경조성 등

출처: 김영종(2013).

3) 프로그램 개입전략의 선택과 내용구성

(1) 개입전략의 구분

모든 사회복지 프로그램은 그 목적을 실현하기 위해 나름의 개입전략을 포함하게 된다. 특히 인간의 행동이나 삶의 조건에 직접적으로 개입하는 휴먼서비스 프로그램의 경우, 어떤 개입 전략을 어떻게 선택하느냐가 프로그램의 효과성과 밀접하게 연결된다(김영종, 2013).

사회복지 서비스 프로그램에서 사용되는 개입 전략은 문제에 접근하는 방식에 따라 다양하게 분류될 수 있다. 〈표 6-5〉는 개입 전략을 사회적 구성 단위에 따라 구분한 예시로, 개인, 집단, 조직, 지역사회, 제도, 그리고 전체 사회

수준에 따라 어떤 전략이 사용될 수 있는지를 보여준다.

표 6-5 사회복지서비스의 개입전략의 차원별 구분

서비스 / 차원	지역정신건강	아동복지	노인복지
개인	• 사례 관리 • 개인심리치료/약물치료 • 자원자-Ct 관계 형성 • 개인별 직업재활	• 아동 상담/부모 상담 • 개인별 부모교육 • 부모 옹호/아동옹호	• 사례 관리 • 소비자 교육 • 옹호
가족	• 가족 치료 • 가족지지 그룹 • 휴식 서비스 • 심리교육 워크숍	• 가족 치료 • 위탁가정 계약 • 홈메이커 서비스 • 가정 상담 방문자	• 보호자지지 프로그램 • 가족 문제 해결 모임 • 소비자가족 교육
집단	• 집단 치료 • 약물복용 모니터 집단 • 지지 집단 • 기술개발 교실/집단	• 익명 부모 모임 • 부모교육 교실 • 가해자 집단(치료, 모임) • 부모지지 집단	• 보호자지지 • 노인주간보호 • 지역사회 옹호 • 정치 참여
지역사회 /이웃	• 일시보호 • 이동 위기 센터 • 응급 보호소	• 공동육아/아동보호 • 소년법원 사례기획 • 부모 센터	• 상호 도움 • 이웃 조직화 • 노인 센터
제도적	• 공동 육아/아동보호 • 소비지 중심 서비스 • 소비자 옹호	• 입양 기준 변화 • 체벌 금지 • 학교복지 프로그램 도입	• 후견인 프로그램 개선 • 옴부즈맨 프로그램 도입 • 소비자 보호 입법
사회적	• 정신병원에서 지역사회 중심 서비스로 사회적 지지 이동	• 양육 보호에서 가족 지원으로 서비스 전환 • 부모교육의 보편화	• 자산분할 입법 • 노인학대 방지 캠페인 • 지역사회 장기요양 지원확대 운동

출처: Rapp & Poertner(1992).

많은 사회복지 프로그램들이 주로 개인의 감정, 사고, 신체적 기능 등 개인 내부의 문제에 초점을 맞추는 정서적, 인지적, 생체적 접근을 선호하는 경향이 있다. 이러한 접근은 개인이 처한 구조적 환경보다는 개인 자체의 문제를 원인으로 삼는 '개인적 원인론'에 기반을 둔다. 이는 재활중심, 사회통제적 목적, 그리고 희생자에 대한 비난(blame-the-victim)과 같은 사고방식으로부터 도출되는 경우가 많다(Rapp & Poertner, 1992). 반대로 지나치게 환경에 대한 비난에서 접근하는 것도 있다, 빈곤, 지적자극의 결핍, 부정적 지역사회의 태도, 침체된 지역경제, 열악한 주거, 여가와 사회화 기회의 부족 등은 사회문제의 원인으로 간주되어 왔다. 이러한 사고는 주로 '환경에 대한 비난(blame-the-environment)'사고에서 도출되는 것이다.

그러나 사회복지 프로그램에서는 개인과 환경 간의 상호작용에 주목하는 균형 잡힌 접근이 필요하다. 프로그램 설계 시 단일 차원의 개입전략보다는 다차원적 전략을 병행하는 것이 바람직하다. 예를 들어, 한 프로그램 안에서 심리치료, 가족상담, 지역사회 자원 연계, 제도 개선 활동 등을 동시에 고려함으로써 개입의 효과를 극대화할 수 있다.

사회복지 프로그램이 다루는 문제는 대부분 단일 원인에 의해 발생하는 것이 아니라, 개인의 동기 부족, 인지적 왜곡, 생물학적 취약성, 환경적 결핍 등이 상호작용하여 발생한다. 예를 들어, 청소년의 학교부적응 문제는 학습능력의 결핍뿐 아니라, 가족의 지지 부족, 지역사회의 배타성, 교육제도의 경직성 등 여러 요인이 복합적으로 작용할 수 있다. 따라서 프로그램 기획 단계에서부터 이러한 원인들을 반영한 다층적 개입전략을 수립해야 하며, 이를 통해 보다 포괄적이고 지속가능한 해결을 도모할 수 있다.

(2) 개입전략의 선택기준

개입전략을 설정할 때는 다양한 실행 가능성을 종합적으로 고려해야 한다. 실천이론이나 프로그램 가설에 따라 적절한 전략이라 하더라도, 실제 상황에서 실행 가능하지 않다면 효과적인 개입으로 이어지기 어렵다. 이에 따라 사회복지 프로그램에서 개입전략을 선택할 때 검토해야 할 주요 기준은 다음과 같다(이민홍 외, 2024).

- **기술적 실행 가능성**: 개입전략이 문제 해결이나 욕구 충족의 대안으로 채택되었더라도, 실제로 해당 전략이 기술적으로 실행 가능한지를 먼저 검토해야 한다. 이는 대안별로 필요한 전문 인력, 장비, 물리적 공간 등 자원들이 현장에서 확보 가능한지를 평가하는 과정이다.
- **경제적 실행 가능성**: 경제적 실행 가능성은 선택한 전략을 실행하는 데 필요

한 재정적 자원이 충분한지를 평가하는 것을 의미한다. 기술적으로 실현 가능한 전략이라 하더라도, 과도한 인건비나 시설비가 소요될 경우 실행 가능성은 낮아진다.

- **이용자 확보 가능성**: 프로그램은 설정된 표적집단이 실제로 프로그램에 참여할 수 있어야 효과를 기대할 수 있다. 실제 현장에서는 우수한 프로그램을 설계하였음에도 불구하고 참여자 모집에 실패하여 실행되지 못하는 사례도 존재한다.
- **윤리적 실행 가능성**: 개입전략이 사회적으로 용인가능한 방식인지, 윤리적 기준에 부합하는지도 중요한 판단기준이다. 비록 실행 가능한 전략이라 하더라도, 사회 통념이나 윤리적 원칙에 위배 된다면 실행은 제한될 수밖에 없다.
- **정치적 실행 가능성**: 개입전략이 이해관계 집단으로부터 정치적 지지를 받을 수 있는지도 중요한 고려 요소이다. 이는 해당 전략이 사회복지조직의 설립 목적에 부합하는지, 재정을 지원하는 공공 및 민간 기관의 우선 과제와 일치하는지, 관련 법령 및 지침에 위배되지 않는지를 포함한다.

2. 프로그램 내용구성

1) 프로그램 내용 선정 기준

사회복지 프로그램을 구성할 때 핵심이 되는 요소 중 하나는 어떤 활동, 즉 어떤 프로그램 내용을 포함시킬 것인가이다. 프로그램 내용은 목표 달성과 참여자의 경험을 모두 고려하여 신중하게 선정되어야 한다. 이때 고려해야 할 기준을 정리하면 다음과 같다(이민홍 외, 2024; 정무성, 2017; York, 1982).

(1) 중요성

중요성이란 프로그램에서 선택한 활동이 그 프로그램이 추구하는 목표와 논리적으로 연결되어 있어야 하며 얼마나 핵심적인가를 의미한다. 즉, 각 활동은 해당 프로그램이 해결하고자 하는 문제와 직접적으로 관련되어야 하며 그 문제 해결에 도움이 되어야 한다. 예를 들어 프로그램의 목표가 '부모의 양육기술 향상'이라면, 그에 적합한 활동은 양육태도나 자녀와의 상호작용을 개선할 수 있는 내용이어야 한다.

(2) 동기유발

프로그램 참여자의 적극적인 참여를 이끌어내기 위해서는 활동이 참여자의 흥미를 자극하고, 자발적인 참여 동기를 유발할 수 있어야 한다. 클라이언트가 프로그램의 필요성과 가치를 인식하고 스스로 참여하고자 하는 의지를 가질 때, 프로그램의 효과는 극대화된다.

(3) 실행 가능성

활동은 이론적으로 바람직하더라도 현실에서 실제로 수행할 수 있어야 한다. 즉, 참여자의 특성과 가치관, 기관의 인적·물적 자원 등을 고려하여 실제 현장에서 실행 가능한지를 따져야 한다.

(4) 포괄성

하나의 목표를 달성하기 위해 단일한 활동만을 제시하는 것보다는, 다양한 접근을 통해 여러 활동을 제공하는 것이 효과적이다. 다만 이때 각 활동은 동일한 목표와 주제를 중심으로 상호 연관성을 가져야 한다. 예를 들어 가족유대감 강화를 목표로 할 경우, 집단상담과 가족문화체험 활동은 각기 다른 방식이지만 모두 가족 간의 긍정적 관계 형성을 위한 공통된 목표를 지닌다.

(5) 현실성

프로그램 내용은 사회적 맥락에서 실제로 적용 가능해야 한다. 참여자가 프로그램을 통해 습득한 기술이나 경험이 일상생활이나 지역사회에서 활용될 수 있어야 한다는 의미이다. 예를 들어 정신장애인의 사회재활을 위한 프로그램이라면, 대중교통 이용, 관공서 방문, 상호작용 훈련 등 실생활에 바로 연결될 수 있는 활동이 포함되어야 한다(황성철, 2005).

(6) 지역성

프로그램은 일반적으로 특정 지역의 주민을 대상으로 하므로, 활동 내용을 지역의 문화, 인구 특성, 산업 구조, 지리적 여건 등과 연계시켜야 한다. 동일한 프로그램이라도 도시와 농촌에서 수행될 경우 내용 구성에 차이가 있어야 하며, 이러한 지역 특성을 반영할 때 프로그램 효과는 더욱 커진다.

(7) 효율성

마지막으로, 선정된 활동이 자원 대비 효과가 높은지를 고려해야 한다. 동일한 목표를 달성할 수 있는 여러 활동 중에서도 시간과 비용이 덜 드는 대안을 선택하는 것이 바람직하다.

2) 프로그램 내용의 배열방법

사회복지 프로그램에서 어떤 활동을 선정했는가 못지않게 중요한 것은 그 활동들을 어떻게 체계적으로 배열하고 조직하느냐이다. 동일한 활동이라 하더라도 배열 방식에 따라 클라이언트의 참여도, 프로그램 효과, 만족도에 큰 차이를 가져올 수 있다. 프로그램 내용의 조직은 프로그램의 유형, 시간배분, 활동 영역 간의 구조적 연결성을 충분히 고려해야 한다.

프로그램 내용을 구성할 때 기본적으로 고려해야 할 원리는 연속성, 계열성, 통합성, 다양성 등이다(이민홍 외, 2024; 정무성, 2017; 황성철, 2005).

(1) 연속성

연속성의 원리는 중요한 활동이나 경험을 단발성으로 제공하는 것이 아니라, 반복적으로 제공해야 한다는 점을 강조한다. 클라이언트가 동일한 활동을 반복적으로 경험함으로써 익숙해지고, 그 과정을 통해 학습 효과나 행동의 변화가 강화될 수 있다. 특히 교육이나 기술 훈련과 같은 프로그램에서는 이 원리가 매우 중요하게 작용한다. 예를 들어 자립생활기술 프로그램에서는 반복적인 역할연습과 피드백을 통해 기술 습득을 효과적으로 도울 수 있다.

(2) 계열성

계열성은 프로그램 내용이 논리적 순서에 따라 구성되어야 함을 의미한다. 참여자가 프로그램을 점진적으로 따라올 수 있도록 내용을 단계화하고, 이전 단계에서 배운 것이 다음 단계의 기초가 되도록 배치하는 것이 핵심이다. 이를 위해 프로그램 내용은 다음과 같은 방식으로 조직될 수 있다.

- 서로 관련 있는 내용을 인접하게 배열하기
- 쉬운 것에서 어려운 것으로
- 구체적이고 단순한 것에서 복잡하고 추상적인 것으로
- 익숙한 내용에서 생소한 것으로
- 포괄적인 것에서 세부적인 것으로

예를 들어 아동 대상 사회성 향상 프로그램의 경우, 처음에는 자기표현 활동부터 시작해 점차 또래와의 협동활동이나 문제해결 훈련으로 확장하는 방식이 계열성에 기반한 구성이라 할 수 있다.

(3) 통합성

통합성은 프로그램의 활동들이 분리되어 있는 것이 아니라, 하나의 큰 틀 속에서 서로 유기적으로 연결되어야 함을 의미한다. 예를 들어 인간발달을 주제로 한 프로그램에서는 신체활동, 인지활동, 정서적 표현 활동, 사회적 상호작용 활동 등을 서로 연결하여, 인간의 발달이 전인적으로 이루어진다는 점을 반영해야 한다.

(4) 다양성

다양성의 원리는 참여자의 흥미와 욕구, 능력, 배경 등을 고려하여 다양한 활동을 제공해야 함을 뜻한다. 프로그램에 참여하는 사람들은 성격도 다르고 관심사도 다르기 때문에, 획일적인 활동만 제시할 경우 몰입도가 떨어질 수 있다. 청소년의 자아정체감 향상 프로그램에서는 연극, 미술, 음악, 스포츠 등 다양한 매체를 활용하여 각 참여자가 자신의 흥미에 맞는 방식으로 자기를 탐색할 수 있도록 도와야 한다.

실제로 프로그램 내용을 선정할 때에는 목표와 각 활동별 선정기준에 맞춘 우선순위별로 최종 선택하게 된다. 아래의 〈표 6-6〉은 프로그램 목표 및 우선순위에 따라 활동내용을 선정하는 하나의 방법을 제시한 것이다.

표 6-6 프로그램 내용선정 양식의 예

목표	프로그램 내용	프로그램 내용 선정 기준(우선순위)							
		합목적성	동기유발	실현가능성	포괄성	현실성	지역성	효율성	우선순위
성과목표 1	A 활동								
	B 활동								
	C 활동								
성과목표 2	D 활동								
	E 활동								
성과목표 3	F 활동								
	G 활동								
	H 활동								

출처: 이민홍 외(2024).

3) 프로그램 활동계획 설계

프로그램 활동 계획은 프로그램의 목표를 효과적으로 달성하기 위한 구체적인 실행 방안을 담고 있어야 한다. 성공적인 프로그램 운영을 위해서는 활동계획 수립 시 다음과 같은 기본 요소들이 명확하게 포함되어 있는지 확인해 보는 것이 좋다.

표 6-7 프로그램 활동계획 기본요소

기본 요소	주요 내용	
1) 무엇을 해야 하는가: what (활동내용과 제목)	① 프로그램 종류별(분야별) ③ 기본적으로 포함해야할 내용(프로그램 순서 윤곽)	② 프로그램 제목
2) 왜 해야 하는가: why (성과목표)	① 프로그램 목적 ③ 프로그램 주안점	② 프로그램 주제(표어)
3) 언제 해야 하는가: when (시행 시기, 시행 빈도)	① 기간(~부터 ~까지) ③ 소요 시간(예: 90분)	② 시행 빈도(횟수)
4) 어디서 해야 하는가: where (프로그램 활동 공간)	① 제1후보 장소 ② 제2후보 장소, 우천시나 긴급 사항 대비	
5) 누가 하는가: who (수행인력)	① 주최, 주관, 후원 ③ 책임자, 강사, 초청인사	② 준비위원 ④ 자원봉사자
6) 누구를 위해서 하는가: for whom (핵심참여자, 주변참여자)	① 참여자 성격	② 참여자 인원
7) 어떻게 집행해야 하는가: how (프로그램 절차 및 세부 내용)	① 업무 분장 ③ 예산수립 ⑤ 보고서 및 참고자료 출간 계획	② 순서 세부 내용(세부방법) ④ 홍보방법

출처: 김진화(2005); 이민홍 외(2024).

(1) 무엇을 해야 하는가(what)

활동 계획의 가장 기본적인 요소는 무엇을 할 것인가를 명확히 하는 것이다.

- **프로그램 종류별 구분:** 프로그램이 속하는 분야 또는 종류를 명시하여 활동의 성격을 규정한다.
- **프로그램 제목:** 프로그램의 전체 내용을 함축적으로 나타내는 명칭을 부여

한다. 제목은 간결하고 명확하며, 프로그램의 핵심 내용을 전달할 수 있어야 한다.

- **기본적으로 포함해야 할 내용**: 프로그램의 전체적인 흐름을 파악할 수 있도록 주요 활동의 순서와 핵심 내용을 개괄적으로 제시한다.

(2) 왜 해야 하는가(why)

프로그램 활동이 왜 필요한지에 대한 당위성과 목적을 제시하는 요소이다. 이는 프로그램의 성과목표와 직접적으로 연결된다.

- **프로그램 목적**: 프로그램이 궁극적으로 달성하고자 하는 바를 기술한다.
- **프로그램 주제**: 프로그램의 핵심 메시지나 가치를 간결하게 표현하는 표어를 설정할 수 있다.
- **프로그램 주안점**: 프로그램 활동을 통해 특별히 강조하고자 하는 부분이나 기대되는 핵심 변화를 명시한다.

(3) 언제 해야 하는가(when)

프로그램 활동이 언제 시작되고 종료되는지, 얼마나 자주 시행되는지를 명시한다.

- **기간(~부터~까지)**: 프로그램의 전체 진행 기간을 구체적인 날짜로 명시한다.
- **시행 빈도**: 프로그램이 총 몇 회 진행되는지, 또는 얼마나 자주 반복되는지를 나타낸다.
- **소요 시간**: 각 회기 또는 단위 활동에 소요되는 시간을 명시한다.

(4) 어디서 해야 하는가(where)

프로그램 활동이 이루어지는 구체적인 장소를 계획하는 요소이다. 장소는 프로그램의 성격, 참여자 수, 활동 내용, 접근성 등을 고려하여 선택해야 한다.

(5) 누가 하는가(Who)

프로그램 활동을 누가 주도하고 지원하는지 인력 구성에 대한 계획이다. 프로그램의 공식적인 책임 주체와 지원 기관을 명시하여 프로그램의 신뢰성과 공신력을 높인다.

(6) 누구를 위해서 하는가(for whom)

프로그램이 누구를 대상으로 하는지 참여자를 명확히 하는 요소이다.

- **참여자 성격:** 참여자의 인구학적 특성, 욕구, 문제 상황 등을 구체적으로 기술한다.
- **참여자 인원:** 프로그램에 참여할 예상 인원을 명시한다. 이는 프로그램 운영 규모, 예산, 공간 확보 등에 영향을 미친다.

(7) 어떻게 진행해야 하는가(how)

프로그램 활동을 구체적으로 어떻게 실행할 것인지에 대한 방법과 절차를 계획하는 요소이다.

- **업무 분담:** 프로그램 준비 및 실행 과정에서 각 담당자의 역할과 책임을 명확히 분담한다.
- **세부내용:** 프로그램의 각 활동을 시간 순서대로 배열하고, 각 활동의 구체적인 내용과 진행 방법을 상세하게 기술한다.
- **예산수립:** 프로그램 운영에 필요한 재원을 항목별로 구체적으로 산출하고 확보 방안을 마련한다.
- **홍보방법:** 잠재적 참여자에게 프로그램을 알리고 참여를 유도하기 위한 구체적인 홍보 전략과 방법을 계획한다.

특히 활동 내용과 수행 방법은 프로그램 구성의 핵심 요소에 해당하므로, 프로그램의 목적과 목표에 근거하여 체계적으로 계획되고 준비되어야 한다.

아래의 [그림 6-1]는 성과목표에 근거하여 활동 내용을 어떻게 구성할 수 있는지를 예시로 제시하고 있다. 프로그램의 세부 활동들은 반드시 해당 프로그램의 목적과 목표로부터 논리적으로 도출되어야 하며, 각 활동이 해당 목표들과 인과적 연계성을 가지도록 구조화되어야 한다.

[그림 6-1]의 성과목표 1은 산출목표 1, 2, 3과 각각 연결되어 있으며, 산출목표 1에서는 프로그램 1과 프로그램 2가 계획되었다. 이 중 프로그램 1은 활동 1, 2, 3, 4와 구체적으로 연결되어 구성되어 있다.

예시에서는 각 프로그램과 활동이 특정 성과목표(예: 성과목표 1)에만 연결된 것처럼 보이지만, 실제 운영 과정에서는 하나의 활동이 그 속성상 다른 성과목표의 달성에도 기여할 수 있다. 따라서 모든 프로그램과 활동은 개별 활동이 수행되었을 때 관련 산출목표가 달성되고, 그 산출목표가 일정 수준 이상으로 충족되었을 경우, 궁극적으로 성과목표의 달성으로 이어질 수 있도록 계획되어야 한다.

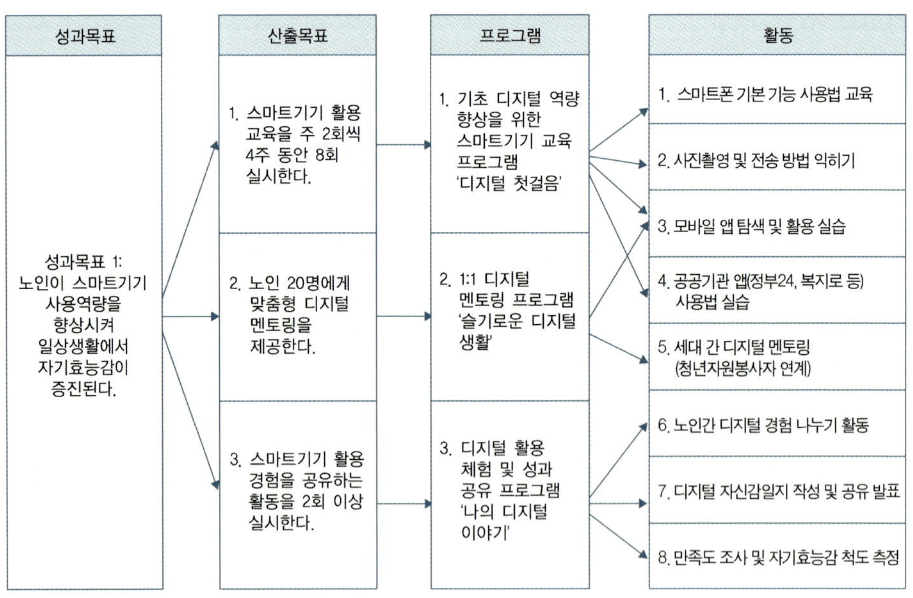

그림 6-1 **목표와 프로그램 활동과의 연계 사례**

다음 표는 사회복지 프로그램 제안서의 사례를 통해 프로그램 활동계획서 설계에서 고려해야 할 기본 요소들이 실제 프로그램에 어떻게 적용되어 있는지를 보여준다(사회복지공동모금회, 2016).

표 6-8 프로그램 세부사업 내용 사례와 기본요소

성과목표	프로그램	활동(수행방법)	시행시기	수행인력	참여인원	시행횟수 시간
아동의 가족 유대감 증대	가족관계 개선 프로그램	• 월1회 가족관계개선 프로그램 시행(가족음식 만들기, 가족나들이 등) • 상담전공자를 통한 가족상담 시행 • 장소: 복지관 및 야외 공원	연간	사회복지1명 가족상담사1명 자원봉사자2명 운전자1명	40명	• 월 1회 4시간 • 월 20회 회당 30분
왜 하는가?	무엇을 하는가?	• 어떻게 하는가? • 어디서 하는가?	언제 하는가?	누가 하는가?	누구를 위해 하는가?	언제 하는가?

지금까지 살펴본 내용을 '독거노인 우울감 해소 프로그램' 사례를 단계별로 구분하여 설명하면 다음 〈표 6-9〉과 같다.

표 6-9 프로그램 개입전략 및 내용구성 요약

1단계	문제분석 및 핵심원인 규명	• 개인적 요인, 심리적 요인, 사회적 요인, 환경적 요인 개입가능 원인 선정
2단계	프로그램 이론 정립 및 가설설정	• 프로그램 이론: 사회자본이론, 활동이론, 자기효능감 이론 등 • "만약 사회적 고립감과 자아존중감 저하를 겪는 독거노인에게 서비스를 제공한다면(개입), 프로그램 종결 시 참여자의 우울감 점수는 사전대비 감소할 것이고 자아존중감 점수는 향상될 것이다(성과)."
3단계	다차원적 개입전략 결정	• 변화대상 결정: 클라이언트의 무엇을 변화시킬 것인가?(공기, 능력, 기회, 생체) • 개입 기술 수준 결정: 어떤 기술을 활용하여 접근할 것인가?(정서적, 인지적, 행동적, 환경적 접근)
4단계	프로그램 세부내용 구성 및 선정	• 활동내용 브레인스토밍(예: 미술치료, 원예활동, 자서전 쓰기, 요리 교실, 지역사회 나들이, 스마트폰 활용 교육 등) • 성과목표별 활동내용 최종 선정(선정기준: 중요성, 동기유발, 실행 가능성, 포괄성, 현실성, 지역성, 효율성 등)
5단계	프로그램 내용의 배열 및 실행 계획 수립	• 내용 배열 원리 적용: 계열성, 연속성, 통합성, 다양성 적용 • 세부활동 계획서 작성: 무엇을, 왜, 언제, 어디서, 누가, 누구를 위해서, 어떻게 하는가 등 구체적인 실행 계획 수립

프로그램 실습

1. 다음 문제 상황을 가정하여 프로그램 이론을 적용하는 연습을 해봅시다.

'노인의 만성적 외로움과 우울감 문제'는 초고령사회에서 주요한 정신건강 문제로 대두되고 있다. 특히 1인 노인가구가 증가하는 지역에서는 이러한 문제가 더욱 심각하게 나타난다.

1-1. 이 사례의 사회문제를 정의하고, 문제의 원인을 이론에 근거하여 분석해 보자.

1-2. 문제 해결을 위한 개입전략을 설정하고, 해당 전략에 근거한 프로그램 이론을 작성해 보자.

1-3. 위의 프로그램 이론을 바탕으로 'If-Then' 형식의 프로그램 가설을 구성해 보자.
(예: "만약 ○○ 개입을 제공한다면, ○○한 변화가 있을 것이다.")

2. 현재 작성 중인 프로그램의 성과목표, 산출목표, 프로그램 활동을 연결해 봅시다.

<table>
<tr><th>성과목표</th><th>산출목표</th><th>프로그램</th><th>활동</th></tr>
<tr><td rowspan="8">성과목표</td><td rowspan="3">1.</td><td rowspan="3">1.</td><td>1.</td></tr>
<tr><td>2.</td></tr>
<tr><td>3.</td></tr>
<tr><td rowspan="3">2.</td><td rowspan="3">2.</td><td>4.</td></tr>
<tr><td>5.</td></tr>
<tr><td>6.</td></tr>
<tr><td rowspan="2">3.</td><td rowspan="2">3.</td><td>7.</td></tr>
<tr><td>8.</td></tr>
</table>

Chapter 07 프로그램 자원 투입 계획

> "What you get out depends on what you put in."
> - Anonymous

이 장에서는 사회복지 프로그램의 구체적인 실행을 위해 필요한 자원을 정의하고, 이러한 자원을 효과적으로 동원하며 관리하는 방안을 다룬다. 자원 투입 계획은 프로그램 목표 달성을 위한 현실적 기반을 마련하며, 프로그램의 효율성과 지속가능성을 좌우하는 중요한 요소이다. 프로그램 자원에 관한 이해와 함께 인력 구성과 예산수립에 대하여 살펴본다.

1. 프로그램 자원의 이해

1) 자원의 유형

사회복지 프로그램을 운영하는 데 필요한 자원의 종류는 프로그램의 성격에 따라 매우 다양하게 존재한다. 로직모델의 투입요소가 자원에 해당한다. 프로그램 자원에는 재정과 인력, 시설, 설비, 물품 등이 포함된다. 대표적인 자원의 종류를 살펴보면 〈표 7-1〉과 같다.

인적 자원에는 프로그램을 기획하고 운영하는 담당자뿐만 아니라, 수행과정을 지도·감독하는 슈퍼바이저, 전문적인 조언을 제공하는 외부 자문위원, 그리고 프로그램 참여자까지도 포함된다. 물적 자원은 재정 자원과 시설 자원이 중심을 이루며, 최근에는 온라인 플랫폼을 활용한 비대면 프로그램 운영이 증가함에 따라 온라인 기반 자원의 중요성이 커지고 있다. 지역사회 내의 기관 및 조직과의 협력 네트워크도 프로그램 수행에 필수적인 자원이며, 관련 규정이나 보고서, 프로그램 매뉴얼 등 정보 자원 또한 프로그램의 기획과 평가에 중요한 역할을 한다. 특히 지역 밀착형 프로그램의 경우, 지역 내 자연 자원이 체험 활동이나 교육 프로그램의 자원으로 적극 활용될 수 있다.

표 7-1 프로그램의 주요 자원

자원	예
인적 자원	• 직원, 슈퍼바이저 • 자문가, 지역사회 관련 활동가 • 자원봉사자, 실습생, 인턴생 • 프로그램 참여자
물적 자원	• 재원(예산액, 모금액 – 후원자 및 후원기업 등) • 시설, 장비, 비품 • 온라인 공간, 플랫폼 등 • 서비스 이용료, 회비
네트워크 자원	• 공공기관 및 비공식 조직 • 실행 네트워크(연계 및 관련 기관 등) • 실행가능성이 있는 현존 네트워크
연구조사기반 및 정보자원	• 프로그램 및 참여자와 밀접한 법률의 제정 및 개정, 관련 정책과 사업 동향 • 기존 연구조사 결과, 욕구 조사 결과 보고서 • 서비스 기술, 프로그램 활용 지침
자연자원	• 프로그램에 활용될 수 있는 공원, 놀이터, 쉼터 등

출처: 조성우 외(2024).

2) 프로그램 수행에 필요한 자원 결정

프로그램에 필요한 자원을 결정하는 과정은 프로그램의 논리적 구조와 활동 계획을 철저히 분석하는 데서 시작된다. 성과 달성을 위해 어떤 투입과 활동이 필요한지, 그리고 각 활동을 수행하기 위해 어떤 자원이 필수적인지를 구체화해야 한다.

(1) 필수자원 분석

프로그램의 목표와 활동을 기반으로 프로그램 성공에 필수적인 자원 요소를 식별한다. 이는 프로그램 참여자에게 제공될 서비스의 성격, 프로그램 활동의 내용, 프로그램 운영 방식 등을 종합적으로 고려하여 이루어진다.

(2) 활동별 자원의 구체화

프로그램을 구성하는 개별 활동 단위(예: 주 2회 집단 상담, 월 1회 문화체험 활동 등)를 기준으로 필요한 자원을 더욱 세부적으로 정의한다.

(3) 자원 요구량 산정

각 활동별로 구체화된 자원의 양을 객관적인 근거에 기반하여 산출한다. 인적자원의 경우, '프로그램 참여자 수 × 1인당 소요 시간'과 같은 공식을 활용하거나, 활동의 특성을 고려한 경험적 산출 방식을 적용할 수 있다. 물품의 경우, '프로그램 참여자 수 × 1인당 소모량' 또는 활동 빈도를 고려하여 산정한다.

(4) 기존 자원 활용 가능성 검토

프로그램을 새로 시작하거나 확장하는 경우, 기관 내부 또는 지역사회가 이미 보유하고 있는 자원 중 프로그램에 활용가능한 자원이 있는지 면밀히 검토해야 한다. 통상 사회복지기관들은 이미 자원목록집을 구축하여 활용하고 있기 때문에 이를 활용함으로써 자원 확보 가능성을 높일 수 있다.

3) 자원활용 계획시 고려사항

자원 활용 계획 및 확보 과정에서는 몇 가지 원칙과 고려사항이 작용한다.

첫째, 지속가능성이다. 단기적인 자원 확보에 그치지 않고 프로그램이 운영되는 동안 또는 그 이후에도 자원이 안정적으로 공급될 수 있는 방안을 모색해야 한다.

둘째, 효율성이다. 최소한의 비용과 노력을 투입하여 최대한의 자원을 확보하는 방안을 강구해야 한다.

셋째, 투명성과 책무성이다. 자원 확보 과정 및 사용 내역을 투명하게 공개하고, 후원자나 이해관계자에게 책임을 다해야 한다.

넷째, 윤리성이다. 특히 후원개발을 통한 모금 활동이나 자원 확보 과정에서 프로그램의 명분에 집착한 나머지 강압적이거나 비윤리적인 방법을 사용해서는 곤란하다.

2. 프로그램 재정 자원의 확보

사회복지 프로그램의 재정 자원의 확보는 프로그램의 규모, 내용, 대상 등에 따라 다양하게 이루어진다.

사회복지 프로그램의 재정은 크게 공공 부문, 민간 부문, 이용자 부담금/수익 사업 등 다양한 원천으로부터 확보될 수 있다. 각 원천은 고유한 특징, 장단점, 확보 절차를 가지고 있으므로, 프로그램의 성격과 목표에 맞게 어떤 원천을 통해 확보할 것인지를 결정해야 한다.

1) 정부 및 공공부문 재정

(1) 국가 및 지방자치단체 예산

사회복지사업법 등 관련 법령에 근거하여 지원되는 예산이다. 프로그램의 안정적인 운영 기반을 제공하지만, 정책 결정 과정의 영향과 예산 확보 경쟁이 존재한다. 프로그램의 내용이 정부/지자체의 복지정책 방향과 부합해야 한다.

(2) 공모 사업

중앙정부 부처(예: 보건복지부), 지방자치단체, 공공기관, 산하 단체 등에서 특정 사회문제 해결이나 정책 목표 달성을 위해 제시하는 사업이다. 프로그램 제안서(proposal) 제출을 통해 지원받으며 경쟁이 치열하다. 공모 사업은 프로그램의 혁신성, 효과성, 파급력 등을 중점적으로 평가하며, 사업 수행 및 결과에 대한 엄격한 보고 및 평가 의무가 따른다.

(3) 복권 기금, 사회서비스 투자 사업 등 특정 목적 기금

복권 판매 수익금이나 사회서비스 바우처 사업과 같이 특정 목적을 위해 조성된 기금에서 지원되는 재원이다. 지원 대상이나 사업 내용이 기금의 조성 목적에 따라 한정될 수 있다.

2) 민간 부문 재정

(1) 민간재단 지원

공익 목적을 위해 설립된 민간 재단(예: 사회복지공동모금회, 기타 복지재단 등)으로부터 지원받는 재원이다. 재단마다 설립 목적, 중점 지원 분야, 지원 규모, 신청 절차 등이 매우 다양하므로, 사전에 재단의 특성을 면밀히 파악하고 프로그램의 내용과 부합하는 재단을 선정하는 것이 중요하다. 재단 지원은 비교적 큰 규모의 재원을 확보할 수 있으나, 지원 기간이 한정적이거나 특정 사업에만 국한되는 경우가 많다.

(2) 기업 사회공헌(CSR)

기업이 사회적 책임 이행의 일환으로 사회복지 프로그램을 지원하는 형태이다. 현금 기부, 현물 기부, 시설 건립 지원, 직원 자원봉사 연계 등 다양한 형태로 이루어진다. 기업의 사회공헌 전략, 경영 철학, 중점 분야를 이해하고, 프로그램이 기업의 이미지 제고나 사회적 가치 창출에 어떻게 기여할 수 있는지 제시하는 것이 효과적이다.

(3) 개인 기부

시민들의 자발적인 기부를 통해 확보하는 재원으로, 사회복지 프로그램 재정의 중요한 축을 이룬다. 소액 정기 후원, 일시 후원, 고액 후원, 유산 기부 등 다양한 형태가 있다. 개인 기부는 후원자의 신뢰와 공감대에 기반하므로, 프로그램의 투명한 운영, 성과 공유, 후원자에 대한 꾸준한 관계 관리가 중요하다.

3) 이용자 부담금 및 수익 사업

(1) 이용자 부담금

프로그램 서비스 이용자로부터 서비스 비용의 일부 또는 전부를 받는 형태이다. 이 방법은 서비스의 이용료 지불로 클라이언트가 더욱 동기 부여되고 목적지향적으로 협력할 가능성이 높다는 장점이 있다(조성우 외, 2024). 그러나 서비스의 성격, 참여자의 소득수준 및 지불능력, 기관의 사회복지 철학 등을 종합적으로 고려하여 채택 여부 및 요금 체계를 설계해야 한다. 저소득층 이용자에 대한 요금 감면이나 면제 방안을 마련하여 서비스의 접근성을 보장하는 것은 매우 중요하다.

(2) 수익 사업

프로그램의 미션과 관련된 활동을 통해 수익을 창출하는 형태이다. 예를 들어, 장애인 직업 재활 시설의 생산품 판매, 사회적 기업 형태의 서비스 제공, 프로그램 관련 교육 자료 판매 등이 있다. 수익 사업은 프로그램의 재정 자립도를 높이고 재정적 불안정성을 완화하는 데 기여할 수 있으나, 본래의 사회적 목적 달성과 수익 창출 간의 균형을 유지하는 것이 매우 중요하다.

4) 모금 활동

이 방법은 광범위한 대상으로부터 재정을 확보하기 위한 활동을 포괄한다. 대중 모금 캠페인, 이벤트 모금, 온라인 모금, 직접 모금 등의 기법들이 활용된다. 효과적인 모금 활동을 위해서는 명확한 모금 목표 설정, 매력적인 모금 메시지 개발, 타깃에 맞는 채널 선택, 체계적인 실행계획 수립이 필수적이다.

5) 재정확보를 위한 계획 수립과 실행

프로그램 예산 규모를 정확히 산정하고, 다양한 재정 원천으로부터 어떻게 목표액을 달성할 것인지에 대한 구체적인 전략을 수립해야 한다.

- **예산 산정**: 프로그램 운영에 필요한 모든 비용(인건비, 사업비, 관리운영비 등)을 항목별로 상세하게 산정한다. 과거 데이터, 유사 프로그램 사례, 전문가 의견 등을 참고하여 현실적인 예산을 수립한다. 예산은 프로그램 활동 계획과 직접적으로 연계되어야 하며, 각 비용 항목의 산출 근거를 명확히 제시해야 한다.
- **재정 다각화 전략**: 특정 재원에 대한 의존도를 낮추고 재정적 안정성을 높이기 위해 다양한 재정 원천을 확보하는 전략을 수립한다. 예를 들어, 정부지원 사업과 함께 민간재단 지원을 신청하고, 정기 후원자를 모집하는 등 여러 경로를 통해 재원을 확보한다.
- **모금 목표 및 타깃 설정**: 필요한 총 재정 규모를 기준으로 각 재정 원천별로 확보해야 할 목표액을 구체적으로 설정한다. 각 재정 원천의 특성과 성공 가능성을 고려하여 현실적인 목표를 설정한다.
- **재정 확보 활동 계획**: 각 재정 원천별 목표 달성을 위한 구체적인 활동 계획을 수립한다. 공모 사업 신청 일정 관리, 재단 접촉 계획, 모금 캠페인 일정 및 내용, 후원자 발굴 및 관리 방안 등을 포함한다.

정부지원 사업이나 민간재단 지원을 확보하는 데 있어 프로그램 제안서는 프로그램의 가치와 필요성을 전달하는 가장 중요한 문서이다. 잘 작성된 제안서는 프로그램의 성공 가능성을 높이는 데 결정적인 역할을 한다. 각 지원처의 요구 양식과 심사 기준에 맞춰 더욱 상세하고 논리적으로 작성한다. 동일한 프로그램이라도 지원처의 특성(재단의 미션, 정부의 정책 방향, 기업의 사회공헌 분야 등)에 따라 제안서의 강조점과 내용을 조정해야 한다.

결국 프로그램 수행에 필수적인 재정 자원의 확보는 그 원천과 방법의 다각화가 중요하다. 어떠한 재원 확보 전략을 택하든, 사회복지 조직은 기관의 핵심 사명과 가치를 명확히 내재화하고, 이를 기반으로 프로그램의 목적과 목표, 특히 클라이언트의 긍정적인 변화를 포함하는 성과 목표를 구체적으로 제시해야 한다.

3. 프로그램 인력 구성

사회복지 프로그램의 내용과 이를 실행에 옮기기 위한 자원 구성이 이루어지게 되면 핵심적인 인적 자원을 구성해야 한다. 수행 인력으로서 인적자원은 프로그램에서 계획한 활동들을 원활하게 실행할 수 있도록 잘 갖추어야 할 뿐 아니라 각자의 역할과 전문성에 따라 체계적으로 배치되어야 한다. 일반적으로 인력은 프로그램 전반을 총괄하는 담당자, 담당자를 지도·감독하는 슈퍼바이저, 프로그램의 질 관리를 위한 자문위원, 활동 내용별 전문가, 그리고 프로그램을 지원하는 자원봉사자 등으로 구성된다(이민홍 외, 2024).

(1) 담당자

프로그램을 실행하고 평가하는 전 과정을 담당하게 되는 사회복지사이다. 역할 비율에 따라 주 담당자와 부 담당자로 구분되기도 한다. 프로그램 서비스를 직접 제공하기도 하고 서비스가 적합한 전문성을 갖춘 인력에 의해 수행되도록 조정자 역할도 한다. 담당자는 해당 프로그램을 전문적으로 수행하는 데 필요한 자격과 전문성을 잘 갖추는 것이 중요하다.

(2) 슈퍼바이저

프로그램을 효과적으로 수행하기 위해서 지도 및 감독하는 역할을 한다. 프로그램을 진행하다 보면 여러 가지 장애 요소가 발생하기도 하고, 기관 내에서 협력을 요구하기도 한다. 이때 슈퍼바이저는 담당자에게 문제를 해결하고 효율적으로 프로그램을 진행할 수 있도록 슈퍼비전을 제공한다. 슈퍼바이저는 기관 내에서 선임 사회복지사나 중간관리자 이상이며, 담당자를 슈퍼비전할 수 있는 경력을 갖추고 있어야 한다.

(3) 자문위원

프로그램 자문위원은 프로그램이 의도했던 목적 및 목표를 달성할 수 있도록 모니터링과 함께 서비스 질 관리를 위한 의견을 제시한다. 자문위원은 슈퍼바이저와 동일하게 프로그램 내용을 원활하고 효과적으로 수행할 수 있도록 제안하기도 하고, 담당자에게 요구하기도 한다. 프로그램 자문은 사회복지학과 교수, 사회복지기관 기관장 및 중간관리자 등 프로그램 내용을 고려해 관련 분야 전문가로 선정하고 있다.

(4) 프로그램 활동 전문가

프로그램을 통해 제공되는 모든 활동을 사회복지사가 혼자서 수행할 수는 없다. 프로그램을 효과적으로 제공하기 위해 전문 인력(예: 의사, 간호사, 변호사, 물리치료사, 작업치료사, 언어치료사, 상담심리사 등)을 팀 체계나 협력체계로 구축하여 수행하게 된다.

(5) 자원봉사자

프로그램을 진행하기 위해서는 보조 인력의 도움이 필요하다. 프로그램의 효율적 운영을 위해 자원봉사자를 활용하여 프로그램을 수행하도록 하고 있나. 사회복지학과 재학생이 참여하는 경우가 가장 많다. 그러나 의료건강 프로그램은 간호학과나 보건의료관련 학과, 아동 프로그램에는 교육학과나 유아교육과 등과 같이 프로그램 내용에 따라 보조 역할을 하기에 적합한 자격을 갖춘 자원봉사자를 확보한다.

4. 프로그램 예산수립

1) 예산수립의 특성

프로그램 내용을 수행하기 위해서는 자원이 필요하며, 이러한 자원을 얼마나 필요한지를 금전적으로 표시하는 것을 예산이라고 한다. 프로그램 예산은 프로그램이 실제로 시행하는 데 필요한 수입과 지출을 수치로 나타낸 재정계획이라 할 수 있다.

프로그램 예산수립을 이해하기 위해서는 먼저 일반적인 예산수립의 특성과 예산 유형에 대한 이해가 선행되어야 한다. 예산은 조직 운영의 다양한 측면에서 중요한 기능을 수행하며 다음의 특징을 갖는다(York, 1982).

첫째, 예산은 기획기능을 갖는다. 예산은 조직의 목표와 우선순위를 재정적인 용어로 표현하는 과정이다. 어떤 목표를 달성하기 위해 어떤 활동을 할 것이며, 이를 위해 어떤 자원(인력·물적자원, 시간 등)이 얼마나 필요한지를 재정적인 숫자로 명확히 표현한다. 예산은 조직활동의 수치적 계획일 뿐만 아니라 조직의 전략과 비전을 반영하는 수단이 된다.

둘째, 통제기능으로 예산은 실제 지출이 계획된 범위를 벗어나지 않도록 관리하고 감시하는 도구이다. 예산 집행 과정에서 발생하는 차이를 분석하여 문제점을 파악하고 수정 조치를 취함으로써 자원의 낭비를 방지하고 효율성을 높일 수 있다. 이러한 통제 과정은 예산 집행의 투명성을 높이고 관리자가 할당된 자원에 대한 책임을 지도록 강제하는 역할을 한다.

셋째, 예산수립 과정은 조직 내 부서나 프로그램 간의 활동을 조정하고 통합하는 역할을 한다. 예산 협의 및 확정 과정에서 각 부서의 계획이 전체 조직 목표와 일관성을 갖도록 조율하며, 자원 배분의 우선순위를 정한다.

넷째, 예산서는 조직의 계획과 우선순위를 내부 구성원과 외부 이해관계자에게 전달하는 공식적인 의사소통 수단이다. 예산을 통해 조직의 비전, 목표, 활동 계획, 그리고 이에 필요한 자원 규모 등을 명확하게 알릴 수 있다.

다섯째, 예산수립 과정은 자원의 희소성으로 인해 필연적으로 조직 내외부의 다양한 이해관계자 간의 협상, 타협, 갈등이 개입되는 정치적인 과정이다. 예산 배분 결정은 곧 권력의 배분을 의미하기도 하며, 누가 어떤 활동에 우선순위를 두는지에 대한 가치 판단이 반영된다.

여섯째, 예산은 프로그램이나 활동의 성과를 평가하는 기초자료로 활용된다. 계획된 예산과 실제 집행된 예산을 비교하고, 예산 투입 대비 산출 또는 성과를 분석함으로써 프로그램의 효율성과 효과성을 평가할 수 있다.

2) 예산수립의 유형

사회복지기관의 예산수립의 유형은 품목별 예산, 성과주의 예산, 프로그램 예산, 영기준 예산, 기획예산 등으로 분류된다(Kettner et al., 2023; York, 1982).

(1) 품목별 예산(line-item budgeting: LIB)

품목별 예산은 특정 회계연도 동안 조직이 지출할 항목별로 예산을 배정하는 가장 전통적이고 보편적인 예산 방식이다. 예산은 '무엇을 구입하는가?'에 초점을 맞추어 인건비, 사무용품비, 여비, 시설 유지비 등과 같이 세부 지출 항목별로 분류된다. 이 방식은 단순하고 이해하기 쉬워 예산편성 및 집행 과정이 명확하며, 회계 처리 및 감사 용이성이 높다는 장점을 가진다. 지출 항목별 통제가 용이하여 예산의 남용을 방지하는 데 효과적일 수 있다.

그러나 품목별 예산은 예산 투입과 조직이 수행하는 활동이나 달성하려는 성과 간의 연계가 명확하지 않다는 본질적인 한계를 지닌다. 즉, '왜 이 비용을 지출하는가', '이 지출을 통해 어떤 활동을 수행하고 어떤 성과를 달성하는가'에 대한 정보가 예산 구조 자체에 나타나지 않는다.

(2) 성과주의 예산(performance budgeting)

성과주의 예산은 품목별 예산의 한계를 극복하고 예산과 활동 간의 연계를 강화하기 위해 등장하였다. 이 방식은 수행하는 업무량 또는 활동량(산출)에 예산을 연계하는 데 초점을 맞춘다. 특정 단위 활동을 수행하는 데 소요되는 비용을 산정하고, 예상되는 활동량에 따라 총 예산을 책정하는 방식이다. 예컨대, 상담 프로그램의 경우 상담 1건당 소요되는 비용을 계산하고 예상 상담 건수를 곱하여 예산을 편성하는 식이다.

성과주의 예산은 예산 투입이 특정 활동이나 업무 수행과 어떻게 연결되는지를 명확히 보여주어 조직 운영의 효율성 제고에 기여할 수 있다. '무엇을 얼마나 효율적으로 하는가'에 대한 정보를 제공하기 때문이다. 하지만 모든 활동의 성과나 산출을 정량적으로 측정하기 어렵다는 문제가 있으며, 본질적인 목표 달성 노력보다 측정 가능한 산출량 늘리기에 치중할 위험이 있다.

(3) 프로그램 예산(program budgeting)

프로그램 예산은 조직의 궁극적인 목표 달성을 위해 수행되는 활동들을 기능별 또는 목적별 '프로그램' 단위로 묶어 예산을 편성하는 방식이다. 이 방식은 '왜 이 돈을 쓰는가', 즉 특정 예산이 어떤 프로그램 목표 달성을 위해 사용되는가에 초점을 맞춘다. 예산을 특정 프로그램의 성과 및 활동과 직접적으로 연결하여 자원 배분의 합리성을 높이고자 한다.

프로그램 예산은 조직의 전략적 목표와 예산 배분을 긴밀하게 연결하여 자원 배분의 우선순위를 명확히 하고, 대안 프로그램의 효과성 및 효율성을 비교 분석하여 최적의 자원 배분 결정을 내리는 데 유리하다. 또한 장기적인 관점에서 프로그램의 기획 및 평가를 촉진한다. 하지만 프로그램을 명확하게 정의하고 비용을 프로그램 단위로 집계하는 데 어려움이 있을 수 있다.

(4) 영기준 예산(zero-based budgeting: ZBB)

영기준 예산은 매 회계연도의 예산편성 시 전년도 예산 규모나 과거의 결정을 고려하지 않고, 모든 사업과 활동을 원점에서 재검토하여 예산 요구의 정당성을 새롭게 입증하도록 요구하는 예산 방식이다.

이 방식은 비효율적인 사업이나 불필요한 지출을 파악하고 삭감하는 데 매우 효과적일 수 있다. 모든 예산 항목이 엄격한 정당화 과정을 거치므로 자원 낭비를 줄이고 효율성을 극대화하는 데 기여할 수 있다. 그러나 모든 사업을 원점에서 검토하고 정당화하는 과정은 막대한 시간과 노력을 요구하여 행정적 부담이 매우 크다. 또한 기존 사업을 유지하려는 조직 내 관성이나 정치적 역학 관계로 인해 실제적인 변화나 예산 절감 효과가 제한적일 수 있다는 한계가 지적된다.

(5) 기획예산(planning-programming-budgeting system: PPBS)

기획예산제도는 1960년대 미국 국방부에서 도입된 포괄적인 예산 시스템으로, 조직의 장기적인 목표 설정 및 계획 수립(planning), 목표 달성을 위한 프로그램 설계 및 다양한 대안의 체계적 분석(programming), 그리고 이러한 분석 결과에 기반한 예산편성 과정을 유기적으로 통합하려는 시도였다. PPBS는 합리적인 의사결정을 통해 제한된 자원을 가장 효과적이고 효율적으로 배분하는 것을 목표로 한다.

이 시스템은 조직의 목표와 예산 배분을 가장 강력하게 연결하며, 프로그램 중심의 사고방식을 강조한다. 프로그램 예산은 PPBS의 핵심적인 예산 형식 중 하나이다. 그러나 PPBS는 장기 계획 및 분석에 지나치게 치중하여 단기적인 예산 통제의 어려움이나 정치적 현실 및 조직 운영의 유연성 부족에 대한 비판을 받기도 한다.

3) 사회복지 프로그램의 예산수립

프로그램의 목적과 목표, 그리고 개입전략이 구체화되면 이에 따른 프로그램 수행을 위한 예산을 편성하게 된다. 프로그램 예산은 프로그램의 총예산을 인건비, 사업비, 관리비 등으로 크게 나누어 세입과 세출을 항목에 맞게 구성하게 된다.

(1) 프로그램 예산서의 구성요소

일반적인 조직 또는 사업 예산서는 크게 세입(revenue)과 세출(expenditure) 영역으로 나뉜다.

세입은 프로그램 또는 조직 운영에 필요한 자금을 어떻게 조달할 것인가에 대한 계획이다. 이는 앞서 재원 확보 영역에서 기술한 바와 같이 프로그램이 사용할 수 있는 모든 재정적 수입원을 포함한다. 사회복지 분야의 세입원은 다양하며, 주요 항목은 다음과 같다.

- 정부 보조금 및 위탁 사업비: 중앙 정부, 지방 자치단체로부터 지원받는 재원이다. 특정 사업 수행을 위한 예산이거나 운영비 보조금 형태일 수 있다.
- 재단 지원금: 민간 재단이나 기업으로부터 받는 후원금 또는 공모사업 선정으로 인한 지원금이다.
- 후원금: 개인, 단체, 기업으로부터의 자발적인 기부금이다. 정기 후원금, 일시 후원금 등이 포함되며 활용용도를 지정한 지정 기탁이나 비지정기탁의 형식을 취한다.
- 수익 사업 수입: 프로그램 운영과 관련된 유료 서비스 제공, 판매 활동 등을 통한 수입이다. (예: 교육 프로그램 참가비, 작업장 생산품 판매 수입 등)
- 자체 부담금: 기관의 자체 예산에서 충당하는 부분이다.
- 이자 수입 등 기타 수입: 예금 이자, 자산 임대료 등 부수적인 수입이다.

세출은 조달된 자금을 프로그램 목표 달성을 위해 어떻게 사용할 것인가에 대한 지출 계획이다. 프로그램 수행에 필요한 모든 비용을 포함한다. 세출은 일반적으로 인건비, 사업비, 운영비, 자산 취득비 등으로 구성된다. 예산수립은 총세입과 총세출의 균형을 맞추는 과정이며, 대개 총세입 범위 내에서 세출 예산을 편성한다.

프로그램 예산서는 조직 전체 예산과 달리 특정 프로그램의 실행에 초점을 맞추기 때문에 세입보다는 세출 영역이 더욱 구체적으로 작성되는 경향이 있다. 이는 프로그램 관리자의 주요 역할이 할당된 예산 범위 내에서 프로그램을 효과적으로 운영하는 것이기 때문이다. 프로그램 예산에서의 세출 영역은 프로그램의 구체적인 활동과 직접적으로 연결되어 비용을 항목별로 명확하게 제시해야 한다. 주요 세출 항목은 다음과 같다.

- **인건비:** 프로그램 수행을 위해 고용된 인력(주로 계약직 등)에게 지급되는 모든 비용이다. 4대 보험 등 제반 비용도 포함된다.
- **사업비:** 프로그램의 핵심 활동을 수행하는 데 직접적으로 소요되는 비용이다. 이 항목은 프로그램의 성격에 따라 매우 다양하게 구성될 수 있다. 참여자에게 직접적으로 지급되는 지원금이나 수당(인건비에 해당하지 않는 경우)도 사업비로 분류될 수 있다. 사업비는 프로그램의 내용과 목표 달성 전략을 가장 명확하게 보여주는 항목 중 하나이다.
- **관리운영비:** 프로그램을 운영하기 위해 일상적으로 발생하는 제반 비용이다. 직접적인 프로그램 활동비가 아닌, 프로그램을 유지하고 관리하는 데 필요한 간접적인 비용 성격이 강하다. 사무용품비, 통신비, 여비교통비, 공공요금 등이 포함된다.
- **자산취득비/시설비:** 프로그램 수행을 위해 필요한 장비나 기자재 등을 구입하거나, 프로그램과 관련된 시설의 보수 등에 소요되는 비용이다. 사업비에 포함되기도 한다.
- **예비비:** 예기치 못한 상황 발생이나 계획 변경에 대비하여 편성하는 여유 자금이다. 전체 예산의 일정 비율로 책정되는 경우가 많다. 프로그램 예산에서는 반영되지 않는 경우도 있다.

외부지원 사업의 경우 직접비용과 간접비용을 구분해서 예산을 제시하는 경우도 있다. 직접비용은 한 프로그램에만 속해있는 인력의 임금, 한 프로그램에만 사용되는 도구나 소모품, 여비, 비품, 인쇄 및 복사비, 간식비 등이다. 해당 프로그램을 시행하기 때문에 추가로 지출되는 성격의 비용을 말한다. 간접비용은 둘 이상의 프로그램 또는 조직 전체의 운영과 관리에 공통적으로 소요되는 비용으로, 특정 프로그램에만 직접적으로 귀속시키기 어려운 비용을 의미한다. 임대료, 관리비, 냉난방비, 통신비 등이 포함될 수 있다(사회복지공동모금회, 2024).

(2) 프로그램 예산수립의 방법

예산수립은 프로그램 내용구성에 따라 각 항목의 비용 및 수입을 계산한 후 예산안을 우선 작성하게 된다. 목적과 목표달성을 위한 프로그램 전략이 훌륭하다고 하더라도 실제 소요비용이 예산액을 초과할 수 있기 때문에 프로그램 목표와 우선순위에 따라 할당해야 한다. 예산을 결정할 때에는 각 요소의 실제 비용을 구체적으로 파악해야 하며, 가능한 한 다양한 예산 대안과 비교하여 최선의 결정을 내려야 한다. 구체적인 예산서 작성방법을 살펴보면 다음과 같다(조성우 외, 2024).

① 예산항목 구체화하기

프로그램 목표 달성을 위해 필요한 모든 자원과 활동을 파악하고, 이를 재정적으로 표현할 수 있는 구체적인 항목으로 분류하는 것이다. 그리고 프로그램의 각 세부 활동을 나열하고, 앞서 설명한 세출의 주요 범주(인건비, 사업비, 운영비 등)로 분류한다. 예산항목의 분류는 관(사업비)-항(신청사업비)-목(인건비, 사업비, 관리운영비 등)-세목(프로그램 단위사업비) 등으로 단계별로 세분화하여 제시하게 된다.

② 타당성 있는 산출 근거 제시하기

예산항목을 구체화한 후에는 각 항목별로 책정된 금액이 왜 필요한지에 대한 논리적이고 객관적인 근거, 즉 산출근거를 명확하게 제시해야 한다. 이때 항목 비용의 산출근거를 '서비스 단가×수량'형식으로 구체적으로 표현한다. 특히 정부 지침, 기관 내부 규정(예: 여비 규정 등), 재정지원 기관의 책정기준, 시장 가격 조사 결과, 과거 사업 실적 데이터 등을 산출근거로 활용할 수 있다.

③ 현실성 있는 재원조달 계획 반영하기

외부지원사업이 경우 프로그램의 실행 가능성과 기관의 책임성을 확인하기 위해 구체적인 자금 조달 및 사용 계획을 요구하는 경우가 많다. 특히 대응투자 방식으로 프로그램 수행 기관이 자체 재원 또는 다른 출처를 통해 일정 비율의 비용을 충당하도록 요구한다. 일반적으로 사업제안서 양식에서는 신청금액과 자부담으로 표현된다. 자부담비율이 공식적으로 정해져 있지는 않지만 프로그램에 대한 의지를 표현하거나 추후 지원이 중단될 경우 지속가능성을 갖추기 위해서라도 자부담 부분에 대하여 신중한 검토가 필요하다.

〈표 7-2〉는 프로그램 예산서의 예시이다. 사회복지공동모금회의 프로그램 제안서(프로포절)에 포함된 예산서이다.

표 7-2 프로그램 예산서의 사례

사업명: 이웃이 이웃을 돕는 나눔문화공동체 문화 확산을 위한 의 · 식 · 주 UP! 프로젝트

(단위 : 원)

목	세목	세세목	계	산출근거		예산조달 계획				
						신청금액	비율(%)	자부담	비율(%)	자부담 제원
총계			43,922,000	-		26,270,000	100	17,652,000	100	
인건비	전담인력	급여	21,600,000	1,800,000 × 12개월 × 1명		7,800,000	29.7	13,800,000	78.2	
		사회보험	2,052,000	171,000 × 12개월 × 1명		0	0.0	2,052,000	11.6	자체예산
		퇴직적립금	1,800,000	150,000 × 12개월 × 1명		0	0.0	1,800,000	10.2	자체예산
	소계		25,452,000			7,800,000	29.7	17,652,000	100	
사업비	의복공동체	새활용교육	3,200,000	강사료(3급, 2시간)	200,000 × 14회 = 2,800,000	3,200,000	12.2			
				실습재료비	100,000 × 4회 = 400,000					
		마을수선소	890,000	재봉틀 구입비	300,000 × 2개 = 600,000	890,000	3.4			
				다리미 구입비	70,000 × 2개 = 140,000					
				실, 천 등 구입비	30,000 × 5회 = 150,000					
		정기모임	210,000	다과비	2,500 × 6명 × 14회 = 210,000	210,000	0.8			
		새활용나눔교육	320,000	수선재료비	50,000 × 4회 = 200,000	320,000	1.2			
				다과비	5,000 × 6명 × 4회 = 120,000					
		새활용프리마켓	3,120,000	식사비	10,000 × 6명 ×2회 = 120,000	3,120,000	11.9			
				프리마켓 부스 운영비	1,500,000 × 2회 = 3,000,000					
	식사공동체	집밥교육	3,900,000	강사료(3급, 2시간)	200,000 × 13회 = 2,600,000	3,900,000	14.9			
				식재료 구입비	100,000 × 13회 = 1,300,000					
		집밥모임	720,000	식재료 구입비	50,000 × 7회 × 2모임 = 700,000	720,000	2.7			
				여행자보험(캠핑)	20,000 × 1회 = 20,000					
		텃밭가꿈	150,000	모종 구입비	50,000 × 2회 = 100,000	150,000	0.6			
				비료 구입비	50,000 × 1회 = 50,000					
		집밥나눔	400,000	식재료 구입비	50,000 × 3회 × 2모임 = 300,000	400,000	1.5			
				참여자 교통비 등	12,500 × 8명 = 100,000					
	주거공동체	정리·수납교육	3,000,000	강사료*3급, 2시간)	200,000 × 14회 = 2,800,000	3,000,000	11.4			
				교재구입비	20,000 × 10개 = 200,000					
		정기회의	350,000	다과비	5,000 × 10명 × 7회 = 350,000	350,000	1.3			
		마을청소	1,550,000	팜플렛 제작비	1,500,000 × 1회 = 1,500,000	1,550,000	5.9			
				물품 구입비(청소도구 등)	50,000 × 1회 = 50,000					
		정리·수납컨설팅	360,000	주거환경개선비	120,000 × 3가구 = 360,000	360,000	1.4			
		주민교육	180,000	다과비	3,000 × 50명 = 150,000	180,000	0.7			
				엑스배너 제작비	30,000 × 1회 = 30,000					
	소계		18,350,000			18,350,000	69.9			
관리운영비	관리운영비	교통비	120,000	10,000 × 12개월 × 1명		120,000	0.4			
	소계		120,000			120,000	0.4			

출처: 사회복지공동모금회(2025).

프로그램 실습

1. 다음의 프로그램 예산서에서 잘된 점과 개선이 필요한 점을 작성해 보자.

〈사업명: 마을 공동체 활성화를 통한 청년 니트(NEET) 자립역량강화 지원사업〉

(단위 : 원)

목	세목	세세목	계	산출근거		예산조달 계획				
						신청금액	비율(%)	자부담	비율(%)	자부담 제원
총계			90,055,000	-		84,910,000	100	5,145,000	100	
인건비	전담 인력	급여	23,400,000	급여 1,950,000 × 12월		23,400,000	27.6			
		퇴직 적립금	2,145,000	퇴직적립금 25,740,000/12월		0		2,145,000	41.7	
		사회보험	3,000,000	사회보험 기관부담금 250,000원 × 12월		0		3,000,000	58.3	
	소계		28,545,000			23,400,000	27.6	5,145,000	100	
사업비	청년 NEET 아웃리치	사업홍보 부스운영	3,800,000	부스 및 각종 물품구입비	1,000,000원 × 3회	3,800,000	4.5			
				리플릿 제작비	400,000 × 2회					
	지역사회 네트워크 그룹형성	지역사회 실무자 네트워크	2,700,000	회의비	50,000 × 7명 × 6회 = 2,100,000원	2,700,000	3.2			
				회의 진행비	100,000 × 6회 = 600,000					
		마을활동가 네트워크	4,700,000	활동비	23,500 × 10명 × 20회	4,700,000	5.5			
	자립 컨설팅	기초 및 수시컨설팅	800,000	상담비	5,000 × 40명 ×4회	800,000	0.9			
	자립소양 교육	맞춤형 교육비	3,360,000	강사비	280,000(3h) × 7회 × 1명	3,360,000	4.0			
				교육진행비	200,000 × 7회					
	배움지원	자립훈련	30,000,000	교육비	100,000 × 30명 × 10회(월)	30,000,000	35.3			
		자격시험	2,500,000	시험응시료	50,000 × 5명 × 10회(월)	2,500,000	2.9			
	마음 두드림	개별상담	250,000	상담연계 및 모니터링 등	50,000 × 5회	250,000	0.3			
	청년NEET 자문회의	자문회의	400,000	회의비	100,000 × 4회	400,000	0.5			
	이루다 공동체	공동체 활동		구성원 활동장려비	20,000 × 20명 ×10회	11,000,000	13.0			
				공동활동수행비	1,000,000 × 3회					
				물품구입 등	200,000 × 10회 × 2그룹					
	소계		59,510,000			59,510,000	70.1			
관리운영비	관리 운영비	수용비 및 수수료	1,200,000	수용비 및 수수료	100,000 × 12월	1,200,000	1.4			
		교육출장비	800,000	전담인력 교육 출장비	100,000 × 2명 × 4회	800,000	0.9			
	소계		2,000,000			2,000,000	2.3			

출처: 사회복지공동모금회(2024).

03 PART
사회복지 프로그램의 실행 및 관리

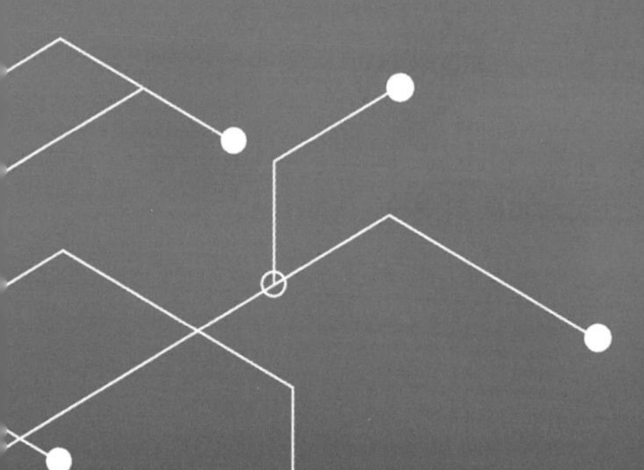

Chapter

08 프로그램 실행과 모니터링

> "What gets measured gets managed."
> - Peter Drucker

프로그램 기획단계에서 목적과 목표 설정, 참여자 선정, 개입전략 수립 및 내용 설계 등의 과정을 거쳐 프로그램이 완성되면 이제 프로그램을 실행할 준비가 된 것이다. 이 단계는 기획된 내용이 현실화되는 중요한 시점으로 프로그램의 질과 성공 여부를 결정짓는 핵심적인 요소들을 포함한다. 계획된 사회복지 프로그램이 실제 현장에서 어떻게 운영되는지를 점검하고, 그 실행과정을 효과적으로 관리하기 위한 전략을 다룬다.

이 장에서는 실행단계의 주요 과업으로 프로그램 모니터링, 프로그램 진행관리, 기록 및 정보관리 활동에 대하여 먼저 살펴보기로 한다.

1. 프로그램의 실행단계의 주요과업

실행단계의 주요 과업에 대해 Patti(1983)는 자원 확보와 관리, 조직구조 개발, 직원 능력 개발을 제시하며 실행을 위한 기반 조성의 중요성을 강조했다. 이민홍 등(2024)은 여기에 더하여 프로그램 모니터링, 기록 및 정보관리, 서비스 질 관리를 추가하여 실행 과정의 효율성과 책임성을 강조하였다.

프로그램이 실행단계에서 자원의 확보는 필수적이다. 기획단계에서 설정된 자원들이 실제 자원의 출처로부터 원활하게 확보될 수 있는지를 점검하고, 인적자원의 경우에도 프로그램을 위해 별도의 계약직이나 자원봉사자의 참여가 필요한지 검토해야 한다. 또한 프로그램 수행을 위해 기존 인력 중 누군가를 담당자로 지정하여 진행할 것인지, 새로운 인력을 선발할 것인지를 결정해야 하며, 별도의 팀을 구성하거나 행렬조직의 형태로 운영할 것인지도 결정해야 한다(황성철, 2005).

사회복지 프로그램을 구체적으로 실행하기 위해서는 무엇보다 실행계획이 수립되어야 한다. 실행계획은 프로그램 담당자가 프로그램 수행의 세부 계획을 수립하면서 이루어지는 경우가 많으며, 프로그램의 세부 계획은 프로그램을 실제로 어떻게 진행할 것인지를 구체적으로 담는다. 이때 점검해야 할 사항은 다음 〈표 8-1〉과 같다.

표 8-1 실행단계의 문제확인을 위한 5W1H 체크리스트

5W1H	실행계획 수립 요소	실행과정에서의 문제확인 요소
Who (누가)	• 프로그램 주최자와 주관자는 누구인가? • 프로그램 실행을 준비하는 사람은 누구인가? • 프로그램 담당자, 외부전문가, 자원봉사자는 누구인가?	• 현재 실행하는 사람은 누구인가? • 그 밖에 실행할 수 있는 사람은 누구인가? • 반드시 실행에 참여해야 할 사람은 누구인가? • 무리하게 참여하는 사람은 없는가?
When (언제)	• 프로그램 실행의 예정일시 • 프로그램 실행의 기간	• 언제 실행하는 것이 바람직한가? • 정해진 시기외에 할 수는 없는가? • 실행시기가 무리하게 정해지지 않았는가?
Where (어디서)	• 가장 적합한 장소 • 차선으로 간주되는 장소	• 여기서 실행하는 것이 좋은가? • 그 밖에 다른 장소는 없는가? • 실행장소가 무리하게 정해지지 않았는가?
What (무엇을)	• 프로그램 형태와 제목 • 프로그램의 핵심적 요소	• 무슨 활동이 실행되고 있는가? • 다른 활동으로 필요한 것은 없는가? • 무관하게 이루어지는 활동은 없는가?
Why (왜)	• 프로그램의 목적은 무엇인가? • 프로그램의 주제는 무엇인가? • 프로그램에서 강조점은 무엇인가?	• 왜 그 사람이 그 활동을 하는가? • 왜 그 시간과 장소에서 하는가? • 왜 그 방법으로 활동을 하는가? • 목적달성에서 무리, 무일관성은 없는가?

How (어떻게)	• 프로그램의 구조와 절차 • 예산과 인력의 준비 • 홍보와 프로그램 수단	• 어떤 방법으로 실행되고 있는가? • 다른 방법은 없는가? • 방법상의 일관성은 유지되는가?

출처: 황성철(2005).

2. 프로그램 모니터링

1) 모니터링의 의의와 유형

프로그램 관리자는 프로그램 수행 과정에서 본래 의도한 방향으로 진행되고 있는지 지속적으로 확인해야 한다. 일반적으로 모니터링은 프로그램 수행 전 과정에서 관련 요소를 점검하고, 프로그램이 목표 달성 방향으로 나아가며 예기치 못한 문제가 발생하지 않는지에 대한 정보를 수집 및 분석하여 프로그램 개선에 활용하는 일련의 노력을 의미한다.

Rossi 등(2019)은 프로그램 모니터링을 "프로그램이 원래 의도한 표적집단을 어느 정도 포함하는지에 관한 프로그램 적용 대상자 점검과 더불어 서비스 제공이 실제로 의도한 바와 일치하는지에 관한 프로그램 과정을 측정하기 위한 체계적인 노력"으로 정의한다. 이는 프로그램 운영의 전 과정에 대해 실시간 정보 수집, 분석, 피드백 제공을 포함하는 동적 관리활동이라 할 수 있다(이민홍 외, 2024). 즉, 모니터링은 '지금 이 프로그램이 계획대로 잘 진행되고 있는가?'라는 질문에 대해 근거 있는 판단을 가능하게 해주는 활동이다. 따라서 프로그램 모니터링은 수행 도중에 제반 요소에 대한 자료 수집과 분석을 필요로 하므로 형성평가의 일종으로 간주되기도 한다.

모니터링의 기능은 크게 다음과 같이 정리할 수 있다.

- 프로그램 실행의 정합성 검토
- 자원의 사용 현황 점검

- 클라이언트 반응에 대한 실시간 피드백 수집
- 활동의 성과(산출물) 점검
- 중간조정 및 실행전략 수정의 기초 제공
- 성과평가를 위한 사전자료 축적

프로그램 모니터링을 위해서는 다음 요소들을 모니터링의 대상으로 삼는다(김영종, 2013; 황성철, 2005).

- **표적 인구의 서비스 수혜 정도:** 대상자가 서비스를 얼마나 받고 있는지 파악한다.
- **서비스의 양과 질:** 제공되는 서비스의 양과 수준이 적절한지 확인한다.
- **투입 요소의 적절성:** 투입되는 자원(인력, 상비 등)이 적절한지 점검한다.
- **예산 집행의 적절성:** 예산이 계획에 따라 효율적으로 집행되고 있는지 확인한다.
- **규정 및 기준 준수 여부:** 법적 요구 사항, 자원 제공자의 기준, 전문직의 윤리 기준 등이 준수되고 있는지 점검한다.

프로그램 모니터링은 실제 프로그램 수행 중에 클라이언트, 서비스, 인력, 예산, 법적 규정 등에 관한 기존 기관의 자료를 활용하여 문제점을 분석하고, 그 결과를 프로그램 개선을 위한 피드백으로 활용할 수 있다는 장점이 있다. 이는 본격적인 프로그램 평가보다 용이한 방법으로 프로그램 수행상의 주요 요소를 점검하는 기능을 수행한다.

2) 모니터링과 과정평가

사회복지 프로그램의 실행 단계에서 모니터링은 프로그램이 계획된 방식대로 실제로 운영되고 있는지를 지속적으로 점검하는 일상적이고 반복적인 활동이다. 반면 과정평가는 모니터링을 포함하면서도 보다 체계적이고 분석적인 틀 안에서 프로그램의 투입, 활동, 산출의 적절성과 실행의 질을 평가하는 평가활동이다.

즉, 모니터링은 과정평가의 핵심 구성요소이며, 과정평가의 실증자료를 제공하는 기반 활동이라 할 수 있다. 모니터링을 통해 축적된 기록지, 체크리스트, 회의록, 관찰기록 등은 과정평가 수행 시 사용되는 1차 자료가 된다.

과정평가는 단지 '계획대로 되었는가?'에 그치지 않고, 그 실행 방식이 얼마나 충실했는지, 대상자에게 전달되는 활동의 질이 어땠는지, 프로그램 운영환경은 적절했는지 등을 심층적으로 분석하고 판단한다는 점에서 모니터링보다 평가적 성격이 강하다.

모니터링과 과정평가를 비교하면 아래 〈표 8-2〉와 같다.

표 8-2 모니터링과 과정평가의 비교

구분	모니터링	과정평가
정의	프로그램이 계획대로 실행되는지를 실시간으로 점검하는 활동	프로그램 실행과정의 충실성, 적절성, 질을 분석하고 평가하는 활동
초점	활동 수행 여부, 참여자 수, 기록 관리 등 실행 점검	활동의 충실성, 참여자의 반응, 실행 환경의 질 등 실행 내용 분석
수행시기	프로그램 진행 중, 반복적	프로그램 진행 중 또는 종료 직후, 일시적이거나 일정 주기적
활동성격	관리 중심(운영자 시점)	평가 중심(분석자 또는 외부 시점 포함)
자료수집 방법	체크리스트, 출결표, 회의록, 관찰기록 등 실무 자료	모니터링 자료 + 심층면접, 설문조사, 참여관찰 등 평가 도구
자료활용 목적	문제의 조기 발견 및 운영 개선	실행과정의 질적 분석 및 평가결과 도출

프로그램의 수행기간이 비교적 장기간일 경우 모니터링 또는 과정평가 활동은 중간평가의 목적으로 활용될 수도 있다. 프로그램 담당자는 프로그램 실행을 통해 개입방법과 전략의 강점과 한계점을 확인하고, 이를 좀 더 접근가능하고 효과적이며 만족스러운 형태로 수정·발전시켜 나가야 한다(조성우 외,

2024). 따라서 모니터링 과정 중에 문제점과 장애요인이 발견된다면 그것을 해결하고 재설계할 수 있는 중간평가 활동이 이루어져야 한다.

프로그램 모니터링 단계에서 향후 성과목표 달성가능성을 확인하기 위해서는 다음과 같은 정보를 얻을 수 있어야 한다(조성우 외, 2024).

- 프로그램 실행시 나타날 수 있는 문제들에 대한 대처방안
- 재설계가 필요한 수정전략
- 개입 방법과 전략의 현실적 적용 가능성
- 클라이언트와 상황에 맞는 개입의 적절성
- 개입 절차의 적절성
- 클라이언트에게 나타나고 있는 성과

3) 모니터링의 단계와 주요방법

프로그램 모니터링의 과정은 아래의 단계와 같다(김영종, 2013).

- **기준 설정:** 기획된 목표들에 대한 일관된 수행기준을 마련한다.
- **정보 수집:** 기준에 의거 수행정보를 체계적으로 수집한다.
- **사실 확인:** 수집된 정보를 바탕으로 기대(기획된 목표)와 현실 수행 사이의 간격을 확인한다.
- **결과 반영:** 확인된 사실을 토대로 프로그램의 지속 및 수정 등에 대한 행정적 판단과 조치를 한다.

모니터링은 관찰, 기록, 회의, 피드백 등 다양한 수단을 통해 실행된다. 아래는 대표적인 모니터링 방법들과 그에 활용되는 도구를 제시한 것이다.

(1) 기록지 및 체크리스트 활용

표준화된 기록지를 통해 서비스 제공 내용, 참여자의 반응, 활동 횟수 등을 체계적으로 문서화함으로써 수행 여부를 확인한다. 체크리스트는 활동 수행의 누락 여부를 빠르게 확인할 수 있는 도구이다.

활동명	일시	장소	담당자	참석자수	활동내용	비고
자조모임	2025. .	교육실 2	박○○	11명	스트레스 관리법	○○○ 불참

(2) 참여자 출석 및 활동 기록

참여자의 출결 상태, 활동 참여율, 이탈률 등의 정량적 지표를 수집한다. 이를 통해 참여자 반응이나 프로그램 유지력 등을 확인할 수 있어서 프로그램의 적절성 등을 검토할 수 있다.

참여자명	주차별 출결사항(✓/X)	누적출석일	이탈여부	비고
김○○	✔ ✔ ✔ X ✔	4일	없음	–
이○○	✔ X X X X	1일	있음	건강문제

(3) 관찰로그

프로그램 진행 현장을 관찰하여 활동이 계획대로 이루어지는지를 직접적으로 확인하는 방법으로, 관찰자는 중립적인 시각에서 강사의 전달력, 참여자의 반응, 환경의 적절성 등을 기록한다.

항목	관찰내용
강사의 전달력	내용 전달이 명확하고 시각자료 활용이 적절
참여자 반응	전반적으로 호응 좋음. 일부 참여자 집중력 저하
물리적 환경	공간이 협소하여 집단 활동에 제약이 있음

(4) 운영회의 및 실무회의 기록

정기적인 회의를 통해 진행 상황을 공유하고, 문제점이나 개선사항을 논의한 내용을 기록으로 남긴다.

- **목적:** 프로그램 전반에 대한 주기적 점검 및 공동 문제 해결
- **형식:** 주간 회의록, 사례회의 보고서
- **주요 내용:** 활동 점검, 이슈 공유, 운영상의 애로사항, 개선안 도출
- **도구:** 회의록 양식 또는 MIS 시스템
- **예:** "5월 2주차 운영회의 – 참여자 이탈 대응 방안 논의. 공지사항 전달 방식 개선 필요"

(5) 피드백 설문 및 인터뷰

참여자, 수행인력, 이해관계자 등으로부터 의견을 수렴하여 프로그램에 대한 반응을 확인한다. 간단한 만족도 조사에서부터 심층 인터뷰까지 다양한 형식이 가능하다. 간단한 Likert 척도 기반 설문지나 서술형 의견을 통해 수집가능하다.

문항	응답				
	전혀 그렇지 않다	그렇지 않다	보통이다	그렇다	매우그렇다
프로그램이 유익했다.					✔
강사의 설명이 명확했다.				✔	

(6) 성과지표 추적(performance tracking)

산출지표(예: 주당 활동 횟수, 참여자 수 등)를 정량적으로 설정하고, 그 달성 수준을 월별이나 분기별 등 주기적으로 확인한다. 이는 '과업 중심'의 모니터링 방법으로, 비교적 객관적인 판단기준을 제공한다. 목표 대비 실적 중심으로 확인하는 방법이 대표적이다.

성과지표	목표치	실적	달성률	비고
월간 교육 횟수	8회	7회	87.5%	1회 강사 사정으로 취소
참여자수(연인원)	100명	112명	112%	

4) 프로그램 관리기법의 활용

(1) 간트 차트

간트 차트(Gantt Chart)는 1910년대 헨리 간트(Henry L. Gantt)에 의해 고안된 도구로, 프로그램 관리 및 일정 계획을 시각적으로 표현하는 막대그래프 형식의 도표이다. 각 작업과 그 기간, 시작일, 종료일, 그리고 작업 간의 선후 관계를 한눈에 파악할 수 있게 도와준다. 프로그램의 실행관리 차원에서 계획된 활동의 진행 상황을 추적하고, 자원 배분의 효율성을 높이며, 잠재적인 문제점을 사전에 식별하는 데 유용하게 활용된다(York, 1982).

간트 차트는 각 프로젝트의 활동들을 시간의 흐름에 따라 막대 형태로 도식화하여 보여준다. 각 막대의 길이는 해당 작업에 소요되는 시간을 의미하며, 막대의 위치는 작업의 시작과 종료 시점을 나타낸다. 이를 통해 프로그램 관리자는 전체 프로그램의 흐름을 이해하고, 각 활동의 진행 상태를 시각적으로 확인하며, 필요한 경우 신속하게 조정할 수 있다.

간트 차트는 복잡한 작업 일정과 상호 의존성을 시각적으로 단순하게 표현하여 이해하기 쉽다. 또한 시간의 흐름에 따라 작업을 배열하므로, 특정 시점에서 어떤 작업이 진행되어야 하는지 명확히 보여주며, 특정 활동의 지연 여부를 쉽게 파악할 수 있다. 나아가 프로그램 팀 구성원과 이해관계자 간에 프로그램 계획과 진행 상황을 공유하는 효과적인 의사소통 도구로 활용된다. 그러나 간트 차트는 복잡한 프로그램의 경우 활동 간의 복잡한 논리적 관계나 상호 의존성을 상세히 표현하기 어렵다는 단점이 있다.

간트 차트는 일반적으로 다음과 같은 구성 요소를 포함한다.

- **활동 목록**: 수행해야 할 작업을 구체적으로 열거한다. 프로그램 단계별로 활동을 세분화하여 작성한다.
- **시간 축**: 보통 가로축(X축)에 해당하며, 시간 단위를 일, 주, 월 등으로 설정한다.

- **작업 막대:** 각 작업의 기간을 막대 형태로 표시한다. 막대의 길이는 작업의 기간을 나타내며, 작업의 시작과 끝을 직관적으로 이해할 수 있도록 한다.

간트 차트는 다음과 같은 단계에 따라 작성한다.

- **활동 목록 작성:** 프로그램의 목표 달성을 위한 세부 활동을 도출한다. 이때 프로그램의 준비단계부터 최종 보고서 작성단계까지 모든 활동이 세부적으로 포함되도록 한다. 예를 들어, 사전조사, 참여자 모집, 프로그램 설계, 평가계획 수립, 보고서작성 등의 활동으로 구성될 수 있다.
- **담당자 선정:** 각 활동별 담당자를 지정한다.
- **활동별 기간 설정:** 각 활동의 소요기간을 산출한다. 이때 활동 간의 논리적 순서를 고려한다.
- **활동 순서 결정:** 활동 간의 종속 관계를 파악하여 어떤 활동이 선행되어야 하고, 어떤 활동이 동시에 진행 가능한지 결정한 후 위에서 아래로 순서대로 배치한다.
- **차트 작성:** 시간 축을 설정하고, 활동별로 시작일과 종료일에 해당하는 기간만큼 막대를 그린다.
- **진척 상황 표시:** 각 활동의 진행 상황을 반영하여 막대나 채색으로 완료 비율을 표시한다.

아래 〈표 8-3〉은 간트 차트의 예로서 기관 자체의 사업계획서뿐만 아니라 프로그램 제안서(프로포절) 양식에서도 흔히 활용되고 있다.

표 8-3 간트 차트 예시

기간 / 활동내용	주책임자	1월	2월	3월	4월	5월	6월	7월	8월	9월	10월	11월	12월
세부사업계획	이○○	■											
참여자 선정기준 마련	박○○	■											
사업홍보	박○○	■	■										
참여자선정	박○○		■										
참여자 사전사후검사	김○○		■									■	
반려식물 키우기	박○○			■	■	■	■	■	■	■			
푸드테라피	박○○			■	■	■	■	■	■	■			
비대면 체조	박○○			■	■	■	■	■	■	■	■		
가든 파티	김○○										■		
중간평가	김○○							■					
최종평가회	박○○											■	
보고서작성	박○○											■	■

(2) 프로그램 평가 및 검토 기법

프로그램 평가 및 검토기법(program evaluation and review technique: PERT)은 특정 목표달성을 위한 기한을 정해놓고 세부 목표 또는 주요 활동들의 상호관계와 소요시간을 연결하여 하나의 도표로 나타내는 관리기법이다(York, 1982). PERT는 1950년대 후반 미국 해군의 미사일 개발 프로젝트에서 처음 도입된 기법으로, 복잡한 사업의 일정을 체계적으로 분석하고 관리하기 위해 활용되고 있다. 이 기법은 작업 간의 선후 관계를 네트워크 형태로 도식화하여, 전체 일정에서 가장 중요한 경로(임계경로, critical path)를 파악하고, 이를 기반으로 효율적인 일정 관리와 위험 관리를 가능하게 한다. 사회복지 프로그램에서도 프로그램의 계획부터 실행 및 평가까지 전 단계에서 효과적으로 관리하는 데 활용된다.

간트 차트가 각 활동의 기간을 하나의 고정된 시간으로 가정하는 것과 달리, PERT는 각 활동이 완료될 수 있는 시간을 세 가지 시나리오(가장 짧게 걸릴 때, 가장 길게 걸릴 때, 그리고 가장 가능성 있는 시간)로 예측하여 불확실성을 반영한다. 즉 불확실한 상황에서 단순히 '언제까지 끝낼 수 있다'고 단정하기보다는, '최소 3주, 최대 7주, 보통 5주 정도 걸릴 것 같다'와 같이 확률적인 시간 추정을 통해 보다 현실적인 계획을 세울 수 있다는 것이다. 이를 통해 프로그램 전체가 언제쯤 완료될지 예측하고, 예상치 못한 지연에 대비할 수 있다.

PERT는 기본적으로 다음과 같은 구성요소를 갖는다.

- **사건**: 주요 활동의 시작 혹은 종료 시점을 의미한다. 일반적으로 원이나 사각형으로 표시된다.
- **활동**: 사건 간의 실제 작업이나 활동을 나타내며, 화살표로 연결된다.
- **선행 관계**: 어떤 활동이 다른 활동의 선행조건이 되는지를 나타낸다. 이를 통해 작업 간의 종속성을 명확히 파악할 수 있다.

PERT의 작성방법은 다음과 같다.

- **세부활동 식별하기**: 프로그램의 목적과 목표를 달성하기 위해 반드시 수행해야 하는 모든 활동을 도출하며, 이를 통해 활동의 누락을 방지하고 전반적인 작업 목록의 완전성을 확보한다. 예를 들어, 사회복지 프로그램에서는 사전조사, 참여자 모집, 교육자료 개발, 프로그램 실행 및 평가 등으로 세분화할 수 있다.
- **활동간 선후 관계 규명하기**: 어떤 활동이 다른 활동의 선행조건이 되는지를 분석하는 과정으로, 작업 간의 의존관계를 정확히 파악해야 한다.
- **활동별 소요기간 추정하기**: 활동의 기간을 낙관적 시간, 비관적 시간, 가장 가능성 높은 시간이라는 세 가지 기간을 추정한다.
- **기대시간 산출하기**: 활동별로 계산된 세 가지 기간 추정을 바탕으로 기대 시간(expected time, TE)을 산출한다. 기대 시간은 다음의 수식을 사용하여 계산된다.

  $$TE = \frac{O + 4M + P}{6}$$

- **네트워크 도표 작성하기**: 이때 각 활동은 화살표로 표시되며, 활동의 시작과 종료를 나타내는 사건은 원 혹은 사각형 등으로 시각화된다. 네트워크 도표

는 전체 활동의 관계망을 한눈에 보여주며, 프로그램 수행의 전체적 흐름을 구조적으로 파악할 수 있게 한다.

- **임계경로 확인하기**: 프로그램 수행에 있어 가장 긴 소요시간을 가지는 임계경로를 확인해야 하며, 이 경로에 포함된 활동들은 프로그램 전체 일정의 지연과 직결되므로 관리의 대상이 될 수 있다.

[그림 8-1]은 PERT의 사례를 보여주고 있는데(조성우 외, 2024), A에서 시작된 작업이 G에서 완료되는 것으로 표현되며, 최장경로(임계경로)는 A→B→E→D→G 경로임을 알 수 있다. PERT는 프로그램을 시작 전에 전체 일정을 계획하고, 진행 중에는 각 활동의 지연 가능성을 예측하며, 가장 중요한 활동(임계경로)에 자원과 노력을 집중하게 함으로써 위험을 관리하고 프로그램 완료 가능성을 높이는 데 활용된다.

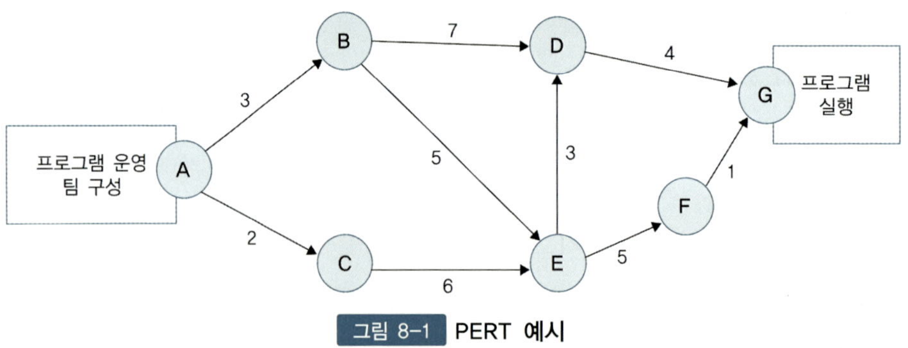

그림 8-1 **PERT 예시**

출처: 조성우 외(2024).

PERT는 프로그램 일정과 흐름을 시각적으로 정리하는 데 유용하지만, 사회복지 프로그램에서는 활동 기간 추정의 주관성, 자원 제약 반영의 어려움, 복잡하여 작성에 시간이 소요된다는 한계가 있다.

프로그램 실행 관리에서 간트 차트와 PERT는 모두 중요한 시각적 도구이지만, 그 목적, 적용 방식, 그리고 강점과 한계에서 차이를 보인다. 두 기법은 상호 보완적으로 활용될 수 있으며, 프로그램의 특성과 관리자의 요구에 따라 적절히 선택하거나 병행하여 사용될 수 있다. 예를들어, 사회복지 프로그램 개발 초기 단계에서 PERT를 통해 '예산 확보'나 '참여자 모집 기준 수립' 등 불확실성이 큰 활동들의 기간을 확률적으로 예측하고 임계경로를 파악한다. 이후, 프로그램 실행 단계에서는 간트 차트를 활용하여 '개별상담 진행', '집단프로그램 운영' 등 확정된 일정에 따라 세부 활동들을 관리하고, 주간 진행률을 표시하여 실제 상황과 계획을 비교하며 실행관리에 활용할 수 있을 것이다.

(3) 총괄진행표

총괄진행표(flow chart)는 프로그램의 실행 과정을 시각적으로 나타내는 도구로, 복잡한 절차를 단계별로 구조화하여 프로그램의 전반적인 흐름을 한눈에 파악할 수 있도록 한다. 이러한 시각화는 각 단계의 주요 활동, 순서, 의사결정 시점, 상호작용 및 의존관계를 명확히 드러내며, 프로그램 실행의 계획과 모니터링을 용이하게 해준다.

총괄진행표는 보통 도형(예: 직사각형, 다이아몬드, 화살표 등)을 사용하여 활동·결정·시작·종료 지점 등을 표현해 줌으로써 복잡한 프로그램의 세부 활동 간의 관계를 명확하게 보여준다.

프로그램 실행관리에서 총괄진행표의 주요 기능은 다음과 같다. 첫째, 프로그램의 전반적인 절차를 체계적으로 정리하여 프로그램 참여자들이 실행계획을 쉽게 이해하고 공유하도록 한다. 둘째, 각 활동의 순서와 상호작용을 시각화하여 실행 과정에서 발생할 수 있는 혼선을 예방한다. 셋째, 의사결정이 필요한 지점을 분명히 함으로써 실행단계에서의 효율적 의사결정을 지원한다. 넷째, 프로그램 수행의 문제를 사전에 점검하여 개선 기회를 제공한다.

총괄진행표는 프로그램의 성격에 따라 다양한 형태로 응용될 수 있으며, 프로그램의 복잡성과 규모에 따라 세부적으로 구체화할 수 있다. 특히, 실행 초기 단계에서는 프로그램 운영의 큰 틀을 명확히 하고, 이후의 세부 실행계획 및 활동일정과 긴밀히 연계되도록 구성하는 것이 중요하다.

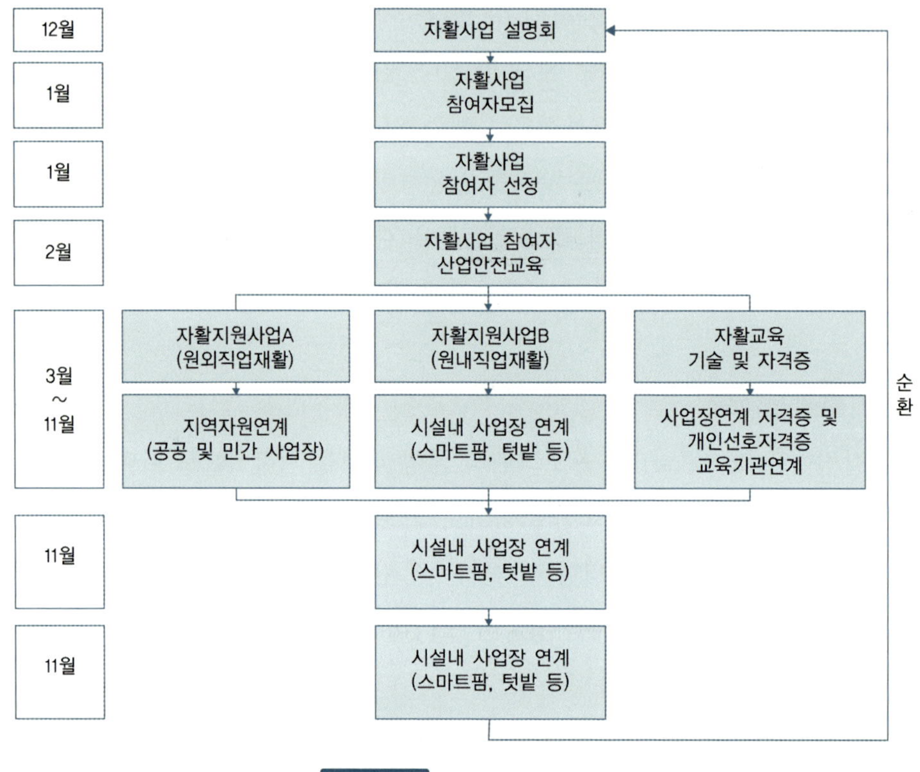

그림 8-2 **총괄진행표 예시**

출처: 보건복지부·중앙사회서비스원(2023).

3. 프로그램 기록관리와 정보관리

1) 프로그램 기록관리

(1) 기록의 의미와 기록관리의 중요성

사회복지 실천 활동에서의 기록은 사회복지사가 수행하는 모든 활동과 개입 과정을 체계적으로 문서화하는 것을 의미한다. 기록은 전문적 실천의 증거이자, 사례 관리와 서비스 질 관리를 위한 중요한 도구이다.

따라서 프로그램 실행단계에서의 기록관리는 매우 중요하며 단순히 정보를 저장하는 것 이상의 의미를 담고 있다(Grinnell et al., 2019; Rossi et al., 2019).

첫째, 책임성 확보이다. 프로그램의 모든 활동과 의사결정 과정을 문서화함으로써 이해관계자들에게 프로그램의 운영에 대한 투명성을 제공하고, 발생가능한 문제에 대한 책임 소재를 명확히 할 수 있다. 둘째, 프로그램 개선을 위한 근거 자료 확보이다. 기록된 데이터는 프로그램의 진행 상황을 모니터할 수 있을 뿐만 아니라 강점과 약점을 파악하고, 향후 프로그램 설계 및 실행 과정에서 발생할 수 있는 오류를 줄일 수 있다. 셋째, 지식 축적 및 공유이다. 기록된 정보는 조직의 학습을 촉진하고, 성공적인 개입 사례를 공유하며, 새로운 프로그램 개발의 기반이 된다.

(2) 기록의 대상과 내용

프로그램 실행단계에서 기록물은 크게 두 가지다. 첫째, 전체 프로그램 차원의 기록물들과 프로그램에 참여하는 개인사원의 기록물들이다. 둘째는 프로그램 계획서 작성 이후에 과정이나 사례기록 그리고 프로그램 진행과 모니터링을 위해 사용되는 서식들이 대부분이다(조성우 외, 2024). 프로그램 실행단계에서 기록해야 할 주요 내용은 다음과 같다.

- **참여자 정보:** 프로그램 참여자의 인구사회학적 특성, 참여 동기, 초기 사정 결과, 프로그램 참여 이력 등 개인별 맞춤형 서비스 제공 및 효과 분석을 위한 기초자료를 포함한다.
- **서비스 제공 기록:** 개별 서비스 계획, 제공된 서비스의 내용과 시간, 서비스 제공자, 서비스 제공 과정에서 발생한 특이사항 등을 상세히 기록한다.
- **진행 상황 기록:** 프로그램의 목표 달성 여부, 주요 활동의 진행률, 예산집행 현황, 인력 운영 상황 등을 주기적으로 기록한다.
- **회의록:** 프로그램 관련 회의(기획 회의, 중간 점검 회의, 슈퍼비전 등)의 일시, 참석자, 주요 논의 내용, 의사결정 사항, 향후 계획 등을 기록한다.
- **피드백 및 불만 사항:** 참여자, 이해관계자 등으로부터 수렴된 피드백, 제안 사항, 불만 사항 및 이에 대한 처리 과정을 기록한다.

- **예외 사항 및 위기 개입 기록**: 프로그램 실행중 발생한 예상치 못한 사건, 위기 상황, 예외적인 개입 내용 및 그 결과 등을 기록한다.

(3) 기록의 방법 및 형식

효과적인 기록관리를 위해서는 일관된 방법과 형식을 유지하는 것이 중요하다.

- **표준화된 양식 활용**: 프로그램의 성격에 맞는 표준화된 기록 양식(예: 서비스 일지, 상담 기록지, 회의록 양식)을 개발하여 활용한다.
- **객관적이고 명료한 서술**: 기록은 주관적인 판단이나 감정적인 표현을 배제하고, 객관적인 사실과 관찰 내용을 바탕으로 명료하게 서술해야 한다.
- **정확하고 시의적절한 기록**: 정보는 발생 즉시 또는 가능한 한 빠른 시간 내에 정확하게 기록해야 한다. 시간이 경과할수록 정보의 정확성이 저하될 수 있다.
- **정보 시스템 활용**: 전산화된 정보 시스템(예: 사회복지 정보 시스템 등)을 활용하여 기록의 접근성, 보관의 용이성, 보안성을 높일 수 있다.

(4) 프로그램 진행 관련 기록서식

프로그램 기획가나 프로그램 담당자는 프로그램에 활용될 기록의 종류와 필요한 서식들을 미리 준비해야 한다. 최근에는 자금 제공기관에서 사전에 정해진 기록관련 양식들을 제공해주는 경우도 많다.

여기서는 참여자 개인에 대한 정보를 담고 있는 상담진행 기록지와 집단프로그램에서 활용될 수 있는 집단과정 기록지, 그리고 일반적인 프로그램 진행시 활용하는 프로그램 진행일지 등으로 구분하여 예시로 제시해 보고자 한다.

개인상담 결과를 기록할 때에는 상담회기(상담의 일시, 장소, 회기 등), 상담내용(상담목표와 상담내용), 그리고 상담결과(상담자의 개입과 내담자의 반응 등)를 포함한다.

표 8-4 상담기록지 예시

상담기록지	
• 상담일시(회기): • 상담자:	• 상담장소: • 내담자:
1. 상담목표: 2. 상담내용(요약식 또는 대화체) – –	
3. 상담자의 개입 – 4. 내담자의 반응 –	
5. 다음 회기 계획:	

또한 집단활동 프로그램을 기록할 때에는 다음의 내용을 포함한다.

- **회기정보:** 프로그램명, 일시, 회기, 장소 등
- **활동내용:** 활동목표와 주제, 내용
- **참여과정:** 집단활동과정 및 결과
- **결과 및 반응:** 활동결과, 참여자 반응, 진행자 개입 등
- **자료:** 집단활동에 사용된 자료(활동지, 설문지, 사진 등)

표 8-5 집단활동기록지 예시

집단활동기록지		
• 프로그램명: • 진행자:	• 일시: • 참여자명:	• 장소: (총 명)
1. 활동주제(목표): 2. 활동내용 3. 활동과정 기록(모임 전, 모임 중, 모임 후 포함)		
4. 활동과정 평가 – 참여자 반응 및 상호작용 – 활동평가 및 소감		
5. 다음 모임 계획:		
6. 첨부자료(사진, 활동지, 참여자 작품, 설문지 등)		

또한 프로그램 담당자가 프로그램 운영 전반에 관한 기록을 남길 때에는 아래의 내용이 포함되도록 한다.

- **회기 정보:** 일시, 장소, 담당자 등
- **프로그램 내용 정보:** 활동내용
- **참여자 평가정보:** 활동참여 모니터링 정보 등

표 8-6 프로그램 운영 기록지 작성예시(장기요양시설의 예)

프로그램 운영 기록지			
프로그램명	추억의 노래교실	장소	프로그램실
일시	2025년 ○월 ○일 오전 10:00 ~ 11:00		
진행자	○○○	참여자/현원(참여율)	8/10(80.0%)
준비물	노래방 기기, 마이크, 대형 TV, 탬버린, 박수용 소도구		
프로그램 목표	- 익숙한 옛 노래를 함께 부르며 과거의 긍정적 정서를 회상하고 유도한다. - 합창 및 탬버린 연주를 통해 참여자 간의 사회적 상호작용을 촉진하고 소속감을 증진시킨다.		
프로그램 진행과정	- 시작 전 간단한 목 풀기 체조와 발성 연습을 통해 참여를 유도함 - 참여자 다수가 아는 대중가요를 중심으로 합창하며 분위기를 형성함 - 자발적으로 노래하고 싶은 참여자에게 마이크를 제공하고, 다른 참여자들은 탬버린, 박수 소도구 등을 활용하여 함께 즐길 수 있도록 격려함 - 거동이 불편하거나 인지 저하로 참여가 어려운 어르신 옆에서는 진행 보조자가 함께 노래를 부르거나 소도구를 활용할 수 있도록 지지함		
전반적 평가	참여자 대부분이 아는 노래가 나오자 큰 소리로 따라 부르며 활기찬 분위기가 형성됨. 특히 특정 노래에 얽힌 개인적 경험을 이야기하며 자연스럽게 대화가 오가는 등 정서적 교류가 활발했음.		

참여자별 프로그램 평가											
연번	성명	참여도			만족도			수행도			반응 및 특이사항
		상	중	하	상	중	하	상	중	하	
1	○○○		v		v				v		평소 말씀이 없으셨으나, '고향의 봄' 노래가 나오자 조용히 눈물을 훔치며 따라 부르는 모습 관찰됨
2	○○○	v			v			v			본인의 애창곡을 신청하여 열창했으며, 다른 참여자들의 박수를 유도하며 분위기를 주도함
3	○○○	v			v				v		탬버린을 적극적으로 흔들며 참여했으나, 노래 가사를 잘 몰라 박자로만 참여하는 모습이 많았음

4	○○○	v			v			v			옆 참여자와 어깨동무를 하고 함께 노래를 부르며 높은 친밀감을 표현함
5	○○○			v		v				v	프로그램 시작 15분 후, 졸리다며 자리를 피해 수면을 취하심
6	○○○		v			v		v			마이크를 잡고 노래하는 것에는 부끄러워했으나, 자리에 앉아 모든 노래를 정확한 박자와 음정으로 따라 부름

작성자 성명: (인) / 관리책임자(시설장) 성명: (인)

2) 프로그램 정보관리

(1) 프로그램 정보관리의 의의

사회복지 프로그램의 실행단계에서 정보관리는 프로그램이 의도한 목표를 달성하기 위해 필요한 자료를 수집·분석·활용하는 일련의 과정을 말한다.

사회복지 프로그램 정보관리는 프로그램 전반의 의사결정에 필요한 데이터를 체계적으로 관리하고, 이를 근거로 프로그램의 운영방향을 조정하거나 개선방안을 도출하는 기능을 담당한다. 프로그램의 계획단계에서 수집된 정보는 서비스 대상자의 특성, 욕구, 지역사회 자원 현황 등을 포함하며, 이를 바탕으로 프로그램의 목적과 목표를 설정한다. 프로그램 수행단계에서는 프로그램 활동의 진행 상황, 활동 및 서비스, 참여자 정보, 예산 집행 현황 등의 정보를 파악하여 문제를 조기에 발견하고 개선할 기회를 제공한다. 마지막으로 프로그램 평가단계에서는 활동의 성과와 산출물을 검증하기 위한 기초자료로 정보가 활용된다.

일반적으로 사회복지기관에서 수집하여야 할 정보는 지역사회 정보, 클라이언트 정보, 서비스 정보, 직원 정보, 자원할당 정보 등인데, 프로그램 관리의 차원에서도 어떠한 정보를 수집하고 체계적으로 활용할 것인가를 준비해야 한다. 프로그램 실행과 관련하여 사회복지기관에서 관리해야 할 정보들을 정리하면 다음과 같다(조성우 외, 2024).

① 지역사회 정보

프로그램 대상자의 범위와 특성을 파악하고, 지역사회 내 유사 서비스 자원 및 재원을 식별하는 데 활용된다. 구체적으로는 인구통계학적 특성과 사회경제적 특성에 관한 자료, 욕구조사 자료, 인근 기관의 중점 서비스 지역주민에 대한 조사 및 통계 결과 자료, 그리고 유사 프로그램 관련 현황 및 보고 자료 등이 있다.

② 클라이언트 정보

이 정보는 프로그램의 직접적인 대상자인 개인에 대한 심층적인 이해를 제공한다. 이는 클라이언트의 문제 진단, 서비스 제공 계획 수립, 그리고 서비스 효과성 평가의 기초자료가 된다. 관리 대상에는 클라이언트의 문제 유형, 개인력, 서비스 수혜 유형 및 기간, 사회경제적·가족적 특성, 고용 상태 등이 포함된다. 또한, 프로그램 참여자들의 일반적 특성 자료, 각종 심리검사 및 척도 측정 자료, 기관 프로그램 이용 현황 자료, 프로그램 성과평가를 위한 자료(예: 사전 검사지, 목표 기술서, 만족도 설문) 등을 관리한다.

③ 서비스 정보

서비스 정보는 프로그램 활동의 내용과 운영 현황을 구체적으로 파악하게 해준다. 관리 대상은 서비스 단위, 클라이언트 수, 일정한 기간 내 서비스 제공 및 종결된 클라이언트 수, 그리고 서비스와 관련된 활동에 대한 설명을 포함한다. 예를 들어, 프로그램 하위 세부 활동과 활동별 참여 현황, 실적, 중도 탈락 및 수료율, 프로그램 홍보 및 모니터링 자료 등이 이에 해당한다.

④ 직원정보

직원 정보는 프로그램 수행 인력의 효율성과 역할에 대한 이해를 돕는다. 구체적으로는 각 주 담당자의 실질적인 투입 시간, 관련 업무 비중, 슈퍼바이저의 투입 시간, 자원봉사자 및 인턴 등 보조 인력의 참여자 수와 투입 시간 등이 포함된다.

⑤ 자원할당 정보

전체 비용, 특수한 유형의 서비스 비용, 예산 및 결산 보고서를 위해 필요한 자료 등이 포함된다. 예를 들어, 수입 출처와 내역, 지출 세부내역, 예산과 결산 보고, 특정 수입 출처에 관한 별도 예·결산 내역, 전체 투입 비용과 전체 사업 대비 프로그램 투입 비용 정보 등이 이에 해당한다.

(2) 정보관리의 방법

프로그램 정보관리는 다양한 형태로 이루어지며, 대표적으로 아래와 같은 내용들을 포함한다.

- **정보의 수집**: 프로그램 참여자 등록카드, 활동일지, 평가서, 설문조사 결과 등에서 데이터를 수집한다. 이를 위해 표준화된 서식과 양식을 마련하고, 정보수집의 일관성을 유지하는 것이 중요하다.
- **정보의 기록 및 저장**: 수집된 정보는 종이기록물 또는 전산자료로 정리되어야 하며, 개인정보보호법 등 관련 법규에 따라 보안이 철저히 확보되어야 한다. 클라우드 기반의 사회복지 정보시스템(예: 사회복지 시설정보 시스템, 사회보장정보원 시스템)도 효과적인 정보 저장 수단으로 활용된다.
- **정보의 분석**: 수집된 정보는 통계분석이나 질적분석 기법을 활용하여 해석된다. 이를 통해 프로그램의 진행 과정에서 발생할 수 있는 문제점을 파악하거나, 프로그램이 성과목표에 부합하는지 여부를 검토한다.
- **정보의 활용**: 분석된 정보는 프로그램 운영방향을 재조정하거나, 프로그램 개선을 위한 근거로 활용된다. 예를 들어, 참여자 만족도가 낮은 활동은 그 원인을 분석하여 개선하거나 대체할 수 있다. 또한, 프로그램 결과를 외부 보고서나 평가보고서로 작성할 때도 이 정보가 활용된다.

(3) 정보관리시스템의 활용

프로그램 진행과정에서 참여자 정보, 서비스 정보, 그리고 프로그램 운영과정과 관련한 정보들을 관리할 필요성에 대하여 살펴보았다. 사회복지기관들은 프로그램을 위한 정보관리체계를 구축하고 필요한 정보를 효과적으로 활용할 수 있어야 한다.

최근에는 효율적인 정보관리를 위해 정보관리 시스템(management information system: MIS)을 구축하고 활용하는 경우가 많다. MIS는 프로그램 관련 데이터를 수집, 저장, 처리, 분석하여 프로그램 관리자들이 의사결정을 내리는 데 필요한 정보를 제공하는 전산시스템을 의미한다.

MIS는 다음과 같은 이점을 제공한다.

- 정보의 통합성
- 신속한 정보 접근
- 분석의 용이성
- 자동화

그러나 MIS 구축에는 초기 투자비용, 시스템 유지보수, 직원 교육 등과 같은 노력이 요구되며, 특히 시스템의 설계가 프로그램의 특성과 요구를 충분히 반영하지 못할 경우 오히려 비효율을 초래할 수 있다. 이에 정부에서는 이러한 문제를 고려하여 사회보장정보시스템(행복e음), 사회서비스정보시스템 등을 운영하고 있으며, 이를 사회복지기관의 MIS로 활용하도록 지원한다.

다음의 〈표 8-7〉은 정보관리시스템을 통한 프로그램 산출물들에 대하여 정리한 것이다. 클라이언트 참여 정보, 자원할당 정보, 서비스 정보 등이 체계적으로 관리되고 있음을 볼 수 있다.

표 8-7 정보관리의 예시(A기관의 노인맞춤돌봄서비스의 사례)

프로그램명	계획	실적	대비 (%)	예산 (단위: 천 원)
노인맞춤돌봄서비스				994,232
일반군/방문_안전지원+일상생활지원	680명 48회 30,600건	678명 48회 29,247건	95.6	
중점군/방문_안전지원+일상생활지원+가사	80명 96회 7,200건	75명 96회 6,986건	97	
안전지원(유선)	752명 96회 50,400건	815명 96회 61,351건	122	
ICT지원	66명 12회 792건	66명 12회 792건	100	
신체건강(건강교육)	580명 12회 7,200건	575명 12회 6,527건	90.6	
신체건강(영양+보건교육)	580명 12회 7,200건	575명 12회 6,848건	95.1	
정신건강(인지활동)	600명 24회 14,400건	600명 24회 14,400건	100	
후원물품지원	12회 1,000건	20회 1,210건	121	
종사자관리(월례회의)	50명 12회 600건	54명 12회 577건	95.5	
종사자관리(교육)	50명 2회 100건	50명 2회 100건	100	5,120
인지지원프로그램	45명 6회 280건	45명 6회 280건	100	3,720
정서지원프로그램	700명 1회 700건	700명 1회 700건	100	8,776
건강지원프로그램	300명 1회 300건	300명 1회 300건	100	5,280
영양지원프로그램	50명 10회 500건	50명 10회 500건	100	9,000
사회참여프로그램	150명 1회 150건	126명 1회 126건	84	8,000
우울감소프로그램	700명 1회 700건	700명 1회 700건	100	7,085
종사자관리 및 사업운영	50명 12회 600건	50명 12회 600건	100	947,251

프로그램 실습

1. 다음 간트 차트의 특징과 개선이 필요한 부분이 있다면 이에 대해 토론해 봅시다.

활동내용 \ 기간		1차년도(2024)												2차년도(2025)											
		1	2	3	4	5	6	7	8	9	10	11	12	1	2	3	4	5	6	7	8	9	10	11	12
사회기술 및 직업능력 기술향상	사전교육	■	■																						
	서비스교육			■	■	■	■	■	■	■	■	■	■	■	■	■	■	■	■	■	■	■	■	■	■
	카페교육			■	■	■	■	■	■	■	■	■	■	■	■	■	■	■	■	■	■	■	■	■	■
	직업훈련			■	■	■	■	■	■	■	■	■	■	■	■	■	■	■	■	■	■	■	■	■	■
	바리스타 자격증반					■	■												■	■	■				
성취감 획득	성취경험 나누기			■	■	■	■	■	■	■	■	■	■	■	■	■	■	■	■	■	■	■	■	■	■
	취업상담	■	■	■	■	■	■	■	■	■	■	■	■	■	■	■	■	■	■	■	■	■	■	■	■
매출창출 및 회원급여확보				■	■	■	■	■	■	■	■	■	■	■	■	■	■	■	■	■	■	■	■	■	■
사회인식 개선	SNS홍보			■	■	■	■	■	■	■	■	■	■	■	■	■	■	■	■	■	■	■	■	■	■
	시음회								■												■				

2. 가상의 프로젝트를 설정하고 프로그램 평가 및 검토기법에 따라 분석해 봅시다.
   - 프로젝트명:

Chapter

09 프로그램 마케팅과 서비스 질

> "Marketing is the art of creating genuine customer value."
> - Philip Kotler

사회복지 프로그램의 실행단계는 투입요소와 활동과정의 적절성을 모니터하는 것이 중요하며, 이는 프로그램 운영의 효과성과 연결된다. 또한 프로그램의 성공적인 실행을 위해서는 마케팅과 서비스 질 관리가 필수적이다.

프로그램 마케팅은 잠재적 서비스 이용자와 지역사회의 관심과 참여를 유도하기 위한 전략적 활동으로, 프로그램의 가치를 명확히 전달하고 참여를 촉진하는 역할을 한다. 이는 프로그램의 인지도를 높이고, 필요한 이들이 적시에 서비스를 이용할 수 있도록 돕는다. 또한, 서비스 질 관리는 서비스 이용자의 만족도를 높이고, 프로그램의 효과성을 확보하는 데 중요한 영향을 미친다. 이 장에서는 사회복지 프로그램의 마케팅 전략과 서비스 질 관리 방안에 대해 구체적으로 다룬다.

1. 프로그램 마케팅

사회복지 영역에서도 시장지향적 접근이 점차 확대되면서, 프로그램의 실행

단계에서 '마케팅' 개념이 핵심적인 과업으로 부각되고 있다. 마케팅은 시장경제에서 소비자와의 교환을 전제로 한 전략적 활동으로 출발했다. 그러나 사회복지 프로그램에 적용되면서 공익성과 사회적 가치 실현이라는 목표에 기반한 비영리조직의 전략으로 주목받고 있다. 특히 프로그램의 참여자 모집, 후원자 발굴, 인적·물적 자원 확보를 위한 활동들이 보다 전략적이고 계획적으로 수행될 필요가 커지면서, 사회복지현장에서는 이를 포괄하여 '프로그램 마케팅'이라 칭하게 되었다(황성철, 2005).

1) 프로그램 마케팅의 개념과 특징

일반적으로 마케팅(marketing)이란 조직이나 기업이 제품이나 서비스를 고객에게 효과적으로 전달하고, 고객의 요구와 욕구를 충족시키며, 이를 통해 자사의 목표를 달성하려는 일련의 활동을 의미한다(Kotler & Keller, 2016). 즉, 마케팅은 고객을 중심으로 한 가치 창출 활동으로서, 제품 개발, 가격 책정, 유통, 판촉 활동 등을 포괄하는 의미로 쓰인다.

마케팅은 글자 그대로 시장과 관련이 깊다. 시장에서는 생산자와 소비자가 존재한다. 생산자는 소비자가 원하는 상품을 만들어서 공급하고 소비자는 시장에서 상품을 구매함으로써 자신의 소비 혹은 구매욕구를 충족한다. 그렇다면 프로그램 마케팅은 어떨까? 마케팅을 시장활동이라고 본다면, 사회복지 프로그램은 상품이고, 이것을 필요로 하는 소비자들은 이를 소비함으로써 자신의 욕구 충족(문제 해결)을 하는 방식은 시장과 유사하다.

프로그램 마케팅은 기관의 서비스 소비자인 클라이언트, 자원공급자, 권위와 자격부여 기관, 일반대중이 그 기관의 서비스에 더욱 큰 관심과 요구를 가지도록 하기 위한 활동이라고 정의된다(Barker, 1995). 프로그램 마케팅은 전통적인 기업 마케팅의 개념과 유사한 점이 있으나, 사회복지의 공익성과 사회적 가치 실현이라는 목적을 반영하여 그 의미가 확장된다. 프로그램 마케팅을 사회마케팅이라고 칭하는 이유이기도 하다.

기업 마케팅은 주로 상품이나 서비스를 소비자에게 판매하여 수익을 창출하는 데 초점을 맞춘다. 반면, 사회복지 프로그램 마케팅은 상업적 이윤을 목표로 하기보다는 사회적 가치 실현, 공익 증진, 그리고 궁극적으로 프로그램의 지속가능성과 참여자의 삶의 질 향상을 도모한다(Kotler et al., 2011). 이 과정에서 프로그램 마케팅은 수요자의 욕구를 기반으로 프로그램을 설계하고, 지역사회의 자원을 효과적으로 활용하며, 조직의 대외 이미지와 신뢰도를 높이는 역할을 수행한다.

김영종(2013)은 사회복지서비스의 유형에 따라 프로그램 마케팅의 성격을 시장방식의 휴먼서비스, 비시장방식의 사회복지서비스, 유사시장방식의 사회서비스로 구분하여 설명하였다. 시장방식의 휴먼서비스는 일반 기업처럼 수익 창출을 목적으로 소비자(참여자)와 직접 거래되는 서비스로, 생산자와 소비자 간의 시장 경쟁 원리가 적용된다. 비시장방식의 사회복지서비스는 국가나 지방자치단체 등의 공공재원을 통해 재정공급자가 서비스를 보장하며, 서비스의 생산자와 소비자가 재정공급자에 의해 간접적으로 연결된다. 마지막으로 유사시장방식의 사회서비스는 공공재원과 민간 자원이 혼합된 방식으로, 소비자가 서비스 비용의 일부를 부담하며 생산자, 소비자, 재정공급자가 상호작용하는 형태를 띤다(김영종, 2013). 이러한 분류는 사회복지 프로그램의 마케팅 전략과 재정적 특성을 이해하는 데 기초를 제공한다.

Kotler 등(2011)은 마케팅을 조직의 목표 달성을 위해 표적시장과 자발적 가치 교환이 이루어지도록 고안된 프로그램의 분석, 기획, 시행, 통제 등의 활동이라고 정의했다. 이 정의에서 강조되는 점은 마케팅이 표적시장을 대상으로 가치 교환을 촉진하기 위한 체계적인 관리 활동이라는 것이다. 즉, 사회마케팅은 생산 조직의 제품 대신 서비스를 중심으로 한 가치 교환이 본질적 특성을 이룬다.

사회복지기관은 상담, 치료, 교육, 재활, 정보 제공 등 무형의 서비스 제공 활동을 통해 바람직한 인간 및 사회적 가치를 창출한다. 이러한 가치가 클라이언트, 자원 제공자, 권위 및 자격 부여 기관, 일반 대중과 같은 표적시장 또는 표적집단으로부터 중요하다고 인정되면, 이용료, 재원, 권위, 인정 등의 가치를 인정받는 교환 관계가 성립한다.

이러한 관점에서 사회복지기관의 마케팅에서는 제공하는 서비스의 질적 우수성 확보가 중요하며, 더 나아가 기관의 사명과 목적, 그리고 기관 운영의 책임성과 투명성 또한 중요한 가치로 간주될 수 있다.

프로그램 마케팅이 전통적인 마케팅과 구별되는 몇 가지 특징을 요약하면 다음과 같다(김영종, 2013).

① 다원적 이해관계자 존재

사회복지기관의 고객은 클라이언트(이용자), 후원자(자금제공자), 자격부여 기관, 일반 대중 등 다양한 집단으로 구성된다. 이로 인해 단일 시장이 아닌 다중 시장을 동시에 고려해야 하며, 마케팅 전략도 다층적으로 실세되어야 한다.

② 상품 혹은 서비스의 차별성

사회복지 서비스는 물리적으로 보이지 않으며, 생산과 소비가 동시에 이루어진다. 동일한 서비스를 제공하더라도 제공자의 태도나 환경에 따라 질이 달라지고, 재고로 보관이 불가능하다. 신뢰 형성과 서비스 품질 관리가 더욱 중요해진 이유이다.

③ 성과측정의 모호성

마케팅의 효과가 '참여자 수의 증가'와 같은 양적 지표로 드러나더라도, 그것이 곧 질적 서비스 향상으로 이어지는지를 평가하기 어렵다. 이러한 점은 마케팅의 윤리성과 타당성에 대한 지속적 검토를 요구한다.

④ 공익성과 비영리성

마케팅 활동은 이윤 추구가 아닌 사회적 문제 해결과 지역사회 통합을 목적으로 하며, 경제적 취약계층에게도 접근성을 보장해야 한다는 공공성과 윤리적 책임을 수반한다.

2) 프로그램 마케팅의 목표와 원칙

프로그램 마케팅은 프로그램의 고유한 목적과 가치를 표적집단에 효과적으로 전달하여 프로그램의 지속 가능성을 확보하고 사회적 가치를 실현하는 것을 목표로 한다(Kettner et al., 2023). 이를 위한 구체적 목표는 다음과 같다. 첫째, 잠재적 참여자와 후원자 등 핵심 이해관계자의 관심과 참여를 증진한다. 둘째, 프로그램에 대한 사회적 인지도를 높이고 긍정적 이미지를 구축한다. 셋째, 안정적인 자원 확보를 통해 서비스의 질적 수준을 담보하고 운영의 지속 가능성을 도모한다(Kotler et al., 2011).

프로그램 마케팅의 핵심 원칙을 제시하면 다음과 같다.

첫째, 서비스 수요자 중심의 가치 창출이 가장 중요한 원칙이다. 사회복지 프로그램은 참여자의 욕구와 기대를 충족시키는 것을 최우선으로 하며, 이를 위해 마케팅 활동 전반에서 참여자의 관점과 목소리를 반영해야 한다.

둘째, 사회적 책임과 윤리성을 유지하는 원칙이다. 사회복지조직은 상업적 마케팅과 달리 이윤추구가 아닌 공익 실현을 목적으로 하기 때문에, 마케팅 과정에서 참여자 권익 보호와 사회적 책무를 철저히 고려해야 한다.

셋째, 프로그램 마케팅은 프로그램의 특성과 조직의 사회적 사명을 반영해야 한다. 마케팅 활동은 조직의 비전과 미션에 부합하여, 프로그램의 본질적 가치와 사회적 기여를 강조해야 한다.

마지막으로, 프로그램 마케팅은 상호 협력과 네트워크의 중요성을 인식해야 한다. 지역사회 내 기관 및 주민들과의 협력을 통해 프로그램의 효과성을 높이고, 사회적 자원의 연계와 활용을 극대화하는 것이 필요하다.

이러한 목표와 원칙은 사회복지 프로그램의 마케팅이 프로그램과 조직의 사명을 실현하고 사회적 신뢰를 구축하는 전략적 과정임을 보여준다. 따라서 사회복지 프로그램 마케팅은 참여자 중심적 가치 실현, 윤리성 및 사회적 책임 준수, 조직의 비전·미션과의 일관성, 지역사회와의 협력 등을 통합적으로 고려하는 방향으로 수행되어야 한다.

3) 프로그램 마케팅의 구성요소

사회복지 프로그램 마케팅은 전통적 마케팅 믹스(MIX) 개념인 4P(product, price, place, promotion)를 기반으로 하되, 사회복지 고유의 특성을 반영한 방식으로 구성된다.

(1) 제품(product)

기업의 경우 제품이 물리적 상품을 의미하지만, 사회복지 프로그램에서는 제공되는 서비스와 프로그램 활동 그 자체가 제품으로 간주된다. 이는 이용자의 욕구를 충족시키고 삶의 질을 향상시키는 데 기여하는 일련의 활동과 경험을 의미한다. 제품으로서 프로그램[5]은 다음의 세 가지 차원을 고려해야 한다.

- **핵심 프로그램**: 프로그램이 제공하는 본질적인 서비스 또는 혜택이다.
- **형식 프로그램**: 핵심 프로그램을 구체화하는 요소들이다. 프로그램의 특징, 품질, 명칭, 포장, 디자인 등이 이에 해당한다.
- **확대 프로그램**: 프로그램의 부가적인 서비스 및 혜택으로, 이용자의 만족도를 높이고 경쟁력을 강화하는 요소이다. 상담 서비스, 사후 관리, 접근성, 편의성, 보증 등이 해당된다.

프로그램 마케팅에서 프로그램 설계는 잠재적 이용자의 욕구와 필요에 대한 면밀한 분석을 기반으로 해야 한다. 프로그램의 목적, 목표, 내용, 기대 효과, 참여 자격 기준, 주요 활동 등을 명확히 정의하고, 프로그램 참여를 통해 얻는 혜택과 발생할 수 있는 불편을 함께 전달하는 것이 중요하다.

5) 사회마케팅의 경우에도 기관의 미션이나 목표를 전면에 내세우는 경우도 있겠으나 특정 프로그램을 활용하여 마케팅하는 경우들이 대부분이다. 가시적인 제품으로 보이기 때문이다. 공공기관에서는 성공한 프로젝트를, 사회서비스 기관들은 특징적인 행사를, 대학에서는 졸업생 성공사례 등을 활용하는 것이 한 예이다.

(2) 가격(price)

가격은 제품이 시장에서 팔리는 금액을 의미하며, 서비스 이용자가 프로그램에 참여하기 위해 부담하는 비용을 말한다. 프로그램에서 가격은 금전적 비용뿐만 아니라 이용자가 프로그램을 이용하기 위해 지불해야 하는 모든 형태의 대가를 의미한다. 이는 다음과 같은 요소를 포함한다.

- **금전적 비용:** 프로그램 참가비, 재료비, 교통비 등 직접적으로 발생하는 금전적 지출이다. 사회복지 프로그램은 대체로 낮은 비용 또는 무료로 제공되지만, 경우에 따라 일부 비용이 발생할 수 있다.
- **비금전적 비용:** 시간, 노력, 심리적 부담 등이 포함된다. 예를 들어, 프로그램 참여를 위한 이동 시간, 프로그램 활동에 필요한 노력, 프로그램 참여로 인한 낙인감이나 불편함 등이 이에 해당한다. 사회복지 프로그램의 가격 책정은 프로그램의 공공성, 접근성, 그리고 재정적 지속 가능성을 고려해야 한다. 잠재적 이용자의 지불 능력과 프로그램의 사회적 가치를 종합적으로 고려하여 합리적인 가격을 설정해야 한다.

(3) 유통(place)

유통은 사회복지기관의 서비스를 주고받는 적합한 시간과 장소를 의미하며, 이는 물리적인 장소뿐만 아니라 서비스가 제공되는 방식과 접근성을 포함한다. 유통은 주로 즉시적이며 현장에서 이루어지는 것이 보통이다. 기관 내에서 면접, 상담, 교육, 재활 등이 제공되는 경우가 일반적이나, 재가복지나 방문 간호 등은 클라이언트 거주지에서 서비스가 이루어질 수 있다. 이동복지관이나 길거리 사회복지 또한 클라이언트를 만나는 현장에서 서비스가 제공된다. 유통에서 고려할 사항은 다음과 같다.

- **접근성:** 프로그램이 제공되는 장소의 지리적 접근성, 대중교통 이용 편의성, 시설의 물리적 환경 등을 고려한다(예: 복지관, 가정, 길거리, 카페 등).

- **전달 방식**: 대면 서비스, 온라인 서비스, 방문 서비스 등 프로그램이 제공되는 다양한 방식을 포함한다. 최근 정보통신기술의 발달로 온라인 플랫폼을 통한 프로그램 제공이 중요해지고 있다.
- **유통 채널**: 프로그램 정보를 접하고 서비스를 이용할 수 있는 다양한 통로를 의미한다. 이는 기관의 직접적인 서비스 제공 외에도 협력 기관, 지역사회 거점, 온라인 플랫폼 등이 포함될 수 있다.

사회복지 프로그램은 이용자가 접근하기 쉬운 곳에 위치하거나, 찾아가는 서비스와 같이 이용자가 편리하게 서비스를 받을 수 있는 전달 방식을 모색해야 한다.

(4) 촉진(promotion)

촉진은 잠재적 이용자 및 자원 제공자에게 프로그램의 존재와 가치를 알리고, 참여 및 지원을 유도하는 모든 커뮤니케이션 활동을 의미한다. 잠재적 클라이언트가 왜 이 프로그램에 참여해야 하는지, 다른 사회서비스 기관들에 의해 제공되는 동종 혹은 유사 프로그램들과 차별되기 위해서, 이 사회서비스 프로그램의 어떤 특성을 강조할 것인지 고려해야 한다. 예를 들어, 권위 있는 기관으로부터 인증을 받은 서비스라든지, 유명 기업이 공식적으로 지원한다든지 등을 알리는 것이다.

촉진은 마케팅을 위한 기관의 홍보를 의미하며, 대중매체를 이용하거나 사회복지기관 자체 홍보물을 제작하여 배포하는 방법이 흔히 사용된다.

4) 프로그램 마케팅의 전략 및 과정

프로그램 마케팅은 사회복지기관의 사명과 프로그램의 목표를 실현하기 위해 수행되는 전략적이고 체계적인 관리 활동이다. 이를 효과적으로 수행하기 위해서는 명확한 목표 설정, 세분화된 타깃 분석, 그리고 전략의 개발과 실행까지 일련의 과정을 단계적으로 거쳐야 한다.

(1) 마케팅 환경 분석

효과적인 마케팅 전략 수립을 위해서는 내부 및 외부 환경에 대한 면밀한 분석이 선행되어야 한다.

- **내부 환경 분석**: 기관의 강점과 약점을 파악한다. 기관의 미션, 비전, 핵심 가치, 프로그램의 특징, 인력, 재정 상황, 기존 프로그램의 성과 등을 분석한다.
- **외부 환경 분석**: 기회와 위협 요인을 식별한다. 이는 인구학적 변화, 사회·문화적 트렌드, 경제 상황, 관련 정책 및 법규 변화, 경쟁 기관의 활동, 잠재적 이용자의 욕구 변화 등을 포함한다. SWOT 분석은 이러한 환경 분석을 수행하는 데 유용하다.

(2) 표적시장 설정

프로그램의 특성과 목적에 부합하는 특정 집단을 표적시장으로 선정해야 한다. 표적 시장은 프로그램의 주요 참여자뿐 아니라 후원자, 자원봉사자 등 자원 제공자까지 포함할 수 있다.

- **세분화(segmentation)**: 전체 시장을 지리적, 인구통계적(연령, 성별, 소득), 심리적(가치관, 생활양식), 행동적(서비스 이용 빈도, 혜택 추구) 특성에 따라 유사한 욕구를 가진 집단으로 나눈다.
- **표적화(targeting)**: 세분화된 시장 중 기관의 자원과 역량에 가장 적합하며, 프로그램이 효과적으로 기여할 수 있는 한두 개 또는 소수의 세분시장을 선택한다.

(3) 마케팅 목표 설정

마케팅 목표는 단순히 참여자 수의 증가나 프로그램 인지도 확대뿐만 아니라, 지역사회 내에서의 사회적 가치 실현, 기관의 이미지와 신뢰도 제고, 그리고 프로그램의 지속 가능성 확보까지 포괄적으로 설정될 필요가 있다. 이러한 목표는 프로그램의 본질적 가치와 사회복지기관의 비전, 미션과 긴밀히 연결되어야 하며, 실현 가능성과 구체성을 담보해야 한다.

(4) 마케팅 전략 수립

마케팅 전략의 수립은 이러한 목표를 실현하기 위한 구체적 실행 방안을 제시하는 단계이다. 이 단계에서 가장 먼저 수행할 일은 표적시장의 세분화이다. 특히 어떤 특정 대상 집단에 마케팅 노력을 집중할 것인지 결정해야 한다. 사회복지 프로그램의 경우, 참여자(클라이언트)뿐 아니라 후원사, 지역사회 유관기관, 행정기관 등 다양한 집단을 대상으로 각기 다른 커뮤니케이션 전략을 구사할 필요가 있다.

전략 수립에서 또 다른 핵심은 프로그램의 차별화 전략이다. 이른바 포지셔닝이라고 할 수 있는데, 선정된 타깃 집단에게 프로그램이 경쟁 프로그램과 차별화되며 독특하고 가치 있는 것으로 인식되도록 하는 전략이다. 유사한 프로그램이 다수 존재하는 상황에서는, 프로그램의 독창성과 가치, 차별화된 강점을 명확히 전달할 수 있어야 한다.

마지막으로, 통합적 커뮤니케이션 전략을 수립하는 것이 중요하다. 이를 통해 각 매체나 채널의 특성을 고려하면서, 일관성 있는 메시지와 이미지를 유지하고, 대상 집단의 신뢰를 얻을 수 있다.

(5) 실행 및 관리

프로그램 마케팅의 실행 단계에서는 세부 활동 계획을 구체화하고, 담당자나 팀을 지정하며, 소요되는 예산을 편성한다. 계획된 전략이 실제로 참여자의 관심을 이끌어내고, 프로그램에 대한 후원을 유도할 수 있도록 각종 홍보물, 이벤트, 캠페인 등을 실행한다.

사회복지기관의 프로그램 마케팅 실행방법은 다양하며, 클라이언트 특성을 고려하여 선정해야 한다. 주요 방법은 다음과 같다.

- **인쇄 및 홍보물**: 소식지, 팸플릿, 공문, 전단지, 현수막, 기념품 등을 활용한다.
- **홍보용 영상**: 시각적인 매체를 통해 프로그램 정보를 효과적으로 전달한다.
- **우편물**: 기관 소식지나 프로그램 홍보 서신 등을 발송한다.
- **대중매체 광고**: 지역 신문, 케이블 TV 등을 활용하여 광범위한 홍보를 진행한다.
- **직접 방문**: 지역 내 가구 방문, 모임 참여, 관공서 및 주요 기관 방문 등을 통해 직접적인 접촉을 시도한다.
- **이벤트 및 특별 행사**: 바자회, 음악회, 전시회 등을 개최하여 대중이 관심을 유도하고 참여를 촉진한다. 이는 후원자 개발에도 활용될 수 있다.
- **소셜 네트워크 서비스(SNS)**: 유튜브, 인스타그램, X, 메타, 블로그, 카페, 스마트폰 애플리케이션 등을 활용하여 온라인 홍보를 강화한다.
- **인터넷 홈페이지 홍보**: 기관의 홈페이지를 통해 프로그램 정보와 기관 활동을 홍보한다.
- **인터넷 배너 홍보**: 웹사이트 배너 광고를 통해 잠재적 클라이언트에게 노출을 확대한다.
- **기관 이용자 및 자원봉사자 홍보**: 기존 이용자나 자원봉사자의 입소문을 통해 자연스러운 홍보 효과를 얻는다.
- **전화**: 직접적인 전화 상담이나 안내를 통해 정보를 제공하고 참여를 유도한다.
- **길거리 홍보**: 직접적인 대면 홍보를 통해 잠재적 클라이언트에게 다가간다.

마지막으로, 프로그램 마케팅의 전략적 접근은 주기적인 평가와 피드백을 전제로 한다. 프로그램 참여자와 지역사회의 반응을 수집하고, 이를 기반으로 전략을 재조정하는 것은 마케팅 활동의 질을 향상시키는 데 필수적이다.

5) 프로그램의 소통과 홍보를 위한 글쓰기

프로그램 마케팅에서 홍보 글쓰기나 기사 작성은 프로그램의 이미지를 효과적으로 전달하고 대상자와 지역사회의 관심과 참여를 이끌어 내는 데 중요하다. 이와 관련하여 일반적인 방법을 소개한다.

① 핵심 메시지를 명확히 담는다.

홍보 글쓰기의 시작점은 프로그램의 목적, 가치, 그리고 대상자에게 전하고자 하는 메시지를 명확히 정의하는 것이다. 메시지는 한 문장으로도 표현될 수 있을 정도로 구체적이어야 한다.

예 "우리 프로그램은 고령자의 사회참여를 지원하고, 건강한 지역사회를 만들기 위해 마련된 무료 참여 프로그램입니다."

② 대상자 중심의 관점으로 작성한다.

서비스의 참여자가 누구인지, 그들의 주요 관심사를 고려하여 글을 작성해야 한다.

예 "이 프로그램은 혼자 생활하시는 어르신들이 지역 내에서 친구를 만나고, 정서적 지지를 받을 기회를 제공합니다."

③ 감각적이고 생생한 언어를 사용한다.

독자의 감각과 상상력을 자극할 수 있는 언어를 사용하는 것이 효과적이다.

예 "본 프로그램에서는 함께하는 식사와 노래교실, 웃음치료가 기다리고 있습니다. 참여한 어르신들은 '이웃을 다시 만나게 되어 정말 기쁘다'고 전했습니다."

④ 자료나 통계 활용으로 신뢰도를 높인다.

기사나 홍보자료에서는 실제 자료나 통계를 삽입하면 전문성과 신뢰도가 높아진다.

예 "통계청에 따르면 우리 지역 65세 이상 인구는 35%를 차지하며, 많은 분들이 사회적 고립 문제를 겪고 있습니다."

⑤ 행동을 유도하는 문구(call to action)를 포함한다.

참여를 유도할 수 있는 문구를 기사나 글의 마지막에 배치한다.

예 "지금 바로 000복지관(전화번호: 010-0000-0000)으로 신청해 주세요. 모든 프로그램은 무료이며, 어르신 누구나 환영합니다!"

⑥ 형식과 가독성도 중요하다.

문단을 짧게 구성하고, 제목과 부제목을 활용해 정보를 계층화하면 가독성이 높아진다. 특히, 기사 형식의 경우 뉴스형 5W1H를 충실히 반영하는 것이 좋다.

⑦ 스토리텔링 기법을 활용한다.

프로그램의 감동적 이야기나 참여자의 경험담을 스토리텔링 형식으로 표현하는 것도 좋다. 대상자가 느낄 공감과 연대 의식을 자극할 수 있기 때문이다.

다음은 프로그램 홍보를 위한 글쓰기의 한 사례와 기본 양식 예시를 제시한다.

사례 1: 기사 형식(뉴스 스타일) 글쓰기

- 제목: "○○복지관, 어르신 사회참여 프로그램 '행복 나눔' 참여자 모집"
- 본문: ○○복지관은 지역 내 65세 이상 어르신을 대상으로 하는 '행복 나눔' 프로그램의 신규 참여자를 모집한다. 이 프로그램은 매주 수요일 복지관에서 진행되며, 건강 체조, 원예치료, 노래교실 등 다양한 활동을 통해 어르신의 사회적 고립 해소와 정서적 지원을 목표로 한다.
  ○○복지관 관계자는 "노년층의 사회참여는 건강과 삶의 만족도를 높이는 중요한 요소"라며 "참여를 희망하는 어르신 누구나 환영한다"고 밝혔다. 프로그램은 무료로 제공되며, 신청은 0월 0일까지 가능하다.
- 참여신청 및 문의: ○○복지관 서비스제공팀(전화: 010-○○○○-○○○○)

사례 2: 스토리텔링 중심의 홍보글쓰기

- 제목: "매주 수요일, 어르신들의 웃음꽃이 피어납니다"
- 본문: "혼자 사는 것이 외롭기만 했는데, 이곳에 오면 친구를 만나게 되어 좋아요." 70대의 박 할머니는 '행복 나눔' 프로그램에 참여한 뒤 삶에 활력이 생겼다고 말한다. ○○복지관에서 열리는 '행복 나눔'은 매주 수요일, 어르신들의 사회적 관계망을 넓히고 정서적 지지를 주는 프로그램이다.
  노래교실에서는 흥겨운 노랫소리가 복지관을 가득 메운다. 원예치료 시간에는 작은 화분을 가꾸며 이웃과 이야기를 나누는 모습도 인상적이다. 프로그램 참여자들은 "매주가 기다려진다"며 웃음을 보였다.
  '행복 나눔'은 ○○복지관이 무료로 제공하며, 참여를 원하는 어르신 누구나 신청 가능하다. 지금 전화로 신청하면 당신의 일상에도 새로운 웃음이 찾아올 것이다.
- 문의: ○○복지관(전화: 010-○○○○-○○○○)

사례 3: 홍보 글쓰기의 기본 양식 예시

구분	내용 예시
제목	짧고 명확하게, 프로그램 이름과 핵심 메시지를 담는다. • 예: "어르신 사회참여 프로그램 '행복 나눔' 참여자 모집"
도입부(리드)	프로그램 개요와 목적, 참여자를 간결하게 소개한다. • 예: "○○복지관은 지역 내 어르신의 사회참여를 지원하기 위한 '행복 나눔' 프로그램을 운영한다."
프로그램 내용	활동 내용과 특성, 기대효과를 구체적으로 기술한다. • 예: "주 1회 건강 체조, 노래교실, 원예치료 등으로 어르신의 정서적 안정과 사회적 관계망을 형성한다."
참여자 인터뷰/스토리	프로그램의 효과나 감동적 사례를 짧게 소개하면 공감을 유발한다. • 예: "참여자 김 할머니는 '외로움이 줄어들고 친구를 만나 즐겁다'고 전했다."
행동 유도 문구	참여 방법, 접수처를 구체적으로 기재한다. • 예: "○월 ○일까지 ○○복지관으로 전화 신청 가능. 누구나 환영"
마무리	프로그램의 가치와 참여 독려 메시지를 강조한다. • 예: "이웃과 함께 웃음을 나눌 수 있는 소중한 기회를 함께해 주세요."

2. 서비스의 질

1) 서비스의 질의 개념과 중요성

서비스 질은 프로그램이 제공하는 서비스가 참여자나 지역사회가 기대하는 수준에 얼마나 부합하는지를 의미한다. 간단하게 표현하자면 서비스의 전반적인 수준과 우수성을 뜻한다. 사회복지 서비스는 생산하고 소비하는 과정이 동시에 일어나고 눈에 보이지 않는다는 고유한 특성뿐만 아니라 클라이언트의 참여가 중요하기 때문에 서비스 질은 직접적으로 클라이언트의 만족도로 나타난다.

따라서 서비스 질은 사회복지 프로그램의 효과성과 수용도를 결정짓는 핵심 요소로, 참여자의 만족도와 지속적인 프로그램 참여를 이끌어내는 기반이 된다. 서비스 질이 낮을 경우 참여자의 불만족이 증가하고, 서비스 이용의 지속성이 떨어져 프로그램의 목표 달성에 부정적인 영향을 미칠 수 있다. 따라서 서비스 질을 체계적으로 평가하고 관리하는 것은 프로그램의 성과를 극대화하는 데 필수적이다.

서비스의 질이 중요한 이유는 다음과 같다. 첫째, 서비스 질은 클라이언트의 삶의 질을 직접적으로 향상시킨다. 둘째, 서비스 질은 조직의 평판과 신뢰성 확보에 핵심적이다. 셋째, 서비스 질은 프로그램의 지속 가능성과 효과성에 결정적인 역할을 한다.

2) 서비스의 질 평가 기준 및 구성요소

사회복지 프로그램에서 서비스의 질을 평가하기 위해서는 다양한 기준과 구성요소를 고려해야 한다. 서비스 질은 클라이언트의 주관적 기대와 실제 경험 간의 차이를 통해 평가되며, 이는 프로그램의 성과와 참여자의 삶의 질 향상에 직접적인 영향을 미친다. 이러한 평가 기준과 구성요소를 명확히 규정함으로써 사회복지 조직은 서비스 질을 체계적으로 관리하고 개선할 수 있다.

대표적인 서비스 질 평가 모형은 Parasuraman 등(1988)이 제시한 SERVQUAL 모형이다. 이 모형은 서비스 질을 다섯 가지 핵심 요소로 구분하여, 각 요소가 클라이언트의 서비스 만족도와 인식에 어떤 영향을 미치는지를 설명한다.

첫째, 신뢰성(reliability)은 프로그램이 약속된 서비스를 일관되게 제공하는 능력을 의미한다. 사회복지 프로그램에서 신뢰성은 서비스 제공의 정확성, 일관성, 그리고 클라이언트와의 약속을 지키는 실천을 통해 실현된다.

둘째, 반응성(responsiveness)은 서비스 제공자가 클라이언트의 요구에 신속하고 적극적으로 대응하는 정도를 나타낸다.

셋째, 확신성(assurance)은 서비스 제공자가 신뢰할 수 있는 지식과 전문성을 갖추고 있으며, 참여자가 안심하고 서비스를 받을 수 있는 정도이다.

넷째, 공감성(empathy)은 서비스 제공자가 클라이언트의 개별적 요구와 상황을 이해하고, 이를 반영하는 능력을 의미한다.

다섯째, 유형성(tangibles)은 물리적 시설, 장비, 인력의 외적 품질과 같은 가시적 요소를 말한다. 사회복지 프로그램에서는 상담실의 청결과 접근성, 프로그램 자료의 전문성 등도 클라이언트의 서비스 경험에 영향을 미칠 수 있다.

이러한 평가기준을 바탕으로 서비스 질을 객관적으로 측정하고 분석할 수 있으며, 프로그램의 개선 영역을 식별할 수 있다.

다음은 SERVQUAL 모형에 맞추어 실제 현장에서 점검해 볼 수 있는 질문들이다.

표 9-1 서비스 질 구성요소별 질문 예

서비스 질 구성요소	세부 질문들
신뢰성	서비스 제공의 일관성 및 정확성 • 프로그램의 내용과 일정은 계획대로 정확하게 제공되고 있는가? 약속된 서비스가 지연되거나 변경되는 경우는 없는가? • 사회복지사 및 관련 인력은 일관성 있는 방식으로 서비스를 제공하고 있는가?
반응성	이용자 응대의 신속성 및 의지 • 참여자의 질문이나 요청에 신속하고 즉각적으로 응대하고 있는가? • 위기 상황 발생 시 적절하고 신속한 대처 계획이 마련되어 있는가?

확신성	서비스 제공자의 전문성 및 신뢰성 • 서비스 제공 인력은 프로그램 내용과 관련하여 충분한 지식과 전문성을 갖추고 있는가? • 참여자들에게 친절하고 예의 바른 태도로 신뢰감을 주고 있는가?
공감성	개별적 관심 및 이해 • 사회복지사 및 관련 인력은 각 참여자의 개별적인 상황과 필요를 이해하고 이에 맞는 맞춤형 서비스를 제공하려고 노력하는가? • 참여자들의 의견과 감정에 충분히 귀 기울이고 있는가?
유형성	물리적 환경 • 프로그램이 진행되는 공간은 참여자들이 편안함을 느끼고 안전하게 이용할 수 있도록 조성되어 있는가? • 프로그램에 필요한 장비와 비품은 충분히 갖춰져 있으며, 항상 청결하고 작동 가능한 상태로 유지되고 있는가?

SERVQUAL에 따른 질문뿐만 아니라 스스로 아래와 같은 질문들을 통해 지속적인 서비스 질 관리를 위한 노력이 필요하다.

- 프로그램의 모든 서비스 활동에 대한 명확하고 구체적인 전달 표준이 수립되어 있는가?
- 서비스 제공 인력의 전문성 향상을 위한 정기적인 교육 및 훈련 프로그램이 운영되고 있는가?
- 참여자들의 의견을 정기적으로 수렴하는 채널(예: 설문, 간담회)이 마련되어 있는가?
- 서비스 제공 과정에 대한 지속적인 모니터링 체계가 구축되어 있는가?
- 서비스 질을 객관적으로 측정할 수 있는 구체적인 지표(예: 참여자 만족도, 서비스 이용률, 목표 달성률 등)를 얼마나 활용하고 있는가?
- 서비스 질 평가 결과는 단순히 보고서 작성에 그치지 않고, 다음 프로그램 계획 및 개선에 실질적으로 활용되고 있는가?

3) 서비스의 질 관리와 향상 전략

서비스 질 관리와 향상 전략은 조직의 목표와 참여자의 복지를 달성하기 위한 기반으로, 프로그램 전반의 효과성과 지속 가능성에 직결된다. 이를 위해 프로그램의 계획, 실행, 평가 전 단계에서 서비스 질을 체계적으로 점검하고 개선하는 전략이 필요하다(Zeithaml et al., 2018).

첫째, 서비스 질의 내부 관리는 조직 내에서 이루어지는 질적 관리의 기초이다. 이를 위해 우선 슈퍼비전을 통한 직원의 서비스 수행을 점검하고, 교육 및 훈련 프로그램을 통해 서비스 제공자의 역량을 강화해야 한다. 전문적 기술뿐만 아니라 클라이언트 중심의 태도와 윤리적 가치에 대한 교육이 중요하다. 또한 서비스 매뉴얼과 표준 운영지침을 개발하여, 서비스의 일관성과 표준화를 확보할 수 있다(김영종, 2013).

둘째, 서비스 질 향상을 위한 외부 협력은 프로그램의 질을 높이는 데 필수적이다. 지역사회 네트워크와의 협력을 통해 전문적인 자원과 정보를 공유하고, 외부 전문가의 자문을 받음으로써 프로그램의 질을 지속적으로 개선할 수 있다. 특히 클라이언트와 지역사회의 피드백을 적극적으로 수용하는 구조를 마련함으로써, 서비스가 지역사회와의 연계 속에서 더욱 적절하고 효과적으로 발전할 수 있다.

셋째, 서비스 질 향상을 위한 평가와 피드백 체계를 구축하는 것이 중요하다. 질 평가를 위한 체계적 도구(예: 만족도 조사, FGI, 질적 사례 연구)를 사용하여 프로그램의 강점과 취약점을 파악하고, 이를 개선 방향으로 반영해야 한다. 이러한 피드백 루프는 프로그램의 유연성과 적응력을 보장하며, 서비스 질을 지속적으로 향상시키는 토대를 마련한다.

넷째, TQM(total quality management)과 CQI(continuous quality improvement)와 같은 질 관리 기법을 적용할 수 있다. TQM은 조직 전체가 질 향상을 목표로 협력하는 전사적 품질관리 전략으로, 서비스 제공의 전 과정에서 품질을 최우선으로 고려한다. CQI는 PDCA(계획-실행-점검-행동) 사이클을 통해 작은 개선을 지속적으로 추구함으로써 서비스 제공 과정과 결과를 단계적으로 향상시킨다. 이러한 기법은 사회복지 조직의 문화와 일하는 방식 전반에 영향을 미치며, 서비스의 지속적 개선을 촉진한다(Royse et al., 2016).

마지막으로, 조직의 리더십과 문화 역시 서비스 질 향상에 결정적 역할을 한다. 리더는 프로그램의 질적 목표를 명확히 설정하고, 직원과 클라이언트의 의견을 수렴하며, 혁신과 변화에 대한 긍정적 태도를 조직 내에 확산시켜야 한다. 이를 통해 서비스 질을 프로그램의 지속 가능성과 참여자의 삶의 질 향상으로 이어질 수 있도록 한다.

4) 서비스의 질 평가도구 및 방법

사회복지 프로그램에서 서비스의 질을 객관적이고 체계적으로 평가하기 위해서는 다양한 도구와 방법이 활용된다. 이러한 평가는 프로그램의 강점과 개선점을 파악하고, 참여자의 만족도를 증진하며, 프로그램의 효과성을 강화하기 위한 기초자료를 제공한다. 서비스의 질 평가는 단일 측면이 아니라 프로그램 전반의 과정을 반영하는 다면적 접근이 필요하다(Zeithaml et al., 2018).

서비스 질 관리를 위해서는 다음과 같은 도구들을 활용할 수 있다.

- **SERVQUAL 설문지**: Parasuraman 등(1988)이 개발한 도구로, 서비스 기대와 인지된 성과 간의 차이를 측정하여 서비스 질 수준을 평가하는 데 사용된다.
- **이용자 만족도 조사**: 설문지, 인터뷰 등을 활용하여 서비스 이용자의 만족도를 측정한다.
- **고충 처리 시스템**: 이용자의 불만이나 건의 사항을 접수하고 처리하는 체계로, 서비스 문제점을 파악하고 개선하는 데 활용된다.
- **직원 교육 및 훈련 프로그램**: 서비스 역량 강화를 위한 교육 프로그램을 운영하여 직원의 전문성을 높인다.
- **벤치마킹**: 우수 서비스 제공기관의 사례를 분석하고, 자기 기관에 적용하여 서비스 질을 향상시키는 전략으로 활용가능하다.

프로그램 실습

1. 프로그램 사례를 선정하여 마케팅 4P에 따라 분석해 봅시다.

2. 아래의 종결 프로그램에 대하여 언론 홍보기사를 작성해 봅시다.

사례개요
• 프로그램명: '슬기로운 어르신 건강교실' • 목적 및 개요: '슬기로운 어르신 건강교실'은 지역의 65세 이상 어르신들을 대상으로 건강 증진과 사회참여를 동시에 지원하는 프로그램이다. 고혈압·당뇨 등 만성질환 예방을 위한 건강관리교육과 함께, 간단한 체조 및 건강활동을 병행하여 어르신의 건강 자립 역량을 강화한다. 또한, 소그룹 활동을 통해 정서적 안정과 사회적 관계망을 확대하는 것을 목표로 한다. • 운영내용: 기초 건강검진 및 상담, 만성질환 예방교육(식습관, 운동관리 등), 주 1회 건강체조(노래체조, 라인댄스 등), 소규모 친목모임 활동 • 대상: 65세 이상 지역 어르신 15명(무료) • 일정: 2025. 3. 6 ~ 7. 10, 매주 목요일 오전 10시~12시(2시간) • 장소: ○○복지관 1층 강당 • 문의: ○○복지관(전화:) • 기대효과: 만성질환 예방 및 건강관리 습관 형성, 어르신의 고립감 감소와 소통 기회 제공 등

구분	내용 예시
제목	
도입부(리드)	
프로그램 내용	
참여자 인터뷰/스토리	
성과와 기대효과	
마무리(후속 프로그램 참여 독려 포함)	

04 PART

사회복지 프로그램 평가의 이해

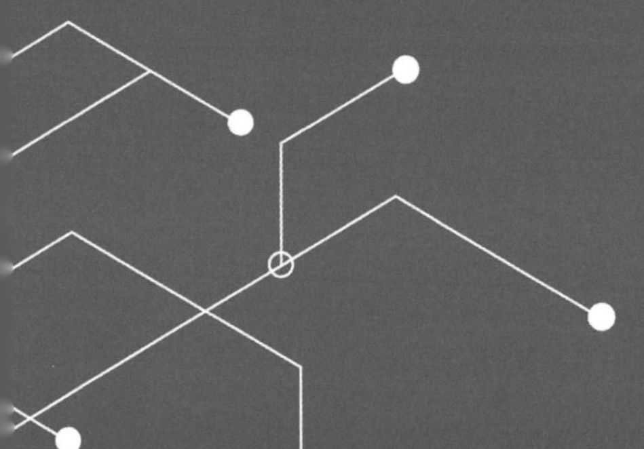

Chapter

10 프로그램 평가의 기초

> "If you cannot measure the client's problem, it does not exist."
> "If you cannot measure the client's problem, you cannot treat it."
> - W. Hudson

사회복지 프로그램 평가는 프로그램의 효과성과 질을 과학적으로 검증하는 과정이다. 평가를 통해 프로그램의 목표 달성 여부와 개선점을 파악할 수 있으며, 책임성과 투명성을 높인다. 또한 프로그램 이론의 적합성과 실행의 타당성을 분석하여 지속적인 개선을 위한 근거를 제공한다. 이 장에서는 프로그램 평가의 개념, 기준, 유형, 절차, 윤리적 고려 사항 등을 체계적으로 다룬다.

1. 프로그램 평가의 의의

1) 프로그램 평가의 개념

프로그램 평가란 무엇을 말하는지 먼저 학자들의 정의를 살펴보자.

- Royse 외(2016): "특정 프로그램의 성공 여부를 결정하기 위한 체계적인 조사"
- Tripodi(1987): "사회 프로그램의 개선을 위해 정보를 제공하는 과정"

- Grinnell & Unrau(2008): "사회적 필요를 충족시키기 위해 존재하는 조직의 과정이나 성과를 유효하고 신뢰할 수 있는 연구 방법을 통해 평가하는 일종의 감정(appraisal)"
- York(1982): "가치에 대한 판단, 즉 프로그램의 가치를 측정하고 그 타당성을 검토하는 절차"

이처럼 평가는 실천적 맥락과 목적에 따라 다양한 표현으로 기술된다. 이를 종합하여 다음과 같이 정의할 수 있다.

"프로그램 평가란, 프로그램의 효과성과 가치를 체계적이고 과학적인 방법을 통해 검증·판단함으로써, 프로그램의 개선과 지속적 발전에 기여하는 실천적 연구 활동이다."

프로그램 평가는 사회복시 프로그램의 가치나 유용성을 판단하는 체계적인 과정이다(York, 1982). 이는 프로그램이 의도한 목표를 달성했는지, 어떠한 효과를 나타냈는지, 그리고 자원이 효율적으로 사용되었는지 등을 객관적인 증거를 기반으로 분석하는 활동이다. 이러한 정의에 포함된 핵심 요소는 다음과 같다.

- **판단:** 프로그램이 얼마나 가치 있는지 또는 유용한지를 결정하는 본질적인 행위를 의미한다. 이는 정보를 수집하고 수집된 정보를 바탕으로 의미를 부여하고 가치를 매기는 과정을 포함한다.
- **체계적 과정:** 평가는 명확한 절차와 기준에 따라 계획되고 수행되는 조직적인 활동이다.
- **객관적 증거:** 평가의 주관성을 최소화하고 신뢰성을 확보하기 위해 과학적인 방법론을 활용하여 데이터를 수집하고 분석하는 것을 강조한다.

이러한 평가의 정의를 살펴보게 되면 평가를 왜 해야 하는지 그 필요성을 자연스럽게 알 수 있게 된다. 좀 더 구체적으로 살펴보자.

프로그램의 효과성과 가치를 논할 때 '좋은(good)' 프로그램이라는 용어를 흔히 사용한다. 예를 들어, "이 프로그램은 좋다", "좋은 서비스를 제공한다" 등이다. 그러나 이 '좋음'이라는 평가는 매우 주관적이고 상황 의존적이다. Royse 등(2016)은 "좋은 프로그램이란 무엇인가?"라는 질문을 던질 때, 주관적 판단이나 문화적 기대, 혹은 단순한 신념이 개입될 위험이 있음을 지적한 바 있다.

예를 들어,

- 어떤 사람에게는 참여자의 만족도가 높은 프로그램이 '좋은 프로그램'일 수 있다.
- 또 다른 사람에게는 적은 예산으로 많은 사람을 지원한 프로그램이 '좋은 프로그램'일 수 있다.
- 반면 일부는 단순히 프로그램의 존재 자체나 상징성만으로 '좋다'고 평가할 수도 있다.

이처럼 '좋음'은 평가자의 가치관, 이해관계, 문화적 배경 등에 따라 매우 다양한 의미를 담고 있는 주관적이고 상대적인 표현이기 때문이다. '좋다'는 평가는 흔히 만족도, 참여도, 이미지, 전통 같은 주관적 요소에 크게 좌우된다. 그러나 프로그램의 진정한 효과와 가치(예: 목표 달성 여부, 문제 해결 등)는 오직 과학적이고 체계적인 평가를 통해서만 객관적으로 확인될 수 있다.

2) 왜 평가인가: 프로그램 평가의 목적

프로그램 평가를 왜 하는가에 대한 가장 확실한 답은 프로그램이 사람들의 삶에 실제로 긍정적 영향을 미치고 있는지를 검증하기 위해서다(United Way of America, 1996). 실제로 프로그램 평가는 다양한 목적으로 이루어지며, 각 목적에 따라 평가 방법과 유형도 달라질 수 있다. 프로그램 평가의 목적을 정리하면 다음과 같다(York, 1982; Martin & Kettner, 2015; Royse et al., 2016).

(1) 책무성 증진 및 정당성 확보

프로그램의 운영자는 재정 지원자, 서비스 이용자, 지역사회 등에게 프로그램의 성과를 설명하고 책임져야 할 의무, 즉 책무성을 갖는다. 평가는 이러한 책무성을 이행하는 핵심적인 수단이다. 특히, 효율성, 품질, 효과성 관점에서 프로그램 성과를 측정하여 자원의 적절한 사용과 그에 따른 결과를 입증함으로써 프로그램의 존재 이유를 정당화할 수 있다.

(2) 프로그램 개선 및 의사결정 지원

평가는 프로그램의 성공과 실패의 원인을 규명하고, 이를 통해 프로그램의 대안을 재정의하거나 목표와 목적 자체를 재설정하는 데 필요한 정보를 제공한다. 평가 결과는 프로그램의 효과를 높이고 문제점을 해결하며, 미래의 프로그램 계획 및 개입 전략 수립에 중요한 자료가 된다.

(3) 자원배분 결정

평가는 제한된 자원을 효율적으로 배분하는 데 활용된다. 예를 들어, 동일한 목적의 두 프로그램 중 한 프로그램이 더 적은 비용으로 더 많은 서비스와 더 나은 결과를 제공한다면, 해당 프로그램에 더 많은 자원을 배분하는 결정의 근거가 될 수 있다.

(4) 전문직의 증거기반실천 강화

프로그램 평가는 사회복지 전문직이 제공하는 서비스가 실제로 효과적이라는 증거를 제시하는 중요한 통로이다. 이는 과학적이고 객관적인 자료를 통해 서비스의 유용성을 입증하는 것이다. 이를 통해 사회복지 실천은 증거 기반으로 전환될 수 있으며, 이는 전문직의 신뢰성과 권위와 연결된다.

2. 프로그램 평가의 유형

1) 형성평가와 총괄평가

평가의 가장 보편적인 구분 방식은 형성평가(formative evaluation)와 총괄평가(summative evaluation)이다. 형성평가는 프로그램 진행과정에서 수행되기 때문에 과정평가라고도 한다. 또한 총괄평가는 프로그램이 종료되는 시점에서 일반적으로 수행되기 때문에 결과평가라고도 한다(Kettner et al., 2023).

형성평가는 프로그램이 실행되는 동안 이루어지는 평가로서, 프로그램의 과정과 활동을 점검하고 개선하기 위한 목적으로 이루어진다. 이에 따라 형성평가가 프로그램의 수행 중에 이루어지는 모니터링과 유사한 평가 활동으로 간주되기도 한다.

형성평가는 프로그램의 질을 향상시키고, 참여자들의 반응을 반영하여 프로그램의 방향을 유연하게 조정할 수 있도록 지원한다.

또한 형성평가는 때로 협의적 관점에서 프로그램 개입의 인과관계를 규명하는 데 활용되기도 한다. 이 경우 형성평가는 프로그램을 원인으로, 프로그램 개입의 효과를 결과로 설정하고, 인과관계에 영향을 미치는 매개변수나 외생변수를 파악하는 것을 목적으로 한다. 예를 들어, 프로그램 효과가 어떤 경로를 통해 발생했는지, 효과가 미미하거나 발생하지 않았다면 어떤 경로에 문제가 있었는지, 혹은 프로그램 효과에 더 큰 영향을 미치는 다른 경로는 없었는지 등을 분석한다(이민홍 외, 2024).

총괄평가는 프로그램 종료 시점에서 수행되는 평가로서, 프로그램의 전체적인 성과와 목표 달성 정도를 판단한다. 총괄평가는 프로그램이 설정한 목표를 실제로 달성했는지 여부를 검증하며, 향후 유사한 프로그램의 기획이나 정책 결정에 기초 자료를 제공한다. 즉, 총괄평가는 프로그램의 효과성, 효율성, 영향력 등을 다각적으로 분석하여 그 가치를 과학적으로 규명하는 데 초점을 맞춘다. 예를 들어, 아동 돌봄 서비스 프로그램이 종료된 이후, 아동의 사회성 발달 수준이나 부모의 만족도를 종합적으로 분석하는 것이 총괄평가의 사례이다. 이를 통해 프로그램의 성과를 명확하게 제시하고, 개선이나 재설계의 필요성을 확인할 수 있다.

여기서 효과성 평가는 프로그램이 실제로 얼마나 목표를 달성했는지를 평가하는 것이다. 즉 "무엇을 달성했는가?"에 초점을 맞춘다. 효율성 평가는 동일한 활동과 결과를 달성하기 위해 소요된 자원의 양을 분석하여 "그 달성을 위하여 얼마의 자원을 사용했는가?"를 평가한다. 또한 영향력 평가는 프로그램이 지역사회 수준에서 사회문제 지표를 얼마나 변화시켰는지를 탐색하는 평가를 말하며, "그 결과가 사회 전체에 어떤 변화를 가져왔는가?"를 묻는 평가이다.

결국 형성평가는 "진행 중인 프로그램의 개선"에 초점을 맞추고, 총괄평가는 "완료된 프로그램의 종합적 가치 판단"에 중점을 둔다.

2) 양적 평가와 질적 평가

프로그램 평가의 방법론 측면에서는 양적 평가(quantitative evaluation)와 질적 평가(qualitative evaluation)로 구분된다. 즉 평가를 위하여 수집되는 자료의 성격과 조사방법에 따른 구분이다.

양적연구처럼 양적 평가는 평가대상의 성과나 변화를 수치화된 자료로 측정하는 방식이다. 따라서 프로그램 결과를 과학적이고 체계적으로 검증하기 위해, 주로 표준화된 지표나 통계적 분석을 사용하는 평가로 의미를 지닌다(York, 1982). 양적 평가는 표본 수, 서비스 횟수, 비용, 성과지표 등의 데이터를 통해 프로그램의 효과성, 효율성, 영향력을 객관적으로 비교할 수 있다. 양적 평가의 강점은 결과를 일반화할 수 있는 높은 외적 타당성을 보유한다는 점이다(Weiss, 1998). 즉, 표준화된 조사도구와 통계 분석을 통해 프로그램의 효과를 다른 집단이나 환경에도 적용 가능한 지식으로 확장할 수 있다. 그러나 양적 평가는 프로그램 참여자들의 주관적 경험이나 맥락을 간과할 수 있다는 것이 한계로 지적된다. 실제로 양적 데이터만으로는 프로그램의 미묘한 변화나 참여자들의 주관적 의미를 충분히 담아내기 어렵다.

질적 평가는 참여자들의 경험, 의미, 프로그램의 맥락을 심층적으로 탐색하는 방식이다. 즉 질적 평가는 "현장의 목소리를 반영하며, 프로그램의 실행과정에서 드러나는 참여자들의 관점과 경험을 탐색하는 평가"를 특징으로 한다. 질적 평가는 주로 인터뷰, 참여관찰, 사례연구 등의 방법을 사용하며, 평가자의 주관적 해석을 통해 프로그램의 복잡한 실체를 파악한다.

질적 평가는 프로그램의 과정과 맥락, 그리고 참여자들 간의 상호작용을 세밀하게 조명하여, 양적 평가가 놓치기 쉬운 미묘한 변화와 의미를 드러낼 수 있다는 점이 장점이다(Royse et al., 2016).

3) 내부평가와 외부평가

프로그램 평가의 주체가 누구인가에 따라 내부평가와 외부평가로 구분된다. 내부평가는 프로그램을 직접 운영하는 조직 내부의 구성원들이 수행하는 평가이다. 내부평가는 프로그램의 기획 및 운영 맥락에 대한 깊은 이해를 바탕으로 자기반성적 평가의 성격을 지니므로 프로그램을 개선하려는 목적으로 사용된다(황성철, 2005). 이는 프로그램의 지속적인 발전과 형성을 돕는 데 효과적이며, 비용과 시간을 절약할 수 있다. 그러나 내부 이해관계로 인해 객관성 확보에 어려움이 있을 수 있고, 전문성 부족이 평가의 질을 저해할 가능성도 있다.

외부평가는 프로그램 운영 조직 외부의 독립적인 전문가나 기관이 수행하는 평가이다. 제3자의 객관적이고 공정한 시각에서 프로그램의 성과를 분석하여 평가 결과의 신뢰성을 높인다. 외부 평가자의 전문성을 활용하여 체계적인 평가를 수행하고, 새로운 관점을 제시함으로써 프로그램의 책임성과 투명성을 강화할 수 있다.

3. 프로그램 평가의 과정

1) 프로그램 평가단계

프로그램 평가의 과정은 몇 가지 단계로 이루어져 있다. 평가를 조사의 한 유형으로 본다면[6] 평가의 과정은 과학적 조사과정에 준하여 진행된다고 볼 수 있다. 일반적 조사과정은 연구문제의 설정, 조사설계, 자료수집과 분석, 조사결과의 해석, 보고서 작성 등의 순서로 진행된다. 다만 평가는 이론의 타당성을 입증하는 것이 아니라 프로그램의 목적 달성 여부를 확인하는 것이기 때문에 일반 조사방법의 절차와는 다소 다를 수 있다. 여기서는 평가의 과정을 평가대상 프로그램 확인, 평가기준 설정, 평가설계의 선택, 자료수집의 절차 및 도구 결정, 자료 분석 및 결과활용 등 5단계로 구분하여 구체적으로 살펴본다(York, 1982).

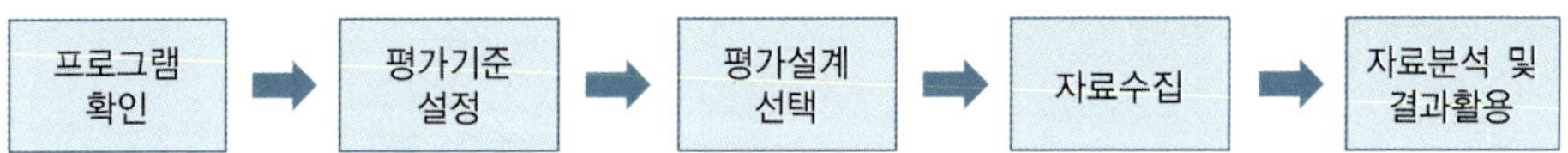

(1) 1단계(프로그램 확인)

평가의 표적을 찾는 과정으로 프로그램의 목표와 활동, 이를 둘러싼 사회문제를 명확히 규명하는 단계이다. 또한, 프로그램이 대응하고자 하는 사회문제의 특성과 맥락을 파악함으로써, 프로그램 활동과 사회문제 간의 관계를 명료화한다.

(2) 2단계(평가기준 설정)

프로그램을 평가할 기준(지표)을 결정하는 과정이다. 평가기준은 프로그램 목

6) Royse 등(2016)은 사회복지조사의 목적을 기술적 조사, 평가조사, 그리고 설명적 조사로 규정하면서 평가를 과학적 연구의 관점에서 체계적으로 수행되어야 한다고 했다.

표와 관련되며, 앞서 살펴본 7가지 기준(노력, 효율성, 효과성, 영향, 서비스의 질, 과정, 형평성)이 활용된다.

(3) 3단계(평가설계 선택)

프로그램의 평가를 어떤 연구설계로 수행할지를 결정하는 과정이다. 연구설계는 프로그램과 그 성과 간의 인과관계를 규명할 조사연구의 틀을 말한다. 평가설계는 프로그램의 목적과 평가의 현실적 가능성에 따라 선택되며, 이론적으로 가장 타당한 설계를 추구하기보다는, 실제로 실행가능한 평가설계를 선택하는 것이 중요하다.

(4) 4단계(자료수집)

평가를 위한 자료를 수집하는 단계이다. 이때 자료의 출처(기관기록, 전문가 평가, 클라이언트 보고 등), 수집도구(설문지, 인터뷰, 행정자료 등), 절차(표본추출, 조사방법)를 체계적으로 계획한다. 평가자료는 자료의 정확성, 완전성, 비교가능성이 충족되어야 한다.

(5) 자료 분석 및 결과활용

마지막 단계는 자료를 분석하고 결과를 해석하여 활용하는 것이다. 이 단계를 통해 평가결과의 통계적 유의성, 실용성, 그리고 의사결정에 미치는 영향을 파악한다. 분석 결과는 프로그램 개선, 정책 결정, 후속평가 계획 수립 등에 직접적으로 사용된다.

2) 평가의 기준

프로그램 평가를 위해서는 명확한 평가 기준이 있어야 한다. 평가 기준은 프로그램의 성공과 실패를 가늠하는 핵심적인 잣대 역할을 수행하며, 프로그램의 전반적인 성과를 측정하고 그 가치를 판단하는 기준점이 된다. 구체적으로, 평가 기준은 프로그램이 얼마나 효율적으로 실행되었는지, 설정된 목표를 얼마나 달성했는지, 그리고 기대했던 긍정적인 결과들을 실제로 도출했는지 등을 체계적으로 분석할 수 있는 구조를 제공한다.

만약 명확하고 객관적인 평가 기준이 부재할 경우, 프로그램 평가는 주관적인 판단이나 단편적인 정보에 의존하게 될 가능성이 크다. 이는 평가 결과의 신뢰성을 저해하는 주요 원인이 된다. 따라서 사전에 명확하게 정의된 평가 기준을 적용함으로써 프로그램의 다양한 측면을 일관성 있고 객관적인 방식으로 분석하고 평가할 수 있어야 한다.

여기서는 York(1982)가 제시한 주요 평가 기준인 노력, 효율성, 효과성, 영향, 서비스의 질, 과정, 형평성에 대해 구체적으로 설명한다.

(1) 노력

노력(effort) 평가는 프로그램이 얼마나 많은 활동을 수행했는지를 측정한다. 로직모델에서 산출 정보에 해당한다. 노력평가는 프로그램의 활동 규모와 범위를 파악하는 데 중요한 역할을 한다. 이는 사회복지기관에서 가장 흔히 사용되는 평가 기준이며, 프로그램 모니터링에 필요한 정보의 대부분을 노력평가 정보가 제공한다.

노력 평가는 대체로 다음과 같은 요소들을 포함한다.

첫째, 서비스 제공 건수(예: 상담 횟수, 서비스 접수 건수 등)와 이용자 수를 측정한다. 이를 통해 프로그램의 도달 범위를 확인할 수 있다. 예를 들어, 특정 상담 프로그램에서 몇 명이 서비스를 받았는지를 평가할 수 있다.

둘째, 서비스의 강도나 양을 파악하는 지표로, 서비스 단위(예: 가정방문 횟수, 집단활동 일수, 건강검진 횟수 등)를 활용한다.

셋째, 노력 평가는 상대적 비교를 위해 시기별, 기관별, 지역별로 비교할 수 있다. 예컨대, 올해의 상담시간이 작년보다 증가했는지, 또는 다른 기관의 평균 서비스 건수와 비교해 차이가 있는지를 분석할 수 있다.

노력 평가는 상대적으로 자료 수집이 용이하며, 프로그램 운영의 기초자료로 활용될 수 있는 장점이 있다. 그러나 노력은 성과 달성의 필요조건이지 충분조건은 아니다. 노력 평가는 활동의 규모와 자원 투입수준을 파악하는 정도로 활용하는 것이 좋다.

(2) 효율성

효율성(efficiency) 평가는 투입 대비 산출의 비율을 분석하는 기준으로, 프로그램이 투입된 자원을 얼마나 경제적으로 활용했는지를 분석한다.

효율성 평가에서 투입은 비용(예: 예산, 인건비, 시설비용 등), 자원(예: 인력, 시간, 물자)으로 구성되고, 산출은 서비스 단위(예: 상담시간, 급식 서비스 제공량, 교육일수 등)로 나타난다.

효율성 평가는 프로그램 간 비교를 가능하게 한다. 비용-산출 비율을 기준으로 유사한 프로그램을 비교하면, 동일한 결과를 산출하는데 어떤 프로그램이 더 경제적인지를 확인하는 방식이다. 예를 들어, 두 개의 프로그램이 비슷한 상담 효과를 내지만, 한 프로그램은 상담 1회당 비용이 다른 프로그램보다 낮으면, 더 효율적이라고 판단된다.

(3) 효과성

효과성(effectiveness) 평가는 프로그램이 의도한 목표를 얼마나 달성했는지를 측정하는 평가기준이다. 즉 활동의 결과가 개인이나 집단의 변화를 초래했는지를 확인하는 평가이며 성과 중심의 평가라 할 수 있다.

효과성 평가는 목표와 결과의 연결을 중심으로 분석한다. 프로그램이 달성하고자 한 목표가 실제로 어느 정도 실현되었는지를 수치나 지표로 파악한다.

효과성 평가는 영향 평가와는 구별된다. 효과성은 개별 수준의 성과를 평가하는 것이며, 영향 평가는 사회문제 수준(예: 지역사회의 실업률 감소 등)에서의 변화를 분석하는 것이다. 즉, 효과성 평가는 참여자 수준에서의 변화, 영향 평가는 사회적 지표에서의 변화로 구분된다.

(4) 영향

영향(impact) 평가는 프로그램이 지역사회나 사회 전체의 문제지표(예: 실업률, 아동학대율 등)에 미친 변화를 분석하는 평가기준이다.

영향 평가는 사회문제 지표와의 연계성을 중심으로 다룬다. 예를 들어, 노인돌봄 프로그램이 단순히 개별 노인의 삶의 질 향상(효과성)에 머무르지 않고, 지역사회의 노인 고립 문제를 얼마나 완화했는지를 평가하는 것이다. 또한 영향 평가는 단일 프로그램만으로 평가하기 어려울 수도 있다. 프로그램의 개별성과 지역사회 전체의 사회문제 변화를 연결하는 것은 많은 변인(경제 상황, 정책 환경 등)으로 인해 어려움을 동반하기 때문이다.

(5) 서비스의 질

서비스 질 평가는 프로그램이 선문적 표준을 얼마나 준수하고 있는지를 분석하는 평가기준이다. 이는 프로그램의 전문적 수준, 즉 서비스의 질적 수준을 측정하는 평가이다. 이를 위해 프로그램을 운영하는 인력의 전문성(예: 사회복지사, 간호사 등 전문인력의 자격과 경험), 프로그램의 운영방식(예: 상담 기준, 서비스 전달체계의 절차 등)이 기준으로 활용된다.

또한 질 평가의 기본 전제는 표준을 준수하면 효과성이 높아질 것이라고 가정한다. 즉, 전문적 표준에 맞추어 프로그램을 운영하면 개별 클라이언트의 삶의 질 향상에도 긍정적 영향을 미친다는 논리적 가정이 깔려 있다.

서비스 질 평가는 효과성 평가만큼 지지를 받기는 어렵다. 사회복지사가 석사학위를 소지한다고 해서 반드시 효과적인 상담 결과가 나타난다고 보장할 수 없으며, 단순히 표준을 준수한다고 해서 실제 서비스가 항상 높은 효과를 내는 것은 아니라는 것이다.

(6) 과정

과정(process) 기준은 프로그램의 구성요소 및 실행 상황을 분석하여 프로그램이 왜 성공하거나 실패했는지를 분석한다. 프로그램 활동의 방법, 절차, 참여자 특성, 자원 배분, 조직구조 등을 세부적으로 분석하여 성과의 배경을 밝힌다. 과정평가는 성공·실패의 원인 분석을 통해 특정 프로그램이 다른 지역이나 다른 대상에게도 효과적일지를 판단하는 근거로 사용된다.

- **프로그램 속성**: 활동내용과 방법, 인력구성 등 프로그램의 구조적 속성을 분석한다.
- **서비스 인구**: 참여자의 연령, 배경, 참여 동기 등과 성과의 관계를 분석한다.
- **제공 환경**: 시간대, 장소, 계절 등 제공 환경이 성과에 미친 영향을 살핀다.
- **효과의 성격**: 효과가 인지적, 태도적, 행동적으로 나타났는지, 효과의 지속기간과 상호작용을 분석한다.

과정 기준은 프로그램의 결과만이 아니라, 프로그램이 어떻게 운영되었는지를 분석함으로써 더 나은 성과 달성을 위한 근거를 제공한다.

(7) 형평성

형평성 기준은 서비스가 모든 사람에게 공정하게 제공되는지를 판단하기 위해 사용된다. 이러한 기준은 주로 정부 정책에서 중요한 평가 요소로 간주되지만, 합리적인 이유보다는 정치적 고려에 의해 결정되기도 한다. 형평성 평가는 정책과 절차가 지역별로 얼마나 일관성 있게 적용되는지를 분석하는 방식으로 진행된다.

또한 형평성 평가는 형식적이고 절차적인 측면에서도 수행할 수 있다. 예를 들어, 서비스 접수 기준이나 절차가 모든 지역과 집단에 동일하게 적용되었는지를 확인하는 방식이다. '어떻게 하는 것이 공정한가'에 대한 명확한 기준이 없거나 이해집단 간에 의견이 다를 수 있기 때문에, 현실적으로는 일관성에 근거하여 형평성을 평가하는 경우가 많다. 즉, 모든 사람에게 동일한 방식으로 서비스를 제공하는 것이 문제의 소지를 줄이는 방안으로 간주된다. 물론 일관성이 언제나 합리적인 평가 기준은 아니지만, 프로그램 평가 영역에서 서비스 결정의 합리성을 정확히 평가하기 어려울 때 대안으로 활용되기도 한다.

3) 평가설계의 선택

프로그램의 성과를 과학적·체계적으로 분석하기 위해 어떤 연구설계를 적용할지를 결정하는 과정이다. 이 단계는 평가 결과의 객관성과 정확성의 수준과 연결된다.

평가설계를 선택할 때에는 프로그램의 성과가 실제로 프로그램 자체 때문인지, 다른 요인 때문인지를 구분하기 위한 설계가 중요하다.

평가설계의 유형은 프로그램의 효과를 분석하기 위해 외부 변수를 어떻게 통제할 것인가에 따라 아래와 같이 크게 세 가지 범주로 구분되는데(York, 1982), 각 유형은 타당성과 현실적 제약, 비용 및 윤리성 등의 측면에서 차이를 보인다.

(1) 비실험적 설계(nonexperimental design)

비실험적 설계는 가장 단순한 평가방식으로, 프로그램 개입 이후의 결과만을 측정하는 형태이기 때문에 사후평가(after program assessment)라고 할 수 있다. 이 방식에서는 주로 참여자 만족도, 프로그램에 대한 주관적 인식, 서비스의 질적 개선 정도를 평가한다.

그러나 비실험적 설계는 외부 변수(예: 시간의 경과, 사회적 변화 등)를 통제하지 못한다. 이로 인해 프로그램의 효과를 직접적으로 입증하기 곤란하다. 즉, 결과의 변화가 프로그램 때문인지 다른 요인 때문인지 구분하기 어렵다.

(2) 준실험적 설계(quasi-experimental design)

준실험적 설계는 외부 변수의 일부를 통제하려는 평가방식으로, 비실험적 설계보다 한 단계 높은 타당성을 지닌 설계라고 평가된다.

① 전후비교(before-and-after comparison)

프로그램 개입 전후의 데이터를 수집·비교하는 방식이다. 그러나 시간의 경과나 외부환경의 변화로 인한 차이를 완전히 통제할 수 없다는 한계가 있다.

② 비동질적 통제집단설계(nonequivalent control group design)

프로그램 참여자와 참여하지 않은 유사한 집단을 비교하는 방식이다. 이 설계는 프로그램 개입의 상대적 효과를 분석할 수 있지만, 통제집단과 실험집단 간의 완전한 동질성을 확보하지 못한다. 그러나 프로그램 평가의 현실에 비추어 준실험적 설계가 현실적으로 가장 많이 활용되는 설계라고 할 수 있다(York, 1982). 통제집단을 포함하거나 시간비교를 활용하여 일정 수준의 타당성을 확보할 수 있기 때문이다.

(3) 실험설계(experimental design)

실험설계는 프로그램의 효과를 가장 과학적으로 검증할 수 있는 설계로, 통제집단을 포함한 무작위배정 실험(controlled experiment)이 대표적인 설계이다. 이 설계는 프로그램 참여자(실험집단)와 비참여자(통제집단)를 무작위로 배정하여, 프로그램의 개입효과를 명확히 비교한다.

이 설계는 외부 변수의 영향을 무작위배정으로 통제하기 때문에, 가장 높은 수준의 타당성을 지닌다. 그러나 실험설계는 비용, 윤리, 기술적 한계로 인해 실제 현장에서 적용이 쉽지 않다. 특히, 윤리적인 이유로 서비스 제공을 통제할 수 없는 상황에서는 무작위배정이 현실적인 한계를 갖는다.

평가설계의 선택은 타당성과 현실적 실행 가능성 사이의 균형을 찾는 것이 중요하다. 가장 이상적인 설계가 항상 현실에서 가능한 것은 아니므로, 프로그램의 규모, 예산, 윤리적 고려 등을 종합적으로 검토하여 적절한 설계를 선택해야 한다. 또한 타당성이 낮은 설계를 사용할 때는 결과 해석에서 "다른 요인의 개입 가능성"을 반드시 고려하는 것이 좋다.

4) 자료수집

자료수집은 프로그램의 효과를 과학적으로 평가하기 위해 필요한 정보를 실제로 수집하는 과정을 의미한다. 자료수집은 시간과 비용이 가장 많이 드는 과정이기 때문에 충분한 시간을 두고 다양하고 객관적인 자료수집에 노력해야 한다.

(1) 자료의 기본 요건

평가를 위한 자료는 다음의 조건을 기본적으로 갖추어야 한다(York, 1982).

- 정확성(accuracy): 자료가 실제 사실을 정확히 반영해야 한다. 그러나 실제로 현장에서는 자료 기록이 부정확한 경우가 잦아, 자료의 정확성 확보가 필수적이다.
- 완선성(completeness): 평가에 필요한 모든 정보가 빠짐없이 수집되어야 한다. 자료가 일부만 수집되면 평가결과가 왜곡될 수 있다. 특히 전후비교를 위한 자료수집의 경우 사전에 충분히 자료가 수집되도록 노력해야 한다.
- 비교가능성(comparability): 프로그램 간, 기간 간, 집단 간의 자료를 비교할 수 있도록 표준화된 방식으로 수집해야 한다.

(2) 자료수집의 계획

자료수집은 프로그램 시작 전에 평가계획과 함께 설계되어야 한다. 사전에 평가의 목적과 질문을 명확히 하고, 이에 맞는 자료를 체계적으로 수집해야 오류를 최소화할 수 있다. 평가계획 수립 단계에서부터 자료의 정의와 수집방식을 명확히 해야 한다. 프로그램이 시작된 뒤에는 자료를 뒤늦게 수집하거나 수정하기 어렵기 때문이다.

(3) 자료의 주요 출처

프로그램의 평가를 위한 자료의 주요 출처는 다음의 세 가지로 구분된다.

- **프로그램 수행 자료:** 가장 대표적인 자료원으로, 서비스 제공 기록, 참여자 정보, 비용·산출 자료 등을 포함한다. 시간과 비용이 적게 든다는 장점이 있지만, 평가목적에 필요한 정보가 아예 수집되지 않았을 수 있는 한계가 있다.
- **전문가의 평가자료:** 프로그램 참여자의 행동이나 변화를 전문가(사회복지사, 상담사 등)가 평가하는 방식이다. 전문가의 경험과 통찰을 반영할 수 있지만, 프로그램 담당자와 평가자가 동일할 경우 편향 가능성이 있다.
- **참여자 보고자료:** 프로그램 참여자에게 직접 설문·인터뷰를 통해 만족도나 변화를 물어보는 방식이다. 참여자의 실제 경험을 반영할 수 있으나, 응답의 신뢰성과 객관성을 확보하는 것이 중요하다.

(4) 자료수집과 측정

자료수집의 일부는 측정 과정으로 간주될 수 있다. 평가에 필요한 자료는 기관자료를 활용하는 경우도 있지만 참여자로부터 직접 자료를 수집해야 되는 경우가 대부분이다. 측정은 프로그램의 성과와 변화를 객관적이고 신뢰성 있게 수치나 지표로 표현하는 과정을 의미한다.

양적 평가 방법에서 구체적으로 다루겠지만 자료수집 과정에서 평가척도를 사용한 측정과정은 매우 중요하다. 서비스 이용자 수, 참여횟수, 비용 등 객관적 수치로 나타나는 정량적 지표도 있으나, 참여자의 주관적 평가나 전문가의 관찰을 평가척도(예: 리커트 척도 등)로 정량화해야 하는 정성적 측정은 신중한 접근이 필요하다.

자료수집 단계는 평가의 질을 좌우하는 결정적 단계라고 할 만큼, 프로그램의 실질적 효과를 증명하고 평가의 타당성을 확보하기 위해 반드시 계획적 · 체계적으로 수행되어야 한다. 특히 정확성, 완전성, 비교가능성을 충족시키는 것이 중요하다.

5) 자료 분석 및 결과 활용

자료 분석 및 결과의 활용은 수집된 자료를 분석하여 의미 있는 결론을 도출하고, 이를 의사결정과 실천에 반영하는 과정을 의미한다. 프로그램 평가의 실질적인 마지막 단계이다. 이 단계는 프로그램 평가의 실질적 목적, 즉 평가 결과를 실제 현장에서 어떻게 활용할지를 결정짓는 단계이다.

(1) 자료 분석의 목적

자료 분석은 평가의 두 가지 핵심 질문을 해결하기 위한 과정이다.

- **평가결과의 유의성:** 자료 분석을 통해 관찰된 차이나 변화가 단순히 우연이 아니라 통계적으로 유의미한지를 검증한다.
- **결과의 실용성:** 평가 결과가 실제 프로그램 개선이나 의사결정에 활용 가능한지를 분석한다.

(2) 자료 분석의 방법

자료 분석은 자료수집의 방법과 수집된 자료의 성격에 따라 크게 양적 자료 분석과 질적 자료 분석으로 구분된다.

- **양적 자료 분석:** 평가자료를 수치나 통계적 지표로 분석하는 방식이다. 양적 분석은 정확성과 비교가능성을 높이는 데 상대적으로 유용하며, 프로그램의 성과나 효율성을 입증하는 데 유리하다. 예를 들어, 프로그램 참여자 수, 상담시간, 비용 등을 통계적 기법(평균, 분산, 상관계수 등)으로 분석하여 결과의 유의성을 검증한다.
- **질적 자료 분석:** 질적 자료 분석은 참여자의 주관적 경험, 프로그램 과정, 맥락적 특성을 해석적으로 분석하는 방식이다. 질적분석은 프로그램의 복잡한 과정을 이해하고, 참여자나 현장의 목소리를 평가에 반영하는 데 도움이 된다.

(3) 결과의 활용

프로그램 평가 결과는 계획과 의사결정의 합리화를 위한 기초자료로 활용되어야 한다. 평가결과를 활용하지 않는 것은 평가를 하지 않는 것과 다를 바 없다. 프로그램 운영자나 정책 결정자는 분석 결과를 바탕으로 성과를 검토하고, 필요시 프로그램을 조정하거나 새로운 계획을 수립할 수 있다.

평가결과를 활용하고자 할 때에는 특히 그 결과의 해석에 유의해야 한다. 즉 결과의 일반화 가능성과, 관찰된 변화가 실제로 프로그램 때문인지 판단하는 내적 타당성의 균형을 고려해야 한다. 무작위배정 실험설계는 내적 타당성은 높지만, 다른 지역이나 상황에의 일반화는 어려울 수 있기 때문이다.

따라서 평가결과를 실제로 활용하기 위해 세 가지 질문에 답해보는 것이 필요하다(York, 1982).

- **일반화 가능성:** 이 결과가 다른 지역, 다른 집단에도 적용될 수 있는가?
- **재현 가능성:** 프로그램의 운영 방식과 환경이 다른 맥락에서도 반복 가능하고, 같은 결과를 낼 수 있는가?
- **적절한 평가 질문:** 평가에서 다룬 질문이 실제 의사결정에서 필요한 정보였는가?

한편, 평가결과의 공개여부는 프로그램 평가에서 중요한 고려사항이다. 평가결과를 공개하면 프로그램의 투명성이 높아지고, 사회적 책무성과 신뢰성을 확보할 수 있다(김영종, 2013). 외부 이해관계자나 지역사회 주민, 지원 기관과의 신뢰 관계를 강화하는 데 기여할 뿐만 아니라, 프로그램 수행주체 내부에서도 자발적인 질적 개선 노력을 촉진할 수 있다. 예컨대, 평가결과를 공개함으로써 프로그램의 성과와 과제가 외부로 알려지고, 이를 토대로 다양한 자원과 협력관계를 유치하거나, 프로그램의 한계와 오류를 신속하게 개선할 기회가 제공된다. 특히, 사회복지 프로그램은 공공성과 공익성을 기반으로 운영되기 때문에, 평가결과의 공개는 이러한 공공적 가치를 실현하는 수단으로도 기능할 수 있다.

그러나 평가결과의 공개는 그 자체로도 일정한 도전과제를 수반한다. 평가결과가 프로그램이나 조직의 취약점을 드러낼 수 있고, 그로 인해 오히려 프로그램 수행에 대한 부정적 인식이 확산되거나 외부 지원이 위축될 가능성이 있다. 따라서 평가결과를 공개할 때에는 단순히 평가결과만을 전달하는 것이 아니라, 평가의 맥락, 제한점, 해석상의 유의점 등을 함께 설명해야 한다(황성철, 2005).

4. 프로그램 평가의 윤리

평가는 프로그램의 가치에 대한 판단이다. 따라서 객관적인 증거를 기반으로 프로그램의 가치에 대한 합리적인 판단은 필수적이다. 그러나 현실적으로 평가는 어느 정도 정치적인 성격을 가질 때가 많다. 아래의 시나리오를 살펴보면 평가 단계에서 여러 가지 갈등 상황에 놓일 수 있음을 알게 된다.

사례 1

- 당신은 지역사회복지관에서 독거노인 지원 프로그램의 효과를 평가 중이다. 조사 과정에서 한 참여자가 "사실상 프로그램 참여가 생활에 도움이 되지 않는다"고 토로한다. 그런데 그 참여자가 프로그램 참여를 조건으로 소정의 지원금을 받고 있다는 사실을 알게 되었다. 참여자의 발언을 그대로 보고서에 반영할 것인가, 아니면 지원금과의 관계를 고려해 일부 내용을 수정할 것인가?

사례 2

- 다문화가정을 위한 프로그램을 평가하면서, 일부 참여자들이 모국어로밖에 의사소통이 안 된다. 기관에서는 통역 서비스를 제공할 예산이 부족하다고 한다. 이런 상황에서, 통역 없이 평가를 강행할 것인가, 아니면 다른 방식으로 평가계획을 수정할 것인가?

사례 3

- A복지기관은 정부의 보조금으로 운영되는 프로그램을 수행 중이다. 보조금 연장을 위해 정부에 성과평가 결과를 제출해야 하는 상황에서, 기관장은 평가자에게 "좋은 결과만 보고해 달라"는 요청을 한다. 어떻게 할 것인가?

1) 평가의 윤리적 이슈

프로그램 평가 과정에서 평가자는 다양한 이해관계와 압력에 직면할 수 있다. 평가 결과가 프로그램의 성패를 결정짓거나, 평가보고서가 정치적, 재정적 이해관계자에게 직접 영향을 미치기 때문이다(Royse et al., 2016).

먼저, 프로그램 평가자는 연구 및 프로그램 참여자의 권익을 보호해야 한다. 참여자들은 연구로 인해 신체적·정신적 부담을 느낄 수 있으며, 참여 사실이 외부로 알려질 경우 사회적 불이익을 받을 수도 있다.

둘째, 평가자는 평가를 수행하는 과정에서 다양한 이해관계자들로부터 외부 압력을 받을 수 있다. 특히 기관 관리자나 후원자는 긍정적인 평가결과를 요구할 수 있다. 그러나 평가자는 프로그램의 진정한 효과를 밝혀내는 것이 평가의 본질적 목적임을 명확히 인식해야 한다.

셋째, 평가자는 윤리적 딜레마를 해결하기 위해 동료, 상급자, 혹은 기관생명윤리위원회(IRB)의 도움을 받아야 한다.

넷째, 내부 평가자인 경우에는 조직에 대한 충성심과 연구윤리 간의 충돌이 생길 수 있다. 내부 평가자가 자신의 기관에서 프로그램의 효과가 미미하다는 사실을 발견하면, 이를 기관의 요구에 따라 감추고 싶은 유혹을 받을 수 있다.

마지막으로, 평가자는 프로그램의 한계와 평가의 한계도 명확히 제시해야 한다. 프로그램 평가에서 평가설계나 자료수집 방식, 평가 대상자의 특성 등은 평가 결과에 큰 영향을 미칠 수 있다. 따라서 평가자는 평가 한계와 잠재적 편향 가능성을 솔직히 제시하고 이를 토대로 평가 결과를 해석해야 한다.

2) 평가를 위한 윤리기준

평가 관련 윤리적 이슈에 직면했을 때 평가자는 어떻게 대응해야 할까? 이 문제를 해결하기 위해 전문가 집단에서 제시한 윤리기준을 살펴보는 것이 필요하다. 사회복지사 윤리강령에서도 평가와 관련된 기준들을 제시하고 있으며, 이는 공정한 평가, 클라이언트의 이익 우선, 비밀보장 등의 내용을 포함한다.

다음은 일반적인 평가에서 준수해야 할 윤리적 지침이다.

(1) 평가를 위한 기본적 윤리지침

윤리적 평가를 위한 대표적 원칙으로는 벨몬트 보고서(Belmont Report)의 세 가지가 있다. 첫째, **선행**으로 참여자와 사회에 대한 이익을 극대화하고 위험을 최소화한다. 둘째, **존중**으로 참여자의 자율성을 보장하고 특히 취약집단에 대한 예우를 강조한다. 셋째, **정의**로 연구로 인한 비용과 이익이 공정하게 분배되도록 한다. 이와 관련하여 Royse 등(2016)은 다음의 기본적인 윤리지침을 제시하였다.

- **자발적 참여**: 평가를 위한 참여는 강제가 아닌 자발적 결정이어야 하며, 언제든지 참여를 중단할 자유가 보장된다.
- **충분한 정보 제공**: 평가목적, 참여 절차, 예상되는 위험과 이익 등에 대해 참여자가 충분히 이해할 수 있는 방식으로 설명해야 한다.
- **무해성 보장**: 연구 참여로 인해 신체적·정신적 피해가 발생하지 않도록 해야 한다. 특히, 트라우마 경험을 다시 떠올리게 하거나 참여자의 사회적·경제적 지위가 위태로워지는 상황을 피해야 한다.
- **민감정보 보호**: 평가 참여자의 신원이나 민감한 정보는 개인정보보호 차원에서 암호화 등을 통해 특별히 관리한다.

(2) AEA의 평가자를 위한 지침

미국평가협회(American Evaluation Association: AEA)는 평가자들이 따를 수 있는 전문적이고 윤리적인 기준을 제시하기 위하여 평가자를 위한 평가의 원칙을 수립했다(AEA, 2018).

- **체계적 조사(systematic inquiry)**: 평가자는 평가를 수행할 때 명확한 질문을 설정하고, 이를 뒷받침하는 체계적이고 신뢰할 수 있는 자료를 수집하여 분

석한다.

- **역량**(competence): 평가자는 자신의 지식과 기술이 평가에 적합한지 명확히 인식하고, 필요한 경우 전문적 자문을 구하거나 추가 훈련을 받는다.
- **정직성과 투명성**(integrity/honesty): 평가자는 평가의 전 과정에서 결과를 왜곡하거나 숨기지 않으며, 모든 관련 당사자에게 평가의 목적, 과정, 한계 등을 솔직하게 알린다.
- **인간 존중**(respect for people): 평가자는 평가 참여자와 관련된 사람들의 권리, 존엄성, 다양성을 존중하며, 평가로 인한 부정적 영향을 최소화한다.
- **공익성 및 공동체 책임**(responsibility for general and public welfare): 평가자는 평가가 공익에 부합하도록 노력하고, 평가 결과가 사회적으로 유익하게 사용되도록 책임을 다한다.

프로그램 실습

1. 다음 예시를 바탕으로 형성평가와 총괄평가의 필요성을 비교하고, 각각의 평가가 어떻게 기여할 수 있는지 설명해 봅시다.

> A종합사회복지관에서 실시 중인 학교 밖 청소년 자립지원 서비스는 프로그램의 진행 중에 참여자들의 반응과 서비스 과정을 살펴보며 서비스의 질을 개선하려 한다. 또한 프로그램이 끝난 후에는 자립준비도 지표가 얼마나 변화했는지를 확인하려 한다.

2. 다음 사례에 나타난 윤리적 이슈는 무엇이며, 어떻게 해결할 것인지 작성해 봅시다.

> 당신은 A팀 소속으로, B팀으로부터 올해 ○○재단의 재정지원을 새롭게 받기 시작한 프로그램에 대한 평가를 요청받았다. 이 프로그램의 맥락에는 익숙하지 않으며, 11개월 동안 진행된 후 곧 종료를 앞두고 있다. 자금 지원을 계속 받기 위해 프로그램의 효과를 입증할 수 있는 결과가 필요하다는 점을 알고 있기 때문에, 평가보고서는 1개월 이내에 제출해야 한다고 요청받았다. B팀의 팀장은 시간이 부족하므로 프로그램 담당자로부터만 자료를 제공받으면 정해진 기간 내에 평가를 완료할 수 있다고 주장한다. 또한 그들은 당신이 수집한 모든 평가 데이터는 항상 공유해달라고 요구한다. 당신은 평가 경력이 많지 않으며, 좋은 평판을 쌓고자 한다.

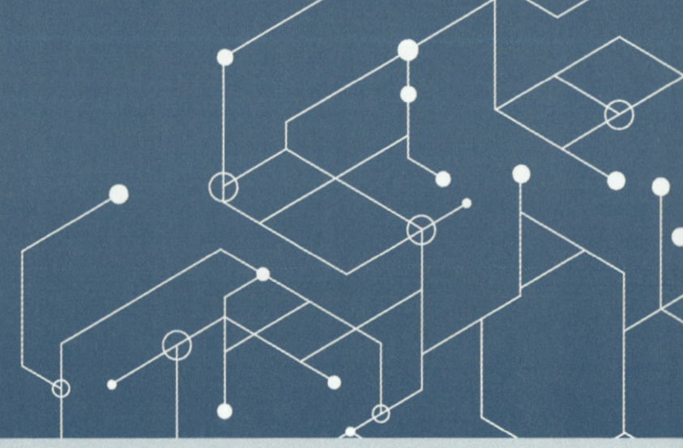

Chapter

11 양적 평가

> "In God we trust. All others must bring data."
> - W. Edwards Deming

프로그램 평가는 프로그램의 가치와 성과를 체계적으로 판단하는 과정으로, 다양한 방법을 활용하여 이루어진다. 연구 목적에 따라 평가 방법은 효과성 평가, 효율성 평가, 영향 평가 등으로 구분되지만, 이 장에서는 평가 방법론을 기준으로 양적 평가와 질적 평가로 구분하여 서술하고자 한다. 이 중 양적 평가는 프로그램의 효과성, 효율성, 영향 등을 수량화된 자료를 기반으로 분석하고 해석하는 방식이다.

1. 양적 평가의 의미와 특징

양적 평가(quantitative evaluation)는 사회복지 프로그램의 효과성과 효율성을 객관적이고 계량화된 지표를 통해 측정하고 분석하는 평가 접근법이다(Royse et al., 2016). 이는 수치화된 데이터를 활용하여 프로그램의 성과를 체계적으로 검증하고, 통계적 방법을 통해 프로그램의 인과관계를 규명하는 평가방식을 의미한다.

양적 평가는 실증주의 패러다임에 기반하여, 관찰 가능하고 측정 가능한 현상을 중심으로 프로그램의 효과를 평가한다(Rubin & Babbie, 2017). 이는 프로그램 투입, 과정, 산출, 성과를 정량적으로 측정함으로써 프로그램의 로직모델에 따른 변화를 객관적으로 검증하는 것을 목적으로 한다.[7)]

양적 평가의 특징으로는 다음과 같다.

첫째, 객관성과 신뢰성이다. 표준화된 측정도구와 체계적인 자료수집 절차를 통해 평가자의 주관적 편견을 최소화하고, 동일한 조건에서 반복 측정했을 때 일관된 결과를 얻을 수 있다.

둘째, 양적 평가는 확률표집과 통계적 추론을 통해 연구결과를 모집단으로 일반화할 가능성을 제공한다.

셋째, 양적 평가는 동일한 척도와 기준을 사용하여 서로 다른 프로그램이나 시기별 성과를 비교분석할 수 있게 한다(Rossi et al., 2019).

넷째, 양적 평가는 투입 대비 산출의 비율을 비교적 정확히 계산할 수 있어 프로그램의 효율성 평가에도 도움이 된다.

이러한 양적 평가는 수치화된 데이터를 통해 프로그램 효과의 크기와 방향을 측정할 수 있어 효과크기, 신뢰구간 등의 통계적 지표를 통해 프로그램 효과의 실질적 의미를 구체적으로 파악할 수 있다(Grinnell et al., 2019). 또한 양적 평가에 의한 객관적 데이터는 비교적 쉽게 산출이 가능할 뿐만 아니라 그 결과를 활용하여 참여자, 후원자, 정책 결정자에 대한 책무성을 잘 드러내 보여줄 수 있는 장점이 있어서 매우 선호된다. 그러나 양적 평가는 맥락적 정보의 제한, 인간의 주관적 경험 간과, 측정의 복잡성[8)] 등의 한계를 지닌다.

7) 로직모델에 따른 과정평가와 성과평가는 13장에서 별도로 다룬다.

8) 측정의 복잡성 문제는 사회복지 프로그램의 복합적 목표와 다차원적 성과를 단순한 수치로 환원하는 과정에서 중요한 정보가 손실될 위험이 있음을 말한다.

2. 양적 평가의 방법

1) 수치계산

수치계산(numeric counts)은 성과측정의 한 유형으로, 프로그램에 참여한 클라이언트의 조건, 상태, 행동 등에 있어 삶의 질 변화를 달성한 클라이언트의 수나 비율을 단순히 계산하는 방식이다. 우울감 해소 프로그램 참여한 독거노인 중 프로그램이 끝난 후 우울감 감소가 이루어진 숫자(또는 비율)를 세는 방식이다.

수치계산은 다음 두 가지의 특징을 갖는다(Martin & Kettner, 2010).

- **단순한 인원수 측정:** 사회복지 프로그램의 결과로 삶의 질 변화를 달성한 클라이언트 수를 "머릿수 세기"로 단순히 세는 것이다.
- **이분법적 측정:** 클라이언트의 삶의 질 변화가 발생했는지(예) 또는 발생하지 않았는지(아니요)를 이분법적으로 측정한다. 이러한 명목수준의 수치계산만으로는 양적 또는 질적 변화의 다양한 정도를 담아내지는 못한다.

수치계산은 바람직한 사건(예: 실업자가 취업하는 것)이나 바람직하지 않은 사건(예: 클라이언트가 약물을 재사용하는 것)을 반영할 수 있다. 바람직하지 않은 결과(예: 재범)는 일반적으로 해당 조건을 나타내지 않은 클라이언트 수 또는 비율로 측정된다.

표 11-1 성과목표에 따른 수치계산의 예

성과목표	수치계산 적용
보호아동의 야간 안전사고율 감소	야간안전사고 발생건수 / 비율
기초학습능력 향상	기초학습평가점수 향상된 수 / 비율
가족관계의 향상	가족관계 향상된 수 / 비율

출처: 이민홍 외(2024).

수치계산은 사회복지 프로그램에서 널리 선호되는 성과 측정 방식 중 하나이다. 미국에서도 정부의 공공재원으로 지원받아 프로그램을 수행한 기관들은 서비스 효과와 성취보고서(SEA)를 제출할 때, 수치계산에 근거하여 평가를 받는다. 이러한 수치계산 중심의 성과평가가 선호되는 이유는 첫째, 수치계산은 다른 성과측정 방법들에 비해 데이터 수집이 덜 복잡하고 까다롭지 않으며, 둘째 성과당 비용(단위 비용) 산출에 적합하기 때문이다(Martin & Kettner, 2010).

수치계산은 다른 성과측정치에 비해 정밀성과 타당성은 다소 낮다는 한계가 있다(Kettner et al., 2023).

수치계산과 산출 측정

수치계산은 프로그램의 성과측정에 초점을 두고 있으나, 실제로는 서비스 제공량, 참여자 수, 프로그램 이용 횟수 등의 단순 수치 집계와 같은 산출물을 측정하는 데도 사용된다.

수치계산과 목표 대비 결과 평가

목표 대비 결과 평가는 프로그램 기획 단계에서 설정된 목표치(예: 서비스 제공 건수, 참여자 수, 배포자료 수 등)와 실제 수행 결과를 비교하여 프로그램의 실행 정도를 평가하는 것인데, 이 과정에서 목표치와 실적 수치를 모두 수량적 지표로 사용하므로, 수치계산은 자연스럽게 활용된다. 이는 산출목표와 성과목표 모두에서 목표 대비 결과평가로서 활용가능하다.

2) 표준화된 측정도구

(1) 표준화된 측정도구의 개념 및 특징

사회 현상을 구성하는 변수는 단일 문항으로 측정하기 어려운 경우가 많다. 특히 클라이언트의 인식, 감정, 태도, 행동과 같이 복잡하고 다차원적인 속성을 지닌 변화를 목표로 하는 프로그램의 성과를 측정할 때 이러한 어려움은 더욱 커진다. 따라서 특정 변수가 여러 특성의 집합체로 구성되어 있을 경우, 경험적 지표들을 통합한 척도를 활용하여 측정한다(Rubin & Babbie, 2016).

표준화된 척도(standardized scale)는 측정하고자 하는 변수나 개념을 일관되고 신뢰성 있게 측정하기 위해 개발된 도구이다. 이는 일정한 절차에 따라 측정하고 점수를 계산하며, 해당 척도의 신뢰도와 타당도가 경험적으로 검증된 것을 의미한다(Rubin & Babbie, 2016).

표준화된 척도는 일반적으로 클라이언트에 대한 정보와 때로는 클라이언트 가족에 대한 정보를 얻기 위해 고안된 일련의 구조화된 질문으로 구성된다. 또한, 상태를 쉽게 이해하도록 동일한 항목과 방법으로 측정하고 점수화하여 단일 수치를 산출하므로 전후비교가 가능하다(Martin & Kettner, 2010). 표준화된 척도는 무료로 사용되기도 하지만 대부분의 경우 저작권이 있어서 사용에 대한 비용을 지불해야 한다.

(2) 표준화된 측정도구의 유형

표준화된 측정도구의 유형은 측정된 개념과 그 개념이 단일 차원인지 다차원인지 여부, 사용된 척도의 구조, 응답자 유형, 임상적 절단 점수의 사용 여부, 신뢰도 및 타당도 정도, 척도를 전문적으로 사용하는데 걸리는 시간과 노력 등에 따라 구분할 수 있다(Martin & Kettner, 2010).

① 측정되는 개념

표준화된 척도는 인구 집단(예: 아동, 부부, 가족, 성인, 노인), 행동(예: 폭력, 양육 행동, 구직 행동), 태도(예: 자기 · 자녀 · 중요한 타인에 대한 태도), 문제(예: 약물 및 알코올 사용, 신체 건강), 개인 내적 또는 개인 간 기능(예: 기질, 자존감, 우울, 타인과의 관계 능력), 발달, 성격 특성, 성취도, 지식, 적성, 그리고 서비스(예: 보육, 위탁보호) 등 다양한 영역에 초점을 맞출 수 있다.

② 척도의 구조

응답 척도 구성에 따라 다양하다. 대부분의 표준화된 척도는 빈도를 나타내는 리커트(Likert) 유형 척도를 사용한다. 표준화된 측정 도구는 응답항목의 수에 따라 5점 척도, 7점 척도, 10점 척도 등으로 다양하게 사용되지만 7점 척도가 신뢰도나 타당도 면에서 무난하다고 본다. 5점척도의 경우 '1 = 전혀 그렇지 않다, 2 = 그렇지 않다, 3 = 보통이다, 4 = 그렇다, 5 = 매우 그렇다' 식으로 높은 숫자로 갈수록 긍정형 응답으로 배치된다.

③ 응답자 유형

표준화된 척도는 누가 작성하는지에 따라 다르다. 많은 척도는 클라이언트가 직접 작성하도록 설계되어 있으며, 클라이언트가 자신의 행동과 감정을 어떻게 인식하는지 파악하는 데 도움을 준다. 다른 척도는 전문가나 관련 지식을 가진 제3자가 작성하도록 설계되기도 한다.

④ 임상적 절단 점수 사용여부

일부 표준화된 척도에는 임상적 절단점수가 제시되어 있다. 클라이언트의 점수가 이 임상적 절단점수 이상이면 임상적 상태가 존재한다고 해석한다. 이는 점수 해석에 전문적인 훈련이나 교육이 필요하지 않아 매우 유용할 수 있다.

⑤ 타당도와 신뢰도

타당도는 표준화된 척도가 프로그램이 변화시키고자 하는 행동을 어느 정도 정확히 측정하는지를 나타내며, 신뢰도는 동일한 현상을 관찰하는 다른 관찰자들이 동일한 결론을 도출하거나, 시간이 지남에 따라 다른 관찰 결과가 동일한 결과를 산출하는 정도를 나타낸다. 표준화된 척도는 특정 인구집단에 맞추어 개발되었을 수 있기 때문에 사용될 집단에 적용되는 타당도와 신뢰도를 확인해야 한다.

⑥ 척도사용 요건

일부 표준화된 척도는 관리 및 채점을 위해 특정 훈련과 자격 등 전문지식이 필요할 수 있다.

(3) 척도의 선택과 사용

프로그램 평가에 활용될 수 있는 표준화된 척도는 매우 제한적이어서, 타당도와 신뢰도를 두루 갖춘 척도를 찾기란 쉽지 않다. 그러나 사회복지현장의 필요를 반영하여 사회복지공동모금회 등에서 다양한 척도를 제공하고 있으므로, 이들 척도의 신뢰도와 타당도를 검토함으로써 활용 가능성을 높일 수 있다(사회복지공동모금회, 2018). 프로그램의 성과측정으로서 표준화된 척도를 사용하기 위해서는 다음과 같은 단계를 따라야 한다.

- **1단계(표준화된 척도의 유형 및 수 결정)**: 사용할 측정도구를 선택하는 단계이며 이해관계자들이 선정과정에 참여하는 것이 바람직하다.
- **2단계(개입 전 측정)**: 모든 프로그램 참여자에 대해 프로그램 시작 시점에 측정하여 개별 클라이언트의 기초선 점수를 산출한다.
- **3단계(프로그램 실행)**: 클라이언트가 프로그램에 참여하는 단계이다.
- **4단계(개입 후 측정)**: 프로그램이 종료된 후 곧바로 또는 후속개입(follow-up) 후 사후 측정한다.
- **5단계(비교)**: 사전검사와 사후검사 점수를 비교하여 클라이언트의 상태, 지위, 행동, 기능, 태도, 감정 또는 인식 등에 있어 유의한 변화가 있는지 확인한다.

(4) 간편사정도구와 측정도구의 개발

표준화된 측정도구를 사용하기 위해서는 복잡성과 사용절차, 비용 뿐만 아니라 전문적인 훈련이 필요할 수 있다. 따라서 사회복지현장에서는 특별한 노력과 비용을 들이지 않고 사용가능한 간결한 표준화된 척도가 선호된다. 간편사정도구(Rapid Assessment Instrument: RAI)는 클라이언트의 문제나 상태를 신속하고 효율적으로 측정하기 위해 개발된 표준화된 측정도구다. 이 도구는 실무자가 제한된 시간 내에서도 신뢰할 수 있는 정보를 수집할 수 있도록 설계되었다(Hudson, 1982).

간편사정도구는 측정 영역에 따라 다양한 유형으로 분류된다. 개인 차원에서는 우울척도(Beck Depression Inventory), 자존감척도(Rosenberg Self-Esteem

Scale), 불안척도(State-Trait Anxiety Inventory) 등이 있다. 가족 차원에서는 가족기능척도(Family Assessment Device), 부부만족도척도(Dyadic Adjustment Scale) 등이 활용된다(Bloom et al., 2009). 간편사정도구는 표준화된 척도로서 문항수가 적어 사회복지현장에서 널리 활용되는 측정도구이다. 그러나 복잡한 문제 상황을 단순화할 위험성과 문화적 편향 가능성이 한계로 지적되어 활용 시에 충분한 검토가 필요하다(Rubin & Babbie, 2016).

다음은 Rosenberg의 자아존중감 척도의 예이다. Rosenberg에 의해 개발된 이후 광범위한 신뢰도와 타당도 검증을 거쳤고, 전 세계적으로 다양한 문화권에서 표준화 작업이 이루어졌다. 이 척도는 일관된 채점 방식과 규준점수를 제공한다. 또한 총 10문항으로 구성되어 빠른 시간에 측정이 가능하다. 4점 리커트 척도를 사용하여 채점이 용이하며, 반복 측정을 통한 변화 추적이 가능하다. 또한 특별한 훈련 없이도 실무자가 쉽게 활용할 수 있어 간편사정도구로서 활용도가 높다.

프로그램 평가시 표준화된 측정도구가 없을 경우에는 자체 개발을 고려해야 한다. 자체개발 시에는 프로그램 목적과 평가 필요성에 따라 측정하고자 하는 변수를 명확히 규정한 후, 문항을 구성한다. 이때 기존의 측정도구들을 활용하거나 문항수를 줄이거나 하는 방법도 가능하다. 이후 전문가 검토를 통해 내용타당도를 확보하고, 예비조사를 통해 신뢰도와 타당도를 검증한다. 자체개발 도구의 경우, 반복적인 검토와 수정 과정을 통해 프로그램 목표와 측정대상에 적합하도록 발전시켜야 한다(York, 1982).

Rosenberg의 자아존중감척도(Rosenberg Self-Esteem Scale: RSES)

- 개요

  1965년 M. Rosenberg가 개발한 자기보고식 측정도구로, 개인의 전반적 자아존중감을 측정한다. 이 척도는 자아존중감을 "자신에 대한 긍정적 또는 부정적 태도"로 정의하며, 자신을 가치 있는 존재로 여기는 정도를 평가한다. 총 10개 문항으로 구성되며, 긍정문항 5개와 부정문항 5개로 구성된다. 각 문항은 4점 리커트 척도(1점: 전혀 그렇지 않다, 2점: 그렇지 않다, 3점: 그렇다, 4점: 매우 그렇다)로 측정된다. 총점 범위는 10-40점이며, 점수가 높을수록 자아존중감이 높음을 의미한다.

• 문항내용
① 나는 내가 적어도 다른 사람만큼은 가치 있는 사람이라고 생각한다.
② 나는 좋은 성품을 가졌다고 생각한다.
③ 나는 대체적으로 실패한 사람이라고 생각한다. (역채점)
④ 나는 대부분의 다른 사람들과 같이 일을 잘 할 수 있다.
⑤ 나는 자랑할 것이 별로 없다. (역채점)
⑥ 나는 나 자신에 대하여 긍정적인 태도를 가지고 있다.
⑦ 나는 나 자신에 대하여 대체로 만족한다.
⑧ 나는 나 자신을 좀 더 존경할 수 있으면 좋겠다. (역채점)
⑨ 나는 가끔 나 자신이 쓸모없는 사람이라는 느낌이 든다. (역채점)
⑩ 나는 때때로 내가 좋지 않은 사람이라고 생각한다. (역채점)

• 활용 및 해석
척도 점수는 다음과 같이 해석된다: 30점 이상(높은 자아존중감), 20-29점(보통 자아존중감), 20점 미만(낮은 자아존중감). 임상 현장에서는 15점 이하를 낮은 자아존중감의 기준으로 사용하기도 한다. 개입 전후 측정을 통해 개입효과 평가도 가능하다.

출처: 이자영 외(2009). Rosenberg의 자아존중감 척도: 문항수준 타당도분석. **한국심리학회지: 상담 및 심리치료, 21(1).**

3) 기능수준척도

(1) 기능수준척도의 개념 및 특징

기능수준척도(Level of Functioning Scale: LOF)는 표준화된 측정도구나 기존의 활용 가능한 척도가 부족할 때, 기관이나 프로그램 실무자가 특정 클라이언트집단의 특성에 맞게 직접 개발하는 사정 도구이다(Martin & Kettner, 2010). 이 척도는 클라이언트의 기능, 행동, 문제를 광범위하게 포함하며, 표준화된 측정도구의 기능을 수행할 수 있다.

LOF는 기관 단위에서 특정 인구 집단에 대한 지식과 경험을 바탕으로 개발되며, 높은 수준에서 낮은 수준까지의 기능 정도를 표시한다. 일반적으로 담당자나 제3의 관찰자가 작성하고, 프로그램 전후에 실시하여 전후 비교가 가능하다.

LOF의 설계에는 표준화된 측정도구나 기타 측정도구 설계에 적용되는 일반적인 원칙들이 동일하게 적용된다. 첫째, 측정하고자 하는 성과가 달성되었음을 확인시켜 줄 하위 기능을 설정할 때에는 해당 프로그램과 클라이언트집단에 대한 이론, 연구, 실천 지식에 기반해야 한다. 둘째, 서술어는 관찰가능한 클라이언트 기능을 설명하고 기능 수준을 낮은 단계에서 높은 단계로 구별해야 하며, 행동 지향적이고 구체적으로 작성되어야 한다. 셋째, 척도 개발에 참여하는 사람은 프로그램과 클라이언트집단에 대한 충분한 지식을 보유해야 한다 (Martin & Kettner, 2010).

(2) 기능수준척도의 구성 절차

LOF 개발 시 사회복지 프로그램, 대상 집단, 사회문제에 대한 이해가 필요하며, 클라이언트 문제를 잘 아는 이해관계자들의 참여가 중요하다. 일반적인 LOF 개발의 순서는 다음과 같다(Martin & Kettner, 2010).

① 1단계(평가할 기능 선택)

프로그램 성과 측정 지표가 될 기능들을 선택하는 단계이다. 선택된 기능은 클라이언트 변화 측정이 가능해야 하며, 다른 기능과 구별되는 단일차원을 가져야 한다. 예컨대 아동 방과후 프로그램에서 대인관계는 사회성, 참여, 대화로 구분되어 각각 별도의 LOF 항목으로 측정될 수 있다.

② 2단계(척도 점수 부여)

일반적으로 홀수 점수를 사용하며, 중간점은 클라이언트가 양방향으로 이동할 수 있는 균형점이다. LOF는 3점에서 10점 사이로 구성된다.

③ 3단계(점수별 특징 기술)

서열 척도 생성을 위해 각 항목의 서술어는 낮은 기능에서 높은 기능으로의 수준을 명확히 나타내야 한다. 서술어는 관찰 가능하고 검증 가능한 클라이언트 행동에 기반하며, 부적절하거나 모호한 표현은 피해야 한다.

④ 4단계(현장 검증)

LOF 초안 완성 후 클라이언트를 대상으로 사전 검사를 실시한다. 현장 검증

피드백과 직원 제안을 반영하여 최종 초안을 완성하고 신뢰도 검증을 준비한다.

⑤ 5단계(신뢰도 검증)

평가자 간 동일한 클라이언트의 기능 수준에 대한 평가가 일치하는 정도를 비교하여 신뢰도를 측정한다. 일반적으로 평가자간 일치가 70~80% 정도면 높은 수준으로 간주된다.

표 11-2 방과후 프로그램 참여 아동의 상호작용 행동 평가를 위한 LOF 예시

가장 적절한 기능 수준에 O표 하세요.	
사회성	수준: 1 2 3 4 5
	level 1: 내향적이며 혼자 지내며, 직원이나 다른 아동들과 자발적으로 대화하거나 상호작용하지 않고, 어떠한 대인관계에도 관심을 보이지 않음 level 3: 직원이나 다른 아동들과 교류하도록 격려해야 하며, 대인관계에 최소한의 관심만 보임 level 5: 외향적이며, 직원 및 다른 아동들과 관계형성에 능숙함
참여	수준: 1 2 3 4 5
	level 1: 제공된 활동에 참여하지 않고 어떤 상황에서도 참여를 거부함 level 3: 격려를 받으면 활동에 참여함 level 5: 적극적으로 참여하고 다른 사람의 참여도 함께 독려함
대화	수준: 1 2 3 4 5
	level 1: 다른 아동이나 직원에게 말을 걸지도 않고 질문에도 대답하지 않음 level 3: 다른 사람들과 대화하고 싶어 하지만 언어적 상호작용은 제한적임 level 5: 활발하게 대화하며 다른 아동이나 직원과 즐겁게 이야기를 나눔

출처: Martin & Kettner(2010).

4) 클라이언트 만족도

(1) 클라이언트 만족도 조사의 의미와 특징

클라이언트 만족도(client satisfaction) 조사는 기관 프로그램이 클라이언트에게 어떻게 인식되고 있는지를 파악하기 위해 클라이언트의 경험과 평가를 측정하는 조사이다(Royse et al., 2016). 이러한 조사는 소비자 권리와 프로그램 책무성의 맥락에서 출발하며, 조직의 평판, 자원 확보, 그리고 미래 프로그램 개발에 중요한 영향을 미친다. 일반적으로 클라이언트 만족도 조사는 프로그램 과정이나 서비스 질 개선을 위한 목적으로 활용한다.

클라이언트 만족도 조사는 주로 CSQ-8(Client Satisfaction Questionnaire-8)과 같은 표준화된 측정도구를 활용한다. CSQ-8은 클라이언트가 받은 서비스의 질, 기대 충족 여부, 재이용 의사 등을 8개 문항으로 측정한다.

클라이언트 만족도 조사에서 가장 큰 문제는 응답의 긍정 편향이다(황성철, 2005). 이는 서비스의 질과 관계없이 클라이언트가 감사 감정이나 관계 유지 의식 등으로 긍정적으로 응답하는 경향 때문이다. 또한 서비스 경험이 좋지 않아 중도에 이탈한 집단의 목소리는 반영되지 않는 경우도 문제로 지적될 수 있다.

만족도 조사는 개방형 문항을 추가하여 클라이언트가 예상치 못한 문제를 자유롭게 언급할 수 있는 기회를 제공하기도 한다.

한편, 조성우 등(2024)은 로직모델의 체계에 따라 서비스의 질과 성과를 모두 포괄하는 만족도 조사항목을 제안하였다. 이들은 로직모델의 투입, 과정, 산출, 성과 각 요소에 포함되는 세부항목에 대한 만족도를 리커트 5점척도 자기기입식으로 측정하고자 하였다.

(2) 만족도 조사의 활용방안

만족도 조사에서 측정도구, 자료수집 방법, 응답환경 등을 충분히 고려하여 측정의 타당도와 신뢰도를 높이는 노력이 필요하다. 만족도 조사시 다음과 같은 요인을 고려할 필요가 있다(김영종, 2013).

- **다양한 자료 수집 방법 활용:** 양적 평가 질문뿐만 아니라 질적 자료수집 방법이나 개방형 문항을 추가하는 방법도 가능하다.
- **세부 영역별 만족도 측정:** 하나의 항목으로 측정하기보다는 세부 영역별로 여러 항목으로 구성한다. 즉 서비스 이용 편의성, 시설환경, 직원 역량, 도움 정도, 전반적 성과 만족도 등으로 세분화한 항목을 추가한다.
- **조사 시점과 환경의 다양화:** 여러 조사 시점과 다른 환경에서의 조사는 측정결과의 신뢰도를 높일 수 있다.

• **검증된 척도 사용**: 타당도와 신뢰도가 입증된 척도를 사용하는 것이 중요하다.

청소년 리더십 향상 프로그램 만족도 조사

안녕하세요? 이 설문지는 이번에 여러분이 참여한 청소년 리더십 향상 프로그램 만족도를 조사하기 위한 설문지입니다. 여러분께서 응답한 내용은 조사 목적을 위해 통계자료로만 사용될 뿐, 그 외의 목적으로 사용되는 일은 절대 없을 것을 약속드리며, 조사는 익명으로 진행되오니 솔직하게 응답하여 주시기 바랍니다. 이 설문에 응해주셔서 진심으로 감사드립니다.

담당자: ○○○서비스제공팀 사회복지사

✦ 다음은 프로그램 운영 과정에 대한 질문입니다.

문항	전혀 아니다	아니다	보통이다	그렇다	매우 그렇다
1. 프로그램실 환경이 활동하기에 적절하다.	①	②	③	④	⑤
2. 마이크, 빔 프로젝트, 책걸상 등 기자재가 잘 구비되어 있다	①	②	③	④	⑤
3. 프로그램 자료(교재)의 질이 좋았다.	①	②	③	④	⑤
4. 강사 선생님이 전문성을 갖추었다.	①	②	③	④	⑤
5. 프로그램 신청절차에 대해 만족한다.	①	②	③	④	⑤
6. 프로그램이 계획대로 잘 운영되었다.	①	②	③	④	⑤
7. 프로그램 내용이 리더십 개발을 잘 반영하고 있다.	①	②	③	④	⑤
8. 참여자들의 관계가 친밀했다.	①	②	③	④	⑤
9. 강사 선생님이 참여자들의 질문에 잘 대답했다.	①	②	③	④	⑤

✦ 다음은 프로그램 참가후 경험에 대한 질문입니다.

문항	전혀 아니다	아니다	보통이다	그렇다	매우 그렇다
10. 모든 프로그램에 결석 없이 참여했다.	①	②	③	④	⑤
11. 모든 과제를 성실하게 제출했다.	①	②	③	④	⑤
12. 프로그램을 통해 리더십이 무엇인지 알게 되었다.	①	②	③	④	⑤
13. 프로그램을 통해 리더십을 향상하게 되었다.	①	②	③	④	⑤
14. 프로그램을 통해 친구들을 돕게 되었다.	①	②	③	④	⑤
15. 프로그램을 통해 섬기는 리더십을 배웠다.	①	②	③	④	⑤

✦ 프로그램에 대한 건의사항이나 기타 의견을 작성해 주십시오.

출처: 조성우 외(2024).

표 11-3 클라이언트 만족도 설문지(CSQ-8)

귀하가 받으신 프로그램의 개선을 위해 다음 질문에 답해 주시면 대단히 감사하겠습니다. 긍정적이든 부정적이든, 솔직한 의견을 듣고 싶습니다. 모든 질문에 답변해 주시고, 의견과 제안도 환영합니다. 진심으로 감사드립니다.
(해당하는 곳에 O표해 주십시오.)

1. 귀하가 받았던 서비스의 질은 어떻다고 보십니까?

4	3	2	1
매우 좋았다	좋았다	보통이다	좋지 않았다

2. 귀하가 원했던 그런 서비스를 받았습니까?

4	3	2	1
전혀 아니다	아니다	그렇다	매우 그렇다

3. 우리 프로그램이 귀하가 원했던 것을 어느 정도 충족시켰습니까?

4	3	2	1
모두 충족	대부분 충족	일부 충족	전혀 충족안됨

4. 만약 친구분이 비슷한 도움이 필요하다면, 우리 프로그램을 추천해 주시겠습니까?

4	3	2	1
전혀 아니다	아니다	그렇다	매우 그렇다

5. 귀하가 받은 도움의 양에 얼마나 만족하십니까??

4	3	2	1
매우 불만족	약간 불만족	대체로 만족	매우 만족

6. 귀하가 받은 서비스가 귀하의 문제를 더 효과적으로 해결하는 데 도움이 되었습니까?

4	3	2	1
매우 도움	어느 정도 도움	도움 안됨	일을 더 어렵게 만듬

7. 전반적으로, 귀하가 받으신 서비스에 얼마나 만족하십니까?

4	3	2	1
매우 만족	대체로 만족	약간 불만족	매우불만족

8. 다시 도움을 요청하신다면, 우리 프로그램을 찾아주시겠습니까?

4	3	2	1
전혀 아니다	아니다	그렇다	매우 그렇다

출처: Pascoe, G. C., & Attkisson, C. C.(1983); Royse, D., Thyer, B. A., & Padgett, D. K.(2016)에서 재인용.

3. 양적 평가를 위한 집단설계

프로그램이 특정 변화를 가져왔는지 확인하려면, 변화가 실제로 이루어졌는가 뿐만 아니라 프로그램 외의 다른 요인들이 변화에 미치는 영향을 최소화해야 한다. 이를 비교와 통제라고 하며, 프로그램 평가는 프로그램과 그 결과간의 인과관계를 명확히 하는 것이 관건이다.

집단설계는 특정 프로그램에 참여한 대상 집단의 결과와 프로그램에 참여하지 않았거나 다른 개입을 받은 유사 대상 집단의 결과를 비교하여 개입의 효과를 평가하는 설계를 말한다. 내적 타당도가 높은 집단설계는 개입의 효과에 대한 인과적 추론을 도출할 수 있게 해준다(Kettner et al., 2023). 개입평가를 위한 집단설계에는 타당도의 정도에 따라 다양한 설계유형이 있을 수 있으나 여기서는 프로그램 평가에 일반적으로 활용가능성이 높은 몇 가지 유형에 대해서만 구체적으로 살펴본다.

1) 프로그램 후 평가설계

집단설계 중에서 프로그램 후 평가(after program assessment) 설계는 가장 간단한 평가 방식으로, 프로그램이 완료된 후 참여자들의 만족도나 변화 정도를 측정하는 방식이다(York, 1982). 예를 들어, 서비스 이용 후 얼마나 좋아졌는지 묻는 설문조사가 대표적이다. 흔히 단일집단 사후검사설계(one-group posttest only design)나 비동일집단 사후검사설계(nonequivalent group posttest only design)와 같이 사전검사 없이 프로그램 종료 후 1회 검사를 통해 평가하는 설계이다. 다음은 프로그램 후 평가설계의 모형이며, X는 프로그램 개입을, O는 관찰이나 평가를 의미한다.

X O	X O ――――― O
단일집단 사후검사설계	비동일집단 사후검사설계

프로그램 후 평가설계의 대표적인 질문은 다음과 같다.

1. 우리 프로그램에 참여한 후 현재 상황은 어떠하다고 생각하십니까?	
① 훨씬 좋아짐	② 다소 좋아짐
③ 다소 나빠짐	④ 어떤 면에서는 좋아졌지만 다른 면에서는 나빠짐

이러한 질문은 단순히 전반적인 만족도를 측정하기 위한 문항(예: 매우 만족 ~ 보통 ~ 매우 불만족)에 비하여 프로그램으로 인한 변화를 측정하는 데에는 약간의 도움이 될 수 있다.

이 방법은 비용이 저렴하고 실행하기 쉽다는 장점이 있지만, 프로그램 이전 상태에 대한 정보가 없으므로 관찰된 변화가 전적으로 프로그램 때문이라고 단정하기 어렵다. 즉, 타당도가 가장 낮은 설계이다.

2) 단일집단 전후비교설계

단일집단 전후비교설계(one-group pretest-posttest design)는 프로그램의 개입 전과 후를 비교하여 프로그램 효과를 평가하는 방법이다. 서전검사와 사후검사의 차이를 통해 프로그램 개입의 효과를 확인한다는 점에서는 비교의 기준은 충족된다.

$O_1 \quad X \quad O_2$

단일집단 전후비교설계의 사례를 살펴보자.

> A지역사회복지관에서 '노인 고립 예방 프로그램'을 시행했다고 가정해 보자. 이 프로그램의 목적은 노인의 사회적 고립을 완화하고, 사회적 활동 참여도를 높이는 것이다. 프로그램은 3개월 동안 주 1회 소그룹 모임과 개별 상담을 제공했다.

평가를 위해, 연구자는 프로그램 시작 전과 종료 직후에 참여 노인들의 사회적 고립감을 측정하였다. 측정도구로는 표준화된 사회적 고립감 척도(social isolation scale)를 사용하였다. 전후 비교를 통해, 프로그램 참여 전에는 평균 사회적 고립감 점수가 30점이었고, 프로그램 종료 후에는 20점으로 낮아졌다.

이 사례로 볼 때 프로그램의 결과 사회적 고립감이 감소했으나 이것만으로는 시간의 경과에 따른 자연적 변화나 외부 요인(예: 계절적 변화, 지역사회 내 새로운 활동)의 영향을 통제할 수 없다. 예를 들어, 날씨 개선으로 자연스럽게 외부활동이 늘어난 결과일 수도 있다. 이러한 외부 요인의 가능성은 전후 비교설계만으로는 완전히 배제하기 어렵다.

따라서 전후 비교설계는 프로그램의 짧은 기간 효과를 빠르게 평가하는 데 유용하지만, 관찰된 변화가 프로그램 개입으로 인한 것인지에 대한 타당도는 낮은 편이다.

3) 비동일 통제집단설계

비동일 통제집단설계(nonequivalent control group design)는 프로그램의 효과를 평가할 때 개입 변수의 영향을 일부 통제하기 위해 사용하는 유사실험설계이다. 무작위배정이 어려운 현실적 상황에서, 프로그램에 참여하지 않은 통제집단을 설정하여 프로그램 효과를 비교·검증한다.

$$\begin{array}{ccc} O_1 & X & O_2 \\ \hdashline O_3 & & O_4 \end{array}$$

이 설계에서는 실험집단과 통제집단의 프로그램 전후 측정값을 수집하여 비교한다. 실험집단은 프로그램에 참여하는 집단이고, 통제집단은 유사한 특성을 가진 프로그램 미참여 집단이다. 두 집단은 무작위로 배정되지 않기 때문에, 집단 간 동질성 보장이 어렵다는 점에서 "비동일" 통제집단으로 불린다(York, 1982).

> A지역사회복지관에서 '노인 고립 예방 프로그램'을 시행했다고 가정해 보자. 이 프로그램의 목적은 지역 내 독거노인의 사회적 고립을 완화하고, 사회적 활동 참여도를 증진하는 데 있다. 프로그램은 3개월 동안 주 1회 소그룹 모임과 개별 상담을 제공하는 방식으로 운영되었다.
>
> 이 프로그램의 효과를 평가하기 위해 연구자는 프로그램 참여자 집단(실험집단)과 프로그램에 참여하지 않은 유사한 특성의 노인 집단(통제집단)을 설정하였다. 통제집단은 동일 지역 내 복지관 서비스 대상자 중, 대기자 명단에 있거나 동일 기간 중 단순히 경로당 서비스만을 이용한 노인들로 구성하였다.
>
> 양 집단 모두에 대해 프로그램 시작 직전과 종료 직후의 사회적 고립감 수준을 동일한 표준화 척도(social isolation scale)를 사용하여 측정하였다. 측정 결과, 실험집단은 프로그램 전 평균 30점에서 종료 후 20점으로 감소하였으며, 통제집단은 같은 기간 동안 평균 31점에서 29점으로 소폭 감소하는 데 그쳤다. 두 집단 간 변화량 차이는 통계적으로 유의하였다.

이 사례의 결과는 사회적 고립 예방 프로그램이 실험집단의 고립감 감소에 효과가 있었음을 보여준다. 특히 사회복지현장에서 무작위배정이 현실적으로 어려운 상황(예: 대기자 명단이 있는 경우, 서비스 참여 자격 제한이 있는 경우)에 적합하다. 물론 두 집단이 무작위로 배정된 것이 아니므로, 집단의 차이가 개입변수로 작용했을 가능성을 완전히 배제할 수는 없다. 따라서 인구통계학적 특성의 동질성 검토 및 사전 유사성 확보 논리를 통해 프로그램 자체의 효과임을 논리적으로 검증해야 한다.

4) 전형적인 실험설계

전형적 실험설계는 프로그램의 효과성을 과학적으로 검증하기 위해 사용되는 가장 엄격한 평가설계 방법이다. 이 설계는 독립변수(프로그램 개입)와 종속변수(결과변수) 간의 인과관계를 명확히 규명하고자 할 때 활용된다. 이 설계의 핵심은 실험집단과 통제집단을 무작위로 배정하여, 프로그램 효과 이외의 모든 외생적 변수의 영향을 통제하고, 결과의 인과적 해석을 가능하게 하는 데 있다.

실험집단(프로그램집단)	R	O_1	X	O_2
통제집단(비교집단)	R	O_3		O_4

실험설계의 구성요소는 비교와 통제를 위하여 프로그램 참여 집단(실험집단)과 비참여 집단(통제집단)을 무작위로 할당하는(R) 방식으로 구성된다. 실험집단에는 해당 프로그램을 적용하고(X), 통제집단에는 프로그램을 적용하지 않거나 일반적인 대체 프로그램에만 참여하도록 한다.[9] 프로그램 실시 전에 사전검사(O_1, O_3)를 실시한 후 프로그램 종료 후 사후검사(O_2, O_4)를 실시하여 두 집단 간의 변화를 비교한다.

프로그램과 그 결과 간의 인과관계 성립 여부를 명확히 판단할 수 있게 해주는 이상적인 설계이다(김영종, 2013; 황성철, 2005).

우연한 사건, 성숙, 검사효과, 피험자 선정 등과 같은 프로그램의 효과에 영향을 미치는 요인들을 상당한 수준으로 통제 가능하다. 그러나 사전검사와 사후검사 사이에 개입될 수 있는 참여자 개개인의 특수한 사건은 통제하기 어렵다는 한계를 가진다(황성철, 2005). 따라서 실제 현장에서 적용하기 위해서는 다음과 같은 고려사항이 필요하다(Royse et al., 2016).

첫째, 윤리적인 제약이다. 무작위 배정 결과, 통제집단 참여자들이 유익한 프로그램에서 배제될 수 있다는 점은 윤리적으로 민감할 수 있다.

둘째, 자원과 인력의 부담이 크다. 무작위 배정, 통제된 환경 유지, 반복 측정 등은 일반 사회복지기관의 현실적 역량을 초과할 수 있다.

셋째, 외적 타당도의 한계도 존재한다. 특정 지역이나 기관에서 수집된 결과가 전체 인구에게 일반화되기 어려울 수 있다.

9) 통제집단에도 무개입(no-treatment) 통제집단, 플라시보(placebo) 통제집단, 통상적 개입(treatment-as-usual) 통제집단 또는 대기자명단(wait-list) 통제집단 등 몇 가지 유형들이 있을 수 있으며 연구의 목적, 윤리적 고려, 현실적 제약 등을 고려하여 적합한 유형을 선택해야 한다(Rubin & Babbie, 2017).

4. 양적 평가를 위한 개인설계: 단일사례설계

1) 단일사례설계의 개요와 특징

앞의 집단설계에 비하여 단일사례설계(single subject design)는 사회복지현장에서 한 사례(N=1)에 적용한 임상 실천과 프로그램 평가에 흔히 활용되는 방법이다. 이 설계는 시계열 설계에 근거하여 논리적이고 반복적인 관찰을 통해 개입 효과가 나타나는지를 분석하는 방법이다. 즉, 특정 행동이나 프로그램 결과(종속변수)를 시간 경과에 따라 반복적으로 측정한 뒤, 독립변수(예: 개입 프로그램)를 도입하고 그 이후의 변화를 관찰한다. 변화가 명확하고 즉각적으로 나타나면 인과관계를 추론할 수 있다.

O_1 O_2 O_3 O_4 O_5 X O_6 O_7 O_8 O_9 O_{10}

그림 11-1 반복측정에 근거한 단일사례설계 개념도(O=측정, X=프로그램)

단일사례설계에서는 시간의 흐름에 따라 종속변수의 변화를 측정(관찰)하게 되는데, 이러한 특징 때문에 통제집단을 별도로 두지 않더라도 어느 정도 실험 논리를 구현해낼 수 있다. 또한 현장에서 자료수집이 비교적 용이하고, 프로그램 실행 중에 변화여부를 확인할 수 있어서 개입의 수정·보완이 가능하며 일상적인 실천과정과 통합될 수 있다는 강력한 이점이 있다.

단일사례설계 활용 시 측정에 사용하는 측정도구는 다음의 기준을 충족해야 한다.

- **신뢰도**: 동일 조건에서 반복 측정했을 때 유사한 결과가 나와야 한다.
- **타당도**: 측정하려는 개념을 정확히 반영해야 한다.
- **민감도**: 실제 변화가 있을 때 이를 식별할 수 있어야 한다.

또한 측정도구는 간단하고 이해하기 쉬우며, 채점도 용이해야 한다. 보통은 기관기록을 수치계산 등의 방법으로 측정하거나 간단한 척도, 짧은 설문지 등을 활용하여 측정하기도 한다. 또한 각 단계에서 몇 번의 측정값을 확보해야 하는지도 중요한 문제인데, 일반적으로 "많을수록 좋다"는 원칙이 적용된다 (Royse et al., 2016). 최소 3개 이상의 측정값이 있어야 변화의 경향을 파악할 수 있다.

2) 단일사례설계의 유형

단일사례설계는 시간의 흐름에 따라 개입의 효과를 추적할 수 있도록 구성되며, 기초선 단계(A)와 개입단계(B)를 조합하여 다양한 유형이 가능하다. 먼저 단일집단 전후비교설계와 단일사례설계 간의 비교를 통해 단일사례설계의 특성을 살펴본다.

[그림 11-2]는 단일집단 전후비교설계와 단일사례설계를 비교한 것이다. 전후비교설계는 프로그램 개입 전후 상태에서 큰 차이(70-20=50)가 나타나 개입(X)이 효과적이라고 판단할 수 있다. 그러나 이러한 단순 전후비교는 효과성 검증의 경험적 요건을 충분히 충족하지 못한다(Rubin & Babbie, 2017). 측정을 프로그램 전후 두 차례만 수행할 경우, 전후비교설계의 효과 추론은 프로그램 진행 중 반복 측정을 통해 전혀 다른 양상으로 나타날 수 있다. AB-1, AB-2, AB-3은 전후비교설계와 동일하게 전후 비교 값이 모두 50점의 차이를 보이지만, 진행 과정 중 측정치들의 변화 양상이 다르므로 결과 해석에 큰 차이가 발생한다.

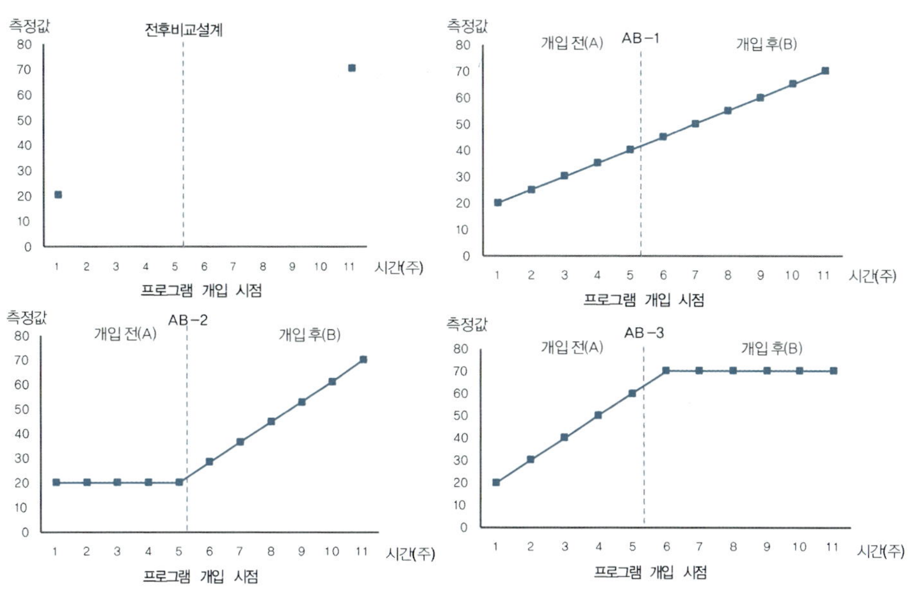

그림 11-2 **전후비교설계와 단일사례설계 비교**

출처: 김영종(2013) 재구성.

- AB-2: 프로그램 개입 전에는 측정값에 변화가 없다가, 개입 후부터 측정값들이 점차 50점 만큼 상승하는 경향을 보인다. 이는 개입이 긍정적인 효과를 가져왔음을 시사한다.
- AB-3: 비록 AB-2와 동일한 50점의 변화를 나타내지만, 효과의 방향은 정반대이다. 상승하던 곡선이 프로그램 개입 이후 상승을 멈춘다. 이는 프로그램의 목적에 따라 개입 효과가 상반되게 나타날 수 있음을 보여준다.
- AB-1: 프로그램 개입 이전부터 상승 경향을 보였기 때문에, 점수 변화가 있더라도 이를 개입의 효과로 보기는 어렵다.

단순 전후비교설계만으로는 AB-1과 같은 대안적 설명을 배제할 경험적 근거가 부족하여 효과성에 대한 설명력이 떨어진다. 따라서 측정을 프로그램 전, 도중, 후에 지속적으로 수행하여 이들을 비교하는 단일사례설계 방법이 효과성 검증에 더 큰 강점을 지닌다.

다음은 초등학생의 또래 관계에서 빈번하게 공격적인 행동(예: 친구 밀치기,

소리 지르기, 물건 던지기)을 보여 공격 행동을 감소시키기 위한 사회성 기술 훈련 프로그램을 적용한 사례이다. 기초선(A) 단계에서는 2주 동안 공격 행동 빈도를 매일 관찰한 결과 하루 평균 5~7회 정도로 비교적 안정적인 경향으로 나타났다.

그 후 4주 동안 사회성 기술 훈련 프로그램을 주 3회 진행하였고, 분노 조절, 문제 해결 기술, 공감 능력 향상 등의 내용을 포함했다. 프로그램 시작 후 공격 행동은 점차 감소하여, 마지막 주에는 하루 평균 1~2회로 줄어들었다.

표 11-4 아동의 공격행동 빈도

AB	기초선(A)						개입(B)								
측정시점	1	2	3	4	5	6	7	8	9	10	11	12	13	14	15
공격행동 횟수	6	5	7	6	5	7	4	4	3	3	2	2	1	1	2

[그림 11-3]과 같이 기초선 단계(A)와 개입 단계(B)의 공격 행동 빈도를 시각적으로 비교했을 때, 개입 단계(B)에서 공격 행동 빈도가 확연히 감소하는 경향을 보인다. 이는 사회성 기술 훈련 프로그램이 A군의 공격 행동을 감소시키는 데 효과적이었음을 시사한다.

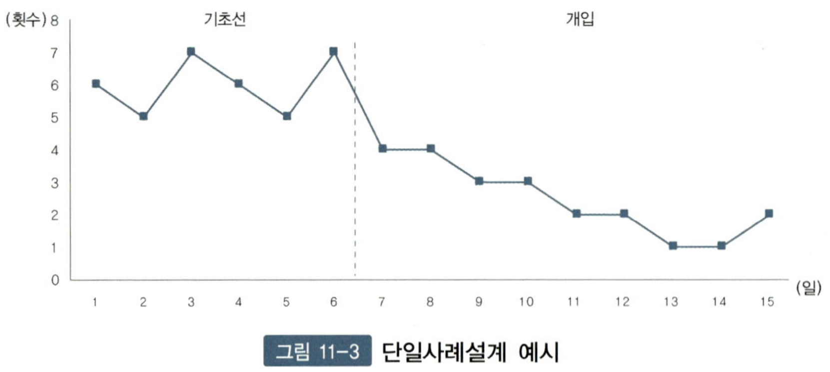

그림 11-3 단일사례설계 예시

그러나 AB 설계는 다른 단일사례설계 유형에 비해 내적 타당도가 낮다는 한계가 있다(Rubin & Babbie, 2016). 기초선 단계에서 개입 단계로 전환될 때 발생한 행동의 변화가 오직 개입 때문이라고 단정하기 어렵다.

3) 단일사례설계의 인과 추론

단일사례설계는 특히 성과평가에서 활용 가능성이 높다. 그러나 단일사례설계 중 AB 설계는 단지 변화가 있었는지를 보여주는 데 그치며, 그 변화가 개입에 의해 발생했는지는 입증할 수 없다. 프로그램 외부 요인에 의한 자연적인 변화 가능성이 항상 존재하기 때문이다. 위의 사례에서 개입 외의 다른 요인(예: 학교 환경의 변화, 가정 내 사건, 우연한 학습 경험 등)이 공격 행동 감소에 영향을 미쳤을 가능성을 배제할 수 없다.

또한 단일사례설계는 무작위 할당이 없기 때문에 고전적 의미의 전형적인 실험설계는 아니지만, 실천 현장에서 현실적으로 적용가능한 대안적 설계로서의 유용성이 높다. 특히 ABA 또는 ABAB 구조는 인과적 추론을 강화할 수 있다. 즉, ABA 설계와 같은 반복 설계는 개입의 효과가 제거와 함께 사라지거나 다시 개입 시 효과가 재현되는 경우에 인과관계를 강하게 시사한다. 여기서 중요한 기준은 시간적 배열이다. 즉, 행동 변화는 개입 이후에만 발생해야 하며 그 이전에는 없어야 한다.

프로그램 실습

1. 아래의 사례를 보고 다음 문제에 대해 토론해 봅시다.

A청소년상담복지센터는 학교폭력 예방 교육 프로그램을 3개월간 운영하였다. 프로그램 종료 후, 담당 사회복지사는 참여 학생들에게 설문지를 배부하여 학교폭력에 대한 인식 변화 및 예방 의지를 측정하였다. 설문 결과, 대부분의 학생이 학교폭력에 대한 인식이 긍정적으로 변화하였고 예방 의지도 높아졌다고 응답하였다. 담당 사회복지사는 이 결과를 바탕으로 프로그램이 매우 효과적이었다고 결론 내렸다.

1-1. 이 프로그램 평가 방식에서 부족한 점은 무엇인가?

1-2. 사용된 평가설계의 유형을 명시하고, 이 설계의 한계점을 설명해 봅시다.

1-3. 프로그램 평가의 내적 타당도를 높이기 위해 어떤 평가설계를 활용하면 좋을지 제시하고 그 이유를 설명해 봅시다.

2. 아래의 사례를 보고 다음 문제에 대해 토론해 봅시다.

B복지관은 독거노인의 사회적 관계망 증진을 위한 프로그램을 1년간 진행하였다. 프로그램 성과평가를 위해 담당 사회복지사는 프로그램 참여 노인 중, 프로그램 종료 시점에 "새로운 친구를 1명 이상 만들었다"고 응답한 노인의 수를 집계하였다. 총 참여자 30명 중 27명이 새로운 친구를 1명 이상 만들었다고 응답하여, 담당 사회복지사는 프로그램이 목표를 90% 달성했다고 보고하였다.

2-1. B복지관이 사용한 성과 측정 방식의 한계는 무엇이며, 특히 어떤 정보가 누락되어 프로그램의 실제 효과를 정확히 파악하기 어려운지 토론해 봅시다.

2-2. 이 프로그램의 성과를 더 타당하게 측정하기 위해 현재의 방법 이외 활용가능한 양적 평가 도구는 무엇이며, 그 활용 방안을 구체적으로 제시해 봅시다.

3. 다음은 어느 프로그램 만족도 조사 설문지의 응답결과이다. 응답자 15명에 대한 각 응답범주(전혀 아니다=1, 아니다=2, 보통이다=3, 그렇다=4, 매우 그렇다=5)에 따른 만족도가 어느 정도인지 계산해 봅시다. 또한 이 결과는 수치계산(numeric counts) 방법에 따라 만족하는 참여자의 비율을 계산해 봅시다.

응답자	1	2	3	4	5	6	7	8	9	10	11	12	13	14	15
문항 1	5	2	1	2	4	4	4	1	3	5	2	2	3	2	5
문항 2	1	4	5	2	1	1	1	3	5	1	3	2	4	3	5
문항 3	4	3	3	1	4	2	2	5	3	5	3	2	1	5	4
문항 4	4	5	2	2	1	4	2	4	1	2	1	4	4	4	5
문항 5	4	1	1	5	3	4	2	4	1	5	2	4	5	5	5

3-1. 전반적인 만족도 수준은 어떠한가?

3-2. 문항별 만족도 수준은 어떠한가?

3-3. 불만족(1,2,3)과 만족(4,5)의 두 그룹으로 나누어 만족하는 참여자의 비율은?

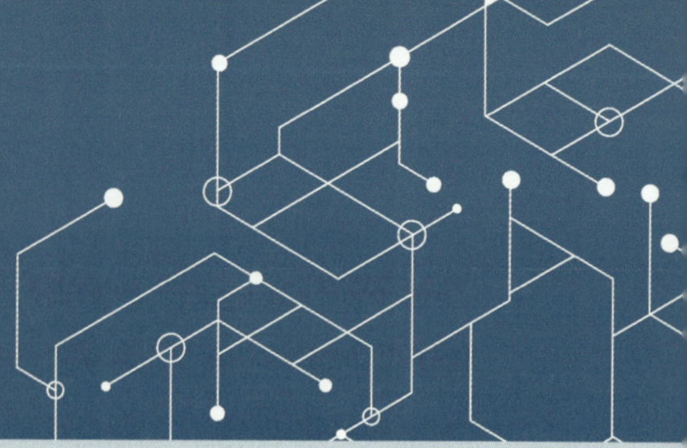

Chapter

12 질적 평가

> "Not everything that counts can be counted, and not everything that can be counted counts"
> - William Bruce Cameron

이 장에서는 사회복지 프로그램 평가에서 질적 접근이 갖는 의미와 방법을 다룬다. 양적 평가가 수치와 지표를 중심으로 객관적인 성과를 측정하는 데 중점을 둔다면, 질적 평가는 참여자의 경험, 프로그램이 작동하는 맥락, 그리고 변화의 주관적 의미를 심층적으로 이해하려는 목적으로 활용된다. 최근 사회복지현장에서도 정량적 수치로는 설명되지 않는 개인적·상황적 변화의 의미를 파악하는 데 질적 평가의 가치가 부각되고 있다. 이 장에서는 질적 평가의 개념과 특성, 주요 설계 절차와 자료수집 기법, 분석 방법, 혼합설계와의 관계 등을 중심으로 살펴본다.

1. 질적 평가의 의의

1) 질적 평가의 개념과 특성

질적 평가(qualitative evaluation)는 인간의 경험, 의미, 상호작용을 깊이 있게 이해하기 위해 적용되는 평가 방식이다. 양적 평가가 수치와 통계 분석을 통해 프로그램의 효과성을 입증하려는 데 비해, 질적 평가는 프로그램의 맥락(context), 참여자의 관점, 조직문화 등의 복합적 요소를 탐색하는 데 중점을 둔다. 이는 프로그램이 운영되는 실제 환경 속에서 그 의미와 작용 방식을 자연스럽게 드러내도록 하는 '자연주의적 탐구(naturalistic inquiry)'에 기반하고 있기 때문이다.

질적 평가 유형에는 대표적으로 민속지학, 근거이론, 사례연구, 내러티브 분석 등이 있으며, 다음과 같은 공통 특징을 갖는다(Royse et al., 2016).

첫째, 질적 평가는 통제된 실험실 환경이 아니라 실제 생활환경에서 이루어진다. 둘째, 설문지나 척도와 같은 자료수집 도구보다는 연구자 자신이 직접 현장에 참여하며 관찰하고 인터뷰하는 '연구자-도구'의 역할이 강조된다. 셋째, 결과의 표현 방식은 숫자보다 언어적 설명이나 이야기가 중심이 되며, 인간 경험의 의미를 텍스트와 이야기의 형태로 해석하고 기술하는 과정이다.

이러한 질적 접근은 사회복지 프로그램의 작동 원리와 효과를 보다 심층적으로 이해하는 데 적합하다. 프로그램 참여자의 변화 과정을 설명할 때, 단순한 변화율이나 평균 점수보다 그들이 경험한 심리적 변화, 관계 속의 갈등과 해결 과정, 서비스 제공자와의 관계 양상 등이 중요할 수 있다.

질적 평가의 또 다른 특징은 자료수집과 분석이 동시적으로 이루어지며, 연구 과정 전반에서 지속적인 수정과 탐색이 가능하다는 점이다. 연구자는 필드노트, 인터뷰 전사 자료, 문서 자료 등 자료들을 면밀히 분석하며, 반복적인 비교와 패턴 인식을 통해 주제를 도출한다.

2) 왜 질적 평가인가: 질적 평가와 양적 평가의 비교

양적 평가는 표준화된 도구(예: 설문지, 측정도구)를 사용하여 프로그램 참여자로부터 데이터를 수집하고, 수집된 자료는 통계 프로그램을 통해 분석된다. 이를 통해 프로그램이 특정 목표를 얼마나 달성했는지, 또는 개입이 참여자에게 어떤 통계적으로 유의미한 변화를 가져왔는지를 파악할 수 있다. 질적 평가는 수치화하기 어려운 복합적인 현상이나 과정, 그리고 참여자들이 경험하는 변화의 의미를 탐색하는 데 적합하다.

따라서 프로그램 평가에 있어서 두 방법은 상호보완적이다. 양적 평가가 수치와 통계를 통해 무엇이 얼마나 바뀌었는지를 측정하는 평가라면, 질적 평가는 참여자의 경험과 이야기로부터 왜, 어떻게 변화가 일어났는지를 해석하는 평가이기 때문이다.

구체적으로 질적 평가와 양적 평가를 비교하면 다음과 같다.

표 12-1 질적 평가와 양적 평가의 비교

구분	질적 평가	양적 평가
평가 목적	경험, 의미, 맥락의 이해	변수 간 관계나 효과검증
평가 철학	자연주의, 구성주의	실증주의
자료 형태	언어적 표현(인터뷰, 서술 등)	수치화된 변수(척도, 점수 등)
자료수집 도구	심층면접, 관찰, 문서분석 등	표준화된 척도, 설문지 등
샘플수	작지만 심층탐색 가능한 사례	크고 일반화 가능한 샘플
분석 방법	주제분석, 귀납적 범주화, 해석적 접근	통계분석(평균, 분산 등)
결과 표현	이야기, 인용문, 주제 서술	숫자, 지표, 그래프
강점	맥락적 이해, 참여자 중심 시각	객관성, 비교가능성, 일반화
한계	일반화 한계, 주관성 개입 가능성	의미해석의 부족, 맥락무시

그렇다면 질적 평가는 언제 필요한가? 김진우(2023)는 질적 평가가 필요한 이유를 다음 4가지로 제시한다.

- **양적 평가의 함정:** 수량화하기 어려운 인간의 경험과 맥락은 질적 평가를 통해 깊이 있게 포착해 낼 수 있다.
- **양적 평가의 의미 드러내기:** 질적 평가는 성과의 맥락과 원인을 탐색하고, 수치 뒤에 숨은 참여자의 내면적 변화와 반응을 이해할 수 있도록 돕는다.
- **양적 평가가 어려운 경우:** 표준화된 도구가 부족하거나, 표본이 너무 적거나,

정량적 지표로는 성과를 파악하기 어려울 때 적합하다.

- **능동적인 주체로의 변화:** 구성주의 철학에 근거하여 질적 평가에서는 참여자가 경험의 해석자이자 의미 형성의 주체이다.

3) 질적 평가의 설계

질적 평가는 일반적으로 평가설계, 표집, 자료수집, 자료 분석이라는 일련의 절차를 포함하며, 각 단계는 반복적이고 상호작용적인 특징을 지닌다(Patton, 2015).

(1) 평가설계

설계 단계의 핵심은 질적 평가가 적합한 접근인지 여부를 먼저 판단하는 것이다. 이는 평가의 목적이 프로그램의 과정, 맥락, 참여자의 경험과 의미 해석 등을 이해하는 데 중점을 두고 있는지에 달려 있다.

(2) 표본 추출

질적 평가는 확률 표본추출이 아닌 목적 표본추출(purposeful sampling), 또는 이론적 표본추출(theoretical sampling)을 통해 정보를 풍부하게 제공할 수 있는 사례를 선정한다(Patton, 2015). 프로그램 참여자 수가 적을 경우에는 표본추출 과정 없이 참여자 전부를 대상으로 자료수집이 이루어지는 것이 보편적이다. 질적 평가에서 주로 사용되는 표본추출 방법에는 다음과 같은 유형이 있다.

표 12-2 질적 평가의 표본추출 방법

표본추출 방법	설명
전형적 사례 표본추출 (typical case sampling)	가장 일반적인 사례를 통해 전형적인 경험을 파악
극단적 사례 표본추출 (deviant case sampling)	비정상적으로 성공하거나 실패한 사례를 통해 변이를 설명
최대 변이 표본추출 (maximum variation sampling)	다양한 조건과 특성을 가진 사례를 통해 공통성과 차이를 비교
눈덩이 표본추출 (snowball sampling)	접근하기 어려운 집단의 참여자를 기존 참여자의 소개를 통해 확장
편의 표본추출 (convenience sampling)	연구자 편의에 따라 접근 가능한 사례를 선정하되, 타당성 확보에 유의

③ 자료수집과 분석

질적 평가에서는 심층면접, 관찰, 포커스 그룹, 문서분석 등 다양한 자료수집 방법을 복합적으로 활용할 수 있다. 일반적으로 심층 면접과 관찰, 문서분석이 중심이 되며, 포커스 그룹은 시간과 자원의 효율성을 높이기 위한 대안으로 활용된다.

질적 자료는 방대한 텍스트 형태로 수집되며, 분석 방식으로는 코딩과 주제 분석이 사용된다. 분석은 의미 있는 패턴, 반응 유형, 구조적 요인을 탐색하는 과정이다.

2. 질적 평가의 분석체계

질적 평가는 방법론적으로는 질적연구와 유사하나, 그 목적과 분석의 초점에서 크게 차이가 난다. 질적연구는 연구자가 특정한 사회현상에 대한 심층적 이해를 목적으로, 자료 수집과 분석을 통해 새로운 주제, 범주, 의미를 생성해내는 귀납적 과정을 중시한다. 반면, 질적 평가는 프로그램의 목표나 성과기준에 비추어, 해당 목표가 어느 정도 달성되었는지를 참여자의 경험, 인식, 변화의 서사를 통해 해석적으로 검토하는 과정이다(조성우 외, 2024; Patton, 2015).

따라서 질적 평가에서는 프로그램 목표나 이론적 성과지표를 평가기준으로 삼고, 여기에 맞추어 질적 자료의 의미를 해석하고 재구성하는 과정이 필요하다. 조성우 등(2024)은 이러한 과정을 '자료의 선별 → 의미해석 → 주제 제시'라는 순서로 제시하고 있는데, 이는 프로그램 성과와 직접적으로 연관되는 의미 있는 자료를 우선 선별하고, 그것이 어떻게 참여자의 변화 또는 프로그램 효과와 연결되는지를 분석하는 절차이다.

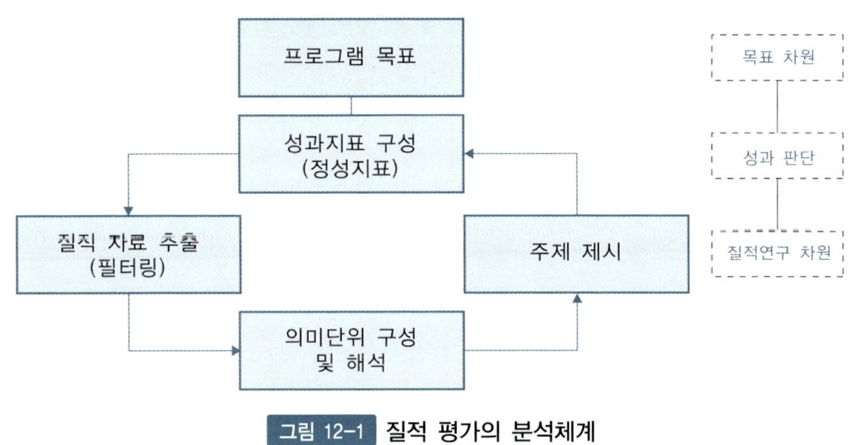

그림 12-1 질적 평가의 분석체계

[그림 12-1]은 질적 평가의 분석과정을 체계화한 것이다. 이러한 체계에 따라 다문화가정 아동의 학교적응 프로그램의 질적 성과분석 과정을 예를 들어 살펴본다.

첫째, 정성적 성과지표 구성 단계로서, 프로그램의 성과목표를 질적 자료로 판단할 수 있도록 평가기준을 마련하는 것이다. 즉, 어떤 변화가 일어나면 성과목표가 달성되었다고 정성적으로 판단할 것인가에 대한 기준을 말한다. 이를 정성적 성과지표(qualitative indicators)라고 할 수 있다. 다문화가정 아동의 학교적응이라는 목표에는 정서적 안정감 증진, 또래관계 및 사회성 향상, 학업참여 및 학교생활만족도 증진 등의 정성적 성과지표로 측정될 수 있으며, 질적 자료를 통해 "이제는 괜찮아요.", "잘 지내요.", "기분 좋았어요." 등의 진술을 통해 확인할 수 있다.

둘째, 질적 자료를 추출하는 단계이다. 수집된 심층면접, 관찰기록, 문서자료 중에서 정성적 성과지표와 관련된 자료를 우선적으로 필터링하는 것이다. 모든 자료가 질적 평가에 사용되는 것이 아니라 목표 달성과 관련된 '의미 있는 진술'이나 '행동의 단서'에 주목한다.

셋째, 질적 자료에서 추출된 의미들을 범주화하고 해석하는 과정이다. 질적 자료(면담 기록, 관찰 내용 등)를 코딩하고 범주화하여 나타나는 핵심적인 패턴, 개념, 관계를 상세하게 기술한다. 이 단계에서는 '무엇이', '어떻게', '왜' 발생했는지에 대한 깊이 있는 분석과 설명을 제공한다. 또한 참여자의 경험, 인식, 행동 변화가 프로그램 개입과 어떻게 연결되는지, 그 과정에서 어떤 맥락적 요인들이 작용했는지 등을 서술한다. 사례에 적용하여 설명해 보면, 초기 어려움('학교생활에 대한 불안감', '사회적 고립감', '의사소통 장벽 인식', '부정적 자기인식') → 프로그램 개입('언어 지원', '사회성 기술 교육', '정서적 지지') → 긍정적 변화('불안감 감소', '정서적 안정감 형성', '긍정적 또래 상호작용 경험', '사회적 수용 경험', '자신감 향상', '적극적 자기표현') 등으로 연결됨을 알 수 있다.[10)]

넷째, 주제 제시의 단계이다. 의미 해석 단계에서 도출된 모든 핵심 내용을 가장 함축적이고 대표적인 한 문장으로 요약한다. 이 주제는 해석 내용을 정확히 반영하면서도, 평가 결과를 한눈에 파악할 수 있도록 매력적이고 간결한 언어로 표현되어야 한다. 사례에서는 질적 자료의 해석을 통해 도출된 핵심적인 의미를 간결하게 요약하여 '두려움이 자신감으로, 불안이 안정감으로 변화하는 내면의 성장'이라는 함축적인 문장으로 주제를 제시하고 있다.

---

10) 질적 자료의 효과적인 분석을 위해서 ATLAS.ti, NVivo와 같은 질적 자료 분석 소프트웨어를 활용할 수도 있다.

정성적 성과지표 **정서적 안정감 증진**, 또래관계 및 사회성 향상, 학업참여 및 학교생활만족도 증진	평가기준 (정성지표)
'두려움이 자신감으로, 불안이 안정감으로 변화하는 내면의 성장'	주제도출
프로그램 참여 이전 ○○는 새로운 학교 환경에 대한 강한 두려움과 불안감을 느끼고 있었다. 이는 '학교 오는 게 무서웠다'는 직접적인 표현에서 드러나며, 점심시간에 '혼자 밥 먹고 그랬다'는 진술은 또래들로 부터 사회적 고립과 그에 따른 심리적 위축을 암시한다. 자신의 문화적 배경에 대해서도 초기에는 수치심을 느껴 자기 자신을 온전히 받아들이지 못하는 상태였다. 그러나 프로그램 참여 후, 정서 상태는 긍정적으로 변화했다. 학교에 대한 '괜찮다'는 인식은 초기의 불안감이 감소하고 학교 환경에 대한 심리적 안정감이 형성되었음을 보여준다. 또한, 반 친구들 앞에서 베트남 동화책을 읽어주는 것은 자기 수용과 자아 존중감이 크게 향상되었음을 의미한다. 발표 시 '조금 떨렸지만' 결국 해내고 '기분 좋았다'는 경험은 도전과 극복을 통해 성취감과 자신감을 획득하는 긍정적 정서 과정을 명확히 보여준다.	의미해석 (코딩 및 범주화)
"음... 처음에는 학교 오는 게 좀 무서웠어요. 친구들이랑 말하는 것도 어려웠고, 제가 말하면 친구들이 잘 못 알아들을까 봐 걱정했어요. 점심시간에도 혼자 밥 먹고 그랬어요. 그런데 여기 와서 한국말도 배우고, 선생님이 친구들이랑 같이 놀 수 있는 게임도 알려주시고, 점심시간에도 같이 밥 먹어주셔서 이제는 괜찮아요. 친구들과도 잘 지내요. 처음에는 제 이름 말하는 것도 부끄러웠는데, 이제는 괜찮아요. 친구들이 저한테 먼저 와서 같이 놀자고도 하고, 제가 모르는 거 있으면 알려달라고 하면 친절하게 가르쳐줘요. 얼마 전에는 제가 반 친구들 앞에서 베트남 동화책 읽어줬어요! 조금 떨렸지만 친구들이 재밌다고 해줘서 기분 좋았어요."	질적 자료

그림 12-2 다문화가정 아동의 학교적응에 대한 질적 평가 예

다섯째, 성과 판단의 단계이다. 질적 자료의 분석을 통해 나타난 의미 단위와 주제들이 앞서 설정한 정성적 지표와의 비교를 통해 성과목표가 얼마나, 어떻게 달성되었는지를 평가적 서술로 정리한다. 성과 판단은 "우리가 보고 해석한 질적 자료들이 애초에 프로그램이 달성하고자 했던 목표를 얼마나 잘 보여주는가?"에 대한 답을 찾는 과정이다. 사례에서는 심층면담을 통해 드러난 참여자의 변화는 프로그램이 아동의 정서적 안정감 증진에 매우 효과적이었음을 보여준다. 또한 프로그램이 아동의 내면적 두려움과 불안감을 효과적으로 다루고, 새로운 환경 속에서 아동이 안정적이고 긍정적인 정서를 유지하며 성장할 수 있도록 지지했음을 나타낸다.

3. 질적 평가의 방법

질적 평가는 수집된 자료를 통해 사람들의 경험과 의미를 깊이 있게 탐색하려는 목적을 가지므로, 자료수집 방법의 선택과 실행은 평가의 성패를 좌우하는 핵심 요소이다. 특히 심층면접(in-depth interview), 관찰(observation), 문서분석(document review) 등이 널리 활용된다(조성우 외, 2024; Patton, 2015).

1) 심층면접: 목소리와 경험을 듣는 과정

심층면접은 특정 주제에 대해 참여자의 생각, 감정, 의미 부여 방식을 깊이 있게 탐색하는 대화 방식의 자료수집이다.

심층면접은 사전에 준비된 인터뷰 가이드를 기반으로 진행하되, 유연성을 가지고 참여자의 반응에 따라 질문의 흐름이 조정될 수 있다. 인터뷰 질문은 크게 다음과 같이 나뉜다.

- **태도 및 의견 질문**: "이 프로그램에 대해 어떻게 생각하십니까?"
- **감정 질문**: "그 상황에서 어떤 감정을 느끼셨나요?"
- **지식 질문**: "이 기관의 규칙이나 절차를 얼마나 알고 계신가요?"
- **행동 질문**: "당시 어떤 행동을 하셨나요?"

심층면접을 효과적으로 수행하기 위해서는 다음 원칙들을 적용하는 것이 중요하다.

첫째, 질문은 반드시 개방형으로 구성되어야 한다. 이는 단순히 '예' 또는 '아니요'로 대답할 수 있는 폐쇄형 질문이 아니라, 응답자가 자신의 경험이나 생각을 자유롭게 설명하고 서술할 수 있도록 유도하는 질문 형식을 말한다.

표 12-3 심층면접에서 사용되는 면접가이드 예

단계	질문 예시	목적
도입 질문	"이번 프로그램에 참여하게 된 계기는 무엇이었나요?"	긴장 완화, 맥락 파악
일반 경험 탐색	"참여하시면서 기억에 남는 활동은 무엇인가요?" "프로그램에서 도움되었다고 느낀 점은 어떤 것이었나요?"	전반적인 인식과 주요 경험 파악
변화 인식	"프로그램 이후 ○○에 있어 어떤 변화가 있었나요?" "이전과 비교했을 때 달라진 점이 있다면 무엇인가요?"	프로그램의 효과에 대한 인식 확인
개인적 의미	"이 경험이 본인에게 어떤 의미였다고 생각하시나요?" "이 프로그램이 삶에 어떤 영향을 주었나요?"	심층적 감정, 내면 변화 파악
제안 및 평가	"개선되었으면 하는 부분은 무엇인가요?" "다른 ○○에게 이 프로그램을 추천하고 싶은가요?"	프로그램 개선을 위한 제언 확보
마무리	"지금까지 말씀하시면서 새롭게 떠오른 생각이 있으신가요?"	추가 정보 유도 및 종료 정리

둘째, 질문을 구성할 때는 비판단적인 언어를 사용해야 한다. 이는 면접 대상자가 자신의 경험을 있는 그대로 말할 수 있도록 심리적 안정감을 제공하고, 평가받는 느낌 없이 자신의 입장을 솔직하게 표현하게 만든다.

셋째, 면접은 점진적인 구조를 따르는 것이 바람직하다. 즉, 응답하기 쉬운 질문에서 시작하여 점차 구체적이고, 때로는 민감할 수 있는 주제로 옮겨가는 방식이다. 이렇게 하면 피면접자의 심리적 부담을 줄이고 신뢰를 형성하는 데 도움이 된다.

마지막으로, 면접 과정에서는 질문의 순서나 구성을 유연하게 조정할 수 있어야 한다. 면접은 필요에 따라 탐색질문(probing questions)을 적절히 사용하여 응답을 보다 깊이 있게 이끌어낸다. 즉, 탐색질문은 더 깊이 있게 이해하거나, 불명확한 내용을 명확히 하거나, 새로운 정보를 유도하기 위하여 사전 질문 목록에는 없지만, 면접 흐름에 따라 즉흥적으로 던지는 보조질문이다.

표 12-4 탐색질문의 방법

구분	질문 예시
기본질문	• "이 프로그램에 참여하시고 나서 변화가 있었다면 어떤 점이 가장 컸다고 느끼세요?"
	• 참여자: "글쎄요… 예전보다는 좀 덜 불안한 것 같아요."
탐색질문 1 (확장탐색)	• "덜 불안하다고 하셨는데, 그 점을 조금 더 자세히 설명해 주실 수 있을까요?" • 참여자: "네, 예전에는 밤에 잠도 잘 못 자고 계속 걱정만 했거든요. 애 학교 문제나 생활비 걱정 같은 것들 때문에요."
탐색질문 2 (사례탐색)	• "그런 걱정이 가장 심했던 시기나 구체적인 상황을 예로 들어 주실 수 있을까요?" • 참여자: "작년 겨울이요. 아이가 아픈데 병원도 못 데려갔을 때가 있었어요."
탐색질문 3 (대조탐색)	• "그런 상황과 비교할 때, 지금은 어떤 점이 달라졌다고 느끼시나요?"

2) 관찰: 현장에서의 직접적 탐색

관찰은 프로그램이 실제로 운영되는 자연스러운 환경 속에서 참여자들의 행동, 상호작용, 분위기, 공간적 배치 등을 연구자의 눈으로 직접 기록하는 방법이다.

관찰은 다음과 같은 세 가지 측면에서 자료를 기록한다.

- **물리적 환경:** 시설의 배치, 장식, 청결 상태 등
- **행동 및 상호작용:** 참여자의 표정, 말투, 동작, 관계 역학 등
- **비언어적 단서:** 분위기, 침묵, 제스처, 긴장감 등

관찰 자료는 보통 필드노트(field notes) 형태로 기록되며, 가능한 한 구체적이고 묘사적인 언어를 사용해야 한다. 필드노트는 '무엇이 일어났는가'를 기초로 비언어적 신호, 물리적 환경, 행동 양상, 상호작용의 분위기 등을 포함하며, 필요시 연구자의 해석적 메모도 함께 작성된다. 따라서 필드노트는 보통 두 부분으로 구성된다. 기술적 노트는 관찰된 장면, 행동, 대화, 환경을 구체적으로 묘사하는 것이며 가능한 한 객관적 기술에 중점을 둔다. 해석적 노트는 관찰 내용에 대한 연구자의 해석, 가설, 느낌, 추후 질문거리 등을 메모 형식으로 정

리한 부분이다.

표 12-5 관찰노트의 예시

• 날짜: 2025년 9월 5일(금) 오후 3:00~4:00 • 장소: ○○지역아동센터, 학습실	
기술적 노트	• 총 12명의 초등학생이 책상 앞에 앉아 있고, 사회복지사가 앞쪽에서 동화를 읽어주고 있다. 아동들 중 일부는 고개를 숙이거나 옆 친구와 소곤거림. 한 아동은 의자에 다리를 올리고 앉아 있다. • 사회복지사는 목소리를 크고 또렷하게 하여 "여우가 토끼에게 뭐라고 말했을까요?" 질문함. • 대답은 2~3명만 했고, 나머지는 반응이 없거나 시선이 다른 데 있음. • 교실 벽에는 지난 활동사진과 아이들이 만든 독후감이 전시되어 있음. • 책장은 가지런히 정리되어 있으나 한쪽 구석은 청소가 덜 된 듯 먼지가 보임.
해석적 노트	• 참여도에 뚜렷한 차이가 있음. 낮은 집중도는 시간대 때문인지, 프로그램 내용 때문인지 추후 면담으로 확인 필요 • 사회복지사의 질문은 개방적이지만 유도적이지 않음. 그러나 아이들의 반응 유도가 부족해 보임. • 환경은 전반적으로 쾌적하지만, 공간의 일부는 관리가 소홀한 인상. 이러한 물리적 요인이 참여에 영향을 줄 수 있음.

다음 사례는 관찰을 통한 참여자들의 변화과정을 질적 평가방법으로 보여주는 예이다. 심층면접을 통한 질적 평가와 마찬가지로 정성적 평가지표 구성, 질적 자료의 추출, 의미해석, 주제도출, 성과판단 등의 절차로 이루어진다. 정성적 성과지표 2(또래관계 및 사회성 향상)의 달성여부를 관찰자료를 활용하여 평가한 예이다.

성과지표 2: 또래관계 및 사회성향상

'소극적 고립을 넘어, 친구들과 함께하는 사회적 주체로 성장하다'

프로그램 참여 전 다문화가정 아동들은 대체로 또래 관계 형성 및 사회적 상호작용에서 어려움을 겪고 있었다. 프로그램 참여 후, 아동들은 전반적으로 긍정적인 사회성 변화를 경험했다. 참여자 1은 능동적으로 또래에게 다가가 상호작용을 시작하는 모습을 보였다. 참여자 2는 자신의 의견을 적극적으로 표현하고 또래들과의 소통에 참여하며 상호작용의 질이 향상되었다. 참여자 3은 갈등 상황에서 자신의 요구를 주장하고 타협을 시도하는 등 문제 해결 능력이 발달했음을 보여주었다. 참여자 4는 언어적 장벽을 극복하려는 노력과 함께 친구들과의 이해의 폭을 넓혀갔으며, 참여자 5는 활동에 대한 참여 의사가 증대하고 사회적 관계에 대한 긍정적 태도를 형성했다. 이러한 관찰 결과는 프로그램이 다문화가정 아동들의 사회적 자신감을 증진시키고, 효과적인 또래 관계를 형성하는 데 중요한 영향을 미쳤음을 시사한다.

- 참여자 1: 프로그램 초반, 점심시간에 혼자 앉아 밥을 먹는 모습이 자주 관찰되었으나, 최근에는 먼저 친구들에게 다가가 함께 앉거나 놀이를 제안하는 빈도가 증가함
- 참여자 2: 그룹 활동 시 주로 조용히 자신의 의견을 표현하지 않았으나, 최근에는 또래들과 눈을 마주치며 자신의 생각을 말하고, 다른 친구의 의견에 동의하거나 질문하는 모습이 나타남
- 참여자 3: 친구들과 놀이 중 갈등 상황이 발생하면 쉽게 울음을 터뜨리거나 회피하는 경향이 있었으나, 최근에는 "나도 그거 하고 싶어!"와 같이 자신의 요구를 말하거나, "다 같이 하면 어때?"라며 타협을 시도하는 행동이 보임
- 참여자 4: 친구들이 한국어로 이야기할 때 내용을 이해하지 못해 겉돌거나 불안해하는 모습이 관찰되었으나, 최근에는 모르는 부분이 있으면 친구에게 질문하거나, 친구의 설명을 이해하고 함께 웃는 모습이 나타남
- 참여자 5: 또래들과 함께하는 활동에 참여를 망설이거나 주저하는 모습이 많았으나, 최근에는 새로운 놀이나 활동이 제안되면 적극적으로 참여 의사를 밝히고, 다른 친구의 손을 잡고 함께 이동하는 등 신체적 접촉을 통한 친밀감 표현이 증가함

그림 12-3 관찰자료를 활용한 질적 평가 예

3) 문서분석: 프로그램의 흔적과 맥락을 읽는 작업

문서분석은 기관이나 프로그램에서 자연스럽게 생성된 기록물을 수집 · 분석하여 프로그램의 작동 구조와 맥락을 파악하는 방법이다.

활용가능한 문서 자료는 매우 다양하다. 기관의 프로그램 관리차원의 문서와 프로그램 참여자로부터 확보가능한 문서로 구분된다. 기관문서로는 내부회의록, 업무일지, 직원메모, 클라이언트 사례기록, 프로그램 운영일지, 상담기록지 등이 있으며, 참여자가 생성한 문서로는 신청서, 소감문, 참여후기, 일기 등이 있을 수 있다.

실제로 심층면접이나 관찰과 같은 질적 자료도 분석과정에서는 문서의 형태

로 분석되는 것은 유사하다. 다만 이러한 자료들은 평가자가 자료를 수집하는 주체이지만, 프로그램 현장에서 얻어지는 많은 자료들은 참여자로부터 생성하도록 요청하여 받은 자료들이라는 점이다.

특히 참여자 소감문은 프로그램 현장에서 가장 일반적으로 수집하는 질적 자료이다. 사회복지 프로그램이나 서비스에 참여한 사람들(클라이언트, 실무자, 자원봉사자 등)이 자신의 경험과 느낌, 변화에 대한 자발적 혹은 요청된 형식의 서술문을 의미한다. 이는 양적 평가도구(예: 설문지)와 달리 참여자의 자기 언어와 주관적 해석이 풍부하게 담겨 있어, 질적 평가에서 중요한 문서자료로 간주된다.

소감문은 보통 프로그램 종료 후 자율적으로 작성되며, 형식은 자유로운 편이다. 참여자들은 자신이 경험한 활동, 느낀 감정, 배운 점, 남은 과제 등을 솔직하게 표현하고, 때로는 기관에 대한 피드백이나 제안도 포함하기도 한다.

소감문은 다음과 같은 이유로 질적 평가에서 유용하다.

- 내면의 목소리를 직접적으로 반영함
- 참여자의 인식 변화나 경험의 의미 부여 과정을 이해하는 데 도움
- 프로그램의 비공식적 효과나 예상치 못한 영향을 발견할 기회 제공
- 비교적 저비용·고효율의 질적 자료

문서와 같은 질적 자료들은 질적 자료의 평가체계에 따라 프로그램 성과나 참여자의 변화와 관련된 의미 있는 진술들을 추출하고 선별하여 해석을 해야 한다. 그리고 주제를 정해서 성과 달성 여부와 연결시켜 보고한다.

[그림 12-4]는 프로그램 소감문을 활용하여 성과목표 3을 평가한 사례이다. 여기서는 소감문이라는 질적 자료를 중심으로 서술하고 있지만 실제 프로그램 평가에서는 질적 자료들을 모두 활용하여 질적 성과지표 3에 대한 달성여부를 판단해야 한다.

성과지표 3: 학업참여 및 학교만족도 증진

'배움의 기쁨을 발견하고 학교를 긍정적 성장의 터전으로 인식하다'

소감문 분석 결과, 다문화가정 아동들은 프로그램 참여를 통해 학업 참여 태도와 학교생활 만족도에서 긍정적인 변화를 경험한 것으로 나타났다. 아동들은 수업 내용을 더 잘 이해하게 되었고(참여자 1, 특정 과목에 대한 흥미가 증가(참여자 2)했으며, 스스로 숙제를 하거나(참여자 3) 능동적으로 수업에 참여(참여자 4)하는 모습을 보였다. 이는 학습 과정에 대한 주도성과 참여 의지가 향상되었음을 의미한다. 또한, 아동들은 학교생활 전반에 대한 긍정적인 정서와 인식을 형성했다. '학교 가는 게 너무 즐겁다'(참여자1), '매일매일 가고 싶다'(참여자 3)는 진술은 학교에 대한 초기 부담감이 해소되고 높은 만족도를 느끼고 있음을 보여준다. 교사의 칭찬이나 친구들과의 협력 학습 경험(참여자 5, 참여자 2, 참여자 3)은 학교를 긍정적인 상호작용과 성취의 공간으로 인식하는 데 기여하며, 학교생활에 대한 전반적인 자신감(참여자 4)으로 이어졌다.

- 참여자 1: "이제는 선생님 말씀이 더 잘 들리고, 학교 숙제도 혼자 할 수 있게 됐어요. 학교 가는 게 너무 즐거워요!"
- 참여자 2: "수학 시간이 제일 싫었는데, 이제는 재미있어요. 모르는 건 친구한테 물어보고 같이 공부해요."
- 참여자 3: "학교에 가는 게 전에는 힘들었는데, 지금은 매일매일 가고 싶어요. 친구들이랑 공부하는 것도 좋아요."
- 참여자 4: "수업 시간에 제가 먼저 손 들고 대답할 수 있게 되어서 뿌듯해요. 학교생활이 자신 있어졌어요."
- 참여자 5: "선생님 칭찬 받아서 기분 좋았어요. 학교에서 배우는 게 다 재미있어요. 최고!"

그림 12-4 문서(소감문)를 활용한 질적 평가 예

4) 질적 평가의 엄격성 확보와 윤리적 고려

질적 평가는 양적 평가와는 다른 방식으로 연구의 신뢰성과 타당성을 확보해야 한다. 질적 평가에서는 이를 엄격성(rigor)이라고 표현한다.

질적 평가에서 엄격성은 프로그램 평가자가 수집한 자료를 얼마나 충실하게 분석하고 해석했는지, 그리고 그 결과가 프로그램 참여자의 경험이나 프로그램 운영의 실제를 얼마나 정확하게 반영하는지를 나타낸다. 질적 평가에서는 이를 보통 신뢰성 차원에서 고려되며, 평가 과정의 투명성과 일관성을 통해 확보된다.

질적 프로그램 평가에서 엄격성을 확보하기 위한 구체적인 방안은 다음과 같다(Royse et al., 2016).

(1) 지속적 관찰(prolonged engagement)

평가자가 프로그램 현장에서 충분한 시간을 보내면서 프로그램 운영 방식, 참여자들의 상호작용, 프로그램이 이루어지는 맥락 등에 대한 깊이 있는 이해를 얻는 방법이다. 예를 들어, 아동 프로그램의 효과를 평가할 때, 단기간 방문보다는 장기간에 걸쳐 프로그램 활동에 참여하고 아동들과 담당자, 부모와 교류하면서 보다 풍부한 자료를 수집할 수 있다.

(2) 삼각측정(triangulation)

특정 사회복지 프로그램의 효과를 평가할 때, 프로그램 참여자 인터뷰(예: 아동보호 서비스 이용 아동), 프로그램 담당자의 관찰, 그리고 프로그램 기록(예: 사례관리 일지, 프로그램 활동 보고서) 검토 등 다양한 자료원을 활용하여 데이터를 교차 확인한다. 이를 통해 단일 자료나 방법에 의한 편향을 줄이고 결과의 신뢰성을 높인다.

(3) 참여자 확인(member checking)

프로그램 참여자 또는 이해관계자(예: 프로그램 담당자, 가족 등)에게 평가 초안 결과를 다시 제시하여, 그들이 평가 결과에 동의하는지, 혹은 자신들의 경험이나 프로그램 운영의 실제가 정확하게 반영되었는지 확인하는 과정이다. 이는 평가자의 해석이 참여자 관점과 일치하는지 검증하는 방법이며, 평가 결과의 정확성을 높이는 방법 중 하나이다.

(4) 동료검토(peer debriefing)

평가자가 자신의 평가 과정과 결과에 대해 해당 프로그램이나 평가에 직접 참여하지 않은 동료 평가자나 사회복지 전문가와 논의하고 피드백을 받는 과정이다. 이를 통해 평가자의 주관적 편향을 줄이고, 다양한 관점에서 평가보고서를 검토하여 논리성과 객관성을 확보할 수 있다.

(5) 충분한 기술(thick description)

평가대상 프로그램, 참여자 특성, 프로그램이 운영되는 지역사회 및 기관의 맥락, 그리고 프로그램의 구체적인 개입 내용 및 방식에 대한 상세하고 풍부한 정보를 제공하여, 독자가 평가 결과를 자신의 상황에 적용할 수 있을지 판단할 수 있도록 돕는 방법이다.

(6) 감사추적(audit trail)

평가자가 평가 과정 전반(데이터 수집 방법, 분석 절차, 해석 과정 등)에 걸쳐 내린 결정과 그 이유를 상세하게 기록하는 것이다. 이는 평가 과정의 투명성을 높이고, 다른 평가자가 평가자의 논리적 흐름을 이해하고 검토할 수 있도록 돕는다. 이는 또한 제3자가 평가 과정을 검토하고 재현할 수 있도록 하여 평가의 일관성을 검증하는 데 도움을 준다.

또한 질적 평가 과정에서 참여자들과의 깊은 상호작용을 포함하므로, 엄격한 윤리적 기준이 필수적이다.

- **자발적 참여와 사전동의:** 참여자는 평가목적, 방법, 참여로 인한 영향 등을 충분히 설명받은 후 자발적으로 참여해야 한다.
- **비밀보장과 익명성:** 평가 과정에서 수집된 정보는 제3자에게 노출되지 않아야 하며, 응답자 식별이 가능한 정보는 제거하거나 익명처리를 해야 한다.
- **존중과 존엄성 유지:** 응답자를 존중해야 하며 응답자를 대상화하거나 판단하는 언어와 태도를 피해야 한다.
- **왜곡 없는 해석과 보고:** 수집된 자료는 참여자의 의미와 맥락을 존중하여 해석해야 하며, 의도적으로 왜곡하거나 평가자의 목적에 맞게 조작해서는 안 된다.

4. 질적 평가의 확장: 혼합방법론의 적용

프로그램 성과평가에 있어 특정 프로그램을 평가할 때 양적 평가와 질적 평가를 통합하는 접근을 '혼합방법론(mixed methods)'이라고 한다. 이 설계는 각 방법의 장점을 살려 폭넓고 깊이 있는 이해를 제공한다. 혼합방법론은 특히 과정과 성과를 하나의 평가에서 동시에 살펴보고자 할 때, 또는 정량적 결과와 더불어 그 '이유'와 '서사'를 함께 분석하고자 할 때 적합하다.

혼합방법론은 크게 순차적 방법과 동시적 방법으로 구분될 수 있다(Royse et al., 2016). 순차적 방법은 일반적으로 양적 평가 후 질적 평가를 순차적으로 적용하는 방식(QUANT → qual)이며, 동시적 방법은 프로그램의 성과를 양적 수치와 함께 참여자들의 경험을 동시에 파악하여(QUANT + QUAL) 보다 풍부한 결과를 도출하고자 한다.

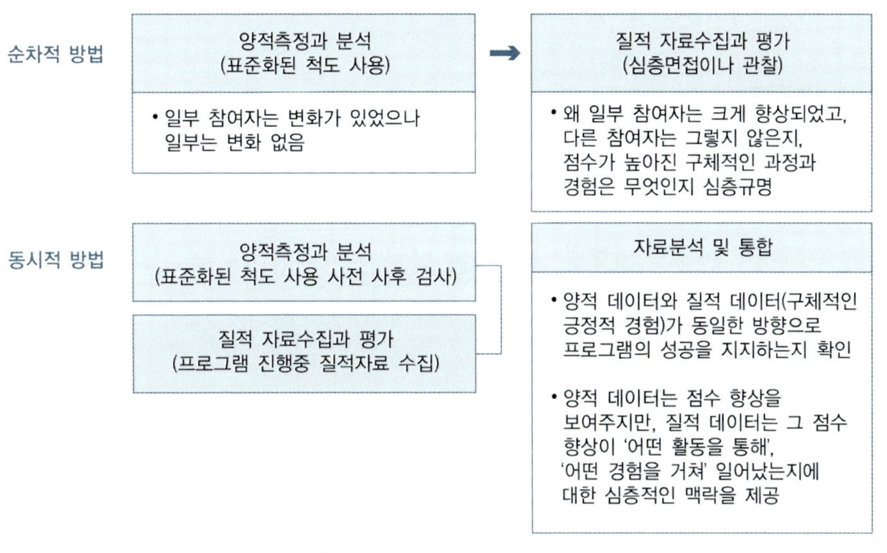

그림 12-5 혼합방법론 적용예시

사회복지 프로그램 평가에서 혼합방법의 활용 사례는 학술 연구에 비해 현장에서는 아직 일반적이지 않다. 이러한 경향은 특히 질적 평가에 대한 관심 부족 및 막연한 부담감에서 비롯된다. 또한 그동안 양적 평가 중심의 평가에 대한 익숙함으로 인해 측정 도구의 단순한 적용만으로도 평가가 가능하다고 간주하는 경향에서 비롯되었을 수도 있다. 이는 성과목표에 부합하는 적절한 측정도구를 찾지 못해 어려움을 겪는 사례에서도 확인된다. 종종 충분한 타당성 검토 없이 척도를 활용하여 평가를 시도하기도 하나, 이 경우 측정의 타당도에 문제가 발생할 가능성이 존재한다. 최근 사회복지공동모금회는 양적 평가가 어려운 성과목표에 대해서는 질적 평가 방법을 적극 활용하도록 권고하고 있으며, 이는 평가 접근에 있어 중요한 전환점을 의미한다. 나아가 프로그램의 성과에 대한 보다 포괄적이고 심층적인 분석을 가능하게 하기 위해서는 혼합방법론에 대한 이해와 활용 가능성을 적극적으로 검토할 필요가 있다.

질적 평가의 사례

[사례1] 아동 자아존중감 향상 프로그램

① 정성적 지표 구성

프로그램 성과목표인 "아동의 자아존중감 향상"은 질적 평가를 위한 해석 가능한 정성적 성과지표로 변환되어야 한다. 자아존중감은 단일한 개념이 아니라 인지적, 정서적, 행동적 차원을 포함하는 다차원적 개념이므로, 질적 자료에서 관찰 가능한 지표 수준으로 재구성하는 과정이 필요하다.

- 성과목표: 아동의 자아존중감 향상
- 정성적 성과지표 구성 예

차원	정성지표	예시표현 또는 행동
인지적 차원	자기인식 변화	"나는 나대로 괜찮아." "예전엔 항상 비교했어요."
정서적 차원	긍정적 감정표현	"기분이 좋아졌어요." "요즘은 내가 웃고 있더라고요."
행동적 차원	자신감 있는 행동	친구 앞에서 발표, 자발적 활동 참여, 도움 요청

이러한 정성지표는 이후 질적 자료를 분석할 때 자료를 분류하고 해석할 기준이 된다. 또한 선행연구(예: Rosenberg, 1979)를 참고하여 구성의 타당성을 확보해야 한다.

② 질적 자료의 추출(필터링)

정성지표에 따라 질적 자료 중에서 평가에 유의미한 자료를 추출한다. 자료는 심층면접, 참여관찰, 활동 결과물, 일지, 교사 면담 등에서 수집할 수 있다. 이때 모든 자료를 동등하게 분석하는 것이 아니라, 성과지표와 직접 연관된 의미 있는 진술, 행동, 표현을 선별하는 것이 중요하다.

- 질적 자료의 추출 예시
  - 프로그램 일지: “나는 맨날 실수만 한다고 생각했는데, 이번에 발표를 잘해서 뿌듯했다.”
  - 교사 인터뷰: “처음에는 자신 없어 하더니 요즘은 앞에 나와 발표하려고 손도 들고 그래요.”
  - 활동 결과물: 나를 표현하는 그림에 긍정적인 자기 이미지 사용(“태양처럼 밝은 내가 되고 싶어요.”)

③ 의미구성과 해석

선별된 질적 자료는 성과지표에 따라 의미 단위로 분절되고 해석되어야 한다. 이 과정은 단순한 주제 도출이 아니라, 해당 진술이나 행동이 프로그램 목표 달성과 어떻게 관련되는지를 해석하는 평가적 작업이다.

- 해석예시

자료	정성지표	해석
“이젠 발표가 두렵지 않아요.”	행동 변화	‘자기효능감 향상’으로 해석 가능
“다른 애들이 저를 무시하지 않는다는 걸 알았어요.”	사회적 자아 인식 변화	‘대인관계 속 자아존중감 증진’으로 해석
“나는 나대로 괜찮다고 생각해요.”	자기 인식 변화	핵심 성과목표와 직접 연결

④ 주제 도출

해석된 의미 단위들을 정리하여 성과 판단에 근거가 되는 핵심 주제들로 정리한다. 주제는 유사한 발화나 행동의 반복을 통해 도출되며, 성과지표의 하위범주에 해당한다. 각 주제는 이후 성과 판단의 질적 근거로 활용된다.

- 도출된 핵심주제 예시
  - 자기 인식의 긍정적 변화: "나는 예전보다 나를 더 좋아하게 됐다."
  - 감정 표현의 긍정적 전환: "화나는 일이 있어도 웃을 수 있게 됐다."
  - 사회적 자신감의 증가: "친구들 앞에서 이야기하는 게 익숙해졌다."

⑤ 성과 판단

마지막으로 도출된 주제들과 구체 사례를 바탕으로 프로그램 목표 달성 여부를 판단한다. 이때 판단은 정량적 수치가 아닌, 해석적 논거에 근거한 평가적 기술로 이루어진다. 다음과 같은 판단 범주를 활용할 수 있다.

- 평가서술 예시

> 참여 아동들의 일지, 활동 참여 태도, 교사 인터뷰 자료를 종합한 결과, 자기 인식과 감정 표현, 행동 참여 측면에서 자아존중감의 향상을 보여주는 정성적 사례가 반복적으로 관찰되었다. 이는 프로그램 성과목표가 상당 부분 달성되었음을 시사한다. 다만, 일부 참여자에게는 변화가 미미하게 나타나 향후 프로그램 구성의 개인 맞춤형 접근 필요성이 확인되었다.

[사례2] 독거노인 우울감 감소 프로그램

① 정성적 지표 구성

우울감은 인지적·정서적·신체적·사회적 차원에 걸쳐 나타나므로, 질적 자료를 통해 식별가능한 행동 및 언어 표현 지표로 세분화하는 것이 필요하다.

- **성과목표**: 독거노인의 우울감 감소

• 정성적 성과지표 구성 예

차원	정성지표	예시표현 또는 행동
정서적 표현	부정적 정서 감소, 긍정 정서 증가	"마음이 좀 편안해졌어요." "요즘은 덜 울어요."
행동 변화	활동 참여 증가, 무기력 감소	산책, 기관의 프로그램 자발적 참여
대인관계 변화	타인과의 접촉 증가	"요즘은 전화도 자주 오고, 이야기할 사람도 있어요."
자기인식 변화	삶에 대한 인식 개선	"살아볼 만하다고 느껴요." "괜찮은 날도 있네요."

이러한 지표들은 질적 자료 분석 시 평가자가 '이 표현이 우울감 감소와 관련 있는가?'를 판단할 기준이 된다.

② 질적 자료의 추출(필터링)

질적 자료 중 성과목표와 관련 있는 진술, 행동, 변화 등을 중심으로 추출한다. 자료는 심층 인터뷰, 참여관찰, 생활기록지, 활동일지 등으로 수집하며, 우울감 감소와 직접적으로 연결될 수 있는 표현이나 사례에 주목한다.

• 질적 자료의 추출 예시

참여자	진술 또는 행동	평가적 의미
참여자 1	"예전엔 하루 종일 말도 안 했는데, 이젠 가끔 이웃한테 먼저 인사해요."	사회적 접촉 증가 → 대인관계 회복
참여자 2	"어제 복지관 나가서 그림 그렸어요. 내가 그런 것도 할 줄 몰랐는데."	활동 참여 증가 → 무기력감 완화
참여자 1	"죽고 싶단 생각이 줄었어요. 좀 견딜 만해요."	자살 사고 감소 → 정서 안정의 긍정 신호
참여자 2	관찰 기록에서: 모임 시간보다 일찍 도착하여 다른 참여자와 대화	자발성, 사회적 연결 증대

③ 의미구성과 해석

선별된 발화와 행동들을 정성지표별로 분류하고, 그 의미를 우울감 감소라는 성과목표와의 연관성에 비추어 해석한다. 이때 단순한 인상적 진술이 아니라, 변화의 방향성과 맥락에 주목하여 해석하는 것이 중요하다.

• 해석예시

진술/ 행동	관련지표	해석
"괜찮은 날도 있네요."	자기 인식 변화	전반적 삶에 대한 부정성에서 긍정성으로의 인지 전환
복지관 활동에 주 2회 이상 참여	행동 변화	사회적 회피와 무기력에서 벗어난 행동 변화
"죽고 싶단 생각이 줄었어요."	정서적 표현	우울감의 핵심 증상인 자살 사고의 감소

④ 주제 도출

해석된 의미 단위들을 주제 수준으로 통합하고, 참여자의 변화 양상과 일관성을 바탕으로 핵심 주제를 도출한다. 주제는 정성지표와 대응되며, 자료 간 비교, 삼각측정의 기반이 된다.

• 도출된 핵심주제 예시

- 정서적 안정감의 회복: "예전만큼 화나지 않고, 울지도 않아요."
- 사회적 연결의 회복: "나를 찾는 사람이 생기니까 하루가 빨리 가요."
- 행동의 활력 회복: 관찰기록에 따르면 활동 참여가 늘고 대화도 자발적으로 시작함.
- 삶에 대한 인식 변화: "혼자 사는 것도 이젠 좀 익숙해졌어요."

⑤ 성과 판단

마지막으로 도출된 주제들과 구체 사례를 바탕으로 프로그램 목표 달성 여부를 판단한다.

• 평가서술 예시

참여자 1과 2의 자료 분석 결과, 프로그램 개입 이후 정서적 표현, 대인관계, 활동 참여 등에서 우울감 감소의 긍정적인 신호들이 다수 관찰되었다. 특히 참여자 1은 인터뷰에서 자살 사고 감소와 정서적 안정감을 직접 언급하였으며, 참여자 2는 관찰기록상 활동 참여의 빈도와 질이 향상되었다. 이로써 해당 프로그램은 성과목표가 상당 부분 달성되었음을 보여준다. 다만 일부 참여자에게서는 변화가 미약하여 향후 개별 사례 중심 접근이 필요하다.

프로그램 실습

1. 질적 평가와 양적 평가를 다양한 비유를 통해 비교해 봅시다.
   - 예시: 질적 평가는 숲이고 양적 평가는 숲속의 작은 잎이다.

2. 특정 주제에 관하여 3명의 동료를 인터뷰한 뒤 거기서 나온 이야기를 질적 자료의 분석절차(질적 자료 추출 → 의미해석 → 주제 제시)에 따라 분석하여 정리해 봅시다.

3. 다음은 프로그램 종료 후 수집된 참여자의 소감문이다. 이 자료에서 의미 있는 진술을 선별하고, 주제를 도출한 뒤, 간략한 평가 보고서를 작성해 봅시다.

> "이 프로그램을 통해 내가 가치 있는 사람이라는 생각이 들었어요. 예전에는 늘 내가 부족하다고 생각했는데, 지금은 그렇지 않아요."

4. '노인의 정서적 고립감 감소'라는 성과목표를 주제로, 다음 구조에 맞춰 인터뷰 가이드를 구성해 봅시다.
   - 도입질문 / 경험 탐색 / 변화 인식 / 의미 해석 / 제안 및 평가
   - 각 단계별로 구체적인 질문 1~2개씩 작성할 것

Chapter

13 로직모델과 평가

> "A logic model is more than a map. It is a way of thinking.
> It helps us focus on appropriate process and outcome measures."
> - https://logicmodel.extension.wisc.edu

로직모델은 프로그램의 구조와 논리를 시각화하여 보여주는 도구이자, 평가 설계를 위한 이론적 기반을 제공한다. 제2장에서 로직모델의 개념과 구성요소에 대해 다루었으므로, 이 장에서는 로직모델을 활용하여 평가를 어떻게 설계하고 실행할 수 있는가에 초점을 둔다. 특히, 로직모델의 각 구성요소(투입, 활동, 산출, 성과)를 기준으로 평가의 유형을 과정평가와 성과평가로 구분하고, 각각의 평가가 다루는 지점과 목적, 적용 방법에 대해 설명한다.

1. 로직모델과 평가유형

1) 과정평가와 성과평가

프로그램 평가는 크게 형성평가와 총괄평가로 구분되며, 과정평가는 형성평가적 성격이 강하고 성과평가는 총괄평가적 성격이 강하다(Rossi et al., 2019). 로직모델은 프로그램의 투입, 활동, 산출, 성과, 그리고 궁극적으로 영향까지의 인과관계를 설명하는 틀로, 각 단계가 평가의 초점이 될 수 있다.

프로그램 평가는 본질적으로 프로그램이 의도한 효과를 실현하고 있는지를 판단하는 과정이며, 이를 위해서는 프로그램이 어떠한 이론적 가정과 인과 경로에 따라 구성되어 있는지를 이해할 필요가 있다. 로직모델은 이러한 프로그램 이론을 시각화함으로써 평가의 초점 설정, 측정 지표 개발, 자료수집 전략 수립의 기준을 제공한다.

로직모델을 기준으로 프로그램 평가를 유형화하면, 평가가 어떤 지점에 초점을 두고 이루어지는지를 체계적으로 설명할 수 있다. 일반적으로 로직모델의 각 구성요소별로 과정평가와 성과평가를 구분하면 [그림 13-1]과 같다.

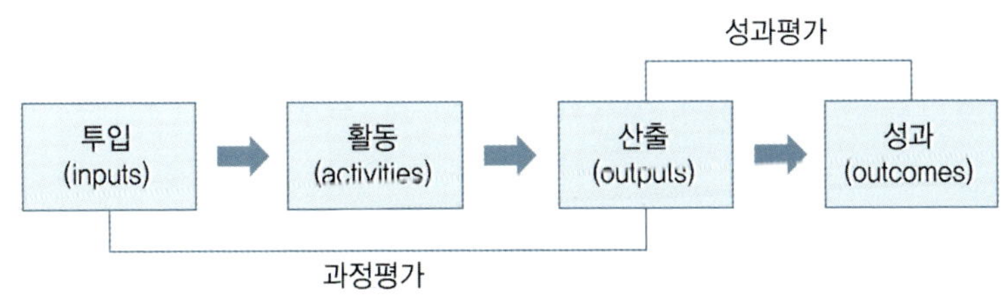

그림 13-1 로직모델로 본 평가유형

로직모델에 따른 과정평가는 투입과 활동, 그리고 산출에 초점을 둔다. 성과평가는 산출과 성과 영역에 집중한다. 문제는 산출을 어떻게 보는가이다. 산출은 프로그램 활동의 직접적인 결과로 정의된다. 예컨대 "10회의 집단상담을 실시했다"는 진술은 특정 활동이 실제로 수행되었음을 보여주는 지표이며, 이는 산출에 해당한다. 반면 성과는 산출을 매개로 하여 참여자에게 나타나는 변화를 의미한다. 예를 들어, "상담에 참여한 청소년의 자아존중감이 향상되었다"와 같은 변화는 성과로 간주된다. 성과는 서비스 제공 이후 참여자에게 나타나는 인식, 태도, 행동 등의 질적 변화를 의미한다.

산출과 성과는 명확히 구분되며, 특히 산출은 과정평가의 범위로 분류한다(York, 1982; Kettner et al., 2023). 이는 산출이 단지 프로그램 활동의 실현 여부를 보여주는 지표에 불과하기 때문이다. 즉, 산출은 프로그램이 '무엇을 했는가'를 확인하게 해주지만, 그것이 참여자에게 '어떤 변화'를 유도했는지를 설명하지는 않는다.

그러나 실천현장에서는 산출을 넓은 의미의 성과로 간주하는 경우가 적지 않다. 특히 행정적 관리나 사업보고서 작성의 맥락에서는 성과지표라는 이름으로 산출과 성과를 함께 포괄하여 사용한다. 뿐만 아니라 산출은 활동의 직접적인 결과이면서 동시에 성과의 전제 조건이 되므로, 성과평가에 포함시키는 것은 논리적이다. 특히 사회복지공동모금회에서는 최근 성과중심 사업계획서와 산출중심 사업계획서를 구분하여 요청하고 있으며, 이 경우 산출도 프로그램의 실질적인 결과로 간주된다.

이에 따라 본서에서는 산출을 과정평가와 성과평가의 양측면에서 모두 다루기로 한다. 특히 성과의 위계라는 개념에 입각하여, 산출을 성과평가의 초기 수준에 해당하는 결과로 간주하고 평가 범주에 포함하여 다루기로 한다.

2) 성과평가와 효과성 평가

현장에서 자주 혼용해서 사용하는 용어가 성과평가와 효과성 평가이다. 사실상 거의 같은 개념으로 쓰인다고 해도 과언이 아니다. 그러나 성과평가와 효과성 평가는 모두 프로그램 결과를 다루는 평가 유형이지만, 평가의 초점, 분석 수준, 인과 추론의 강도 측면에서 구분된다.

성과평가는 프로그램 수행 이후 참여자에게 나타난 변화나 성취가 무엇인지를 확인하는 데 목적이 있다. 즉, 프로그램이 종료된 시점에서 참여자에게 어떤 변화가 발생했는지를 평가하는 것이다. 이러한 변화는 지식, 태도, 행동, 기능 수준 등 다양한 형태로 나타날 수 있으며, 이는 일반적으로 프로그램의 목표와 연계된다. 예를 들어, '아동 자아존중감 향상 프로그램'의 경우, 사전보다 사후에 자아존중감 점수가 상승했다면, 이는 성과로 간주된다. 이때 성과평가는 변화가 있었는지를 확인하는 데 중점을 두며, 그러한 변화가 프로그램으로 인해 발생했는지를 반드시 입증할 필요는 없다.

따라서 성과는 변화가 실제로 발생했는지를 나타내지만, 그 변화가 반드시 프로그램 때문이라고 단정할 수는 없다. 외부 요인에 의한 자연적 변화일 가능성도 존재한다. 예를 들어, 금연 캠페인 실시 후 청소년의 흡연율이 감소했다면, 그 원인이 캠페인 자체인지, 아니면 사회적 이슈나 유행 때문인지를 구별해야 한다.

효과성 평가는 동일한 변화에 대해 보다 분석적이고 인과적인 접근을 시도한다(김영종, 2013). 즉, 변화가 프로그램 때문이라는 인과적 관계를 입증하고자 하는 평가이다. 이를 위해 효과성 평가는 통제집단의 설정, 무작위 할당, 비교집단 간 차이 분석 등 실험적 설계를 활용하여 평가의 설계 엄격성을 높이는 경우가 많다. 예를 들어, 자아존중감 향상 프로그램의 경우, 프로그램에 참여한 집단과 참여하지 않은 통제집단 간의 자아존중감 변화 차이를 비교함으로써 프로그램의 효과를 검증할 수 있다. 이는 성과가 발생했는지를 확인함과 동시에 그 성과가 프로그램에 기인한 것인지를 과학적으로 확인하는 과정이다.

여기서 프로그램의 성과와 효과를 구분하기 위해서는 세 가지 개념을 구분해야 한다.

- **성과 수준**(outcome level): 특정 시점의 상태(예: 청소년의 흡연율).
- **성과 변화**(outcome change): 시점 간 차이(예: 학기 초와 말의 흡연량 변화).
- **프로그램 효과**(program effect): 프로그램 참여 여부에 따른 성과 수준의 차이. 이는 참여자에게 나타난 변화 중 프로그램에 기인한 순효과를 뜻한다.

성과는 시간에 따라 자연적으로 변화할 수 있다. 예를 들어, 아동의 학교 준비도는 발달 단계에 따라 자연히 향상될 수 있으며, 부모의 교육적 지원도 영향을 미친다. 따라서 단순히 프로그램 참여 전후의 성과 변화만으로는 프로그램의 효과를 입증하기 어렵다.

[그림 13-2]와 같은 그래프에서 실선은 프로그램 참여자의 성과 궤적을, 점선은 참여하지 않았을 경우의 예상 궤적을 나타낸다. 이 둘의 차이가 바로 프로

그램 효과이며, 프로그램 없이는 발생하지 않았을 성과의 증가분이다.

프로그램 효과는 참여자와 비참여자의 성과 차이를 통해 추정된다. 그러나 동일한 개인이 동시에 두 조건에 놓이는 것은 불가능하므로, 비참여 조건에서의 성과는 실제로 관찰할 수 없고 추정에 의존해야 한다. 이 과정은 평가자의 분석적 판단과 적절한 비교 집단의 설정을 요구하며, 논리적 타당성을 확보하기 위해 엄격한 평가설계가 필요하다.

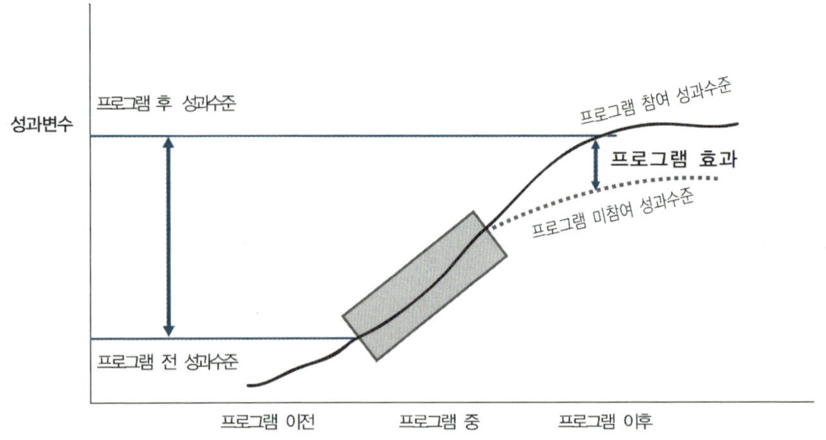

그림 13-2 성과 수준과 프로그램 효과

출처: Rossi, Lipsey, & Henry(2019). pp. 116-119.

현실적으로 성과평가를 단순히 결과를 확인하는 차원뿐만 아니라 그 결과가 프로그램에 의해 발생했는지를 확인하는 과정까지 포함하는 것으로 정의하기도 한다. Royse 등(2016)은 성과평가가 프로그램 개입의 결과로 나타나는 변화를 평가하는 것이므로, 평가설계에 따라 인과적 추론이 가능하다고 본다. 이 경우 성과평가는 그 자체로 효과성 평가의 역할을 수행할 수 있다. 즉, 성과평가가 어떤 설계를 채택하느냐에 따라 인과성을 포함할 수도 있는 것이다. 이 부분은 양적 평가의 내용을 참고하길 바란다.

이러한 이유들로 인하여 사회복지현장에서는 성과평가와 효과성 평가를 명확히 구분하기보다 혼용해서 다루는 경우가 많다. 평가설계가 복잡하거나 자원이 제한된 상황에서는 일단 성과만을 측정하고, 이를 통해 효과성에 대한 간접적 추정을 시도한다. 예컨대, 프로그램 사전·사후 변화만을 측정한 결과를 바탕으로 효과가 있다고 간주하는 사례가 많다. 이 경우 성과를 확인하면서 동시에 인과성을 암묵적으로 가정하는 셈이며, 실무적으로는 효과성 평가로 해석되기도 한다.

2. 산출목표의 평가

산출목표 평가는 프로그램의 실행과정에서 계획된 활동이 실제로 얼마만큼 수행되었는지를 측정하는 평가이다. 산출이 이루어지지 않으면 성과 자체도 발생할 수 없다는 점에서, 산출목표 평가는 프로그램의 기초적 성공 여부를 가늠하는 핵심 기준이다. 여기서 산출은 주로 활동의 양적 실적을 의미하며, 예를 들어 교육 횟수, 상담 시간, 참여자 수 등이 해당한다.

산출목표는 대개 "~을(를) 실시한다", "~을(를) 제공한다"와 같은 활동 단위로 설정된다. 따라서 산출목표 평가는 실제 활동의 이행 정도, 즉 '무엇을, 얼마나 했는가', 그리고 '얼마나 참여했는가'를 중심으로 이루어진다.

따라서 산출목표 평가 시 다음과 같은 요소를 고려해야 한다.

첫째, 산출의 성격을 명확히 규정한다. "아동 대상 집단상담 10회기 실시"와 같이 산출은 성과가 아니라 활동의 직접적 결과물이라는 점을 강조해야 한다.

둘째, 산출목표 평가는 양적 평가이므로 정량적 측정이 가능하도록 목표를 명확히 수치화한다. (예: "월 2회 총 8회 노인 대상 건강강좌 운영")

셋째, 비교기준을 명확히 제시한다. 계획 대비 실적 비교 방식을 사용하여 목표 달성률을 계산하고, 달성 기준(예: 80% 이상 달성 시 '충족')을 명시하는 것이 바람직하다. (예: 계획: 연간 20회기, 실적: 18회기 → 달성률 90% → '목표 달성')

넷째, 산출 관련 기타 사항도 명시한다. 단순 수치뿐 아니라 활동의 실행상 문제나 차질도 정성적으로 평가에 포함시켜야 한다. (예: "코로나19 확산으로 인해

7월 활동이 지연됨, 9월에 보완 진행함")

산출목표 평가를 위해서는 다음과 같은 체크리스트를 활용하는 것이 좋다. 활동 대비 실적의 단순 집계 외에 내용의 충실도도 평가에 포함하고 있다.

표 13-1 산출목표 평가 체크리스트

평가항목	평가기준	확인내용	평가결과(충족여부)	비고
활동의 수행 여부	계획된 활동이 실제로 수행되었는가?	O/X	□충족 □미충족	지연, 대체 여부 등 기재
수행 횟수의 충족	계획된 횟수만큼 수행되었는가?	계획: ○회 / 실적: ○회	□충족 □미충족	달성률(%) 표시
참여자 수의 달성	목표 인원 수에 도달하였는가?	계획: ○명 / 실적: ○명	□충족 □미충족	불참, 결석자 수 등
수행 시기 및 일정의 적절성	계획된 일정 내에 수행되었는가?	계획일: ○ / 수행일: ○	□충족 □미충족	지연사유 기재
수행 내용의 일치 여부	계획된 내용과 실제 내용이 일치하는가?	활동 주제, 강사, 내용 비교	□충족 □미충족	변경내용 기재

다음은 산출목표 평가 결과를 예시로 제시한 것이다.

표 13-2 산출목표 평가 결과표

활동명	산출목표	계획(횟수/대상)	실적(횟수/대상)	달성률(%)	비고
자아존중감 집단상담	아동대상 집단상담 10회기 실시	10회 / 15명	9회 / 14명	90	장마로 1회 연기
개별상담	개별상담 1인당 월 1회실시	30명×3개월 = 90회	85회	94	2명 장기 불참
정보제공 교육	건강정보 교육자료 월 1회 제공	3회 / 30부	3회 / 35부	100+	요청에 의해 추가 제작

- **해석:** 평가 결과, 대부분의 활동에서 90% 이상의 달성률을 보였으며, 일정

도 전반적으로 준수되었다. 자아존중감 집단상담은 90% 달성률로 일부 지연이 있었고, 개별상담은 94%로 높은 이행률을 보였다. 정보제공 교육은 계획보다 많은 자료가 배포되어 100% 이상 달성되었다. 다만, 지연이나 참여자 이탈 등의 사례는 향후 개선과 관리가 필요한 요소로 지적된다. 종합적으로 산출목표는 대체로 충실히 달성되었으며, 활동수행에 대한 책임성과 실행력을 확보한 것으로 나타났다.

3. 성과목표의 평가

1) 성과지표의 개발

사회복지 프로그램에서 성과평가는 프로그램이 계획한 목표를 얼마나 잘 달성했는지 확인하는 과정이다. 이때 프로그램의 성과가 실제로 나타났음을 보여주는 증거로 성과지표를 사용한다. 성과지표는 성과평가에서 핵심적인 도구로, '보이지 않는 개념'을 '보이게' 만드는 역할을 한다(조성우 외, 2024). 프로그램의 목표는 흔히 우울감 감소, 삶의 만족도 향상, 자기효능감 증가와 같이 추상적인 개념들이다. 성과지표는 이러한 추상적인 개념들을 현실에서 측정가능하게 만들어주는 구체적인 기준이다.

그렇다면 성과지표는 왜 필요한가? 프로그램이 목표한 변화를 일으켰는지 확인하려면, 추상적인 개념들을 구체적인 방식으로 측정해야 한다. 성과는 일반적으로 내면의 변화를 나타낸다. 예컨대 '자아존중감'이나 '학업능력'은 모두 개념적 용어이며, 이를 직접적으로 볼 수는 없다. 따라서 프로그램의 효과를 입증하려면 성과를 대표할 수 있는 외적이고 관찰가능한 지표가 필요하다. 성과지표는 이렇게 보이지 않는 심리적·행동적 상태를, 관찰가능하고 측정가능한 항목이나 문항의 형태로 전환하는 기능을 한다.

추상적인 성과 개념을 측정가능한 지표로 만드는 몇 가지 사례를 살펴보자.

표 13-3 **성과지표의 예**

성과목표	성과지표	관찰가능한 항목
청소년 자아존중감 향상	자아존중감 척도 점수 변화	설문응답 점수
노인의 우울감 감소	우울척도(GDS) 점수 감소	자기보고식 설문지
정신장애인의 사회기술 증진	외출 횟수, 대중교통 이용 빈도	주간 활동일지
한부모의 양육역량 향상	자녀와의 상호작용 빈도, 양육지식 검사 점수	상담일지, 관찰일지, 설문문항

성과지표는 성과측정의 방식과 초점에 따라 정량지표(quantitative indicators)와 정성지표(qualitative indicators)로 구분된다(조성우 외, 2024).

정량지표는 수치화가 가능하며 객관적인 측정과 비교가 용이한 지표이다. 이는 주로 빈도, 비율, 수치, 금액 등으로 표현되며, 특정 기간의 변화량이나 달성 수준을 명확하게 보여줄 수 있다. 정량지표는 측정이 표준화되어 있어 측정자 간의 편차가 적다. 또한 수치로 표현되므로 명확한 비교와 분석이 가능하다.

정성지표는 수치화하기 어렵거나 주관적인 경험, 태도, 인식, 만족도 등을 측정하는 지표이다. 정성지표의 예로는 프로그램 참여자들의 삶의 질 향상에 대한 주관적 인식, 서비스 만족도, 자기효능감 변화에 대한 참여자 서술 등을 들 수 있다.

표 13-4 **성과목표에 따른 성과지표 예**

성과목표		성과지표
상위목표	다문화가정 아동의 심리사회적 적응을 향상한다.	문제행동 발생 빈도(정량) 심리사회 적응 점수, 삶의 만족도 점수(정성)
하위목표 1	아동의 자아존중감을 향상한다.	긍정적 자아 단어 사용 빈도(정량) 자아존중감 점수(정성)
하위목표 2	아동의 또래관계를 향상한다.	어울리는 친구수(정량) 또래관계 만족도 점수(정성)
하위목표 3	아동의 학교생활만족도를 향상한다.	학교 출석률(정량) 학교생활만족도 점수(정성)

모든 성과에는 여러 개의 지표가 존재할 수 있지만 성과 목표를 대표할 수 있는 가장 중요한 지표, 즉 핵심성과지표(Key Performance Indicator: KPI)를 활용하는 것이 좋다. 사회성 향상을 측정하기 위해서 사회성 검사 점수, 또래와의 대화 빈도, 소셜미디어 상호작용 횟수 중에서 '사회성 검사 점수'를 활용하는 것이 한 예이다.

성과지표를 선정할 때는 다음 기준들을 고려해야 한다. 첫째, 지표 선정을 위해서는 해당 지표에 대한 데이터를 실제로 얻을 수 있는지를 우선적으로 고려해야 한다. 둘째, 프로그램의 성과에 대해 가장 유용한 정보를 제공하고, 의사결정에 실질적인 도움을 줄 수 있는 지표를 선정해야 한다. 셋째, 주어진 시간과 예산 범위 내에서 담당자가 측정하기에 가장 실현 가능한 지표를 선택해야 한다.

2) 성과목표의 평가 방법

성과목표의 평가에서는 앞의 양적 평가와 질적 평가 등을 종합적으로 검토하여 계획이 수립되어야 하며, 평가도구와 평가방법, 그리고 평가시기 등을 체계적으로 검토한 후 평가방법을 적용해야 한다.

표 13-5 성과목표의 평가방법

평가도구(자료수집도구)	평가방법	평가시기
• 수치계산 • 표준화된 측정도구 • 간편사정도구 • LOF척도 • 클라이언트 만족도 • 심층면접 • 초점집단면접(FGI) • 문서(소감문, 일지, 기관행정 자료 등) • 현장관찰 등	• 집단설계(프로그램 후 평가설계, 단일집단 전후비교설계, 비동일 통제집단설계, 실험설계 등) • 단일사례설계 • 질적 평가 등	• 프로그램 중 • 프로그램 시작 전 • 프로그램 종료 후 • 일정: 0월 0일~0월 0일

출처: 조성우 외(2024) 재구성.

다음 사례를 통해 성과평가 방법에 대하여 구체적으로 살펴본다.

표 13-6 성과목표 평가 예시

성과목표	성과지표	평가도구	평가방법	평가시기
1. 긍정적 자아상을 형성한다.	자아존중감 점수	자아존중감 척도	단일집단 전후 설계	프로그램 시작 전 및 프로그램 종료 후
	정서적 안정감	심층면접	질적 평가	프로그램 종료 후
2. 사회적 관계 역량을 향상한다.	또래관계점수	간편사정도구	프로그램 후 설계	프로그램 종료 후
	대화기술점수	LOF 척도	단일집단 전후 설계	프로그램 시작 전 및 프로그램 종료 후

각 성과목표에 따른 평가 결과를 정리하면 다음과 같다.

〈성과목표 1의 평가(성과목표 1: 긍정적 자아상을 형성한다.)〉

① (자아존중감) 프로그램 참여 아동 10명의 자아존중감 척도 사전-사후 검사 점수는 다음과 같다.

구분 \ 참여자	1	2	3	4	5	6	7	8	9	10	평균
사전점수 (프로그램 시작 전)	20	23	21	25	22	24	20	26	23	24	25
사후점수 (프로그램 종료 후)	35	38	36	40	37	39	36	41	38	37	38

프로그램 시작 전 아동 10명의 자아존중감 평균 점수는 25점이었고, 프로그램 종료 후 평균 점수는 38점으로 나타났다. 이러한 결과는 통계적으로 유의미하게 향상되었음을 보여준다($t=5.23$, $p<.001$). 모든 아동의 자아존중감 점수가 프로그램 종료 후 향상된 것으로 나타났다. 이는 프로그램이 아동들의 긍정적 자아상 형성, 특히 자아존중감 향상에 긍정적인 영향을 미쳤음을 시사한다.

② (정서적 안정감) 정서적 안정감 향상에 대한 심층면접 결과를 통해 의미를

해석하고 주제를 도출하여, 궁극적으로 긍정적 자아상과의 연관성을 중심으로 성과를 판단하였다.

- 질적 자료(심층면접 자료) 추출

참여자 1: "전에는 친구들이 저를 싫어할까 봐 항상 걱정했어요. 프로그램에서 선생님이 괜찮다고 말해 주고, 친구들도 저를 이해해 주는 것 같아서 마음이 편해졌어요." (불안감 → 심리적 안도감)
참여자 2: "가끔 너무 화가 나거나 슬프면 어떻게 해야 할지 몰랐는데, 이제는 감정을 그림으로 그리거나 선생님께 이야기할 수 있게 되었어요." (감정표현 확대)
참여자 3: "제가 뭘 하든 잘 못할 것 같다는 생각이 많았어요. 그런데 프로그램에서 작은 성공이라도 칭찬받으니까 자신감이 생겼어요." (자기효능감 향상)
참여자 4: "집에 혼자 있을 때 좀 외롭고 무서웠는데, 여기 오면 친구들이랑 같이 있어서 안심돼요. 집에 가도 덜 무서워요." (불안감, 외로움 → 심리적 안정감)
참여자 5: "처음에는 사람들하고 이야기하는 게 너무 힘들었는데, 이제는 먼저 말도 걸 수 있고 웃을 수 있어요. 제 모습이 더 좋아진 것 같아요." (대인관계 자신감)

- 의미해석

심층면접 결과들을 종합적으로 분석한 결과, 아동들은 프로그램 참여를 통해 자신의 감정을 인식하고 표현하는 데 더 편안함을 느끼며, 타인과의 관계에서 안정감을 경험하고, 자기 능력에 대한 긍정적인 인식이 증가했음을 확인할 수 있었다.

- 주제도출

"지지적 환경을 통한 정서적 자기 조절 및 관계적 안정감 형성"

- 성과판단

이러한 정서적 안정감의 향상은 아동들의 긍정적 자아상 형성에 직접적으로 영향을 미친 것으로 판단된다. 아동들이 자신의 감정을 건강하게 다루고, 타인과의 관계에서 편안함을 느끼며, 작은 성공 경험을 통해 자신감을 얻는 과정은 곧 자신을 긍정적으로 인식하는 자아존중감의 발달로 이어진다. 결과적으로,

아동들은 프로그램을 통해 정서적 안정감을 확보하고 이를 바탕으로 더욱 긍정적인 자아상을 형성하였다.

〈성과목표 2의 평가(성과목표 2: 사회적 관계 역량을 향상한다.)〉

① (또래관계 향상) 또래관계 향상을 측정하기 위해 자체 제작한 5문항의 Likert 5점 척도 간편사정도구 설문지를 활용하였다. 각 문항은 '전혀 그렇지 않다'(1점)부터 '매우 그렇다'(5점)까지로 구성된다.

번호	문항	평균점수
1	나는 친구들과 함께 노는 것이 즐겁다.	4.5
2	나는 친구들과 이야기하는 것이 편안하다.	4.3
3	나는 친구들과 갈등이 생기면 잘 해결할 수 있다.	3.8
4	나는 새로운 친구를 사귀는 것에 두려움이 없다.	4.0
5	나는 친구들에게 도움을 요청하는 것을 어려워하지 않는다.	4.4

프로그램 종료 후 아동 10명의 또래관계 향상 척도 전체 평균이 4.2점(5점 만점)으로 나타났다. 이는 아동들이 전반적으로 긍정적인 또래관계를 형성하고 있음을 보여준다. 특히'친구들과 함께 노는 것이 즐겁다'(4.5점)와 '친구들에게 도움을 요청하는 것을 어려워하지 않는다'(4.4점) 문항에서 높은 평균 점수를 보였다. 다만, '친구들과 갈등이 생기면 잘 해결할 수 있다' 문항의 평균 점수가 3.8점으로 상대적으로 낮게 나타나, 갈등 해결 능력 향상에 대한 추가적인 개입이 필요할 수 있음을 시사한다. 평가할 때 전반적으로 프로그램이 아동들의 또래관계 증진에 긍정적인 영향을 미쳤다고 판단한다. 다만 사후검사 점수만으로 성과를 판단하는 것이므로 인과성에 있어서 한계가 있음을 고려할 필요가 있겠다.

② (대화기술 향상) 대화기술 향상을 평가하기 위해 LOF 행동관찰 척도를 활용한다. 이 척도는 실제 아동들의 대화 상황을 관찰하여 평가할 수 있는 구체적

인 행동 지표를 포함한다. 3가지 평가항목을 설정하고, 각 항목별로 5수준 중 1, 3, 5수준에 대한 평가설명을 제시한다.

- 평가항목 1: 경청 및 반응
  - 1수준: 상대방의 말을 잘 듣지 않거나, 적절한 반응을 보이지 않음. 대화의 흐름을 방해함
  - 3수준: 상대방의 말을 어느정도 듣고 단순한 반응을 보임. 때때로 대화의 흐름을 놓치기도 함
  - 5수준: 상대방의 말을 주의 깊게 듣고 고개를 끄덕이거나 적절한 질문으로 적극적인 반응을 보임. 대화의 흐름을 잘 이끌어감

- 평가항목 2: 자기표현 및 주장
  - 1수준: 자신의 생각이나 감정을 거의 표현하지 않거나, 표현하더라도 명확하지 않음
  - 3수준: 자신의 생각이나 감정을 단순하게 표현하지만, 때로는 모호하거나 소극적인 모습을 보임
  - 5수준: 자신의 생각과 감정을 명확하고 자신감 있게 표현함. 자신의 의견을 적절히 주장할 수 있음

- 평가항목 3: 대화주도 및 유지
  - 1수준: 다른 아동과의 대화를 시작하거나 유지하는 데 어려움을 겪음. 고립된 모습을 보임
  - 3수준: 다른 아동과의 대화를 시도하지만, 오랫동안 유지하기 어렵거나 소극적인 태도를 보임
  - 5수준: 적극적으로 대화를 시작하고 유지하며, 대화의 주제를 확장하거나 흥미를 유발하여 즐거운 상호작용을 만듦

프로그램 시작 전과 종료 후, 참여 아동 10명의 대화기술 LOF 척도 점수는 다음과 같다. 각 하위 범주는 5점 만점이며, 총점은 15점 만점이다.

구분 \ 참여자	1	2	3	4	5	6	7	8	9	10
LOF 사전점수	4	5	5	7	5	4	7	4	7	5
LOF 사후점수	11	10	11	12	10	11	10	11	12	10

사전 점수와 사후 점수를 비교한 결과, 참여 아동 10명 모두 대화기술 총점에서 유의미한 향상을 보였다. 특히 '자기표현 및 주장'과 '상호작용 주도 및 유지' 하위 범주에서 평균 점수가 크게 상승한 것으로 나타났다. 이는 프로그램이 아동들에게 자신의 생각과 감정을 효과적으로 표현하고, 적극적으로 타인과 대화하며 관계를 형성하는 데 필요한 대화기술을 증진시키는 데 효과적이었음을 시사한다. 전반적으로 프로그램이 다문화가정 아동의 사회적 관계 역량 중 대화기술을 향상시키는 데 긍정적인 성과를 나타냈다고 판단한다.

3) 성과와 영향

성과의 다양한 차원을 다시 살펴보자. 지금까지의 프로그램 예시에서는 주로 개인의 변화에 초점을 두고 있다.

그러나 실제 프로그램 현실에서는 집단 수준이나 지역사회 수준의 변화를 도모하는 경우도 점차 늘어나고 있다. 아래의 표는 다양한 차원의 성과목표를 보여주고 있다. 사회복지 프로그램들은 대개 개별 클라이언트의 차원에서 변화를 목표로 한다. 그러나 성과의 발생 단위를 반드시 개인 차원에만 두어야 할 필요는 없다(김영종, 2013).

표 13-7 성과차원별 기술의 예

성과의 차원	성과 기술(記述)의 예
개인	• 아동이 학교에 적응한다. • 주민들이 동네가 안전하다고 느낀다.
집단	• 가족들이 저축을 늘린다. • 지역사회 집단이 '마을 만들기' 사업에 참여한다.
기관·조직	• 기관 내 의사소통 유형이 바뀐다. • 조직의 사업 우선순위가 조정된다.
시스템	• 개별서비스들에 대한 통합시스템을 만든다. • 기관들 간 자원을 공유하는 네트워크가 작동한다.
지역사회	• 지역사회의 거주환경이 개선된다. • 지역사회의 빈곤율이 감소한다.

출처: 김영종(2013).

또한 참여자의 변화는 매우 다양한 영역과 시점에서 발생한다. 로직모델에서는 이러한 변화에 순서가 있다고 전제한다. 로직모델에서 프로그램의 성과목표는 일반적으로 단기성과, 중기성과, 장기성과, 그리고 지역사회 차원의 영향으로 구분된다(United Way of America, 1996). 이 구분은 단순히 시간의 흐름에 따른 분류가 아니라, 논리적 인과성에 기반한 결과 사슬의 구조로 이해되어야 한다. 즉, 각 단계의 성과는 그 이전 단계에서의 변화가 전제되어야만 나타날 수 있는 결과이다.

표 13-8 로직모델에서 성과의 시간구조

성과유형	주요내용	변화대상	예시
단기성과	지식, 태도, 인식 변화	개인	자아존중감 인식 향상
중기성과	행동, 기술, 관계의 변화	개인/소집단	또래관계 개선
장기성과	삶의 질, 자립, 지속적 변화	개인/집단	생활만족도 증가
지역사회영향 (impact)	구조적 변화, 제도화, 정책 반영	지역사회 전반	아동자살률 감소, 다양성 수용성 확대

먼저 단기성과는 프로그램 활동에 참여한 이후 나타나는 직접적이고 즉각적인 변화로, 주로 지식, 인식, 태도, 동기의 변화가 포함된다. 이는 프로그램 개

입의 초기 결과로 가장 빠르게 관찰되며, 중기성과로 이어지기 위한 선행조건이다. 예를 들어, 흡연예방 프로그램에 참여한 청소년이 흡연의 위험성을 이해하게 되는 변화가 이에 해당한다.

중기성과는 단기성과가 행동 변화로 전이되면서 나타나는 실질적인 변화이다. 이는 기술 습득, 관계 변화, 실천 행동 등의 수준에서 관찰되며, 단기성과가 내면화되고 실행에 옮겨졌을 때 가능하다. 예컨대, 자아존중감 향상 프로그램에 참여한 아동이 타인과의 상호작용에서 보다 적극적으로 자기 표현을 하기 시작하는 경우이다.

장기성과는 중기성과가 축적되고 지속됨으로써 나타나는 삶의 질 차원의 포괄적인 변화이다. 이는 개인의 심리사회적 안정, 자립, 지속적 참여 등과 관련되며, 비교적 장기간의 추적을 통해 확인할 수 있다. 예를 들어, 긍정적 자아상이 정착되어 학업 성취도나 생활만족도가 향상되는 변화가 이에 해당한다.

마지막으로 지역사회 차원의 영향은 이러한 개인 수준의 변화들이 집단화되고 제도적·구조적 수준으로 확산되어 나타나는 총체적 변화이다. 이는 정책 변화, 사회문화적 수용성 증가, 사회문제의 완화와 같은 형태로 나타날 수 있으며, 다수의 프로그램 효과가 누적되고 협력적 노력이 병행될 때 가능해진다.

4) 성과평가와 프로그램 오류

사회복지 프로그램의 평가는 프로그램이 의도한 목표를 달성했는지, 그 과정은 적절했는지 등을 체계적으로 분석하는 활동이다. 그러나 성과평가 과정에서 기대에 미치지 못하는 평가결과에 직면할 수도 있다. 이를 프로그램 오류라고 하며, 크게 이론오류(theory failure)와 실행오류(implementation failure)로 구분할 수 있다(김영종, 2013).

이론오류는 프로그램이 애초에 개입 대상의 문제나 욕구에 대한 정확한 이해를 바탕으로 설계되지 않았거나, 문제 해결에 효과적인 것으로 가정된 이론적 모델이 실제로는 효과적이지 않아 발생하는 오류이다. 이는 프로그램의 로직모델 혹은 프로그램 이론이 적절하지 않을 때 나타난다. 예를 들어, 특정 집단의 빈곤 문제가 개인의 근로 의지 부족 때문이라고 가정한 프로그램이 실제로는 경제 구조적 문제로 인해 빈곤이 지속되는 상황을 간과한다면, 이는 이론오류에 해당한다. 아무리 프로그램을 충실히 실행하더라도, 근본적인 이론적 가설이 틀렸기 때문에 목표 달성이 어렵게 된다. 이러한 경우에는 프로그램의 이론적 전제와 구성 요소를 재검토하고, 보다 효과성이 검증된 개입 전략으로의 전환이 필요하다.

실행오류는 프로그램 이론 자체는 타당할지라도, 프로그램이 계획된 대로 제대로 수행되지 못해서 발생하는 오류를 의미한다. 이는 프로그램 전달 과정에서 발생할 수 있는 문제들, 예를 들어 서비스 제공 인력의 역량 부족, 자원 부족, 대상자 접근의 어려움, 기관 내부의 갈등, 또는 참여자들의 낮은 참여율 등 다양한 요인으로 인해 발생한다.

따라서 성과평가에서 효과가 없다고 판단하기 이전에, 어떤 유형의 오류가 개입했는지를 구분하는 작업은 매우 중요하다. 이론오류는 프로그램 구조 자체의 개편을 필요로 하며, 실행오류는 운영상의 개선과 자원 재조정으로 보완 가능하다. 따라서 성과 미달의 해석은 단순한 실패의 진단이 아니라, 프로그램을 재설계하고 실행력을 높이기 위한 피드백 과정의 일부로 이해되어야 한다.

4. 로직모델과 과정평가

1) 과정평가의 의미

과정평가(process evaluation)는 로직모델의 투입과 활동, 산출 단계에 초점을 맞추어, 프로그램이 계획대로 제대로 수행되고 있는지를 검토하는 평가 유형이다. 이는 프로그램의 실행 여부뿐만 아니라 프로그램의 질과 실행 충실도를 포함한 실행 맥락을 깊이 있게 파악하고자 하는 평가의 유형이다.

과정평가는 프로그램이 어떻게 실행되고 있는지를 평가하는 데 목적이 있다. 따라서 프로그램 실행단계의 모니터링 및 형성평가와 비슷한 맥락에서 혼용해서 쓰는 경우가 많다.

- **모니터링**: 주로 실행단계의 관리적 기능으로서 프로그램이 계획된 대로 일정과 절차에 맞게 수행되고 있는지를 일상적으로 점검한다. 예를 들어, 참여 인원 수, 회기 수, 출석률 등과 같은 수치적 자료가 주요 대상이다.
- **과정평가**: 모니터링보다 넓은 개념으로 프로그램이 어떻게 작동하고 있는지, 즉 실행의 질, 실행 충실도, 참여자의 반응, 실행 맥락 등을 포함한다. 따라서 과정평가는 모니터링을 포함하지만 평가적 성격이 더 강하다.
- **형성평가**: 프로그램 초기 단계나 수행 중에 실시되어 프로그램을 개선하거나 조정할 수 있는 피드백을 제공하기 위한 평가이다. 다만 형성평가는 과정평가의 결과를 활용할 수 있으나, 평가 목적 자체가 개선을 위한 피드백 제공에 있다는 점에서 다른 맥락의 평가라고 이해할 수 있다.

2) 과정평가의 기준

과정평가는 프로그램이 계획된 대로 실행되고 있는지를 점검하는 평가로, 주로 실행 과정과 서비스 전달 측면에 초점을 둔다. 따라서 과정평가에서는 일반적으로 다음과 같은 항목을 기준으로 평가한다(Rossi et al., 2019; Royse et al., 2016).

(1) 실행 충실도

프로그램이 계획된 대로, 즉 프로그램 설계에 명시된 활동과 기능을 얼마나 정확하게 수행하고 있는가를 평가하는 것이 중요한 기준이다. 이는 프로그램의 각 구성 요소가 의도한 강도, 빈도, 내용, 대상 집단에 대한 접근성 등을 갖추고 있는지 확인하는 것이다. 프로그램이 의도한 효과를 내지 못하는 경우, 이는 프로그램 이론의 실패보다는 실행 문제에서 비롯될 수 있으므로 실행 충실도를 평가하는 것이 필수적이다.

(2) 서비스 활용 정도

프로그램이 목표로 한 대상 집단에게 실제로 전달되고 활용되고 있는지를 평가한다. 이 기준은 다음 세 가지 세부 요소로 구성된다.

- **접근성**: 대상자들이 프로그램에 쉽게 접근할 수 있는가? 지리적, 경제적, 문화적 장벽은 없는가?
- **전달**: 서비스가 적절한 방식으로 대상자에게 전달되고 있는가? 전달 과정에서 문제가 발생하지 않는가?
- **참여**: 대상자들이 프로그램에 적극적으로 참여하고, 의도한 서비스를 충분히 받고 있는가? 중도 탈락률이나 미참여율은 어떠한가?

(3) 조직 기능

프로그램이 원활하게 실행되기 위해 필요한 조직 내부의 기능과 역량을 평가한다. 이는 인적 자원의 전문성, 운영 자원의 충분성, 관리 체계의 효율성, 직원 교육 및 훈련 수준 등과 같은 조직적 요인을 포함한다. 조직 기능이 미흡할 경우, 프로그램 활동 전반에 부정적인 영향을 줄 수 있으므로 이러한 요소에 대한 점검이 요구된다.

(4) 프로그램 모니터링

프로그램 실행 과정에서 발생하는 다양한 정보를 지속적으로 수집하고 분석하는 활동이다. 이는 프로그램이 계획대로 진행되는지, 서비스 제공에 예상치 못한 문제가 없는지 등을 실시간으로 파악하여 필요시 시정 조치를 취할 수 있도록 돕는 역할을 한다. 모니터링은 과정평가의 핵심적인 부분으로, 프로그램 관리 및 개선을 위한 피드백을 제공한다.

이러한 기준들은 프로그램이 의도된 효과를 산출하기 위해 필수적으로 갖춰야 할 실행의 질을 평가하는 데 활용된다. 과정평가는 단지 프로그램이 수행되는지 여부만을 보는 것이 아니라, '어떻게' 수행되고 있는지, 그리고 '왜' 특정 결과가 나타나는지를 이해하는 데 그 목적이 있다.

3) 과정평가의 방법

과정평가는 다양한 자료수집 방법을 통해 수행되며, 앞서 다루었던 양적·질적 방법을 병행하는 것이 일반적이다. 또한 과정평가는 일반적으로 프로그램 수행 중간에 실시한다. 이를 통해 프로그램이 중단 없이 효율적으로 운영되고 있는지를 실시간으로 점검할 수 있으며, 필요할 경우 프로그램의 세부 내용을 즉각 수정할 수 있는 장점이 있다.

과정평가는 다양한 방법을 복합적으로 활용하여 프로그램 실행의 충실도와 적절성, 운영 과정의 효율성, 서비스 품질 등을 검토한다. 주요 방법은 다음과 같다.

(1) 문서와 실적지표 분석

문서기록 분석과 실적지표 분석은 과정평가에서 가장 기본적인 방법이며, 모니터링을 통하여 수집된 자료를 활용할 수 있는 잇점이 있다. 문서기록은 활동일지, 회의록, 참여자 명단, 일정표 등 프로그램 수행과 관련된 각종 문서를 검토하여 계획된 활동이 실제로 실행되었는지를 점검한다. 또한 제공된 서비스 횟수, 참여 인원 수, 활동 실시 횟수 등 수치로 나타나는 결과를 중심으로 실행 수준을 판단한다.

(2) 참여관찰

평가자가 직접 프로그램 현장을 방문하여 활동 전반을 관찰하는 방법이다. 관찰자는 프로그램이 계획된 절차와 내용에 따라 실행되고 있는지, 수행자의 개입 방식과 전문성이 적절한지, 참여자의 반응은 어떤지를 실시간으로 확인할 수 있다. 이때는 관찰자의 주관 개입 가능성을 줄이기 위해 체크리스트를 활용하는 것도 좋다.

(3) 체크리스트 점검

사전에 계획된 투입요소나 활동요소를 기준으로, 실행 여부와 실행 수준을 앞에서 제시한 구조화된 체크리스트 형식으로 점검하는 것이다. 다음은 로직모델의 각 요소별 과정평가를 위한 체크리스트의 한 예이다.

[투입지표] 프로그램 실행에 필요한 자원은 적절히 투입되었는가?

항목	평가 (5점척도)	예/ 아니요	비고 (필요시)
1-1. 프로그램 전담 인력은 계획대로 확보되었는가?			
1-2. 수행 인력은 필요한 전문성을 잘 갖추었는가?			
1-3. 프로그램 예산은 충분히 확보되고 적절히 집행되는가?			
1-4. 프로그램 운영에 필요한 시설 및 장비는 충분히 마련되었는가?			
1-5. 시설 및 장비는 프로그램 목적에 적합하며 안전하고 쾌적한가?			

[활동지표] 프로그램의 주요 활동이 계획된 대로 수행되었는가?

항목	평가 (5점척도)	예/ 아니요	비고 (필요시)
2-1. 계획된 서비스/활동의 횟수 및 시간은 준수되었는가?			
2-2. 프로그램 참여 대상자는 계획된 수만큼 모집되었는가?			
2-3. 실제 참여자들의 출석률 또는 참여율은 양호한가?			
2-4. 프로그램 내용은 커리큘럼/매뉴얼에 따라 충실히 전달되었는가?			
2-5. 각 활동은 의도된 목표에 부합하게 진행되었는가?			

[산출지표] 프로그램 활동을 통해 직접적인 결과물 또는 서비스가 전달되었는가?

항목	평가 (5점척도)	수치 / 내용	비고 (필요시)
3-1. 총 몇 명의 대상자가 프로그램을 완료했는가?		명	
3-2. 각 서비스(예: 상담, 교육)가 총 몇 건 제공되었는가?		건	
3-3. 계획된 서비스 제공량 대비 실제 제공량은 적절했는가?		예 / 아니요	
3-4. 프로그램 관련 자료들이 계획대로 준비, 제공되었는가?		예 / 아니요	

[품질지표] 프로그램 실행과정의 품질은 어떠한가?

항목	평가 (5점척도)	비고 (필요시 기입)
4-1. 참여자들이 프로그램에 접근하고 참여하기 편리했는가?		
4-2. 제공된 서비스 내용은 참여자 욕구에 적합하고 유용했는가?		
4-3. 프로그램 참여 분위기 및 환경은 긍정적이고 지지적이었는가?		
4-4. 전반적인 프로그램 운영 과정에 대해 만족하는가?		

[종합 의견] 본 프로그램 운영의 강점과 개선이 필요한 점을 서술하시오.

(4) 설문조사 및 면접

프로그램의 담당자나 참여자를 대상으로 수행되며, 프로그램 운영에 대한 경험과 인식을 확인하는 데 활용된다. 프로그램 내용의 적절성, 활동에 대한 만족도, 운영환경의 수용성 등을 구조화된 문항을 통해 수집하며, 비교적 다수의 의견을 짧은 시간에 확보할 수 있다. 과정평가를 위한 설문조사는 서비스 품질조사나 클라이언트 만족도 조사 차원에서 시행할 수 있다. 과정평가를 위한 면접의 경우 프로그램 상의 특별한 문제가 발생할 경우에 적절한 평가방법이라 하겠다. 과정평가 설문조사를 위하여 조성우 등(2024)은 SERVQUAL 모델에 따른 서비스 품질조사 설문지를 제시했다. 〈표 13-9〉는 척도 부분만을 발췌한 것이다.

표 13-9 서비스 품질조사를 위한 설문지 문항 예시

문항		전혀 아니다	아니다	보통이다	그렇다	매우 그렇다
1. 상담실이 편안하게 느껴졌다.	(유형성)	①	②	③	④	⑤
2. 상담 선생님의 복장이 적절했다.	(유형성)	①	②	③	④	⑤
3. 상담시간은 잘 지켜졌다.	(신뢰성)	①	②	③	④	⑤
4. 상담에서 나누기로 한 대화를 모두 잘 나누었다.	(신뢰성)	①	②	③	④	⑤
5. 상담선생님은 진심으로 나를 이해해 주었다.	(공감성)	①	②	③	④	⑤
6. 상담선생님은 내가 무엇을 원하는지 잘 알고 있다.	(공감성)	①	②	③	④	⑤
7. 상담선생님은 언제나 나를 최우선으로 대해 주었다.	(대응성)	①	②	③	④	⑤
8. 기관 이용시 문의를 하면 빠르게 답변을 해 주었다.	(대응성)	①	②	③	④	⑤
9. 나는 기관에서 전문적인 상담을 받았다.	(보증성)	①	②	③	④	⑤
10. 나는 상담선생님의 조언을 신뢰할 수 있다.	(보증성)	①	②	③	④	⑤

출처: 조성우 외(2024).

4) 효율성 평가

효율성(efficiency) 평가는 로직모델의 구성요소 중 투입과 산출의 관계를 중심으로 수행되는 평가 유형이다(Kettner et al., 2023). 이는 프로그램이 주어진 자원을 얼마나 경제적이고 효과적으로 활용하여 활동을 수행하고 산출을 달성했는지를 판단하는 데 목적이 있다.

효율성은 성과의 질적 변화가 아니라, 자원의 사용 대비 산출의 양적 결과에 주목하는 개념이다. 사회복지 프로그램에서는 예산, 인력, 시간, 물적 자원 등을 투입하여 일정한 활동을 수행하고, 그 결과로 상담 회기 수, 참여자 수, 교육 횟수 등과 같은 산출물을 도출하게 된다. 이때 효율성 평가는 이러한 산출이 과연 적절한 수준의 자원으로 생산되었는지를 분석한다.

효율성 평가는 아래 그림과 같이 로직모델의 '투입 대비 산출'의 비율에 근거한다. 따라서 효율성 평가는 "이만큼의 자원을 들여 이만큼의 결과를 만들었는가?"라는 질문에 답하는 평가라고 할 수 있다.

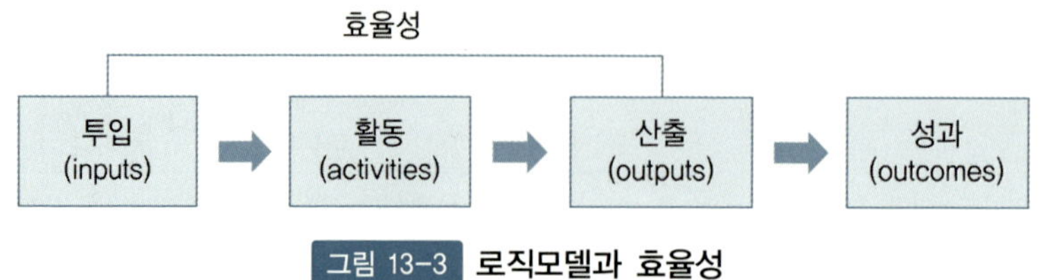

그림 13-3 **로직모델과 효율성**

- **투입**: 예산, 인력, 시간, 공간, 물품 등 프로그램 수행에 필요한 자원
- **산출**: 제공된 서비스의 양적 결과(예: 실시된 상담 횟수, 참여자 수)

효율성 평가는 대체로 비용–산출 분석(cost–output analysis)의 형태로 수행되며, 다음과 같은 지표를 활용한다.

- **단위 산출비용**: 총비용 ÷ 총 산출량

  예 한 회기의 집단상담을 제공하는 데 평균 얼마의 비용이 드는가?
- **자원 소요 비교**: 유사한 프로그램 간에 같은 산출을 생산하는 데 사용된 자원을 비교

예를 들어 A기관과 B기관이 동일한 프로그램을 운영했을 때, A기관이 더 적은 인력으로 동일한 양만큼(예: 횟수) 운영했다면 A기관이 상대적으로 효율적이라 판단 가능하다. 이 외에도 효율성 평가에는 비용–효과 분석(cost–effectiveness analysis), 비용–편익 분석(cost-benefit analysis) 등이 활용될 수 있으나, 이는 단기성과 혹은 성과평가와 연결되는 분석이며, 엄밀한 효율성 평가는 기본적으로 비용과 산출의 상관관계를 기준으로 판단한다.

효율성 평가는 산출의 양에 대한 자원 소요를 측정하므로, 성과의 질적 변화나 효과성을 직접 판단할 수는 없다. 예컨대 많은 클라이언트를 상담했다고 해도, 정작 클라이언트의 문제 해결이 이루어지지 않았다면 '효율성은 있으나 효과성은 없는' 경우가 발생할 수 있다. 따라서 효율성 평가는 반드시 성과평가와 병행되어야 하며, 산출의 질적 수준 또한 보완적으로 고려되어야 한다.

프로그램 실습

1. 아래의 진술 중 어떤 평가유형(과정평가, 산출평가, 성과평가, 효과성 평가)에 해당하는지 구분하고, 그 이유를 설명해 봅시다.

   1-1. "계획된 12회의 상담 중 10회가 실시되었다."

   1-2. "스트레스 점수가 프로그램 종료 후 평균 25점에서 18점으로 감소하였다."

   1-3. "아동들이 프로그램 후 전보다 또래와 더 잘 어울리게 되었다고 보고하였다."

   1-4. "프로그램 참여 집단이 통제집단에 비해 우울감이 유의미하게 감소하였다."

2. 다음 성과목표를 평가하기 위한 정량지표와 정성지표를 각각 2개씩 제시해 봅시다.
   - 성과목표: "청소년의 사회적 관계 역량을 향상한다."

3. 다음 사례를 읽고, 나타난 문제를 이론오류와 실행오류 중 어느 쪽으로 진단할 수 있는지 판단한 후, 그 근거를 설명해 봅시다.
   - 사례: "저소득층 노인들의 고독사 예방을 위해 친구 만들기 프로그램을 운영했으나, 참여율이 저조하고 기대한 사회적 연결망 형성이 거의 이루어지지 않았다. 조사 결과, 노인들의 외출이 어렵고 디지털 기기 활용이 제한되어 프로그램 참여 자체가 어려운 것으로 나타났다."

05

PART

프로그램 개발과 평가의 실제

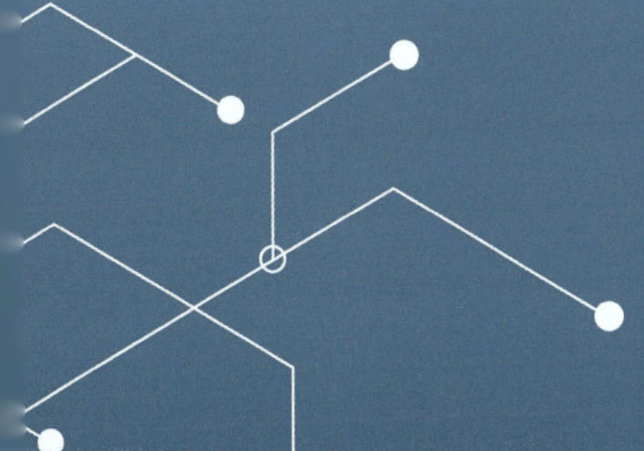

Chapter

14 프로그램 제안서(proposal) 작성법

> "The best way to predict the future is to create it."
> - Peter Drucker

최근 사회복지공동모금회, 기업복지재단, 민간기금, 지자체 등에서 프로그램 공모를 통해 기금을 지원하는 사례가 보편화되면서 효과적인 제안서 작성에 대한 관심이 높다. 제안서는 사회복지사가 개발한 프로그램을 활용하여 외부지원을 받기 위해 작성하는 문서이다. 이는 프로그램 자체의 우수성뿐 아니라 상대가 요구하는 형식과 요건을 갖추어야 한다. 선정된 제안서는 대내외적으로 인정받기 위한 근거자료가 되기 때문에 대부분의 사회복지기관에서는 직원들에게 제안서 작성요령에 대한 지식과 기술을 갖출 것을 요구한다.

1. 자금 제공기관의 탐색과 접근[11)]

1) 제안서 작성의 사전 타당성 검토

제안서를 작성하는 과정은 상당한 시간, 에너지, 그리고 조직의 자원이 투입되는 점을 고려할 때 작성에 앞서 사전타당성 검토가 필수적이다.

사전타당성 검토는 제안서 작성을 본격적으로 시작하기에 앞서 반드시 수행해야 할 선행 절차로, 사업 아이디어의 실행 가능성과 조직의 수용 가능성을 포괄적으로 검토하는 과정이다. 제안하고자 하는 사업이 실제로 실행될 수 있는 조건을 갖추고 있는지를 판단하는 데 중요한 네 가지 핵심 질문을 중심으로 이루어진다.

(1) 프로그램에 대한 아이디어가 바람직하고 실행 가능한가?

먼저 제안하려는 사업 아이디어가 실제로 바람직하고 실행 가능한지 점검해야 한다. 이를 위해 유사한 프로그램의 사례를 문헌과 현장 조사 등을 통해 확인하고, 해당 문제의 해결 가능성과 해결을 위한 적절한 시점인지를 검토해야 한다. 프로그램이 기존에 수행된 적이 있다면, 단순한 중복이 아니라 그 지역 또는 대상에게 적용해야 하는 특별한 사유가 있는지를 분명히 할 필요가 있다. 또한 사업의 대상이 누구인지 구체적으로 설정하고, 그들에게 왜 이 프로그램이 필요한지를 설명할 수 있어야 한다.

(2) 우리 기관이 이 프로그램을 수행할 수 있는 역량을 갖추고 있는가?

기관이 해당 프로그램을 실제로 수행할 수 있는 역량을 갖추고 있는지 검토해야 한다. 여기에는 기관의 사명과 제안 프로그램의 목표가 일치하는지, 그리고 기존 인력과 조직 구조가 새로운 사업을 수행할 준비가 되어 있는지가 포함

11) 이 부분의 주요 내용은 Brody, R. (1991). 'Preparing Effective Proposals'. In Edwards, R. L., & Yankey, J. A. (Eds.), *Skills for Effective Human Services Management*. Silver Spring, MD: NASW Press, pp. 41-61을 참고하여 작성함.

된다. 조직 내부에서 이 사업에 대한 의지와 우선순위가 어느 정도인지도 중요한 판단기준이다. 특히 유사한 사업에 대한 수행 경험이나 전문성을 갖추고 있는 경우, 그에 대한 구체적인 근거를 확보하는 것이 필요하다.

(3) 자금 제공기관(들)은 이 프로그램의 아이디어에 관심을 가질 것인가?

자금 제공기관이 해당 아이디어에 관심을 가질 가능성을 탐색해야 한다. 이를 위해 자금 제공기관의 과거 지원 사례, 지원 분야의 우선순위, 주요 대상 집단 등을 파악하고, 제안하고자 하는 아이디어와의 적합성을 검토한다. 최근 공식적인 공모사업들은 지원 분야나 우선순위, 그리고 선정기준 등을 명확히 제시하기 때문에 재정지원 기관의 의도를 충분히 파악할 수 있다. 때로는 제안서를 제출하기 전 비공식적인 접촉이나 사전 상담을 통해 지원 가능성을 확인해보는 것도 도움이 될 수 있다.

(4) 만약 프로그램 자금 지원을 받게 된다면 우리 기관의 재정 상태에는 어떤 영향을 줄 것인가?

제안서가 선정되어 자금 지원을 받게 되었을 때 조직의 재정 운영이나 자율성에 미치는 영향을 사전에 검토할 필요가 있다. 자금 지원이 확보되더라도 그로 인해 기관의 고유한 운영방식이나 의사결정 구조에 제약이 생기지 않는지, 혹은 특정 집단이나 방식에 맞춰야 하는 부담이 있는지를 점검해야 한다. 또한 지원 기간이 끝난 이후 프로그램의 지속 가능성에 대한 대비가 되어 있는지도 검토해야 한다. 필요한 경우 자부담 계획이나 대체 재원 확보 방안을 함께 고려할 필요가 있다.

이러한 사전타당성 검토 과정을 충실히 수행함으로써, 단순히 사업을 추진하고자 하는 열의만이 아니라 실제로 그것을 성공적으로 운영할 수 있는 기반이 마련되었는지를 객관적으로 판단할 수 있다.

2) 프로그램 제안서 준비

프로그램 제안서 준비는 기관의 전략적 기획을 바탕으로 진행되어야 하며, 기관의 미션과 비전에 부합하는 프로그램 설정이 중요하다. 이를 위해 부서 간 자원 요구를 종합 검토하고, 브레인스토밍을 통해 아이디어를 구체화할 수 있다.

일반적으로 공모 사업은 높은 책임성과 실현 가능성을 요구하므로, 제안 프로그램은 기관의 기존 경험에 기반을 두되, 참신한 아이디어와 접근법을 결합해야 한다. 시대적 이슈를 반영한 주제 선택도 중요하다. 또한, 개별 사례관리에서 벗어나 지역사회 조직화를 활용한 거시적 개입도 효과적인 전략이다(이민홍 외, 2024). 예컨대, 노인 고립 해소를 위한 시니어 자조모임 기반의 커뮤니티 활동 기획이 가능하다. 최근에는 복합 문제 해결을 위해 민관 협력이나 다기관 네트워크 방식도 강조되고 있다. 예를 들어, 다문화 아동의 교육 격차 해소를 위해 교육청, 학교, 시민단체, 기업이 연합하여 공동 프로그램을 운영할 수 있다.

무엇보다 중요한 것은 지역사회 욕구를 반영한 기획이며, 필요성과 실행 가능성, 성과 제시 가능성이 충족되어야 한다. 조직 내 공모 대응 부서를 선정하거나 별도의 태스크포스를 구성하여 책임성과 효율성을 확보하는 것도 하나의 방법이다.

3) 자금 제공기관의 탐색

프로그램 제안에 대한 검토가 끝나면, 사업의 성격, 필요한 자금의 규모, 사업 시기 등에 따라 어떤 자금 제공기관에 접근할 것인지 결정해야 한다. 자금 제공기관의 탐색은 크게 기업재단 탐색과 다양한 공모기관 탐색으로 구분하여 접근할 수 있다.

(1) 기업재단 탐색

기업재단은 민간 부문 자금 제공기관의 한 축으로, 상대적으로 자율성이 높고 접근 방식이 유연하다는 장점이 있다. 그러나 지원금 규모가 제한적일 수 있으며, 공익성 외에 기업 이미지 제고, 홍보 등 전략적 목적을 동반하는 경우가 많으므로 제안 프로그램이 이러한 이해관계에 부합해야 선정 가능성이 높아진다.

효과적인 기업재단 탐색을 위해서는 무작위적인 제안서 배포가 아닌, 목표에 적합한 재단을 선별하는 전략적인 접근이 요구된다. 기업재단의 과거 기부 이력, 우선 지원 분야, 대상 지역 및 지원 기관 유형 등을 검토하여 핵심 목록을 구성하는 것이 중요하다.

자금 제공기관 탐색 결과는 다음 항목을 기준으로 체계적으로 정리해 두면 추후 필요시 유용하게 활용할 수 있을 것이다.

- 심사 담당 부서와 담당자의 이름 및 직위
- 지원 가능 지역 범위
- 지원 대상 기관 유형
- 재단의 목적과 우선 지원 분야
- 연간 자산 및 기금 배분 규모
- 최대·최소 지원 금액
- 총사업비 혹은 일부 항목만 지원 여부
- 간접비(indirect costs) 인정 여부
- 신청서 제출 절차와 평가 기준
- 사전 문의서(letter of inquiry) 요구 여부
- 제안서 제출 마감일 및 갱신 정책

(2) 공모 대상 기관의 탐색

사회복지 프로그램을 공모하는 기관이 과거보다 매우 다양해졌으므로, 공모기관에 대한 정보를 확보하는 것이 무엇보다 중요하다. 공공부문(정부 기관)은 지원 규모가 크고 안정적이며 체계적인 절차를 갖추지만, 조건과 규제가 많고 행정적 부담이 크다. 반면, 민간재단은 자율성이 높고 절차가 간소할 수 있으나, 지원금 규모가 제한적이고 정보 접근성이 낮을 수 있다.

국내에는 다양한 특성을 가진 공모 기관들이 존재하며, 대표적인 프로그램 공모사업을 진행하는 기관과 공모 성격, 그리고 특성을 정리하면 다음 〈표 14-1〉과 같다.

- **사회복지공동모금회:** 가장 큰 규모의 공모 사업을 진행하며, 전국 단위 및 지역 단위 사업을 지원한다. 전문적인 시스템을 갖추고 있으나 선정 후 책임과 평가 절차가 까다롭다.
- **주제 및 대상 계층 특화 기관:** 아동·청소년(아이들과 미래, CJ도너스 캠프, 초록우산 어린이재단, 월드비전, 삼성꿈장학재단, 파라다이스 복지재단, 우양재단), 여성(한국여성재단, 성주재단, 월드 휴먼브리지), 장애인(한국장애인재단, 파라다이스 복지재단), 북한이탈주민(남북하나재단), 생명존중(생명보험공익재단) 등 특정 분야에 특화된 공모를 진행한다.
- **지역 특화 기관:** 강원랜드 사회공헌재단(강원도 및 폐광 지역), 중부재단(충남 지역)과 같이 특정 지역에 한정하여 지원 사업을 추진하는 곳도 있다.
- **사업 유형 특화 기관:** 한국타이어 나눔재단, KT&G 복지재단, 현대자동차그룹, 티머니 복지재단은 차량지원 사업을 특화하여 추진한다. 이랜드 복지재단, KBS강태원복지재단, 함께하는 사랑밭은 위기가정 지원 사업을 공모한다.
- **지방자치단체 기금 사업:** 서울특별시와 같이 광역 및 기초 지방자치단체별로 분야별 사회복지기금 사업을 운용하는 경우가 있으므로, 각 지역 담당 부서에 문의하여 확인할 필요가 있다.

표 14-1 프로그램 공모관련 기관 정보

기관명	공모성격	홈페이지	특성
사회복지공동모금회	자유주제 및 기획주제	chest.or.kr	지역 및 전국단위 사업 모두 가능, 기금 규모 가장 크고 다양
아산사회복지재단	기획주제	asanfoundation.or.kr	시설기능보강사업 가능 중점지원사업 선정 및 시행
현대자동차그룹	기획주제	csr-magazine.hyundaimotorgroup.com	차량 지원 중심 외부파트너 기관과 협력을

			통해 사회공헌 사업 운영
아름다운재단	기획주제	beautifulfund.org	기금사업 위주의 공모
바보의나눔	자유주제 및 기획주제	babo.or.kr	복지사각지대, 소규모 시설 등을 우선적으로 지원
초록우산어린이재단	기획주제	childfund.or.kr	아동권리보호 특화
월드비전	기획주제	worldvision.or.kr	취약계층아동 꿈 지원 특화
아이들과미래재단	기획주제	kidsfuture.or.kr	아동청소년복지 특화
삼성꿈장학재단	자유주제	sdream.or.kr	교육복지 특화
한국여성재단	기획주제	womenfund.or.kr	여성복지 특화
한국장애인재단	기획주제	kfpd.org	장애인복지 특화
남북하나재단	자유주제 및 기획주제	koreahana.or.kr	북한이탈주민 특화
CJ도너스캠프	자유주제	donorscamp.org	아동청소년 특화, 온라인 수시참여 가능
파라다이스복지재단	자유주제 및 기획주제	paradise.or.kr	장애아동 특화
강원랜드사회공헌재단	기획주제	klf.or.kr	강원도 지역 및 폐광지역 사업 지원
한국타이어나눔재단	기획주제	hankooktirefoundation.or.kr	차량 지원사업
KT&G복지재단	기획주제	www.ktngwelfare.org	복지센터 운영을 통한 취약계층 지원, 복지시설 차량(경차) 지원사업
이랜드복지재단	기획주제	elandwelfare.or.kr	위기가정지원사업 및 물품 지원사업
KBS강태원복지재단	기획주제	kbsktw.com	위기가정지원사업 및 방송 연계 지원사업
사회공헌센터	기획주제 및 자유주제	crckorea.kr	기업 지정사업 및 불특정 기업 제안 가능
생명보험사회공헌재단	기획주제	lif.or.kr	생명존중과 관련 사업 (자살예방, 저출생 해소 등)
생명보험사회공헌 위원회	자유주제	liscc.or.kr	생명보험사회공헌 기금 및 지정법인 선정 공모사업 운영
중부재단	자유주제 및 기획주제	jbfoundation.or.kr	충남지역(자유주제) 및 종사자 역량강화 지원
한국문화예술교육진흥원	기획주제	arte.or.kr	문화예술교육사업 지원
월드휴먼브리지	자유주제	whb.or.kr	양육 미혼모 지원
성주재단	자유주제	sungjoofoundation.com	취약계층 여성 지원
함께하는사랑밭	기획주제	withgo.or.kr	위기가정 지원
티머니복지재단	기획주제	tmoneywelfarefoundation.or.kr	교통약자 이동편의 증진사업
우양재단	기획주제	wooyang.org	먹거리 지원 특화

출처: 이민홍 외(2024) 재구성.

한편 실제로 어떤 공모사업이 언제 진행될 것인지 일일이 확인하는 것은 번거로운 일이 될 수 있다. 따라서 전체 공모사업의 현황을 한눈에 파악해야 할 필요가 있으며, 이때 아래 표는 현재 진행 중인 공모사업 정보를 확인하는 데 유용한 자료가 된다. 공모사업 관련 정보는 카페나 포털사이트별로 시기나 사업의 성격에서 다소 차이가 있을 수 있으나, 이를 상호 비교하면 보다 전략적인 사업 준비가 가능하다. 특히 사회복지공동모금회의 온라인 배분사이트에서는 중앙회 및 지회에서 실시하는 다양한 프로그램 지원사업이 소개되고 있어, 현재 공모 중인 사업을 실시간으로 확인할 수 있다.

표 14-2 공모사업 정보 안내 길잡이

포털명	찾아가기	특성
복지넷	홈 – 알림·소식 – 사업공모 https://www.bokji.net/not/biz/01.bokji	한국사회복지협의회 운영 사회복지현장의 활용도 높음
한국사회복지관협회	홈 – 알림마당 – 복지정보 https://kaswc.or.kr/welfarenews	사회복지관 중심이나 다양한 정보제공
지방보조금관리시스템 보탬e	홈 – 공모사업 – 공모사업 검색 – 시/군/구 자치단체별 상세검색 가능 https://www.losims.go.kr/sp/pbcnBizSrch	지방자치단체가 주관하는 사업으로 지역 특성에 따른 사업 발굴 및 지원
더나은 복지세상	홈 – 업무센터 – 사회복지 지원사업 https://www.welfare24.net/ab-3147	실무자 친화적이고 현장 실무 중심의 공모사업 정보를 제공
서울복지공유센터	홈 – 공유복지플랫폼 – 참여공유 – 공모정보 https://wish.welfare.seoul.kr	서울시의 지역사회 복지 공유 플랫폼으로서 복지사업의 협력 및 공유 촉진 목적. 다양한 정보제공
사회복지공동모금회 온라인배분	https://proposal.chest.or.kr	지역 및 전국 단위 사업 가능. 기금 규모가 크고 지원 대상 및 주제가 다양하여 사회복지현장에서 대표적 공모처

4) 자금 제공기관에의 접근

자금 지원 가능성이 높은 자금 제공기관을 정했다면 해당 기관의 특성과 선호 방식에 따라 적절한 접근 전략을 수립해야 한다. 일률적인 제안서 발송보다는 사전 조사와 맞춤형 접근이 요구된다.

(1) 기업재단 접근 전략

기업재단에 접근할 때는 기업의 공익성 추구와 동시에 기업 이미지 및 브랜드 가치 제고라는 목적을 병행하는 경우가 많다는 점을 이해해야 한다. 따라서 다음과 같은 질문을 통해 프로그램과 기업 간의 이해관계 적합성을 사전에 따져보는 것이 필요하다.

- 기업이 위치한 지역과 프로그램 대상 지역이 일치하는가?
- 제안 프로그램이 기업의 사업 분야 또는 사회 공헌 목표와 연관성이 있는가?
- 기업이 해당 프로그램을 통해 긍정적 홍보 효과나 고객 이미지 향상을 얻을 수 있는가?
- 프로그램 대상자와 기업의 핵심 고객층이 일치하는가?

소규모 기업재단 등은 상근 직원이 없거나 조직 규모가 작을 수 있으므로, 처음부터 전체 제안서를 제출하기보다는 간략한 사전 문의서(letter of inquiry)를 먼저 보내는 것이 효과적이다. 이 서신은 기관의 정체성, 제안 사업의 필요성 및 목적, 기대 성과, 요청 금액 등을 포함하며, 재단이 제안 사업이 자신들의 지원 우선순위에 부합하는지 판단하는 기회를 제공한다.

(2) 공모기관 접근 전략

다양한 공모기관에 접근할 때는 각 기관의 특성, 공모 성격(자유 주제 또는 기획 주제), 그리고 지원 분야의 이해를 바탕으로 맞춤형 전략을 수립해야 한다.

- **사회복지공동모금회:** 규모가 크고 체계적인 만큼, 그들의 공모 지침을 철저히 준수하고 높은 수준의 책임성을 전제로 한 사업 계획을 수립해야 한다. 기획 사업의 경우 선도적인 주제나 기업 등의 지원을 받는 전략적 배분 사

업임을 인지하고 이에 부합하는 제안을 해야 한다.

- **특정 주제 및 대상 계층 특화 기관:** 해당 기관의 핵심 미션과 우선 지원 분야를 정확히 파악하여, 제안 프로그램이 기관의 특화된 목적과 어떻게 부합하는지를 명확히 제시해야 한다.
- **지역 특화 기관:** 해당 지역의 특성과 필요를 반영한 프로그램으로 접근해야 한다. 지역주민의 참여와 연계 가능성을 강조하는 것이 유리할 수 있다.
- **사업 유형 특화 기관:** 차량 지원이나 위기가정 지원 등 특정 유형의 사업을 지원하는 기관에는 해당 유형에 맞는 사업의 필요성을 중점적으로 제시해야 한다.
- **지방자치단체:** 지자체나 공공기관 홈페이지를 통해 공모 사업 정보를 얻고, 필요시 관련 부서에 직접 문의하여 기금 사업의 존재 여부와 지원요건을 확인해야 한다.

2. 사업 선정기준

프로그램 제안서 작성의 일차적 목적은 프로그램 지원기관으로 선정되는 것이다. 따라서 선정기준에 대한 이해는 사업공모에 참여할 것인가부터 제안서의 작성 방향을 전체적으로 결정지을 수 있는 방향타이므로 충분히 숙지한 후에 활용해야 한다. 여기서는 사회복지공동모금회의 선정기준에 대해서 간단히 서술한다.[12)]

사회복지공동모금회의 사업계획서 심사기준은 기관 평가와 사업 평가로 구분하여 심사가 이루어진다.

먼저 기관 평가는 신뢰성과 사업수행 능력으로 구성된다. 신뢰성은 공동모금회와 사업수행 경험이 있고 그 결과가 양호한지, 이사진 또는 운영위원회 구성이 적절한지를 평가한다. 사업수행 능력은 제안한 사업 내용과 유사하거나 동

12) 사회복지공동모금회(2025). “2026 배분사업 안내” 참조.

일한 사업 수행 경험이 있는지, 사업 관련 담당자 또는 슈퍼바이저의 지식과 경험이 충분한지, 그리고 조직, 인력, 예산 등 제반 여건을 고려할 때 제안한 사업을 책임성 있게 수행할 능력이 있는지를 심사한다. 유사한 사업수행 경험이 있을 경우에는 강점과 발전방향을 중심으로 기술하는 것이 좋다.

사업 평가의 심사기준과 심사기준별 점검사항을 정리하면 다음 〈표 14-3〉과 같다.

표 14-3 사회복지공동모금회의 심사기준

심사기준	주요내용
사업내용 및 추진전략의 적절성	• 프로그램 참여자의 선정 기준이 명확하고 모집 방법도 현실적인가? • 프로그램이 사업 목표를 달성하기에 충분한 구성과 내용을 담고 있는가? • 활동의 구체적인 시행방법(언제, 어떻게, 얼마나 자주)이 타당하게 계획되어 있는가? • 다른 기관이나 자원과의 협력 방안이 구체적으로 마련되어 있는가?
예산편성의 합리성	• 사업비 및 인건비 구성과 비용 수준이 적절하고 납득할 수 있는가? • 예산 항목마다 사용 목적이 명확히 설명되어 있는가? • 자부담이 필요한 경우, 자부담 비율이 타당하고 실현 가능성이 있는가?
사업 필요성	• 참여자의 욕구나 문제를 사전에 조사하고, 그 결과를 반영하여 문제를 정확히 파악했는가? • 유사한 사업과 비교했을 때 제안한 사업만의 차별성과 독창성이 있는가? • 이 사업은 반드시 이 기관이 수행해야 할 필요성이 있는가?
목표 및 평가의 타당성	• 제시된 사업 목표가 사업주제와 관련이 있으며 현실적으로 달성 가능한가? • 목표 달성 여부를 측정할 시기와 방법이 구체적으로 제시되어 있는가?
사업종료 후 지향점의 적정성	• 사업이 끝난 후 어떤 성과를 기대할 수 있으며, 그 성과를 어떻게 활용할 계획인가? • 성과확산형 사업일 경우, 사업 종료후 지속 가능한 구조를 제시하고 있는가?
사업의 일관성 및 체계성	• 사업 계획 전반에 걸쳐 논리적 흐름과 내용이 일관되게 구성되어 있는가? • 전체 계획이 구체적이며 실제 현장에서 실행 가능한 수준으로 설계되었는가?

3. 사회복지공동모금회의 지원사업 유형

사회복지공동모금회의 프로그램 지원유형은 크게 신청사업, 기획사업, 긴급지원사업, 지정기탁사업 등으로 구분되며, 프로그램 지원관련 대표적인 유형은 매년 정기적으로 지원하는 신청사업이다. 신청사업도 프로그램사업과 기능보

강사업으로 나뉘며, 여기서는 프로그램 사업에 초점을 둔다. 프로그램 사업은 아래 [그림 14-1]과 같이 성과중심형, 성과확산형, 산출중심형으로 분류될 수 있다.

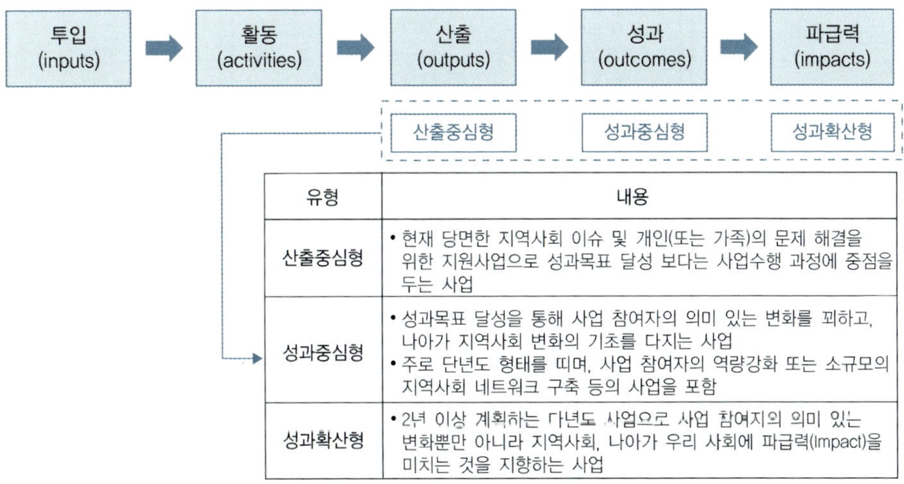

유형	내용
산출중심형	• 현재 당면한 지역사회 이슈 및 개인(또는 가족)의 문제 해결을 위한 지원사업으로 성과목표 달성 보다는 사업수행 과정에 중점을 두는 사업
성과중심형	• 성과목표 달성을 통해 사업 참여자의 의미 있는 변화를 꾀하고, 나아가 지역사회 변화의 기초를 다지는 사업 • 주로 단년도 형태를 띠며, 사업 참여자의 역량강화 또는 소규모의 지역사회 네트워크 구축 등의 사업을 포함
성과확산형	• 2년 이상 계획하는 다년도 사업으로 사업 참여자의 의미 있는 변화뿐만 아니라 지역사회, 나아가 우리 사회에 파급력(Impact)을 미치는 것을 지향하는 사업

그림 14-1 로직모델에 따른 지원사업의 유형구분

각 사업유형의 성격에 따라 사업계획서 양식에 있어 다소 차이가 난다. 사회복지공동모금회의 성과중심형 사업계획서는 결과 지향적인 사업 수행을 강조하며, 효율적이고 효과적인 프로그램 운영을 위한 세부적인 계획 수립을 요구한다. 각 사업유형에 따른 사업계획서의 구성요소는 다음과 같다.

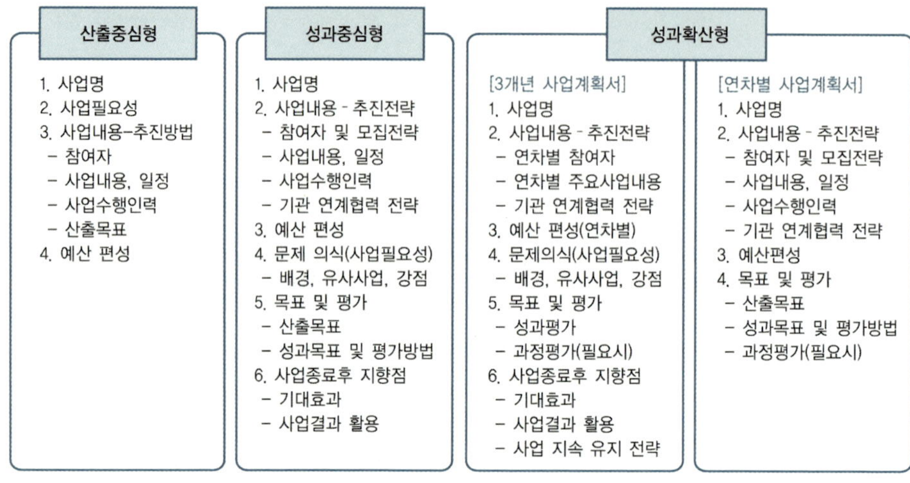

그림 14-2 사업계획서의 구성요소

출처: 사회복지공동모금회(2025) 재구성.

4. 사회복지공동모금회의 사업계획서 작성법

사회복지공동모금회의 배분사업 중 성과중심형 사업계획서 형식에 따라서 프로그램 제안서 작성법을 구체적으로 살펴본다.[13)]

1) 사업명

사회복지 프로그램을 위한 프로그램 제안서(프로포절) 작성에서 가장 먼저 다루어야 할 항목은 사업명이다. 프로그램의 제목이라고 할 수 있다. 물론 제안서를 최종 완성한 후 검토해도 문제가 될 것은 없다. 훌륭한 사업명은 해당 프로그램이 지향하는 바를 응축한 핵심 메시지로서, 심사자나 독자에게 강력한 첫 인상을 남기게 된다.

사업명은 사업의 성격, 대상, 목적, 실행방법 등을 압축하여 표현한 명칭으

13) 프로그램 제안서(프로포절) 작성법에 관한 전반적인 내용은 〈사회복지공동모금회의 "2026 배분사업 안내자료" 중 '사업계획서 작성 매뉴얼'(pp. 81~128)〉 및 사업설명회 자료를 기반으로 작성하였음.

로, 프로그램 제안서 전체의 방향성과 정체성을 함축한다. 좋은 사업명은 단순한 슬로건이나 마케팅 문구가 아니라 다음의 조건을 고려하여 정확하게 표현해야 한다.

사업명	=	누구에게 (대상)	+	어떤 목적으로 (문제해결,변화)	+	어떤 방법으로 (개입방법)

예를 들어, 「성인 발달장애인의 자립생활을 지원하기 위한 식생활 개선 프로그램」은 '참여자(성인 발달장애인)', '목적(자립생활 지원)', '방법(식생활 개선)'이 명확히 제시되어 있다. 반면 「Happy Van」이나 「내 일을 잡(Job)아라!」와 같이 감성적 문구에 치우친 명칭은 정보 전달력이 부족하여 피하는 것이 좋다.

사업명에는 제목뿐만 아니라 슬로건이 필요할 경우에는 사업명칭에 이어서 부제 형식으로 병기할 수 있다. 부제나 약칭을 사용하면 더욱 매력적인 사업으로 표현가능하며 사업의 정서적 메시지를 담을 수 있으나, 본래의 사업명칭을 대체해서는 안 된다.

- **예시:** "장애·비장애 청소년의 지역네트워크 형성을 통한 또래통합 프로그램"
  - 부제: "Rainbow 영양지원, 다양한 자립의 길!"

좋은 예

<u>상실을 경험한 노인</u>의 <u>정서적 안정</u>을 위한 <u>개별상담 및 집단상담</u> 프로그램 <u>'상실수업'</u>

(대상) (목적) (방법) (부제)

피해야 할 예

내 일을 잡(Job)아라! – 너의 손안에 펼쳐질 세계가 있다.

빼앗긴 보금자리에서 새 희망을 안고 가는 "Happy Van"

TIP 효과적인 사업명 작성 전략

1. '누구에게' '무엇을' '어떻게'의 삼박자를 기억하자.
   - 예: "지역 내 독거노인의 사회적 고립을 완화하기 위한 커뮤니티 케어 프로그램"
2. 슬로건은 부제로: 감성적 표현은 하단에 따로.
   - 예: "온기 가득한 마을살이 – 함께 살아가는 어르신의 삶"
3. 심사자는 제목만으로 사업 내용을 유추한다는 사실을 명심하자.
   - 제목에서 감을 잡지 못하면, 본문도 제대로 읽히지 않는다.
4. 장기 사업일 경우 전체 흐름이 반영되도록 구성하자.
   - 3년 사업이면 3년 전체 내용을 아우르는 제목을 붙이고, 부제에서 1년차 핵심을 표현하는 방식도 가능하다.

2) 사업참여자 선정

(1) 참여자의 유형구분

과거에는 서비스를 제공받는 사람을 수동적인 '사업대상자'로 기술했지만, 현대 사회복지 실천에서는 대부분 '참여자'라는 용어를 사용한다. 이는 서비스 수혜자를 프로그램의 능동적 주체로 간주하고, 그들의 참여와 변화를 중심으로 프로그램을 구성하는 관점을 반영한 것이다.

프로그램 참여자는 핵심 참여자와 주변 참여자로 구분한다.

구분	내용
핵심 참여자	• 프로그램의 성과목표 달성에 직접적인 영향을 받는 주체 • 성과를 측정하는 대상, 변화를 이끌어내려는 대상 예 배우자 사별로 슬픔을 겪고 있는 우울 고위험군 노인 20명
주변 참여자	• 핵심 참여자의 변화에 밀접하게 영향을 미치거나 보조적 역할을 하는 참여자 예 우울 고위험군 노인의 가족구성원 20명

(2) 참여자 선정기준

사업의 특성과 목적에 부합하는 참여자를 선정하기 위해 단순히 저소득 중심의 소득기준보다는 욕구 기반의 선정 전략이 필요하다. 참여자 선정시에 고려할 기준으로는 다음과 같다.

- **욕구의 강도 우선:** 소득 기준보다 대상자의 문제 심각도에 초점을 둔다.
  예 도벽이 심한 아동 → 도벽의 정도가 선정 기준
- **변화 가능성:** 개입을 통해 의미 있는 변화가 기대되는 대상인지 평가한다.
  예초기 비행 청소년 vs 만성 비행 청소년
- **제도권 여부:** 기존 복지제도 내 수급자뿐 아니라 제도권 밖의 경계선 집단도 고려한다.
  예 경계선 지능 아동, 보호 종료 아동, 수용자 가족 등

> **예시**
> 3년 이내 배우자와의 사별로 우울감을 호소하는 노인 중 개별 심층상담 및 우울 검사를 통해 고위험군 참여자 선정

(3) 참여자 모집방안

실제로 참여자를 모집하는 과정은 프로그램의 성패를 좌우할 수 있다. 따라서 지역특성과 사업성격을 고려하여 사전 전략 수립이 중요하며, 다음과 같은 요소를 고려해야 한다.

① 지역사회 기반 접근

지역 내 어디에 참여자가 있는가(예: 저소득 지역, 학교, 지역사회 주민 조직 등), 참여자의 마음을 움직이는 매력은 무엇인가?(예: 프로그램의 기대효과, 실질적 혜택, 참여 후 긍정적 경험 등), 그리고 참여 시 고려해야 할 배려 사항은 무엇인가(이동의 어려움, 돌봄 공백, 신뢰 부족, 낙인 우려 등)

② 모집 방식 유형

모집방식	특징	활용 예시
공개모집	•기관의 홈페이지, 지역신문, 홍보지 등 매체 활용	•주민참여 프로그램
추천모집	•기존 클라이언트나 주민, 교사 등의 추천	•위험군 청소년, 노인 우울감 대상자
눈덩이모집 (snowballing)	•기존 참여자를 통해 유사 대상자를 소개 받음	•다문화가정, 새터민 등 신뢰기반
기존 이용자 중심 모집*	•기관의 기존 서비스 이용자 대상	•라포를 활용한 프로그램 시작

* 기존 이용자 중심 모집은 착수는 용이하나 폐쇄적 구조로 인한 갈등, 형평성 시비의 문제가 발생할 수 있어 주의가 필요하다.

(4) 참여자 선정 작성시 유의점

- 성과목표와 핵심참여자의 일치성을 반드시 확보한다.

  예 "조부모의 양육기술 향상"이 성과목표라면 핵심참여자는 '조부모'이다.

- 모집 전략이 지역 특성과 기관 현실을 반영하고 있는지 확인한다.
  - 단순 반복적인 기존 방식은 피하고, 새로운 타깃과 조건을 반영한 전략을 제시해야 한다.
- 참여자 모집의 현실적 어려움을 인지하고 낙관이 아닌 비관적 관점에서의 대책을 마련한다.

  예 "과거에도 잘 모집되었으니 이번에도 괜찮을 것이다"라는 태도는 위험하다.

TIP 참여자 선정 및 모집 전략

1. 핵심참여자와 주변참여자를 명확히 구분하라.
2. 욕구 기반 선정을 중심으로 하되, 소득기준과 병행 고려하라.
3. 참여자 모집은 단순 모집이 아니라, 신뢰와 설득의 전략을 활용하라.
4. 기존 이용자 중심 모집은 효율적이지만 배타성 리스크 주의하라.
5. 심사자는 '성과목표 ↔ 참여자 유형 ↔ 모집 전략'의 논리적 일관성을 본다.

3) 사업내용 및 사업집행 전략

(1) 사업내용의 구성

사업내용은 제안된 문제의식과 성과목표를 실현하기 위한 구체적 개입 계획과 활동의 구성을 의미한다. 단순히 하고 싶은 사업을 나열하는 것이 아니라, 문제 해결을 위한 이론적 타당성, 현실성, 체계성이 담보되어야 한다.

- **충분성:** 제시된 문제에 대해 실제 해결 가능성이 있는 수준의 활동과 자원을 포함해야 한다.
- **일관성:** 사업의 목적, 목표, 평가 지표 등과의 논리적 정합성을 갖추어야 한다.
- **세부 프로그램 간 연계성:** 각 세부 활동이 유기적으로 연결되어 있으며, 각기 독립적이기보다는 상호보완적으로 작동해야 한다.
- **적절성:** 기관의 인력, 예산, 지역사회 자원을 고려했을 때 실제 수행 가능한 수준의 계획이어야 한다.

또한 사업내용을 기술할 때에는 '무엇을, 누구에게, 언제부터 언제까지, 어디서, 어떻게, 왜'라는 기본 질문에 해당하는 내용이 포함되도록 해야 한다.

각 단위 사업(세부 프로그램)은 다음 항목을 포함하여 정리한다.

예시

세부사업명	활동 내용(수행방법)
집단 심리 상담 "아름다운 이별"	푸드아트테라피를 통한 집단 심리 상담 실시 • 시행시기 및 횟수: 2026.3~5월(3개월) / 총 12회기 / 회기별 2시간씩 • 참여인원: 가족(배우자)과의 사별을 경험한 노인 20명 • 장소: ○○노인복지관 프로그램실 • 수행인력: 강사 1인(김○○ 심리치료사) / 전담인력 1인 • 방법: 푸드아트테라피 집단상담 실시 – 1회기: 사랑하는 나의 얼굴 표현하기 – 2회기: 내면의 감정 표현하기 ~ – 12회기: 가장 나를 사랑하는 가족 표현하기

(2) 사업 추진 일정 및 수행 인력

사업추진 일정은 간트 차트를 활용하여 세부사업명과 구체적인 활동내용이 포함되도록 제시한다. 사업 추진일정을 간트 차트 형식으로 작성하는 것은 몇 가지 이점이 있다. 우선 세부사업들 간의 연계성 및 계열성을 확인하는 데 도움이 된다. 각 사업이 성과목표와 유기적으로 연계되어야 하고, 사업 간에도 선후관계 등이 이론적으로 충분히 고려되어야 한다. 또한 프로그램 진행과정에서 모니터링 역할을 하기 때문에 세부사업을 단순히 표현하는 것보다는 프로그램에 대한 논리를 충분히 검토해야 한다.

예시

활동내용 \ 기간	주책임자	1월	2월	3월	4월	5월	6월	7월	8월
홍보 및 모집	이○○	■	■						
심층 개별 상담	박○○		■	■	■	■	■	■	■
집단 심리 상담 "아름다운 이별"	박○○			■	■	■			
자조모임	이○○						■	■	■

사업수행 인력은 프로그램의 전문성과 실행가능성을 보여주는 매우 중요한 영역이다. 사업에 직접 투입되는 주요 인력(슈퍼바이저, 주담당자 등)의 이름, 소속/직위, 역할, 주요 경력을 작성한다.

예시

이름	소속/직위	사업 내 역할분장	(본 사업과 관련된) 주요 경력
김○○	사회통합팀장	사업 슈퍼바이저	○○노인복지관 사회적고립가구 업무 4년 ○○재가노인복지센터 노인맞춤돌봄 업무 5년
이○○	사회통합팀 사회복지사	사업 주 담당자	○○노인복지관 사례관리업무 2년

(3) 기관 연계협력 전략

사회복지 프로그램은 특정 기관의 단독 역량만으로는 효과적이고 지속적인 운영이 어렵다. 특히 지역사회 내 복합적 문제에 접근할 때는 다양한 기관과의 유기적 협력이 필수적이다. 기관 연계협력 전략이란, 프로그램 수행과정에서 외부 기관과의 협업 구조를 사전에 계획하고 이를 통해 사업의 효과성과 자원 활용도를 극대화하고자 하는 전략적 기획을 의미한다. 연계협력은 우리 기관이 보유한 역량의 한계를 보완할 수 있고, 전문성 강화 및 대상자에 대한 통합적 접근이 가능할 뿐만 아니라 지역사회 전체의 자원 연계와 협력의 선순환 구조를 만드는 데 유리하다.

기관 간 연계협력은 몇 가지 유형으로 구분할 수 있다. 첫째, 전략적 파트너십 유형은 공동기획 및 공동수행을 기본으로 하며, 대등한 협력 관계를 바탕으로 공동 책임성을 지닌다. 이러한 유형은 2개 기관이 컨소시엄을 구성하여 공동으로 수행하는 등 한 기관의 단독 역량으로 수행이 어려운 경우에 효과적이다. 둘째, 실행협력형은 주도기관이 중심이 되어 사업을 설계하고, 보조적 역할을 외부 기관이 수행하는 형태다. 예를 들어, 복지관이 주관하고 보건소에서 건강교육 강사를 파견받는 경우가 이에 해당한다. 셋째, 자문 및 후원형은 전문적인 자문 제공, 공간대여, 후원 물품 제공 등의 간접적인 협력 방식이다. 대학교, 기업, 지역단체 등이 이 유형으로 참여할 수 있으며, 사업의 질을 높이는 데 유리하다.

연계협력 전략을 수립할 때는 몇 가지 주요 사항을 고려해야 한다. 첫째, 우리 기관의 강점과 한계를 명확히 인식하고, 연계를 통해 보완하고자 하는 영역을 분명히 해야 한다. 둘째, 협력기관과의 역할 분담이 구체적으로 서술되어야 하며, '자문 예정' 또는 '지원 협조'라는 포괄적 표현은 피하고, 어떤 활동에 어떤 방식으로 참여할 것인지 명시하는 것이 바람직하다. 예를 들어 '격주 1회 전문가 자문', '참여자 선별을 위한 정보 제공' 등의 방식으로 기술하는 것이 좋다. 셋째, 연계기관이 수행하는 역할은 사업의 성과목표와 논리적으로 연관되어 있어야 한다.

예시

협력기관명	세부사업명	협력 계획	비고
○○노인복지센터	집단 심리 상담	• 본기관: 참여자발굴 협조요청, 집단상담 프로그램 제공 • 협력기관: 우울감 호소 노인 추천 및 의뢰(정보제공), 공동 사업모니터링	MOU 체결
○○정신건강의학과	심층 개별 상담	• 본기관: 고위험 우울 노인상담 의뢰(전문가 연계 요청) • 협력기관: 고위험 우울노인 개별상담, 심리상담	

TIP 연계협력 전략 작성

1. 역할 중심으로 기술하라.
2. 우리 기관의 보완이 필요한 영역을 정확히 인식하고 반영하라.
3. 네트워크 구축의 목표는 공동의 문제해결과 자원 통합이다.
4. 서면 협약(MOU) 여부도 명시하면 신뢰도를 높일 수 있다.

4) 예산편성

(1) 예산편성의 중요성과 원칙

예산은 계획된 사업내용을 실행하기 위해 필요한 자원을 금액 단위로 환산한 것이다. 따라서 예산은 사업의 규모, 범위, 세부활동 등을 함축적으로 보여주는 지표로 기능한다. 적절한 예산편성은 사업의 실행가능성과 투명성을 확보하며, 제안서 전체의 신뢰도를 높인다.

예산편성은 “무엇을 어떻게 하려고 이 정도의 자원이 필요한가?”에 대한 답변이다. 따라서 예산의 적정성과 타당성은 사업내용과의 연계성에 근거해 평가된다.

예산은 다음과 같은 원칙에 따라 편성되어야 한다.

- **사업내용과의 연계성**: 예산은 사업계획에서 제시된 활동과 일치해야 하며, 해당 활동이 실행되는 데 필요한 자원이 빠짐없이 반영되어야 한다.
- **과대포장 금지**: 향후 삭감을 고려해 금액을 과도하게 부풀리는 방식은 좋지

않다. 편성기준을 준수하여 적정 수준에서 산정하는 것이 중요하다.

- **세부적이고 명료한 산출근거 제시:** 예산은 세부사업의 얼개와 흐름을 알 수 있도록 단가, 수량, 인원수, 건수, 횟수 등의 구체적인 산출 기준을 명시함으로써 예산의 투명성을 확보해야 한다.
- **실제 집행 가능성을 고려한 현실성:** 너무 이상적이거나 현장 상황과 동떨어진 항목은 실효성이 떨어지며, 예산편성의 신뢰를 해칠 수 있다.

(2) 예산편성의 방법

예산은 일반적으로 인건비, 사업비, 관리운영비로 구성되며, 예산표를 구성할 때는 세목 → 세세목 → 산출근거 → 합계금액의 구조로 작성한다. 각 항목에 대해 단가, 수량, 횟수 등을 명확히 제시해야 하며, 불필요한 항목 추가나 추정에 근거한 금액 설정은 피해야 한다.

예시

목	설명	해당 항목
인건비	해당 사업에 직접적으로 수행하는 인력에 투입되는 비용	프로그램 담당자/보조담당자 인건비
사업비	프로그램의 수행에 필요한 직접 비용 (실인원수에게 제공되는 서비스에 필요한 비용)	강사비, 지원봉사자 관리비, 자문비, 회의비, 행사진행비, 홍보물품 구입, 프로그램 준비물 구입, 사업결과보고서/결과물 제작 등
관리 운영비	프로그램의 수행에 필요한 간접비용 (사업관리에 필요한 비용)	사무용품, 냉난방비, 우편료, 사업담당자 교통비 등

위의 항목에 따른 예산편성의 예를 살펴보자.

예시

(단위: 천원)

목	세목	세세목	계	예산조달계획					
				산출근거	신청금액	비율(%)	자부담	비율(%)	자부담재원
사업비	상담 프로그램	심층 개별 상담	3,000	심리치료비(전문기관) 300*10명 = 3,000	0		3,000	100	후원금
		집단 심리 상담	4,200	강사비(2급,2시간) 350*12회기 = 4,200	4,200				
			600	재료비 50*12회기 = 600	600				
			1,200	다과비 5*12회기*20명 = 1,200	1,200				
관리 운영비	운영비	사무 용품	800		800				
총계			9,800		6,800	100	3,000	100	

또한 사업예산편성 시, 공동모금회 등 외부기관에 신청하는 금액과 함께 자부담 계획도 명시해야 한다. 자부담은 자체예산, 외부지원, 수익금(참가비 등)으로 구성될 수 있다. 자부담이 없는 경우에는 해당란을 비워 두거나 '해당 없음'으로 표시할 수 있다. 다음 사례는 예산 항목과 사업 내용을 연계하여 일치시킨 사례를 보여준다.

세부사업명	활동 내용(수행방법)	산출목표
밑반찬 제조	· 영양을 고려한 연간 식단 계획 수립(3찬 기준, 주2회, 44주) · 위생용기 및 소모품은 사업 초기 일괄 구매하고, 밑반찬 재료는 제조시 구매 · 기존 경로 급식 봉사자 및 조리 시설을 활용하여 밑반찬 제조	주2회 밑반찬 3종 제조
밑반찬 배달 및 식생활모니터링	· 제조된 밑반찬 3종을 매주 월, 목요일 참여자에게 배달(44주) · 기존 밑반찬은 상태를 확인하도록 하며, 부패가능성이 있는 경우 회수	주2회 30가구 밑반찬배달 및 모니터링

목	세목	세세목	계	산출근거	예산조달 계획				
					신청금액	비율(%)	자부담	비율(%)	자부담재원
			14,146,000		11,946,000	100	2,200,000	100	
사업비	밑반찬 제조	소모품 구입	1,386,000	- 위생용기 150원x30명x3개x44주x2회 - 스티커 25원x30명x3개x44주x2회	1,386,000	11.7			
		식재료 구입	10,560,000	- 재료구입비 4,000원x30명x44주x2회	10,560,000	88.3			
	밑반찬 배달 및 식생활 모니터링	밑반찬 배달	2,200,000	- 주유비 50,000원x44주			2,200,000	100	자체 예산
	소계		14,146,000		11,946,000	100	2,200,000	100	

(3) 예산편성 시 유의사항

- 사업내용을 반영하지 않거나 중복 편성되지 않도록 유의해야 한다.
- 한 항목에 다수의 활동을 포함시킬 경우, 세세목으로 나누어 명확히 구분하는 것이 바람직하다.
- 외부 강사비, 회의비, 자문비 등은 관련 활동과의 구체적 연계가 제시되어야 하며, 단순 항목만 나열된 경우 부정적 평가를 받을 수 있다.
- 인건비 항목은 실제 투입되는 시간과 역할을 고려해 편성해야 하며, 전담인력의 적정성도 함께 평가된다.

TIP 예산편성 실무 전략

1. 사업 내용을 구조화한 뒤 그에 맞춰 예산 항목을 작성하라.
2. 활동별 산출근거는 단가, 수량, 건수, 횟수를 명확히 제시하라.
3. 외부 자원의 연계가 있을 경우, 자부담 항목으로 반영하라.
4. 예산은 작성자의 의도를 보여주는 문서임을 잊지 말라.
5. 예산조달 계획은 재정의 다변성과 자립 가능성을 보여주는 부분이다.

5) 사업의 필요성(문제의식)

(1) 사업계획 배경

사회복지 프로그램 제안서에서 사업의 필요성은 가장 독자의 설득을 요구하는 부분이다. 제안 사업이 왜 지금, 이 지역에서, 이 대상에게 꼭 필요한지를 논리적으로 설명하는 핵심 항목이다. 사업의 필요성이 명확하지 않으면 이후의 목적, 목표, 활동, 예산 등 모든 구성요소가 설득력을 잃게 된다. 따라서 이 항목은 구체적 자료와 논리를 기반으로 한 설득의 스토리를 제시해야 한다.

사업의 필요성이란 특정 지역과 대상에게 제시된 프로그램이 왜 긴급하고 중요한 문제를 해결하는 방안이 되는지를 입증하는 논리구조이다. 이를 통해 제안자는 제안된 프로그램이 사회적으로 유의미하고 현장에서 실현가능하며, 해당 문제 해결을 위한 적절한 접근임을 증명해야 한다.

또한 프로그램의 사업계획 배경을 구성할 때는 그 문제를 어떻게 바라보고 해석하는가에 대한 '관점'을 명확히 제시할 필요가 있다. 동일한 문제 상황이라 하더라도 문제의 인식틀에 따라 접근방식과 개입 전략이 전혀 달라질 수 있기 때문이다. 예를 들어 장애인의 고용문제를 프로그램화하고자 할 때, "장애인 개인의 기술이나 자격 부족이 취업의 장애요인"이라고 진단한다면, 그에 따른 개입방향은 직업훈련이나 취업교육과 같은 '개인 기능 향상'에 집중될 것이다. 반면 "장애인의 역량과 무관하게 사회와 고용시장의 편견과 차별이 장애인의 고용을 가로막는다"고 보는 시각에서는, 고용주 인식 개선이나 제도적 차원의 변화 촉구 등 '환경 수준의 변화'에 초점을 맞추는 것이 타당하다. 문제 상황에 대한 해석과 인식틀은 이후 설정될 프로그램의 목표, 전략, 활동 구상에 있어 핵심적인 기준이 될 수 있다.

사업의 필요성에서는 다음과 같은 요소들이 포함되도록 해야 한다.

① 지역사회 현황 및 환경분석

사업이 수행될 지역의 인구학적, 사회경제적, 정책적 상황을 분석하여 배경을 설명한다. 통계자료, 정책보고서, 지자체 계획 등을 활용하여 객관적 상황 맥락을 제시해야 한다.

예 "해당 지역 아동의 정서행동문제 유병률이 전국 평균보다 높음. 지역사회보장계획에서도 청소년 정신건강 지원이 미흡함"

② 문제상황의 구체화

프로그램이 해결하고자 하는 핵심 문제를 정의한다. 이때 문제는 측정 가능하고 관찰 가능한 형태로 구체화되어야 한다.

예 다문화가정 아동의 학교 부적응 문제 → 결석률, 또래갈등, 자아존중감 저하 등으로 구체화

③ 대상 집단의 특성과 욕구

핵심참여자의 욕구와 특성을 실증자료나 현장경험을 바탕으로 설명한다. 욕

구는 단순히 주관적 희망이 아니라, 삶의 질 저하나 기능 저하로 인해 발생하는 개입 필요성으로 정의되어야 한다.

예 "다문화 초등학생은 또래 관계에서 차별 경험이 잦고, 자기표현이 위축되어 있음(학교 상담교사 인터뷰)"

④ 기존 서비스의 한계

현재 제공되고 있는 서비스가 문제를 해결하지 못하고 있는 이유, 혹은 제도적 공백을 분석한다. 이는 본 사업의 보완적 기능 또는 대안적 가능성을 드러내는 근거가 된다.

예 "기존 지역아동센터에서는 일상 돌봄 중심으로 운영되고 있어 또래관계 향상 등 심리사회적 개입이 부족함"

⑤ 본 사업의 적합성과 기대효과

이제까지 제시된 문제상황, 대상 특성, 기존서비스의 공백을 기반으로, 제안된 프로그램이 어떤 점에서 이 문제에 가장 적절한 해결책인지를 논리적으로 설명한다.

예 "본 사업은 또래관계 형성을 목적으로 집단 사회기술훈련을 중심으로 구성되어 있으며, 이 프로그램은 동일 연령 아동의 사회성 향상에 효과적인 것으로 입증된 방식임"

TIP 사업계획의 배경 작성 전략

1. 핵심문제를 명확히 하고, 대상자의 욕구와 관련지어 구체화하라.
2. 문제에 관한 개인적 관점 또는 사회구조적 관점을 명확히 하라.
3. 문제는 반드시 통계, 현장자료, 선행연구로 뒷받침하라.
4. 본 사업이 문제 해결에 적합한 개입 방식임을 논리적으로 연결하라.

(2) 기존 유사사업과의 차별성

이는 기존에 유사한 사업들이 있음에도 불구하고, 왜 본 프로그램이 새롭게 제안되어야 하는가에 대한 설명이다. 이는 단지 새로운 아이디어임을 주장하는 것이 아니라, 기존 프로그램이 갖는 접근방법과 장점, 한계와 미흡함, 그리고 상황의 상이성 등을 종합적으로 검토하여 그 보완점을 구조화하는 작업이다.

기존 유사사업과의 차별성은 다음의 세 가지 측면에서 제시할 수 있다.

첫째, 대상자의 세분화이다. 기존 서비스 체계에서 잘 다루어지지 못한 대상이나 미충족된 욕구에 관심을 갖는다. 예를 들어, 단순한 청소년 상담에서 벗어나, 조손가정 청소년의 감정조절 문제에 특화된 프로그램이라면 대상 구성이 차별성을 형성한다.

둘째, 개입 내용의 전문성과 심화 수준이다. 기존 프로그램이 단기적이거나 일회성 중심이었다면, 본 프로그램은 체계적인 회기 구성, 검증된 이론 기반, 사전·사후 평가 등을 통해 지속성과 효과성 측면에서 진일보한 구성을 보여줄 수 있다.

셋째, 서비스 방식의 혁신성 또는 연계 구조의 창의성이다. 최근 이론적 접근이나 개입 방법을 활용하거나 지역 네트워크를 통한 다기관 협업 모델로 구성되었다는 점에서 차별성을 가질 수 있다.

TIP 기존 유사사업과의 차별성 부각

1. 기존 서비스 체계에서 소외된 대상이나 미충족된 욕구를 다룬다는 점을 강조하라.
2. 기존과는 다른 시각에서 접근하거나, 전통적인 방식과 차별화된 개입 전략임을 보여라.
3. 최근 주목받는 이론적 관점이나 실천방법을 적극 활용하라.

(3) 신청기관의 강점

왜 이 사업을 신청기관에서 수행해야 하는지 질문에 대한 답변이다. 신청기관의 강점 항목은 해당 기관이 제안한 프로그램을 책임 있게 수행할 수 있는 주체로서의 신뢰성, 준비성, 역량을 갖추고 있음을 증명하는 부분이다. 신청기관의 강점은 다음과 같은 5가지 하위 요소를 중심으로 구체화하는 것이 바람직하다.

① 기관의 비전과 미션의 적합성

이는 해당 프로그램이 일회성으로 끝나는 것이 아니라 기관의 철학과 연계된 지속 가능성이 있다는 점을 보여준다.

예 "본 기관은 설립 초기부터 지역사회 아동의 정서·사회적 기능 향상에 중점을 두고 있으며, 본 프로그램은 이러한 기관 정체성과 일치하는 기획이다."

② 유사 사업 수행 경험

신청기관이 제안 프로그램과 유사한 사업을 이전에 수행한 경험이 있으며, 과거 성과, 프로그램 만족도, 성과평가 결과 등을 근거로 제시한다.

예 "2022년 공동모금회 지원으로 청소년 감정조절 훈련 프로그램을 운영한 바 있으며, 참여자 85%가 사전–사후 자기통제력 점수에서 긍정적 변화를 보였다."

③ 전문 인력과 조직구조

프로그램을 실제로 기획하고 운영할 담당자, 전문가, 외부자문단 등의 역량을 제시한다.

예 "본 사업은 아동정신건강 전문가 1인과 사회복지사 1급 자격을 보유한 상근 실무자 2인이 전담하며, 외부 집단상담 전문강사가 주 1회 참여한다."

④ 지역사회 내 신뢰도와 네트워크

기관이 지역사회에서 형성한 신뢰도, 접근성, 파트너십 수준은 참여자 모집 및 사업 실행에 있어 큰 강점이 된다.

예 "해당 지역 내 5개 초등학교와 MOU를 체결하고 있으며, 다문화가정 사례관리 아동 50여 명과 지속적인 관계망을 유지하고 있다."

⑤ 자원 확보력과 행정 운영 역량

프로그램 운영에 필요한 행정, 재정, 공간 자원을 안정적으로 확보할 수 있는지 여부는 실행 가능성의 판단 기준이 된다. 특히 공간, 설비, 정보기기, 홍보체계 등과 같은 물적 자원도 주요 강점이다.

예 "기관 내에는 집단활동 전용 프로그램실, 인쇄기 및 영상장비, 클라이언트 관리 시스템 등이 구축되어 있어 사업 실행을 위한 기반이 갖추어져 있다."

6) 목표 및 평가

(1) 산출목표

산출목표는 성과목표의 달성에 기여하기 위한 수단적 성격의 목표를 의미한다. 이는 프로그램 실행과정에서 계획된 활동이 실제로 수행되었는지를 확인하는 데 사용되는 지표이며, 결과보다는 '과정'과 '실행'에 초점이 있다.

산출목표는 다음 두 가지 범주 중 하나에 해당할 수 있다.

첫째, 활동 항목에서 기재한 프로그램 내용이 실제로 수행된 경우이다. 예를 들어, "총 10회의 집단상담을 실시한다", "참여자 20명에게 교육을 제공한다"와 같이, 실행 여부를 기준으로 판단할 수 있는 내용이 이에 해당한다.

둘째, 활동의 직접적인 결과로서, 프로그램 공급자(기획자)가 의도적으로 통제하기는 어렵지만 성과목표 달성을 위해 필수적인 조건이 되는 목표치도 산출목표에 포함될 수 있다. 예를 들어, "설문 응답 회수율 80% 이상 확보", "참여자 출석률 70% 이상 유지"와 같은 목표가 이에 해당한다.

이 두 가지 중에서도 산출목표 설정 시 보다 중점을 두어야 할 부분은 단순히 활동이 수행되었는지 여부보다는, 성과목표 달성을 위해 반드시 충족되어야 하는 핵심적인 목표치를 설정하는 것이다. 활동의 완료 여부 자체는 관리적 의미에서는 중요할 수 있으나, 산출목표의 기능이 성과목표 달성을 위한 기반을 마련하는 데 있다는 점에서, 실제 효과에 기여하는 요소에 초점을 맞추어야 한다.

산출목표는 아래와 같은 기준을 고려하여 작성해야 한다.

① 과도한 설정의 금지

산출목표는 단순히 공모사업 선정 가능성을 높이기 위해 부풀리는 방식으로 설정되어서는 안 된다. 사업의 실제 규모, 자원, 수행역량 등을 종합적으로 고려하여 적정 수준에서 현실적이고 실행 가능한 목표로 제시해야 한다. 지나치게 과대한 산출목표는 실행 단계에서 실패 위험을 높이고, 평가 시 신뢰성을 떨어뜨릴 수 있다.

② 측정가능성 확보

산출목표는 그 달성 여부를 명확히 확인할 수 있어야 하며, 따라서 수치화되거나 구체적인 결과값으로 표현될 수 있는 형태로 설정하는 것이 바람직하다. 예를 들어 "교육 실시"보다는 "총 4회의 성인지 감수성 교육 실시", "홍보 진행"보다는 "SNS 게시물 10건 이상 업로드"와 같이 수량적 기준을 제시하는 것이 평가 및 모니터링에 유리하다.

산출목표는 그 이행 여부를 지속적으로 점검하고 관리할 수 있도록 모니터링 방법이 함께 수립되어야 한다. 아래 표는 산출목표와 모니터링 방법을 예로 든 것이다.

예시

세부사업명	산출목표	모니터링 방법
맹학교 학생에 대한 미술교육	3개 학교 6개 학급 총 30명에게 각 학급당 24회 미술교육 실시	• 교육 계획안, 결과보고 작성 • 출석부 확인

TIP 산출목표의 설정

1. 활동연계: 프로그램 활동의 종류와 양을 구체적인 숫자로 제시하라.
2. 측정가능성: 명확한 수치로 객관적인 확인이 가능하도록 설정하라.
3. 현실성: 프로그램의 자원과 계획을 고려하여 달성 가능한 수준으로 정하라.

(2) 성과목표

성과목표는 사회복지 프로그램 수행의 결과로서 달성하고자 하는 최종적인 변화 목표를 의미한다. 이는 투입된 인적·물적 자원과 시간을 통해 프로그램의 핵심참여자에게 유의미한 변화를 유도하는 것을 목표로 한다. 성과목표는 단일한 형태로 정의되지 않으며, 프로그램의 내용과 대상에 따라 다양한 차원과 초점에서 설정될 수 있다.

예를 들어, 소년원 청소년을 대상으로 한 코딩 교육 프로그램의 경우, 코딩 역량의 향상이 성과목표가 될 수 있으며, 자살 시도 경험이 있는 청소년과의 상담 프로그램에서는 우울감의 감소가 성과목표로 설정될 수 있다. 이처럼 성과목표는 변화의 대상(누구), 변화의 수단(어떤 개입), 변화의 수준(어디까지의 변화)을 모두 포함하는 개념이다.

성과목표를 설정할 때에는 '누구의, 어떤 변화'에 관심을 갖는다. 개인내적 변화가 필요할 수도 있으나 지역사회 차원의 변화를 목표로 설정할 수도 있다.

예시

분류	초점	예시	비고
개인차원	내적기능 향상	• 자아존중감 향상 • 우울 감소 등	척도 사용
	태도	• 성 역할 태도 변화 • 어머니의 양육태도 등	척도 사용
	행동	• 아동의 공격 행동 변화 • 노인의 운동 행동 변화 등	척도 사용
사회차원	지역사회	• 네트워크 강화 • 지역사회 빈곤율 감소 등	과정평가 활용/네트워크 분석

또한 변화의 수준, 즉 어디까지의 변화를 지향할 것인가도 결정해야 한다. 이는 목표와 사업내용에 따라 로직모델에서의 시간적 성과 개념을 고려해야 한다.

예시

구분	설명	예시
단기성과	활동(프로그램) 참여를 통한 지식, 태도, 기술의 변화	• 기술의 습득 • 학습에 대한 흥미, 능력향상 • 문제 상황의 인식, 확인
중기성과	단기성과(지식, 태도, 기술의 변화)로 나타나는 행동의 변화	• 직업 획득 • 시험합격, 상급학교 진학 • 문제행동의 감소
장기성과	조건이나 상황에 대한 궁극적 변화	• 경제적 안정 • 자립 • 문제행동의 중지

실제 프로그램 기획시 어디를 최종적인 성과목표로 설정할 것인가는 여러 요인에 따라 달라진다. 클라이언트의 소득수준 향상을 위하여 취업프로그램을 진행힌다고 가징할 때, "취업에 필요한 요리기술을 습득한다 → 한식조리사자격증을 취득한다 → 요식업에 취업한다"와 같이 성과는 시간적 순서를 따른다. 여기서 성과는 종국적인 목표치일 수도 있으나 대체적으로 프로그램 종료시점까지 달성하고자 하는 성과를 의미한다. 이는 여러 요인에 의해 결정되는데, 해결하고자 하는 문제의 성격, 프로그램 기간, 예산, 인력, 지역사회여건 등 다양한 요인들을 고려하여 설정한다.

성과목표는 일반적으로 측정 가능해야 하며, 이를 위해 구체적인 성과지표와 연결된다. 하지만 모든 성과가 양적 지표로 표현될 수 있는 것은 아니다. 특히 정서적 안정감, 자존감 향상, 관계 만족도 등의 경우와 같이 질적인 변화도 성과로 간주된다. 이때는 질적 평가방법을 통해 의미 있는 변화 수준을 확인할 수 있어야 한다.

또한 양적 평가가 가능한 상황임에도 불구하고 무조건 질적 성과 중심으로 설정하는 것도 바람직하지 않다. 성과목표는 그 특성과 상황에 따라 가장 적합한 측정과 평가의 방식을 염두에 두고 설정되어야 한다.

프로그램 성과의 초점이 정해지면 이제 문장으로 서술한다. 성과목표 4요소, 즉 클라이언트, 활동방법, 변화내용, 변화방향 등을 고려하여 성과목표를 최종 설정한다.

좋은 예

사업 내용에 따른 궁극적인 성과가 제시되는 경우

- 장애 자녀에 대한 이해 증진 및 부모 관계 개선 프로그램
  - 장애 자녀에 대한 부모의 이해도 증진
  - 장애 자녀의 부, 모 상호간 관계 개선도 향상

피해야 할 예

산출목표를 성과목표로 잘못 작성한 경우

- 장애 자녀에 대한 이해 증진 및 부모 관계 개선 프로그램
  - 이해증진 프로그램 탈락률 5% 미만
  - 상호 관계 개선 프로그램 출석률 90% 이상

(3) 성과목표의 평가방법

성과목표가 설정되면 그다음에는 어떻게 성과를 평가할 것인지 평가틀을 만들어야 한다. 성과목표에 대한 평가는 프로그램의 효과성을 입증하고, 지속가능성과 타당성을 확보하는 데 핵심적인 기능을 수행하기 때문이다. 이에 따라 평가계획은 다음과 같은 구성요소를 갖는다.

- **성과지표:** 성과목표 달성 여부를 측정할 수 있는 구체적인 지표
- **자료수집 대상:** 누구로부터 데이터를 수집할 것인지
- **평가도구:** 어떤 도구를 사용할 것인지(예: 설문지, 인터뷰 가이드 등)
- **평가시기:** 언제 평가를 실시할 것인지(예: 사전-사후 평가)

성과평가의 방법에는 양적 평가와 질적 평가로 구분된다.

예시

성과목표	평가 도구 및 방법	측정 시기
사별을 경험한 노인의 우울감 감소 (양적 평가)	• 성과지표: 우울감 평균 점수 10점 감소 • 평가도구: 우울 척도지(SGDS) 활용 • 평가방법: 프로그램 참여 노인의 사전 사후 설문조사	사전(2월), 사후(6월)
사별을 경험한 노인과 자녀와의 가족 기능 강화 (질적 평가)	• 평가주체: 본 기관 담당자 • 평가방법: 참여자 20가정 대상으로 구조화된 설문지를 통해 인터뷰 실시	사업 종료 후 (6월)

먼저 양적 평가를 위해서는 평가설계를 고려해야 한다. 프로그램 평가설계에서 가장 일반적으로 평가설계유형에는 집단설계(흔히 실험설계)와 단일사례조사설계가 활용된다. 프로그램 평가에서는 아마 집단설계의 유형으로 양적 평가를 설계한다.

구분	집단설계(실험설계)	단일사례설계
분석단위	집단(N=다수)	개인(N=1)
목적	개입 효과성(인과관계) 규명	개인별 개입효과, 성공여부 확인
적용	기관의 프로그램에 대한 평가	개입에 대한 평가

양적 평가의 설계가 결정되면 실제 평가방법은 아래와 같이 4가지 유형의 방법을 활용한다.

- **수치계산**: 머릿수 세기와 '예/아니요'로 측정된 결과
- **표준화된 척도**: 클라이언트의 삶의 질 변화를 검사, 사전-사후 점검 가능. 표준화된 척도는 다소 길며, 측정과 해석에 전문성이 요구되므로 간결한 척도인 간편사정도구를 사용하기도 함
- **기능수준 척도(LOF)**: 클라이언트의 삶의 질 변화의 다양한 정도를 측정해야 하지만 표준화되지 않은 척도들이 개발되지 않은 것들이 많음. 사회복지 프로그램의 성과측정 분야에서 비교적 최근에 개발되었으며, 삶의 질 변화를

측정하기 위해 사용됨(치료 전후 기능적 수준을 비교, 식사, 체중 등과 같이 클라이언트의 기능 하나하나에 초점을 맞춤)

- **클라이언트 만족도:** 품질 측정뿐만 아니라 성과측정으로도 이용될 수 있음. 장점은 간단하여 사용하기 쉽고, 단점은 클라이언트 개개인의 주관적이고 지나치게 단순할 수도 있음

또한 양적 평가가 어려울 경우에는 질적 평가 방법을 활용한다. 질적 평가에는 심층면접, 현장관찰, 영상 매체 기록을 통한 참여자의 변화를 측정하는 방법 등이 활용된다.

성과평가의 방법은 사업의 필요성, 사업내용, 성과목표, 성과평가 방법들간에 논리적으로 연결성을 갖도록 서술하는 것이 매우 중요하다.

TIP 성과목표 및 평가방법

1. 성과목표는 핵심참여자의 변화에 주목하라.
2. 성과목표는 측정 가능하고 명확한 변화를 제시하라.
3. 평가방법은 검증된 평가도구 및 설계를 사용하라.
4. 변화의 수준은 클라이언트의 문제, 사업 내용, 예산, 기간 등을 종합적으로 고려하라.
5. 양적 평가를 우선적으로 활용하라.

(4) 과정평가의 방법

프로그램 제안서에서 과정평가는 필수적인 항목은 아니다. 사회복지공동모금회의 사업계획서에서는 성과확산형 사업일 경우에 선택적으로 제시하도록 한다.

과정평가는 프로그램이 계획대로 실행되고 있는지를 점검하고, 실행과정에서 발생한 변화와 그에 대한 해석을 통해 프로그램의 실행력을 높이기 위한 목적을 가진다. 특히 과정평가를 고려한다면 다음의 사항들을 체계적으로 정리하는 것이 필요하다.

첫째, 사업이 실제로 어떠한 과정을 거쳐 실행되었는지에 대해 구체적으로

기술해야 한다. 이는 활동의 순서, 실행 시기, 실행 주체, 참여자 반응, 현장 상황 등의 요소들을 포함한다.

둘째, 당초 계획과 실제 시행 사이에 차이가 발생한 경우, 그 차이의 원인을 분석하고 기록해야 한다. 예를 들어 참여자의 수가 계획보다 적었던 이유, 특정 활동이 일정대로 진행되지 못한 이유, 실행 중 수정된 점 등이 있다면, 그러한 변경의 배경과 불가피성, 그리고 그에 따른 영향 등을 분석해야 한다. 이러한 기록은 향후 유사사업 재설계 시 중요한 학습자원이 된다.

셋째, 각 주요 과정별로 얻은 교훈과 향후 개선방안에 대한 반성이 포함되어야 한다. 예컨대, 특정 활동의 운영방식에서 드러난 실효성, 참여자의 반응을 고려했을 때 향후 대체 방안의 가능성, 효과적인 협력 방식 등이 포함될 수 있다. 이는 단순한 회고가 아니라, 프로그램 개선을 위한 지식화 과정에 해당한다.

넷째, 이러한 평가 내용을 수립하기 위해서는 과정평가의 초점을 어디에 둘 것인지 명확히 설정해야 한다. 전체 사업 흐름 중 어느 지점(예: 초기 참여자 모집, 중간 개입 활동, 최종 산출 시점 등)을 중점적으로 다룰 것인지 결정하고, 그 이유를 논리적으로 설명해야 한다. 집중지점 설정의 기준은 사업의 핵심 활동이거나, 문제 발생 가능성이 높았던 지점 등이 될 수 있다.

다섯째, 자료의 수집, 관리, 분석 계획이 포함되어야 한다. 어떤 방식으로 과정상의 데이터를 수집할 것인지(예: 실행일지, 참여자 피드백, 관찰기록 등), 수집된 자료를 어떻게 체계화할 것인지, 그리고 어떤 분석틀을 통해 의미를 도출할 것인지에 대한 구체적 계획을 제시해야 한다. 이때 질적 자료와 양적 자료를 혼합하여 활용하는 접근도 고려할 수 있다.

7) 사업종료 후 지향점

사업 종료 후 지향점은 프로그램이 단기적인 성과에 그치지 않고, 장기적으로 지역사회와 대상자에게 미치는 긍정적인 영향과 프로그램의 지속 가능성을 제시하는 부분이다. 이는 사업의 확장성과 파급력을 보여주어 제안서의 설득력을 높여준다.

사업종료 후 지향점은 크게 두 가지 측면으로 구성된다. 첫째, 사업성과의 활용과 확산 가능성에 대한 전망이며, 둘째, 사업의 지속성과 제도화 가능성에 대한 전략적 접근이다.

(1) 기대 효과 및 사업결과 활용계획

기대효과는 프로그램의 성공적인 수행을 통해 달성하고자 하는 궁극적인 변화를 제시하는 부분이다. 이는 주로 성과목표를 통해 제시된 변화가 장기적으로 어떤 의미를 가지는지를 설명하는 역할을 한다.

기대 효과는 사업의 목적과 직접적으로 연계된 성과로서, 사업이 성공적으로 수행되었을 때 나타나는 변화와 그 의미를 명확히 하는 것이다. 구체적으로 다음과 같은 내용을 포함해야 한다.

- 사업수행 결과(자료, 콘텐츠, 실천모델 등)를 향후 어떤 방식으로 활용할 것인지에 대한 계획
- 본 사업의 경험과 지식을 토대로 향후 유사한 대상군이나 주제에 대해 어떤 신규 사업을 기획할 수 있을지에 대한 전망
- 단기간의 개입을 넘어서 장기적인 사회적 가치 확산을 어떻게 도모할 수 있을지에 대한 의지와 구상

사업결과의 활용계획은 프로그램의 운영을 통해 얻게 될 경험, 데이터, 성공사례 등을 어떻게 활용하여 미래 사업에 기여할 것인지를 제시하는 부분이다. 이는 프로그램의 일회성 사업이 아닌, 축적된 지식과 경험을 바탕으로 발전해 나가는 모습을 보여준다.

첫째, 사업의 성공 사례나 우수 운영 모델을 어떻게 확산시킬 것인지에 대한 구체적인 계획을 제시해야 한다. 예를 들어, “프로그램 매뉴얼 제작 및 배포”, “성과 공유회 개최”, “대회 발표” 등 확산 방안을 명시한다.

둘째, 프로그램 운영 과정에서 얻게 될 데이터나 평가 결과를 어떻게 활용할 것인지 제시해야 한다. 이를 통해 향후 유사 사업 기획 시 기초 자료로 활용하거나, 기존 프로그램의 개선 및 보완을 위한 근거 자료로 활용할 수 있음을 보여주어야 한다.

셋째, 참여자들의 긍정적인 변화 사례나 성공 경험을 어떻게 수집하고 공유할 것인지에 대한 계획도 포함할 수 있다. 이는 프로그램의 홍보 효과뿐만 아니라, 잠재적 참여자들에게 동기 부여가 될 수 있다.

(2) 사업 지속 유지 전략

사업 종료 이후에도 프로그램의 효과를 지속하거나 확산시키기 위해서는 이에 적합한 전략이 필요하다. 이 전략에는 다음의 두가지 차원에서 제시할 수 있다.

첫째는 내부 전략으로 사업 수행 기관의 고유 수입원을 활용하거나 법인 차원의 예산 지원을 기반으로 프로그램을 재편성하는 방식이다. 예를 들어 수익사업을 통한 재정 확보나 자체 기금 운영 등이 이에 해당된다.

둘째는 외부 전략으로서 국가 또는 지방자치단체의 보조금사업으로 편입시키거나, 민간재단의 신규 지원을 유도하거나, 불특정 다수로부터 후원을 받아 지속 가능성을 확보하는 방안이 있다.

프로그램 제안서가 작성되었다면 마지막으로 다음의 질문을 통해 완성도를 다시 점검해 본다.[14)]

- **문제와 목표의 관련성:** 제시한 문제의 원인과 설정한 프로그램 목표 간에 인과적·논리적 관련성이 충분한가?
- **사업명과 단위사업 간의 정합성:** 전체 사업명과 각 단위사업 간의 논리적 연

14) 이 내용은 사회복지공동모금회의 사업설명회 자료, "미선정된 프로포절에도 공통점이 있다"는 자료를 참고함.

계성과 구조적 일관성이 있는가?

- **사업별 실행계획의 구체성:** 각 단위 사업별로 명확한 참여대상, 추진 방법, 수행 일정, 예산 배정이 구체적으로 서술되어 있는가?
- **예산편성의 명확성과 적절성:** 편성된 예산이 세부적으로 명확하게 작성되어 있으며, 자금 제공기관(사회복지공동모금회)의 편성 기준을 충실히 반영하고 있는가?
- **신청 금액과 예산서의 일치 여부**
  - 프로그램 제안서 신청금액과 예산서 총합이 일치하는가?
  - 예산서에 기재된 세부 항목과 실제 사업 내용이 일관되게 연결되어 있는가?
- **성과 제시의 구체성:** 프로그램을 통해 기대하는 성과(단기·중기·장기)가 명확하게 제시되어 있으며, 성과목표 달성을 위한 지표나 측정 방안이 포함되어 있는가?
- **기존 사업과의 차별성:** 기존 유사 사업과 어떤 차별성과 참신성을 가지고 있는가?
- **수행 역량 및 지역자원 활용**
  - 프로그램을 실행할 수 있는 기관의 인력, 전문성, 경험 등 수행 역량이 충분히 입증되었는가?
  - 지역사회 내 활용 가능한 인적·물적 자원이 적절히 연계되어 있는가?

부록

Appendix

1. 사회복지공동모금회 성과중심형 사업계획서 양식
2. 프로그램 사업계획서 작성 예시

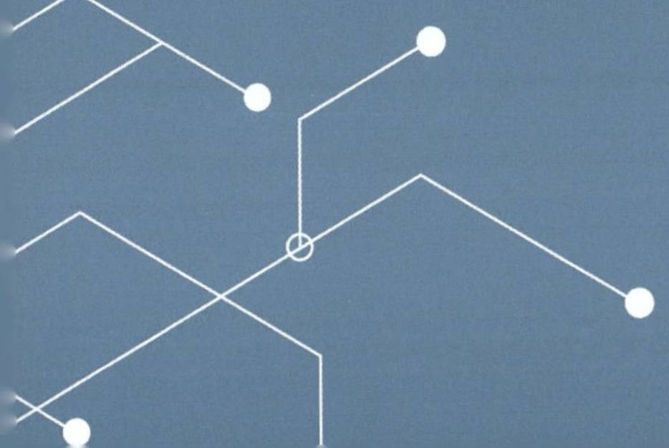

[부록 1] 사회복지공동모금회 성과중심형 사업계획서 양식

프로그램 성과중심형 사업계획서 표준 양식

〈성과중심형〉 사업계획서

1. 사업명 : 대상 목적 방법

• 대상, 목적, 방법과 관련된 정보를 담은 사업명을 적어주십시오. (슬로건은 부제(副題)로 병기해 주세요)

2. 사업 내용 및 추진 전략

1) 사업 참여자 모집 전략

(1) 참여 대상 및 인원

핵심 참여자	
주변 참여자	

• 누가 이 사업에 참여합니까?
- (핵심 참여자) 성과를 측정하게 되는 대상은 누구이며, 인원은 몇 명입니까?
(이 사업에 참여하게 함으로써 누구의 변화를 이끌어내려고 하는 것입니까?)
- (주변 참여자) 성과측정 대상은 아니지만 핵심 참여자의 변화를 이끌어내는데 중요한 역할을 하는 사람은 누구이며, 인원은 몇 명입니까?

(2) 참여자 선정 기준

• 어떤 기준을 세워서 참여자를 모집하게 됩니까?

(3) 참여자 모집 방안

• 기준에 적합한 참여자를 어떻게 모집할 예정입니까?

2) 사업 내용 및 사업 집행 전략

(1) 세부 사업내용

세부 사업명	활동 내용(수행방법)
	(시행방법, 시행 시기, 참여인원, 횟수 등 포함하여 작성)

- 아래 내용을 모두 포괄하되, 자유롭게 (질문순서에 상관없이) 표현해 주시기 바랍니다.
  - 전체 사업을 몇 개의 세부 사업으로 분류한다면 어떻게 구성될 수 있습니까?
  - 사업을 어떻게 추진할 것인지에 대하여 세부 사업별 시행방법, 시행 시기 및 횟수, 사업 진행 일정 등 구체적인 정보를 담아서 기술해 주시기 바랍니다.

※ 표는 예시이며, 사업에 맞게 양식 변경 가능

(2) 사업 진행 일정

주요내용 \ 기간		1월	2월	3월	4월	5월	6월	7월	8월	9월	10월	11월	12월
(세부 사업명)	(활동 내용)												

- 세부사업명과 활동내용을 작성하고, 사업 추진 일정을 음영으로 표시하여 주시기 바랍니다.

※ 표는 예시이며, 사업에 맞게 양식 변경 가능

(3) 사업수행 인력

이름	소속/직위	사업 내 역할분장	(본 사업과 관련된) 주요 경력

- 사업에 직접 투입되는 주요인력(슈퍼바이저, 주 담당자 등)의 이름, 소속/직위, 역할, 주요 경력을 작성해주시기 바랍니다.
- 담당자가 미정인 경우 채용 자격기준을 작성해 주시기 바랍니다.

3) 기관 연계협력 전략

- 위의 사업 집행 전략과 관련하여, 지역사회 내(또는 그 범위를 넘어서) 어떤 기관들과 유기적인 협조관계를 가질 것인지에 대하여 아래 내용을 포함하여 기술해 주시기 바랍니다.
  - 협력 기관이 세부 사업에서 어떤 역할을 담당하게 되는지, 그 때 신청기관의 역할은 무엇인지, 이러한 협력체계는 어떤 절차를 통해 진행되는지 등

3. 예산편성

(단위 : 원)

목	세목	세세목	계	산출근거	예산조달 계획				
					신청금액	비율 (%)	자부담	비율 (%)	자부담 재원
총 계									
인건비									
	소 계								
사업비									
	소 계								
관리 운영비									
	소 계								

- 사업에 직접 투입되는 비용을 인건비, 사업비, 관리운영비로 구분하여 작성해주시기 바랍니다.
  - (인건비) 해당사업을 직접적으로 수행하는 인력에게 투입되는 비용
  - (사업비) 프로그램 수행에 필요한 직접비용
  - (관리운영비) 프로그램의 수행에 필요한 간접비용(사업관리에 필요한 비용)
  - 예산수립 시 "별첨3. 예산편성기준표"(p. 107)를 참고하여 주시기 바랍니다.
- 세목은 세부 사업별로 구분하고 단위가 큰 경우 세세목으로 구분하여 작성하시기 바랍니다.
- 산출근거는 실제 단가, 수량, 인원수, 건수, 횟수 등을 구체적으로 기록해 주시기 바랍니다.

4. 문제 의식(사업 필요성)

1) 사업 계획 배경

- 왜 이 사업을 기획하게 되었습니까?
  - 귀 기관이 관심을 가지기 전에는 어떤 상태에 있었는지, 인근 다른 지역에도 유사한 상황이 있다면 어떻게 대응하고 있는지에 대해서도 서술해 주시기 바랍니다.

2) 기존 유사사업과의 차별성

- 기존의 시각이나 접근방식과 다른 점은 무엇입니까?

3) 신청기관의 강점

- 이 사업을 신청기관에서 수행해야 하는 이유에 대해 사전조사 내용, 관련 분야 수행 경험 등을 포함하여 기재해주시기 바랍니다.
- 유사/동일 사업 수행경험(최근 3년 이내)이 있다면 아래의 표를 참고하여 기재해 주시기 바랍니다.

연도	수행기간	사업명	지원금액	지원기관 (정부, 민간)

5. 목표 및 평가

1) 산출목표

세부 사업명	산출목표	모니터링 방법

- 성과목표를 달성하기 위해 이끌어내야 하고 모니터링 해야 하는 산출목표는 무엇입니까?

2) 성과목표 및 평가 방법

성과목표	평가 도구 및 방법	측정 시기

- (성과목표) 성과목표와 관련하여 아래 내용들에 대해 작성해 주시기 바랍니다.
  - 핵심 참여자의 어떤 부분을 어느 수준까지 변화시키는 것입니까?
  - 작성하고자 하는 성과목표가 이후에 기술되는 평가 방법을 통해 달성여부를 알 수 있게 됩니까?
  - (성과라고 강조하고 싶은데) 양적으로 드러내기(수치화하기) 어려운 성과목표가 있다면 무엇입니까?
  - 앞서 기술하신 사업내용과 성과목표를 논리적으로 연결하여 작성해 주십시오.
- (평가 도구 및 방법 / 측정 시기) 성과목표 달성 여부와 정도를 어떻게 평가하실 건가요?
  - 성과목표 달성 여부와 정도를 판단하기 위해 어떤 성과지표를 설정하실 건가요?
  - 제시된 성과목표에 대한 평가계획(자료수집방법, 측정시기 등)은 어떠한가요?
  - 수치화하기 어려운 성과목표가 있다면 어떤 평가방법을 통해 변화의 수준과 의미를 드러내실 건가요?

6. 사업종료 후 지향점

1) 사업 수행으로 인한 기대 효과

- 이 사업이 성공적으로 수행된다면 기대되는 효과는 무엇입니까?

2) 사업 결과의 활용 계획

- 사업의 효과로 나타난 결과를 어떻게 활용할 계획입니까?
- 사업 결과를 통해 유사기관이나 지역사회에 꼭 알리고 싶은 이야기가 있다면 무엇입니까?

[부록 2] 프로그램 사업계획서 작성 예시

※ 총 20매 이내로 작성하여 주십시오.

※ 사업계획서 작성 예시는 온라인 배분신청 사이트 (http://proposal.chest.or.kr)–프로포절 작성 예시 참고

〈성과중심형〉 사업계획서

1. 사업명 : 이웃이 이웃을 돕는 나눔 문화 공동체 문화 확산을 위한 의·식·주 UP! 프로젝트 '00 마을 윗(With·이웃) 공동체'[15)]

2. 사업내용 및 추진전략

1) 사업 참여자 모집전략

(1) 참여 대상 및 인원

핵심 참여자	▪ 의(衣)복 공동체 – 옷 수선·업사이클링과 공동체 활동에 관심 있는 OO동 지역주민 6명 ▪ 식(食)사 공동체 – 요리와 공동체 활동에 관심 있는 OO동 지역주민 8명 ▪ 주(住)거 공동체 – 집 정리·수납과 공동체 활동에 관심 있는 OO동 지역주민 10명
주변 참여자	▪ 네트워크 유관 기관 – OO마을만들기지원센터, OO센터

(2) 참여자 선정 기준

※ 공통사항 : OO동에 거주하는 지역주민 중

▪ 의(衣)복 공동체

– 바느질 또는 업사이클링에 관심이 있는 주민 중 이웃들과 공동체 활동을 할 수 있는 주민

▪ 식(食)사 공동체

– 식사하는 모임을 통해 이웃들과 소통하고 싶은 주민 중 이웃들과 공동체 활동을 할 수 있는 주민

▪ 주(住)거 공동체

– 주거환경 및 마을환경 개선에 관심이 있는 주민 중 이웃들과 공동체 활동을 할 수 있는 주민

15) 본 예시는 2020년 신청사업–달서구학산종합사회복지관 사업계획서 일부를 발췌·요약하여 작성

(3) 참여자 모집 방안

홍보전략	■ 온·오프라인 홍보 – 온라인 : 홈페이지 및 SNS 홍보 – 오프라인 : 홍보지 배포(아파트 게시판, 관내 게시판, 주변 상가, 마을신문 발간, 1층 TV 및 전광판 상영 ■ 기존 조직 및 단체 연계 – 의·식·주와 관련된 기존 조직 및 단체 대상 활동 안내
상담 및 선정	■ 참여자 상담을 통한 참여의지 확인 및 선정 – 프로그램에 대한 이해, 프로그램 참여의지 확인 – 의·식·주 중 관심 있는 공동체 확인 및 선정

2) 사업내용 및 사업집행전략

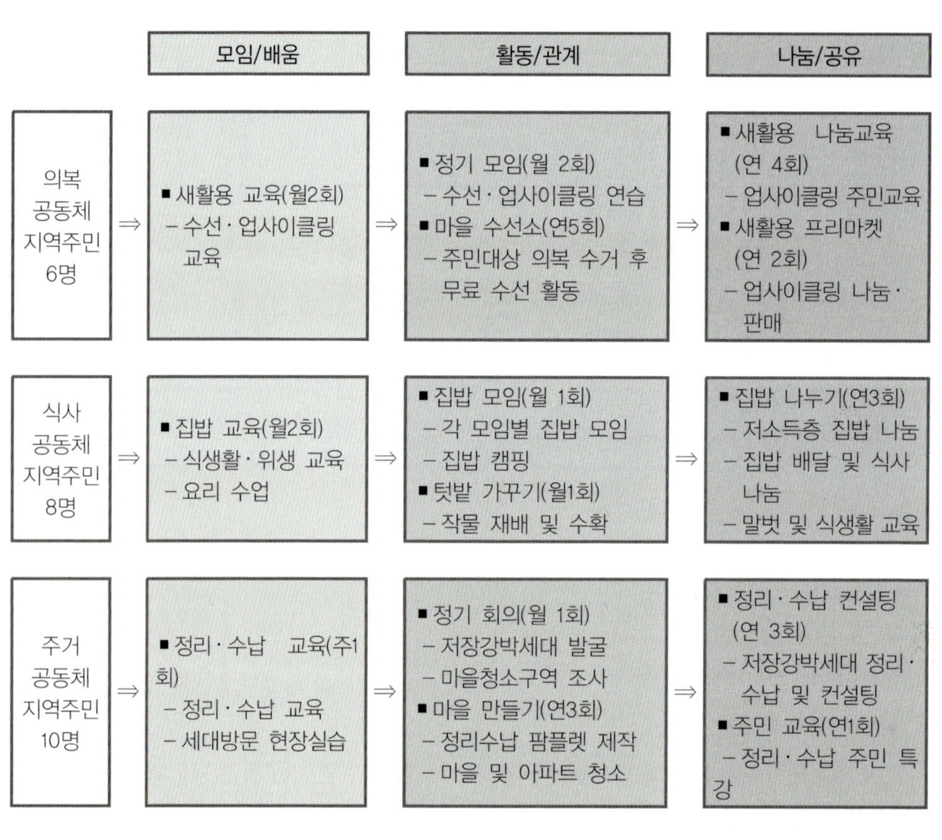

(1) 세부 사업내용

<table>
<tr><th rowspan="2">세부사업명</th><th colspan="3">활동(수행방법)</th></tr>
<tr><th>내 용</th><th>시행시기</th><th>시행횟수</th></tr>
<tr><td rowspan="5">의복 공동체</td><td>[새활용 교육]
■ 대　　상 : 의복 공동체 모임 6명
■ 수행인력 : ○○연대, ○○업사이클센터, 담당자
– ○○연대 : 수선 교육 진행
– ○○업사이클센터 : 업사이클링 교육 진행
■ 수행방법
– 바느질 및 업사이클링 교육 진행 (회기당 2시간)
■ 진행내용 : 수선에 대한 이해, 자원선순환/업사이클링 이해하기, 업사이클링 기본과정(천, 옷 등), 업사이클링 심화과정, 14회기 중 실습 4회</td><td>4~10월</td><td>14회기
(월 2회)</td></tr>
<tr><td>[마을 수선소]
■ 대　　상 : 수선을 희망하는 지역주민 누구나
■ 수행인력 : 의복 공동체 모임 6명
■ 수행방법
– 복지관 온·오프라인을 활용한 홍보 진행
– 복지관 1층 P·G실을 활용한 의복 수거 및 수선
■ 진행내용
– 수거DAY : 수거기간 안내, 부스 설치 및 의류 수거 진행, 수선가능 여부 확인 및 개별 접수 명단 작성
– 수선DAY : 수거된 의류 수선 진행, 수선 완료 안내</td><td>6~11월</td><td>5회기
(월 1회)</td></tr>
<tr><td>[정기모임]
■ 대　　상 : 의복 공동체 모임 6명
■ 수행방법
– 모임활동에 대한 의견 수렴 및 조율(퍼실리테이션)
– 새활용 교육 내용 연습 및 복습
■ 진행내용 : 수선 활동, 체험활동 계획, 새활용 교육 복습</td><td>4~11월</td><td>14회기
(월 2회)</td></tr>
<tr><td>[새활용 나눔교육]
■ 대　　상 : 새활용에 관심 있는 지역주민 6명
■ 수행인력 : 의복 공동체 모임 6명
■ 수행방법
– 복지관 온·오프라인을 활용한 홍보 및 참여자 모집
– 의복 공동체 주민이 직접 지역주민을 대상으로 수선·업사이클링 교육 진행(교육내용도 직접 계획)
■ 진행내용 : 수선, 업사이클링에 대한 기본 이해, 수선, 업사이클링 활동하기</td><td>11~12월</td><td>4회기</td></tr>
<tr><td>[새활용 프리마켓]
■ 대　　상 : 지역주민
■ 수행인력 : 의복 공동체 모임 6명
■ 수행방법
– 모임활동을 통하여 만든 업사이클링 제품 판매활동
– 발생된 수익금의 경우 지역사회 기부 예정
■ 진행내용 : 업사이클링 제품 판매 및 전시활동</td><td>6월,
10월</td><td>2회기</td></tr>
</table>

<table>
<tr><th rowspan="2">세부사업명</th><th colspan="3">활동(수행방법)</th></tr>
<tr><th>내 용</th><th>시행시기</th><th>시행횟수</th></tr>
<tr><td rowspan="4">식사 공동체</td><td>[집밥교육]
■ 대 상 : 식사 공동체 모임 8명
■ 수행인력 : 외부강사(13회), 담당자(1회)
■ 수행방법
– 요리교육 전 필수 이론교육 진행(1회)
– 집밥 배우기 교육(13회)
■ 진행내용 : 식생활 교육, 위생·영양 교육, 요리수업 및 실습(기본/심화)
<table><tr><th>회기</th><th>세부내용</th></tr><tr><td>1</td><td>식생활 교육, 위생영양교육</td></tr><tr><td>2</td><td>선진지 견학(마을 공유부엌 등)</td></tr><tr><td>3~8</td><td>요리수업 및 실습(기본)</td></tr><tr><td>9~14</td><td>요리수업 및 실습(심화)</td></tr></table></td><td>4~11월</td><td>14회기
(월 2회)</td></tr>
<tr><td>[집밥모임]
■ 대 상 : 식사 공동체 모임 8명 (1모임당 4명)
■ 수행인력 : 1모임·2모임 각 1명씩
■ 수행방법
– 각 모임이 돌아가면서 자기 집에 조원들을 초대해 함께하는 식사모임 진행
– 2조가 각각 따로 7회 진행
– 두 모임이 함께 도시락을 싸서 떠나는 집밥 캠핑(1회 진행)</td><td>4~11월</td><td>8회기
(월 1회)</td></tr>
<tr><td>[텃밭가꿈]
■ 대 상 : 식사 공동체 모임 8명 (1모임당 4명)
■ 수행방법
– 각 모임별 텃밭 배분, 작물 재배 및 수확, 텃밭 관리
– 수확한 작물을 집밥 모임 또는 간식나눔에 활용
■ 진행내용 : 작물 심기(모종 구입 2회), 작물 재배 및 수확</td><td>4~11월</td><td>8회기
(월 1회)</td></tr>
<tr><td>[집밥나눔]
■ 대 상 : 지역 내 소외된 이웃 12명
■ 수행인력 : 식사 공동체 모임 8명 (1모임당 4명)
■ 수행방법
– 각 모임별로 집밥(밑반찬)을 직접 조리
– 2명의 이웃을 찾아가 한 끼 함께 나눔(말벗)</td><td>5, 9, 11월</td><td>3회기</td></tr>
</table>

<table>
<tr><th rowspan="2">세부사업명</th><th colspan="3">활동(수행방법)</th></tr>
<tr><th>내 용</th><th>시행시기</th><th>시행횟수</th></tr>
<tr><td rowspan="5">주거 공동체</td><td>[정리·수납교육]
■ 대 상 : 주거 공동체 모임 10명
■ 수행인력 : 외부강사, 담당자
■ 수행방법
– 정리·수납 전문가 양성교육 진행
– 세대 방문을 통한 현장실습 활동 진행
■ 진행내용 : 수납의 이해, 주방 정리·수납, 침구·의류 정리·수납, 현장실습Ⅰ, 냉장고 정리·수납, 재활용품 DIY, 거실, 서재, 아이방, 현관, 신발장, 욕실, 베란다, 세대 방문 현장실습Ⅱ, 과제물 발표 및 수료</td><td>4~6월</td><td>14회기
(주 1회)</td></tr>
<tr><td>[정기회의]
■ 대 상 : 주거 공동체 모임 10명
■ 수행방법
– 사례관리팀과의 연계를 통한 지역 내 저장강박세대 발굴 및 마을 청소 필요구역 확인
– 주민교육 진행을 위한 교육자료 및 교안 제작</td><td>4~11월</td><td>7회기
(월 1회)</td></tr>
<tr><td>[마을청소]
■ 대 상 : 정리·수납에 관심 있는 지역주민 누구나
■ 수행인력 : 주거 공동체 모임 10명
■ 수행방법
– 정리·수납 방법이 수록된 팜플렛 제작
– 팜플렛 배포 및 마을정화 활동을 통한 지역주민 인식 개선 캠페인 실시
■ 진행내용 : 정리·수납 팜플렛 제작/배포, 마을청소 캠페인 실시, 마을 청소</td><td>7, 9, 11월</td><td>3회기</td></tr>
<tr><td>[정리·수납 컨설팅]
■ 대 상 : 저장강박세대 3가구
■ 수행인력 : 주거 공동체 모임 10명
■ 수행방법
– 직접 세대 발굴 및 사례관리팀 추천을 통한 저장강박세대 3가구 선정
– 세대 방문을 통한 정리·수납 계획 수립
– 정리·수납 기술을 활용한 컨설팅 진행</td><td>7, 9, 11월</td><td>3회기</td></tr>
<tr><td>[주민교육]
■ 대 상 : 지역 내 주민 50명
■ 수행인력 : 주거 공동체 모임 10명
■ 수행방법 : 실생활에 필요한 정리·수납 기술 교육 진행</td><td>8월</td><td>1회기</td></tr>
</table>

(2) 사업 진행 일정

주요내용 \ 기간		1월	2월	3월	4월	5월	6월	7월	8월	9월	10월	11월	12월
의복 공동체	새활용 교육					전시회 관람							
	정기모임												
	마을 수선소												
	새활용 나눔교육												
	플리마켓												
식사 공동체	집밥 교육				선진지 견학								
	집밥 모임						집밥 캠핑						
	텃밭 가꿈												
	집밥 나눔												
주거 공동체	정리·수납 교육												
	정기회의												
	마을청소							자료집 발간					
	정리·수납 컨설팅												
	주민교육												

(3) 사업수행 인력

이름	소속/직위	사업 내 역할분장	(본 사업과 관련된) 주요 경력
김배분	지역조직팀장	사업 슈퍼바이저	♡♡종합사회복지관 4년 △△종합사회복지관 4년
이열매	지역조직팀 사회복지사	사업 주 담당자	○○종합사회복지관 2년

3) 기관 연계협력 전략

협력 기관명	세부 사업명	협력 계획	비고
00마을공동체 만들기지원센터	의복공동체 식사공동체 주거공동체	■ 본 기관 - 마을공동체 교육 진행 전문가 요청 - 사업 자문 및 협조 요청 ■ 협력기관 - 마을공동체 교육 진행 - 사업 자문 및 정보 제공	
00업사이클센터	의복 공동체 (새활용 교육, 새활용 프리마켓)	■ 본 기관 - 프리마켓 행사 및 전시회 참가 요청 ■ 협력기관 - 프리마켓 행사 및 전시회 초청	
00연대	의복 공동체 (수선 교육)	■ 본 기관 - 수선 교육 진행 전문가 요청 ■ 협력기관 - 수선 교육 진행	

3. 예산편성

(단위 : 원)

목	세목	세세목	계	산출근거	예산조달 계획				
					신청금액	비율(%)	자부담	비율(%)	자부담 재원
총 계			43,922,000	-	26,270,000	100	17,652,000	100	
인건비	전담 인력	급여	21,600,000	1,800,000 × 12개월 × 1명	7,800,000		13,800,000	78.2	
		사회보험	2,052,000	171,000 × 12개월 × 1명			2,052,000	11.6	자체 예산
		퇴직적립금	1,800,000	150,000× 12개월 × 1명			1,800,000	10.2	자체 예산
	소계		25,452,000		7,800,000	29.7	17,652,000	100	
사업비	의복 공동체	새활용교육	3,200,000	• 강사료(3급, 2시간) 200,000×14회=2,800,000 • 실습재료비 100,000×4회=400,000	3,200,000	12.2			
		마을수선소	890,000	• 재봉틀 구입비 300,000×2개=600,000 • 다리미 구입비 70,000×2개=140,000 • 실, 천 등 구입비 50,000×5회=150,000	890,000	3.4			
		정기모임	210,000	• 다과비 2,500×6명×14회=210,000	210,000	0.8			
		새활용 나눔교육	320,000	• 수선재료비 50,000×4회=200,000 • 다과비 5,000×6명×4회=120,000	320,000	1.2			
		새활용 프리마켓	3,120,000	• 식사비 10,000×6명×2회=120,000 • 프리마켓 부스운영비 1,500,000×2회=3,000,000	3,120,000	11.9			

	식사공동체	집밥교육	3,900,000	• 강사료(3급, 2시간) 200,000×13회=2,600,000 • 식재료 구입비 100,000×13회=1,300,000	3,900,000	14.9			
		집밥모임	720,000	• 식재료 구입비 50,000×7회×2모임=700,000 • 여행자보험(캠핑) 20,000×1회=20,000	720,000	2.7			
		텃밭가꿈	150,000	• 모종 구입비 50,000×2회=100,000 • 비료 구입비 50,000×1회=50,000	150,000	0.6			
		집밥나눔	400,000	• 식재료 구입비 50,000×3회×2모임=300,000 • 참여자 교통비 등 12,500×8명=100,000	400,000				
	주거공동체	정리·수납 교육	3,000,000	• 강사료(3급, 2시간) 200,000×14회=2,800,000 • 교재구입비 20,000×10개=200,000	3,000,000	11.4			
		정기회의	350,000	• 다과비 5,000×10명×7회=350,000	350,000	1.3			
		마을청소	1,550,000	• 팜플렛 제작비 1,500,000×1회=1,500,000 • 물품 구입비(청소도구 등) 50,000×1회=50,000	1,550,000	5.9			
		정리·수납 컨설팅	360,000	• 주거환경개선비 120,000×3가구=360,000	360,000	1.4			
		주민교육	180,000	• 다과비 3,000×50명=150,000 • 엑스베너 제작비 30,000×1회=30,000	180,000	0.7			
	소 계		18,350,000	–	18,350,000	69.9			
관리운영비	관리운영비	교통비	120,000	10,000 × 12개월 × 1명	120,000	0.4			
	소계		120,000		120,000	0.4			

4. 문제의식(사업 필요성)

1) 사업 계획 배경

(1) 이웃과의 관계 단절로 인한 지역공동체 의식 부재

오늘날 '이웃사촌'이라는 말의 의미가 점점 옅어지고 있다. 한 조사결과에 따르면 전국 만 19세~59세 성인남녀 1,000명을 대상으로 실시한 2019 '이웃과의 교류' 관련 인식 평가 설문조사 결과에 따르면, 이웃사촌이라는 개념이 확연하게 옅어졌으며 이웃들과 별다른 교류 없이 지내는 경우가 태반인 것으로 나타났다. (시장조사전문기업 트렌드모니터(trendmonitor.or.kr)) 성인남녀 10명 중 4명(39.8%)은 현재 옆집에 누가 사는지도 모르고 있는 것으로 나타났으며 특히 1~2인 가구에게서 이웃과의 단절된 모습이 높게 나타나 '관계의 단절' 현상의 가속화가 우려되고 있다.

이렇게 이웃이 낯선 존재가 되어 버린 요즘, 고민거리를 나누거나 위급한 상황이 생겼을 때 선뜻 이웃의 도움을 청하는 것도 어려워지고 있다. 시간이 지날수록 이웃에게 고민거리를 나누거나 위급 상황 시 이웃의 도움제공에 대한 기대감이 점차 감소되고 있는 것을 알 수 있다. 이러한 '관계의 단절' 현상이 지속화된다면 위급한 상황이 생겼을 때 도움을 받을 수 있는 일이 없어지며

서로를 배려하는 지역공동체 의식이 사라지게 된다. 이는 자연스럽게 현재 살고 있는 동네에 무관심을 야기하며, 지역공동의 이익을 위한 헌신보다는 개인의 목적과 이익만을 우선시하는 현상이 나타난다.

본 기관이 위치하고 있는 00동에 살고 있는 주민과의 인터뷰를 진행한 사례를 보면 '지역공동체 의식의 부재'는 이웃간의 다양한 사회문제를 야기한다. 하지만 이러한 문제들은 단순한 민원 제기나 법적인 조치로 쉽게 해결되지 않는다. 주민들이 개인주의에서 벗어나 지역공동의 이익을 위한 지역공동체 의식을 갖는 것이 중요하다. 그러기 위해서는 이웃 간의 관계 개선과 교류가 활발히 이루어져야 하며, 이웃이 이웃을 돕는 '이웃사촌', '이웃 공동체'의 필요성을 인식하고 지역공동체 의식을 확산시키는 활동이 우선되어야 한다.

(2) 마을 공동체 형성을 통한 저소득층의 기본권(의·식·주) 존중

본 기관의 관할구역인 00동에는 8,468가구가 살고 있는데 이 중 기초생활수급자는 2,538가구로 전체 가구의 30%를 차지한다. 이는 00동에 살고 있는 주민 3~4명 중 1명이 기초생활수급자인 것을 의미한다. 또한 00구 전체 기초생활수급자 15,113가구 중 2,538가구(16.8%)가 00동에 거주하고 있어 00구 22개동 중 수급자 최다 밀집지역에 속한다.

본 기관이 위치한 00단지 아파트는 영구임대아파트이며 2,364세대의 저소득 가구가 살고 있다. 수급자가 많이 거주하고 있기 때문에 의·식·주를 포함한 일반적인 생활이 어렵거나 경제적인 상황이 어려운 주민들이 많다. 특히 의·식·주는 인간으로서 마땅히 누려야할 기본권이기 때문에 복지관에서는 주민들의 의·식·주(=인권)를 보장하기 위한 책무성을 지녀야한다. 하지만 본 기관에서는 의(衣)와 관련된 서비스는 별도로 제공되고 있지 않으며, 식(食)과 주(住)와 관련된 서비스를 제공하고는 있지만 외식서비스나 방역서비스와 같이 단순 지원 또는 1회성 지원에 국한되어 있다. 이마저도 서비스 대상이 한정적이기 때문에 모든 주민들이 서비스를 제공받지 못하고 있는 실정이다.

본 사업은 복지관에서 의·식·주와 관련된 단순 서비스를 추가로 더 제공하자는 것이 아니라 마을 공동체 활동에 관심 있는 주민들을 의·식·주 각 모임에 구성하여 지역조직화 활동을 통해 마을 내 모든 주민들의 기본권이 존중받을 수 있는 구조적·환경적인 체계를 마련하고자 한다.

2) 기존 유사사업과의 차별성

(1) 이웃이 이웃을 돕는 나눔공동체 문화 확산

지역 공동체를 만들기 위해서는 마을의 주인인 주민들의 역할이 무엇보다 중요하다. 자발성을 토대로 자신의 삶과 터를 변화시켜 나갈 주민들의 노력 없이는 사실상 불가능하기 때문이다. 주민의 참여를 이끌어내기 위해서는 지역사회에서의 공동체적 역량을 높이고 구성원들 간의 관계 형성과 역량강화 등이 필요하다. 하지만 00동에 속한 기존의 조직과 단체들의 경우 구성원들 간

의 만남이 이루어지곤 있지만 지역문제를 스스로 해결하기 위한 역량 개발과 활동의 지속적인 참여가 이루어지지 않고 있다. 본 기관은 이러한 조직과 단체들을 재조직화해 지역공동체의 정체성을 확립하고 지속적인 참여를 확대하고자 한다. 여기서 중요한 것은 구성원들이 만나서 서로 소통하고 배우는 것에서만 그치는 것이 아니라 지역사회 나눔을 통해 마을주민 모두가 함께 교류하고 화합할 수 있는 나눔공동체 문화를 확산시키는 것이다.

(2) 자기결정권을 통한 지속적 참여 유도

주민들의 적극적이고 지속적인 참여를 유도하기 위해서는 주민들의 흥미를 유발하는 것이 중요하다. 기존의 조직과 단체들을 보면 활동에 대한 체계적인 계획이나 정체성이 없어 단기적·1회성 참여에 그치거나 단순모임으로 이어지는 경우가 많았다. 그렇기 때문에 주민들 스스로가 원하는 활동을 직접 선택해 공동체에 속한다면 소속감과 흥미를 갖고 공동체 활동의 지속적 참여가 가능할 것이다.

3) 신청기관의 강점

(1) 공동체 활동이 가능한 다양한 인적 자원 보유

마을공동체를 형성하기 위해서는 마을에서 활동할 의지가 있거나 활동을 하고 있는 많은 주민들이 필요하다. 하지만 본 기관은 오랫동안 지역조직사업을 진행해오면서 이미 주민활동가로 활동할 수 있는 다양한 인적 자원들을 보유하고 있다. 앞서 언급했듯이 주부 새활용 모임 '00자원순환공동체'를 통해 '의복 공동체' 활동 참여를 유도할 수 있고, 00단지 입주민 모임 '살기좋은동네만들기 추진위원회'를 통해 '주거 공동체' 활동 참여를 유도할 수 있다. 또한 식사공동체의 경우 복지관 P/G을 이용하는 주민들이나 수강생을 대상으로 활동 참여를 유도할 수 있다. 그 외에도 00단지 통우회, 행복지킴이, 부녀회의 경우 주민들과 밀접한 관계를 맺고 있기 때문에 의·식·주 공동체에 관심 있는 주민 발굴에 도움이 될 수 있다.

(2) 정기적인 모임·활동이 가능한 공간 확보

각 공동체가 모임을 갖고 정기적인 활동을 진행하기 위해서는 물리적인 공간이 필요하지만 사회교육이나 문화강좌 수업으로 인해 상시적으로 사용할 수 있는 공간이 많지는 않다. 하지만 본 사업을 위해 각 공동체가 상시적으로 모임을 갖거나 활동준비를 위해 상주할 수 있는 공간 3곳을 마련할 수 있었다. 이를 통해 의복 공동체는 업사이클링 연습과 마을수선소를 진행할 수 있으며, 식사 공동체는 집밥 교육과 집밥 나눔 시 조리를 할 수 있으며, 주거 공동체는 정기회의와 주민특강 준비 등을 진행할 수 있다.

5. 목표 및 평가

1) 산출목표

세부 사업명	산출목표	모니터링 방법
의복 공동체	• 새활용 교육 : 의복 공동체 모임 6명, 월2회/총14회 실시 • 마을 수선소 : 수거/수선 의류 개수 총 15개 이상 • 정기 모임 : 의복 공동체 모임 6명, 월2회/총14회 실시 • 새활용 나눔교육 : 월1회 총 5회 실시 • 새활용 프리마켓 : 연 2회 실시	• 출석부 • 실시·결과보고 • 수선/의류 목록표 • P·G 활동일지
식사 공동체	• 집밥 교육 : 식사 공동체 모임 8명, 월2회/총14회 실시 • 집밥 모임 : 식사 공동체 모임 8명, 월1회/총8회 실시 • 집밥 나눔 : 지역 내 소외된 이웃 12명 대상, 연3회 실시 • 텃밭 가꿈 : 월1회/총8회 실시	• 출석부 • 실시·결과보고 • P·G 활동일지 • 평가회의록
주거 공동체	• 정리·수납 교육 : 주거 공동체 모임 10명, 주1회/총14회 실시, 정리·수납 자격증 취득 50% 이상 • 정기 회의 : 주거 공동체 모임 10명, 월1회/총7회 실시, 저장강박세대 7세대 발굴 • 마을 청소 : 주거 공동체 모임 10명, 연3회 실시 • 정리·수납 컨설팅 : 저장강박세대 3가구 대상, 연3회 실시 • 주민 교육 : 지역주민 50명 대상, 연1회 실시	• 출석부 • 실시·결과보고 • 정리·수납 자격증 • P·G 활동일지

2) 성과목표 및 평가 방법

성과목표	평가 도구 및 방법	측정 시기
의·식·주 공동체 조직 및 역량 강화	• 성과지표 : 사전·사후 마을만들기 참여 점수 8점 이상 향상 • 평가도구 : 마을만들기 참여 척도 (60점 만점) • 평가방법 : 참여자 대상 사전·사후 척도검사	사전(3월), 사후(12월)
이웃과의 교류 및 유대감 증진	• 성과지표 : 사전·사후 동네응집력 점수 10점 이상 향상 • 평가도구 : 동네응집력 척도 (72점 만점) • 평가방법 : 참여자 대상 사전·사후 척도검사	사전(3월), 사후(12월)
나눔문화 확산 및 공동체 의식 함양	• 성과지표 : 사전·사후 공동체 의식 점수 10점 이상 향상 • 평가도구 : 공동체 의식 척도 (80점 만점) • 평가방법 : 참여자 대상 사전·사후 척도검사	사전(3월), 사후(12월)

6. 사업종료 후 지향점

1) 사업 수행으로 인한 기대 효과

(1) 참여자 개인의 긍정적인 변화

구 분	변화내용	비 고
의(衣)	• 수선 및 업사이클링 전문기술 습득 • 재능나눔을 통한 사회적 자존감 형성	–
식(食)	• 올바른 식습관 형성 및 안정된 영양 섭취 • 요리실력 및 식생활 해결능력 향상	–
주(住)	• 체계적·표준화된 정리·수납 기술 습득 • 마을문제 해결을 위한 능동적 태도 향상	정리·수납 자격증 취득

(2) 지역사회의 긍정적인 변화

구 분	변화내용	비 고
의(衣)	• 자원선순환에 대한 긍정적 인식 형성 • 재능나눔을 통한 나눔문화 확산	–
식(食)	• 소외계층의 안부확인 및 결식문제 해결 • 지역주민과의 긍정적 유대감 형성	–
주(住)	• 저장강박세대 발굴 및 주거환경 개선 • 마을정화활동을 통한 지역주민 인식개선	정리·수납 팜플렛 제작

2) 사업 결과의 활용 계획

○ 공동체 모임별 참여자 증원 및 소통 강화 : 지역사회에 사업의 효과성을 알린 후 각 공동체별로 활동에 관심 있는 주민들을 추가로 모집해 공동체를 확장시키고 활동의 범위를 증대할 계획이며 구성원 간 관심사항을 함께 공유하고 논의하여 함께 활동을 계획하고 진행하고자 함.

○ 연계사업 활성화 도모 : 공동체별로 나눔·공유 활동을 강화하여 지역사회 공헌 및 나눔문화 확산을 위해 노력할 계획임. 그러기 위해서는 다양한 기관 및 단체와의 연계를 통해 지역사회의 한정된 자원을 효율적으로 활용해 지역사회에 더 큰 시너지효과를 가져올 수 있도록 하겠음.

참고문헌

경기복지재단(2011). 2010 사회복지 프로그램 우수사례집. 경기복지재단.

김안나 · 최승아(2024). 사회복지 프로그램 개발과 평가. 공동체.

김영종(2013). 사회복지 프로그램 개발과 평가. 학지사.

김영종(2013). 프로그램개발과 평가. 학지사.

김예랑(2024). 사회복지 프로그램 개발과 평가. 창지사.

김진우(2011). 작은나눔 큰사랑 프로그램 기획 매뉴얼. 삼성복지재단.

김진우(2023). 사회복지 프로그램 개발과 평가. 공동체.

김진화(2005). 평생교육 프로그램개발론. 교육과학사.

박용권(2020). 사회복지 자료 분석. 신정.

보건복지부 · 중앙사회서비스원(2023). 2023년도 사회복지시설 평가 현장평가위원 추천 우수 운영사례집. 보건복지부 · 중앙사회서비스원.

보건복지부 · 중앙사회서비스원(2024). 2024년도 사회복지시설 평가 현장평가위원 추천 우수 운영사례집. 보건복지부 · 중앙사회서비스원.

사회복지공동모금회(2017). 사회복지공동모금회 배분사업 신청매뉴얼. 사회복지공동모금회.

사회복지공동모금회(2018a). 공동모금회 배분사업 성과측정을 위한 척도집. 사회복지공동모금회.

사회복지공동모금회(2018b). 변화를 위한 나눔: 2017 사회복지공동모금회 배분사례집. 사회복지공동모금회.

사회복지공동모금회(2019). 변화를 위한 나눔: 2018 사회복지공동모금회 배분사례집. 사회복지공동모금회.

사회복지공동모금회(2020a). 변화를 위한 나눔: 2019 사랑의열매 배분사례집. 사회복지공동모금회.

사회복지공동모금회(2020b). 사랑의 열매 캠페인 연간보고서. 사회복지공동모금회.

사회복지공동모금회(2021). 변화를 위한 나눔: 2020 사랑의열매 배분사례집. 사회복지공동모금회.

사회복지공동모금회(2022). 변화를 위한 나눔: 2021 사랑의열매 배분사례집. 사회복지공동모금회.

사회복지공동모금회(2023). 변화를 위한 나눔: 2022 사랑의열매 배분사업 사례집. 사회복지공동모금회.

사회복지공동모금회(2024a). **2025 배분사업 안내**. 사회복지공동모금회.

사회복지공동모금회(2024b). **변화를 위한 나눔: 2023 사랑의열매 배분사업사례집**. 사회복지공동모금회.

사회복지공동모금회(2025). **2026 배분사업 안내**. 사회복지공동모금회.

삼성복지재단(2017). **작은나눔 큰사랑 우수사례집**. 삼성복지재단.

양옥경 · 김미희 · 이기연 · 이민경 · 최윤영 · 현승현(2023). **사회복지공동모금회 배분사업 소셜 임팩트(Social Impact) 측정도구 개발 I**. 사회복지공동모금회.

양옥경 · 김미희 · 이기연 · 이민경 · 최윤영 · 현승현(2024). **사회복지공동모금회 배분사업 소셜 임팩트(Social Impact) 측정도구 개발** Ⅱ. 사회복지공동모금회.

이금룡 외(2009). **노인자원봉사실천론**. 학지사.

이민홍 · 정병오(2024). **사회복지 프로그램 개발과 평가**. 양서원.

이봉주 외(2024). **아동복지론**. 신정.

이봉주 · 김기덕 · 신원우(2021). **사회복지 프로그램 개발과 평가(2판)**. 신정.

이자영 · 이기연 · 곽윤정 · 서수균(2009). Rosenberg의 자아존중감 척도: 문항수준 타당도 분석. **한국심리학회지: 상담 및 심리치료**, 21(1), 173-189.

정무성(2017). **사회복지 프로그램 개발과 평가**. 정민사.

정병오 · 송아영(2016). **알기쉬운 사회복지 프로그램 성과평가 매뉴얼**. 경기복지재단.

조성우 외(2024). **프로그램개발과 평가**. 학지사.

조성우 · 안정선 · 최승희 · 김정선(2024). **(쉽게 배우고 바로 활용하는) 사회복지 프로그램 개발과 평가**. 학지사.

최일섭 · 이창호(1993). **사회계획론**. 나남.

최칠성 · 정은주(2024). **사회복지 프로그램 개발과 평가**. 지식터.

황성철(2005). **사회복지 프로그램 개발과 평가**. 공동체.

American Evaluation Association (2018). *Guiding principles for evaluators*. https://www.eval.org/About/Guiding-Principles.

Austin, D. M. (1988). *The political economy of human service programs*. Aldine de Gruyter.

Austin, D. (2002). *Human Services Management: Organizational Leadership in Social Work Practice*. Columbia University Press.

Bloom, M., Fischer, J., & Orme, J. G. (2009). *Evaluating practice: Guidelines for the accountable professional* (6th ed.). Pearson.

Blumer, H. (1971). Social problems as collective behavior. *Social Problems, 18*(3).

Bradshaw, J. (1972, March 30). The concept of social need. *New Society, 19*(496).

Campbell, D. T., & Stanley, J. C. (1963). *Experimental and quasi- experimental designs for research.* Houghton Mifflin.

Chen, H. T. (2015). *Practical program evaluation: Assessing and improving planning, implementation, and effectiveness.* Sage Publications.

Funnell, S. C., Rogers, P. J., & Dugan, M. J. (2011). *Purposeful program theory: Effective use of theories of change and logic models.* Jossey-Bass.

Gates, B. (1980). *Social program administration: The practical guide to management.* Prentice-Hall.

Gilgun, J. F. (2005). The Four Cornerstones of Evidence-Based Practice in Social Work. *Research on Social Work Practice, 15*(1).

Grinnell, R. M., Gaber, P. A., & Unrau, Y. A. (2019). *Program Evaluation for Social Workers: Foundations of evidence-based Programs* (8th ed.). Oxford University Press.

Hudson, W. W. (1982). *The clinical measurement package: A field manual.* Dorsey Press.

Kettner, P. M., Moroney, R. M., & Martin, L. L. (2023). *Designing and managing programs: An effectiveness-based approach* (6th ed.). Oxford University Press.

Kotler, P., Armstrong, G., Brown, L., & Adam, S. (2011). *Principles of marketing.* Pearson Australia.

Krueger, R., & Casey, M. (2014). *Focus Group: A Practical Guide for Applied Research* (3rd ed.). Sage.

Martin, L. L., & Kettner, P. M. (2010). *Program evaluation: Issues, principles, and methods.* Pearson.

Martin, L. L., & Kettner, P. M. (2015). *Measuring the performance of human service programs.* Sage Publications.

Maslow, A. H. (1943). A theory of human motivation. *Psychological Review, 50*(4).

McLaughlin, J. A., & Jordan, G. B. (1999). Logic models: A tool for telling your program's performance story. *Evaluation and Program Planning, 22*(1).

Merton, R. K., & Nisbet, R. A. (Eds.). (1976). *Contemporary social problems.* Harcourt College Pub.

Munson, F. C., & Pelz, D. C. (1982). *Innovating in organizations: A conceptual framework.* Institute for Social Research, University of Michigan.

Netting, F. E., Kettner, P. M., McMurtry, S. L., & Thomas, M. L. (2016). *Social work macro practice* (6th ed.). Pearson Education.

Parasuraman, A., Zeithaml, V. A., & Berry, L. L. (1988). SERVQUAL: A multiple-item scale for measuring consumer perceptions of service quality. *Journal of Retailing, 64*(1).

Patti, R. J. (Ed.). (1983). *Social welfare administration: Managing social programs in a developmental context.* Prentice-Hall.

Patton, M. Q. (2015). *Qualitative research & evaluation methods: Integrating theory and practice* (4th ed.). Sage Publications.

Rapp, C. A., & Poertner, J. (1992). *Social administration: A client-centered approach.* Longman.

Rossi, P. H., Lipsey, M. W., & Henry, G. T. (2019). *Evaluation: A systematic approach* (8th ed.). Sage.

Roth, J. (1990). *Needs and Needs Assessment Process.* Evaluation Practice.

Rothman, J., & Thomas, E. J. (Eds.). (1994). *Intervention research: Design and development for human service.* Haworth Press.

Royse, D., Thyer, B. A., & Padgett, D. K. (2016). *Program evaluation: An introduction to an evidence-based approach* (6th ed.). Cengage Learning.

Rubin, A., & Babbie, E. R. (2016). *Research methods for social work* (8th ed.). Cengage Learning.

Sackett, D. L., Straus, S. E., Richardson, W. S., Rosenberg, W., & Haynes, R. B. (2000). *Evidence-based medicine: How to practice and teach EBM.* Churchill Livingstone.

Skidmore, R. A. (1995). *Social work administration: dynamic management and human relationship* (3rd ed.). Allyn & Bacon.

Smith, M. J. (2010). *Handbook of Program Evaluation for Social Work and Health Professionals.* Oxford University Press.

Taber, M., & Finnegan, D. (1980). *A theory of accountability for social programs* [Unpublished manuscript]. School of Social Work, University of Illinois at Urbana-Champaign.

Thomas, E. J. (1984). *Designing interventions for the helping professions.* Sage Publication.

Thomas, E. J., & Rothman, J. (1994). *An integrative perspective on intervention research.* Haworth Press.

United Way of America. (1996). *Measuring program outcomes: A practical approach.* Evaluation/Reflection. 47.

Weiss, C. H. (1998). *Evaluation: Methods for studying programs and policies* (2nd ed.).

Prentice Hall.

Witkin, B., & Altschuld, J. (1995). *Planning and Conducting Needs Assessment: A Practical Guide.* Sage.

York, R. O. (1982). *Human service planning: Concepts, tools, and methods.* University of North Carolina Press.

Zastrow, C. H. (2017). *Introduction to social work and social welfare: Empowering people* (12th ed.). Cengage Learning.

Zeithaml, V. A., Bitner, M. J., & Gremler, D. D. (2018). *Services marketing: Integrating customer focus across the firm* (7th ed.). McGraw-Hill Education.

로직모델, https://logicmodel.extension.wisc.edu

프로포절 작성 예시, 사회복지공동모금회, https://proposal.chest.or.kr

찾아보기

[인명]

[내용]

저자 약력

박용권

경북대학교 사회복지학과와 서울대학교 대학원을 나와 현재는 동양대학교 교수로 재직중이다. 한국사회복지학회, 한국아동복지학회, 한국사회복지행정학회 회원이며, 사회복지사 1급 국가시험 출제위원, 각종 사회복지시설 평가위원, 경북사회복지공동모금회 배분분과위원으로 참여했다. 한국대학평가원의 대학기관평가인증 평가위원으로도 활동하고 있다. 대구 신당종합사회복지관장, 달서구노인종합복지관장, 서구제일종합사회복지관장을 역임했고, 지역사회 중심의 전달체계와 거버넌스 구축에 관여하며 사회복지사들과의 소통을 통해 지역복지 역량 강화에 노력하고 있다.

사회복지 조사 및 통계, 사회복지행정, 프로그램개발과 평가 과목을 담당하고 있고, 주요 저서로는 사회복지현장실습(신정), 사회복지실천기술론(양서원, 공저), (spss를 활용한) 사회복지 자료 분석(신정) 등이 있다.

사회복지 프로그램 개발과 평가

초판발행 2025년 12월 5일 **1판 1쇄 인쇄** | 2025년 12월 10일 **1판 1쇄 발행**

지은이 박용권
펴낸이 최용구 | **펴낸곳** 도서출판 **신정**
주소 (04316) 서울시 용산구 원효로 89길 19 (원효로1가)
전화 02)3211-4782, 0266(영업부), 3211-4783(편집부), 3211-4784(팩스)
이메일 sjbook2002@naver.com | **홈페이지** www.sjbook.co.kr
등록 2001년 5월 11일 제13-702호
기획마케팅 최용구 장만동 최충구 송대용 | **책임편집** 석기은 황가연

ISBN 978-89-5912-974-4 93330
정가 27,000원